Workbook
PMP

Manual de Estudo para a Certificação

Project Management Professional
EXERCÍCIOS PRÁTICOS E SIMULADOS

Revisores Técnicos

Antonio Augusto Camargos

Cezar Meriguetti

David Ronco

Otualp Macedo

Nota: os currículos dos revisores encontram-se no final do livro.

Workbook
PMP

2ª Edição
Revista e Atualizada conforme
a 5ª edição do Guia PMBOK 2013

Manual de Estudo para a Certificação
Project Management Professional
EXERCÍCIOS PRÁTICOS E SIMULADOS

Paul Dinsmore
Adriane Cavalieri
Alessandro Prudêncio

Copyright© 2014 by Paul Dinsmore, Adriane Cavalieri
e Alessandro Prudêncio.

Todos os direitos desta edição reservados à Qualitymark Editora Ltda.
É proibida a duplicação ou reprodução deste volume, ou parte do mesmo,
sob qualquer meio, sem autorização expressa da Editora.

Direção Editorial	Produção Editorial
SAIDUL RAHMAN MAHOMED editor@qualitymark.com.br	EQUIPE QUALITYMARK

Capa	Editoração Eletrônica
Renato Martins	SBNigri Artes e Textos LTDA.

1ª Edição: 2010
2ª Edição: 2014

CIP-Brasil. Catalogação-na-fonte
Sindicato Nacional dos Editores de Livros, RJ

D615w
    Dinsmore, Paul C.,1941-
    Workbook PMP : manual de estudo para a certificação : exercícios práticos e simulações / Paul Campbell Dinsmore, Adriane Monteiro Cavalieri Barbosa, Alessandro Prudêncio Lukosevicius. - [2ª ed.] - Rio de Janeiro : Qualitymark Editora, 2014.
    464 p. : il. ; 24 cm.

    Inclui bibliografia e índice
    ISBN 978-85-414-0056-5

    1.Administração de empresas - Exames - Guias de estudo. 2. Administração de empresas - Certificados e licenças. 3. Administração de empresas - Problemas, questões, exercícios. I. Cavalieri, Adriane. II. Lukosevicius, Alessandro Prudêncio. III. Título.

13-04416
    CDD: 658.4
    CDU: 658.012.32

2014
IMPRESSO NO BRASIL

Qualitymark Editora Ltda.
Rua Teixeira Júnior, 441 – São Cristovão
20921-405 – Rio de Janeiro – RJ
Tel.: (21) 3295-9800

QualityPhone: 0800-0263311
www.qualitymark.com.br
E-mail: quality@qualitymark.com.br
Fax: (21) 3295-9824

Agradecimentos

Esta Segunda Edição contou com comentários valiosos de alunos e instrutores dos cursos preparatórios para a certificação PMP da DinsmoreCompass, bem como de sua equipe de marketing.

Agradecemos ao consultor Adriano Neves pelo papel relevante no livro. Adriano assumiu a atualização de alguns capítulos alem de compor a equipe de revisores do livro.

Agradecemos ao Fabio Pitorri, que coordenou com muita eficiência os participantes na elaboração do livro.

Estendemos nossos agradecimentos aos Revisores Técnicos da 1ª Edição deste livro: Alberto Sulaiman, Farhad Abdollahyan, Márcio Hervé, Lélio Varella e Marcelo Cota.

Por fim, nossa gratidão a todas as pessoas não citadas que de uma forma ou de outra contribuíram para esta segunda edição.

-- Os Autores

Sumário

Capítulo 1 – Introdução 1

Capítulo 2 – Roteiro e Dicas para a Certificação PMP................................... 5

Capítulo 3 – Simulado-base 25

    Gabarito do Simulado comentado PMP 87

Capítulo 4 – A Estrutura e o Padrão de Gerenciamento de Projetos........... 89

    Síntese dos Conceitos.. 89

    Mapa Mental 95

    Exercícios de Fixação 96

    Comentários do Simulado 103

Capítulo 5 – Gerenciamento de Integração.. 111

    Síntese dos Conceitos.. 111

    Mapa Mental 123

    Exercícios de Fixação 124

    Comentários do Simulado 134

Capítulo 6 – Gerenciamento do Escopo 143
    Síntese dos Conceitos 143
    Mapa Mental 154
    Exercícios de Fixação 155
    Comentários do Simulado 161

Capítulo 7 – Gerenciamento de Tempo 169
    Síntese dos Conceitos 169
    Mapa Mental 179
    Exercícios de Fixação 180
    Respostas 185
    Comentários do Simulado 190

Capítulo 8 – Gerenciamento de Custos 199
    Síntese dos Conceitos 199
    Mapa Mental 216
    Exercícios de Fixação 217
    Respostas 221
    Comentários do Simulado 226

Capítulo 9 – Gerenciamento da Qualidade 237
    Síntese dos Conceitos 237
    Mapa Mental 244
    Exercícios de Fixação 245
    Respostas 250
    Comentários do Simulado 254

Capítulo 10 – Gerenciamento de Recursos Humanos 263
    Síntese dos Conceitos 263
    Mapa Mental 269

SUMÁRIO

    Exercícios de Fixação 270

    Respostas 279

    Comentários do Simulado 286

Capítulo 11 – Gerenciamento das Comunicações 295

    Síntese dos Conceitos 295

    Mapa Mental 302

    Exercícios de Fixação 303

    Comentários do Simulado 310

Capítulo 12 – Gerenciamento de Riscos 315

    Síntese dos Conceitos 315

    Mapa Mental 324

    Exercícios de Fixação 325

    Comentários do Simulado 334

Capítulo 13 – Gerenciamento de Aquisições 341

    Síntese dos Conceitos 341

    Mapa Mental 351

    Exercícios de Fixação 352

    Comentários do Simulado 362

Capítulo 14 – Gerenciamento das Partes Interessadas 369

    Síntese dos Conceitos 369

    Mapa Mental 375

    Exercícios de Fixação 376

    Comentários do Simulado 380

Capítulo 15 – Ética e Responsabilidade Profissional em GP 389

    Síntese dos Conceitos 389

    Mapa Mental 394

Exercícios de Fixação 395

Respostas 399

Comentários do Simulado 402

Anexo 1 – Fichas de Estudo dos Processos de Gerenciamento de Projetos 407

Anexo 2 – Fórmulas Matemáticas 433

Anexo 3 – Currículo dos Autores 435

Anexo 4 – Currículo dos Revisores Técnicos 439

Anexo 5 – Currículo das Participações Especiais 441

Anexo 6 – Mapas Mentais 443

Capítulo 1

Introdução

O sucesso em se tornar *PMP® (Project Management Professional)* depende fortemente de três fatores: experiência profissional, domínio dos conhecimentos de gerenciamento de projetos e conhecimento dos detalhes do exame. A experiência profissional, o candidato deve trazer do mercado. Este livro foca-se nos outros dois fatores. O conhecimento em gerenciamento de projetos é apresentado de forma **objetiva e sintética**. Os detalhes do exame são desanuviados por meio da explicação de todas as fases do processo de certificação PMP. Esta dinâmica levou o livro a receber o título de *Workbook PMP*. Um livro de trabalho, útil e de fácil consulta, que permite oxigenar todos os elementos relevantes para o candidato a PMP.

O livro tem como propósito *traduzir*, não somente em termos de idioma, mas também em função de clareza e melhor compreensão, as boas práticas formalizadas no Guia PMBOK® (Guia do Conjunto de Conhecimentos em Gerenciamento de Projetos). Além disso, esta obra mapeia os demais conhecimentos que devem ser dominados pelo candidato a certificação e não são cobertos pelo PMBOK®.

O *Workbook PMP* contém os seguintes apoios de estudo como diferencial:

- Dicas para a certificação PMP.
- Sínteses dos principais conceitos.

- Termos-chave em português e inglês.
- Resumos em mapa mental.
- Exercícios lúdicos de fixação.
- Simulados e questões comentadas.
- Fichas de estudo.

Quanto à organização do livro, o Capítulo 1 provê ao leitor uma visão geral da obra. O Capítulo 2 apresenta as dicas para a certificação PMP distribuídas pelas fases do exame, constituindo um roteiro para o leitor. O Capítulo 3 contém o simulado-base, cujas 200 questões serão resolvidas e comentadas ao longo do livro. Portanto, recomendamos que o leitor reserve quatro horas para responder o simulado antes da leitura dos demais capítulos. Os Capítulos 4 a 15 têm quatro seções cada: síntese dos conceitos relevantes para a prova, mapa mental que permite visualizar a síntese em apenas uma página, exercícios lúdicos para fixação dos conhecimentos necessários ao exame, comentário e resposta das questões do simulado-base. No Anexo 1 estão as fichas para estudo com todas as entradas, ferramentas e técnicas, e saídas dos processos de gerenciamento de projetos do PMBOK. O Anexo 2 agrupa as fórmulas matemáticas importantes para o exame. Por fim, os Anexos 3 e 4 descrevem, respectivamente, os currículos dos autores e dos revisores.

Confiamos que os elementos didáticos aqui contidos acelerarão substancialmente o processo de fixação do conhecimento necessário para obter a certificação PMP.

A você leitor pretendente à condição profissional PMP, aproveite a praticidade das ferramentas do *Workbook PMP* para testar e fixar sua compreensão das informações contidas no PMBOK.

Quais foram as principais mudanças trazidas pelo PMBOK 5ª edição?

A cada nova versão do PMBOK, fica evidente a evolução das práticas em Gerenciamento de Projetos. Em períodos de 4 anos (nos anos olímpicos), o PMBOK é atualizado com as propostas de melhorias experimentadas pela comunidade mundial de gerenciamento de projetos.

A grande novidade do PMBOK quinta edição é a inclusão de uma nova área de conhecimento, Gerenciamento das partes interessadas, totalizando 10 áreas de conhecimento, situação que não ocorria desde a revisão da primeira edição em 1987, quando Gerenciamento da integração foi formalmente reconhecida como a nona área de conhecimento.

INTRODUÇÃO

No PMBOK anterior, os conhecimentos para gerenciar as partes interessadas no projeto estavam contidos em processos no capítulo de Gerenciamento das comunicações. A elevação do Gerenciamento das partes interessada ao *status* de área de conhecimento reforça a necessidade de maior foco no empenho e acompanhamento das decisões das partes interessadas, desde sua correta identificação até o seu efetivo controle.

Mudanças nos processos e áreas de conhecimento:

PMBOK 4ª edição	Tipo de Mudança	PMBOK 5ª edição
4.3 Orientar e gerenciar a execução do projeto	Renomeado	4.3 Orientar e gerenciar o trabalho do projeto
	Adicionado	5.1 Planejar o gerenciamento de escopo
5.5 Verificar o escopo	Renomeado	5.5 Validar o escopo
	Adicionado	6.1 Planejar o gerenciamento do cronograma
	Adicionado	7.1 Planejar o gerenciamento de custos
8.1 Planejar a qualidade	Renomeado	8.1 Planejar o gerenciamento de qualidade
8.3 Realizar o controle de qualidade	Renomeado	8.3 Controlar a qualidade
9.1 Desenvolver o plano de recursos humanos	Renomeado	9.1 Planejar o gerenciamento de recursos humanos
10.2 Planejar as aquisições	Troca de seção	10.1 Planejar o gerenciamento das comunicações
10.3 Distribuir as informações	Troca de seção	10.2 Gerenciar as comunicações
10.5 Reportar o desempenho	Troca de seção	10.3 Controlar as comunicações
11.6 Monitorar e controlar os riscos	Renomeado	11.6 Controlar os riscos
12.1 Planejar as aquisições	Renomeado	12.1 Planejar o gerenciamento de aquisições

continua

continuação

12.3 Administrar as aquisições	Renomeado	12.3 Controlar as aquisições
10.1 Identificar as partes interessadas	Troca de seção	13.1 Identificar as partes interessadas
	Adicionado	13.2 Planejar o gerenciamento das partes interessadas
10.4 Gerenciar as expectativas das partes interessadas	Troca de seção	13.3 Gerenciar o engajamento das partes interessadas
	Adicionado	13.4 Controlar o engajamento das partes interessadas

Outras mudanças relevantes no novo PMBOK:

- Passou-se de 42 para 47 processos

- Aderência à ISO 21.500, sobre gestão de projetos, lançada globalmente em outubro de 2012, que também é composta das mesmas dez áreas de conhecimento

- Aplicação dos princípios de gestão do conhecimento na redefinição do modelo de dados e fluxo de informações

- Reposicionamento do capítulo 3, com objetivo de ter a definição como padrão de forma isolada em um anexo

- Alinhamento dos termos e definições com os outros padrões do PMI *(PMI Standard),* como gestão de portfólio e gestão de programa

- Método ágil citado no item de ciclo de vida

- Explanação dos tipos de situações em que os projetos podem ser encerrados prematuramente

- Regras para as definições das entradas, técnicas e ferramentas, e saídas dos processos

- Reforço da necessidade de desenvolvimento do gerente de projetos em gerenciamento de pessoas.

Em resumo, a quinta edição atende aos anseios da comunidade de gerenciamento de projetos, que além das áreas de conhecimentos existentes, passam a ter um incremento no foco direcionado para as partes interessadas.

Capítulo 2

Roteiro e Dicas para a Certificação PMP

As dicas para a certificação PMP foram distribuídas ao longo das fases do ciclo de vida do exame. As fases são:

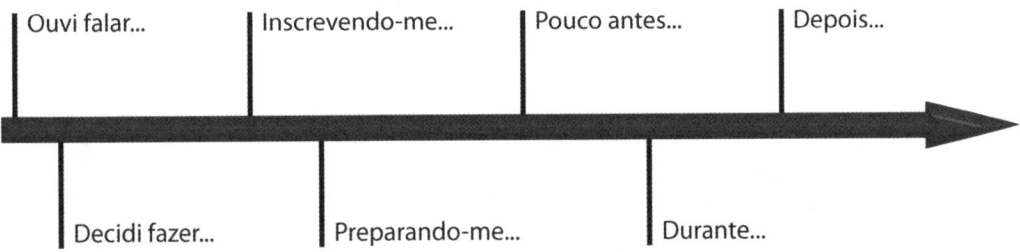

Ouvi falar...

Nesta fase as pessoas tomam os primeiros contatos com os termos "PMI" e "certificação PMP". É o caso, por exemplo, quando buscam novas colocações no mercado e se deparam com o pré-requisito da certificação, ou são convidadas a participar de um evento em que se menciona o PMI, ou quando a organização contrata um treinamento ou implementa uma metodologia baseada no PMBOK.

Fundado em 1969, o PMI é uma instituição não governamental sem fins lucrativos. Presente em mais de 170 países, visa fomentar o profissionalismo e a ética no campo do gerenciamento de projetos.

A certificação PMP foi lançada em 1984. Confere ao profissional certificado o reconhecimento por ter demonstrado experiência, conhecimentos e habilidades para liderar equipes e atingir resultados respeitando restrições, por exemplo, de tempo, custo e recursos. O processo da certificação PMP é reconhecido pela ISO (*International Organization for Standardization*).

Neste contexto, é didático esclarecer a diferença entre qualificação e certificação (veja Quadro 2.1). Quando a pessoa investe na sua capacitação como gerente de projetos em cursos de pós-graduação, MBAs ou cursos específicos de formação, este profissional busca qualificação. Quando a pessoa possui experiência como gerente de projetos e visa o reconhecimento por uma entidade externa à sua organização, este profissional busca certificação. Qualificação e certificação são objetivos complementares na estruturação do perfil do profissional de sucesso em gerenciamento de projetos.

Quadro 2.1: Diferenças entre qualificação e certificação

Qualificação	Certificação
Outorgada por universidades e empresas	Outorgada por órgão certificador
Válida por período indeterminado	Válida por período determinado
Reconhecimento restrito	Reconhecimento amplo
Padrão livre, sem referencial obrigatório	Padrão definido pelo órgão certificador
Exemplos: cursos de capacitação e pós-graduação *lato senso*	Exemplos: certificação PMP, certificação ITIL

Benefícios da certificação PMP para o indivíduo:

- Reconhecimento internacional
- Aumento da empregabilidade e valorização do indivíduo na organização

ROTEIRO E DICAS PARA A CERTIFICAÇÃO PMP

- Certificado pertencente ao profissional, não à organização
- Valorização crescente da certificação pelo mercado
- Ampliação da rede de relacionamentos com outros PMPs.

Benefícios da certificação PMP para a organização:

- Reconhecimento internacional
- Desenvolvimento da cultura de gerenciamento de projetos
- Atestado do conhecimento dos profissionais em gerenciamento de projetos
- Participação em licitações e resposta a propostas que exijam profissionais certificados
- Diferencial frente a concorrentes e clientes.

Decidi fazer...

A certificação PMP demanda um considerável comprometimento pessoal e esforço de estudo. É importante conhecer os critérios mínimos de elegibilidade, conhecer a dimensão do desafio e refletir sobre o momento mais adequado para ingressar neste caminho antes de tomar a decisão de se certificar.

Critérios mínimos de elegibilidade para o exame

Os critérios de elegibilidade dependem do grau de escolaridade do candidato. Candidatos com grau universitário (3º grau completo) devem possuir 4.500 horas de experiência em gerenciamento de projetos nos últimos 8 anos e, neste período, a experiência deve ser distribuída em pelo menos 36 meses (exemplo: o candidato não pode alocar todas as suas horas em 1 ano de experiência, mesmo alegando que trabalhou além do horário normal do projeto). Para os candidatos que não possuem grau universitário, a regra é semelhante, mudando apenas o tempo de experiência com gerenciamento de projetos. Veja no Quadro 2.2.

Quadro 2.2: Critérios de elegibilidade para a certificação PMP

Tem grau universitário	Não tem grau universitário
Experiência de 4.500 horas com gerenciamento de projetos	Experiência de 7.500 horas com gerenciamento de projetos
36 meses, não sobrepostos, de experiência nos últimos 8 anos	60 meses, não sobrepostos, de experiência nos últimos 8 anos
35 horas de educação formal em gerenciamento de projetos	35 horas de educação formal em gerenciamento de projetos
Concordar em aderir ao código de conduta profissional proposto pelo PMI	Concordar em aderir ao código de conduta profissional proposto pelo PMI

Outras informações:

- Experiência em gerenciamento de projetos significa ter liderado ou dirigido atividades de projeto. Por exemplo, você pode ter liderado um subprojeto, uma entrega, um pacote de trabalho ou um conjunto significativo de atividades.

- Experiência não sobreposta significa que, ao mesmo tempo, você não pode ter desempenhado atividades em mais de um projeto. Por exemplo, em um certo dia você pode ter trabalhado quatro horas da parte da manhã no projeto A e quatro horas da parte da tarde no projeto B, todavia, não poderia ter trabalhado nos projetos A e B nas quatro horas da parte da manhã.

- No caso de cursos com parte do conteúdo programático relacionado ao gerenciamento de projetos e parte relacionado a outros temas, contabilize somente as horas relacionadas ao conteúdo de gerenciamento de projetos.

Momento certo?

Os critérios de elegibilidade atuam como padrões de qualidade referenciais e eliminatórios para as candidaturas. Contudo, o processo de auditoria é feito por amostragem. Como o PMI assume que todos estão dizendo a verdade até que se prove o contrário, é possível que candidaturas sejam aprovadas mesmo sem cumprir determinados requisitos. Todo candidato deve refletir sobre o melhor momento para se certificar, evitando dissabores a seus empregadores e a si mesmo.

Project Management Professional (PMP) ou Profissional em Gerenciamento de Projetos, por definição, não é um título para amadores. O objetivo da certificação PMP é reconhecer alguém que tem na sua formação e experiência um equilíbrio entre teoria e prática. Assim, não deve ser vista como um fim em si mesma, mas como o coroamento de um profissional em evolução.

O momento pessoal do candidato deve ser também considerado. Várias questões emergem e devem ser analisadas: por que você quer se certificar? Você está disposto a priorizar este objetivo em detrimento de outros compromissos, inclusive familiares? Você tem recursos financeiros para pagar o exame ou consegue patrocínio?

Segundo o PMI, 61% dos empregadores reembolsam aos candidatos aprovados as taxas do exame e os custos da preparação para o exame. Assim, uma questão a negociar com a organização é: "não peço que vocês corram riscos, mas caso eu seja aprovado no exame vocês me reembolsam?"

Inscrevendo-me...

Nesta fase serão elucidados os detalhes do processo de inscrição para o exame. Os passos recomendados para a inscrição são:

Passo 1: Filiar-se ao PMI (EUA) e PMI (Local)

Não é obrigatória a filiação ao PMI antes de se inscrever para o exame, no entanto, existem vantagens em se fazer isso. Com relação aos custos, o candidato que decidir não fazer a filiação deverá pagar uma taxa de US$ 555,00 para poder realizar o exame. Em contrapartida, aquele que optar por uma filiação individual antes de realizar o exame pagará um total de US$ 564,00 (US$ 159,00 de filiação + US$ 405,00 do exame). Os valores praticamente se equivalem, porém, o candidato filiado ainda recebe os seguintes benefícios:

- Acesso aos periódicos publicados pelo PMI:
  - *PM Network:* notícias recentes sobre projetos e a profissão de gerente de projetos no mundo todo.
  - *PMI Today:* notícias sobre as atividades do Instituto.
  - *Project Management Journal:* artigos científicos no campo do gerenciamento de projetos.
  - *Brasil e-link*: revista eletrônica que cobre as atividades e novidades do PMI no Brasil.

- Biblioteca Virtual *(eReaders & Reference):* acesso pela Internet ao conteúdo completo de livros e artigos sobre gerenciamento de projetos e administração de empresas.

- *PathPro-PMI's Career Framework for Practitioners:* aplicativo online que permite aos filiados identificar as habilidades e competências necessárias ao bom desempenho gerencial em projetos, fazer a sua auto avaliação e planejar o seu desenvolvimento profissional.

- Acesso às áreas reservadas do site do PMI (EUA), em http://www.pmi.org, e do site do Capítulo local do PMI ao qual se está filiado:

    - Cadastro de currículo e pesquisa de oportunidades de emprego

    - Acesso ao conteúdo do PMBOK e a todos os outros padrões publicados pelo PMI

    - Acesso às outras informações privilegiadas

- Desconto em exames, renovações, seminários, congressos e publicações do PMI (EUA) e PMI (Local).

- Oportunidade de compartilhar conhecimentos e de ampliar a rede de relacionamentos através das Comunidades de Prática.

Existem duas modalidades de filiação:

- ***Membro individual***

A forma mais rápida e segura de tornar-se membro individual é fazendo o processo de filiação diretamente no site do PMI (EUA), em http://www.pmi.org, ou do PMI (Brasil), em http://brasil.pmi.org, cadastrar seus dados e pagar com cartão de crédito internacional. No mesmo dia será enviado por e-mail o número identificador de filiado (PMI ID) e a senha.

O processo de filiação também poderá ser feito de forma off-line. Neste caso, obtenha o documento *membership application* no site do PMI (EUA), preencha-o e envie, juntamente com o comprovante de pagamento, pelo correio para: Project Management Institute, 14 Campus Boulevard, Newtown Square, Pennsylvania 19073-3299 USA.

O investimento é igual a US$ 159,00 (US$ 129,00 de filiação ao PMI + US$ 10,00 de taxa de primeira filiação + US$ 20,00 de filiação ao PMI local).

- **Membro estudante**

O membro estudante deve comprovar, no ato da filiação, que está matriculado em um curso de graduação ou pós-graduação, de tempo integral.

Semelhante à modalidade Membro Individual, esta modalidade de filiação poderá ser executada online, pelo site do PMI (EUA), ou off-line, pelo correio. Na modalidade off-line o *membership application* preenchido deverá ser enviado juntamente com o comprovante de pagamento e uma declaração, em inglês, da instituição de ensino, atestando que o candidato à filiação está regularmente matriculado em um curso de graduação ou pós-graduação, de tempo integral.

O investimento é igual a US$ 52,00 (US$ 32,00 de filiação ao PMI + US$ 20,00 de filiação ao PMI local).

O membro estudante tem direito aos mesmos benefícios do membro individual.

Passo 2: Preencher o formulário de aplicação

O candidato deverá acessar o site do PMI (EUA) e preencher o formulário de aplicação. O preenchimento deste documento poderá ser feito de forma online no site ou off-line fazendo *download*. As informações requeridas no formulário são: os dados pessoais do candidato e as informações sobre a verificação de experiência. Estas últimas se referem aos projetos dos quais o candidato participou e, para cada projeto, a quantidade de horas trabalhadas dentro de cada grupo de processos (iniciação, planejamento, execução, monitoramento e controle e encerramento) e também as informações sobre os treinamentos realizados em gerenciamento de projetos.

Recomenda-se que a ordem de escolha dos projetos seja dos mais recentes para os mais antigos, dentro do período permitido de 8 anos.

Não é necessário cadastrar todos os projetos dos quais o candidato participou dentro do período permitido. Cadastre somente até atingir o limite mínimo de horas exigidas de experiência em gerenciamento de projetos (4.500 ou 7.500 horas). Estas ações visam facilitar a comprovação da experiência informada no caso de a candidatura ser selecionada para auditoria. Quanto mais projetos, mais extenso será o processo de comprovação.

Passo 3: Fazer a inscrição para o exame

A inscrição pode ser feita:

- pela Internet por meio do site https://certification.pmi.org.

- pelo correio, enviando o formulário preenchido para: PMI Certification Department, 14 Campus Boulevard, Newtown Square, Pennsylvania 19073-3299 USA.

Dicas:

- O nome informado pelo candidato no formulário de inscrição deverá ser exatamente igual ao que consta no documento de identificação que o candidato apresentará no centro autorizado de prova (Prometric Centers)

- Informe o identificador como filiado (PMI ID) durante a inscrição para receber o desconto para filiados

- Escolha o português do Brasil como segunda língua mesmo que você domine o inglês; dessa forma, as questões serão apresentadas nos dois idiomas.

Passo 4: Processo de aprovação e auditoria

Cerca de 10% dos candidatos são aleatoriamente escolhidos para auditoria. Os candidatos a serem auditados serão informados por e-mail sobre os procedimentos e documentação necessária para comprovação das informações.

Geralmente, a comprovação é feita por declaração assinada pelo gerente ou supervisor da pessoa candidata, em que deverá atestar sua participação no projeto em questão. O PMI se reserva o direito de contatar diretamente esse gerente ou supervisor, caso necessário. Se por alguma razão não for possível contatar o gerente ou supervisor da época do projeto, o atestado pode ser emitido por um colega que participou do projeto com o candidato ou um supervisor atual que tenha conhecimentos sobre a participação do candidato no projeto.

Em relação às 35 horas/aula de educação formal em gerenciamento de projetos, envie cópias simples dos certificados de conclusão. Jamais envie os originais, pois estes serão retidos pelo PMI e não mais devolvidos.

Caso não tenha concluído um curso mas já tenha cursado mais do que as horas/aula exigidas, peça uma declaração (em inglês) da instituição de ensino atestando o número de horas cursadas até o momento, período de início e término do curso, e assinatura do responsável.

ROTEIRO E DICAS PARA A CERTIFICAÇÃO PMP 13

Não envie documentos, a menos que seja selecionado para a auditoria.

O PMI necessita de uma semana (dias úteis) para processar as informações e enviar o resultado por e-mail. Em caso de aprovação, será enviada a carta de elegibilidade, autorizando o candidato a agendar o exame.

Outras informações:

- A carta de elegibilidade é válida por 1 ano
- O candidato selecionado para auditoria receberá a carta de elegibilidade somente após apresentar a documentação solicitada
- Caso haja demora excessiva para envio da carta de elegibilidade, envie e-mail (em inglês) para customercare@pmi.org ou, para se comunicar em português, para AtendimentoBrasil@pmi.org, pedindo esclarecimentos.
- O candidato tem no máximo três tentativas dentro do período de elegibilidade para passar no exame. Se não obtiver sucesso nas três tentativas ou se deixar expirar o prazo da carta de elegibilidade, deverá aguardar o período de um ano, a partir da data da terceira tentativa ou da expiração do prazo da carta de elegibilidade, para iniciar novo processo de elegibilidade.

Passo 5: Agendar o exame nos centros autorizados de prova

O agendamento do exame nos centros autorizados de prova (Prometric-Centers) pode ser feito pelo site www.prometric.com/pmi, ou pelo telefone 1-443-751-4995.

Informações para o agendamento:

- Programa a ser testado: Project Management Institute
- Nome do exame: PMP Portuguese
- Código de identificação PMI (PMI ID): encontrado na carta de elegibilidade
- Segunda língua: português do Brasil.

O PMBOK é tradicionalmente atualizado em anos olímpicos. Nestes anos, a procura pelo exame aumenta e as datas disponíveis nos centros autorizados esgotam-se rapidamente. Fique atento e não deixe o agendamento para a última hora.

Tratamento para as situações:

- Reagendamento ou cancelamento: a política para reagendamentos e cancelamentos obedece às seguintes regras:

  - Pedidos feitos em um prazo superior a 30 dias da data do exame podem ser feitos sem a cobrança que qualquer taxa.

  - Pedidos feitos em um prazo igual ou inferior a 30 dias e superior a 2 dias da data do exame pagarão uma taxa de US$ 70,00.

  - Pedidos feitos em um prazo igual ou inferior a 2 dias da data do exame não serão atendidos e haverá a cobrança do valor integral da taxa do exame.

Dúvidas sobre a política de reagendamentos e cancelamentos podem ser tiradas no endereço http://www.pmi.org/GLOBALS/2012-Rescheduling-Fees-FAQs.aspx.

- Reexame: solicitado quando o candidato não foi aprovado e quer fazer um novo exame dentro do período de elegibilidade. Como a elegibilidade permite que o candidato realize o exame três vezes, caso não passe na primeira tentativa, ele terá mais duas oportunidades para realizar o exame novamente dentro do período de elegibilidade. O agendamento do reexame deve ser feito no site da Prometric, www.prometric.com/pmi, ou pelo telefone 1-443-751-4995. É permitido solicitar o reexame logo após o término do exame atual, não havendo período de espera.

Preparando-me...

Os três fatores críticos de sucesso para o candidato na certificação PMP, conforme Figura 2.1, são:

- Conhecimentos de gerenciamento de projetos: conhecimento dos conceitos, técnicas e ferramentas que compõem as boas práticas preconizadas no PMBOK

- Estratégia de prova: conhecimento dos detalhes da prova, a terminologia e o modo "PMI de pensar" para elaboração das questões

- Experiência profissional: experiência acumulada como membro de equipe e gerente de projetos até o dia do exame. Experiência é importante para responder às questões situacionais, em que cenários são apresentados e pede-se um posicionamento do candidato. No caso de conflito entre a experiência do candidato e as boas práticas, fique com o recomendado pelas boas práticas.

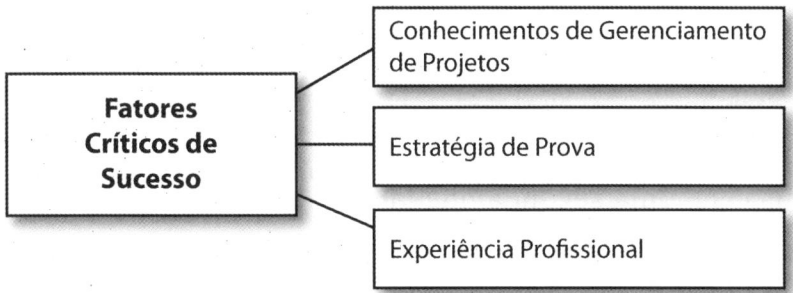

Figura 2.1: Fatores críticos de sucesso na certificação PMP

Todos os fatores críticos de sucesso devem ser trabalhados no processo de preparação para a certificação PMP. Por exemplo: muitos candidatos que possuem uma vasta experiência profissional, por gerenciar projetos há muitos anos, falham na obtenção da certificação por negligenciarem os demais fatores.

Conteúdo do exame

O PMBOK responde no máximo por 60% das questões da prova. Para garantir o sucesso, é necessário consultar outras fontes que detalham conteúdos que o PMBOK não mencione ou o faz de forma superficial. O Quadro 2.3 mostra a distribuição percentual da prova pelos grupos de processos do gerenciamento de projetos. Em termos de área de conhecimento, historicamente, riscos e qualidade são as áreas de conhecimento com menor índice de acertos pelos candidatos.

Quadro 2.3: Divisão das questões por domínios

Domínios	Percentual de Questões
Iniciação	13%
Planejamento	24%
Execução	30%
Monitoramento e Controle	25%
Encerramento	8%

Características do exame

- Prova aleatoriamente gerada com base em um banco de dados com centenas de questões.

- Prova computadorizada com 200 questões de múltipla escolha, com quatro alternativas cada, a ser realizada no tempo máximo de quatro horas.

- Língua oficial da prova: inglês (com possibilidade de solicitar a inclusão de uma segunda língua).

- Local de prova: centros autorizados de prova (Prometric Centers).

- Aprovação: 61% de acertos.

Vinte e cinco questões serão descartadas aleatoriamente, dessa forma, o candidato deve acertar 106 das 175 questões válidas.

- Custo da primeira tentativa:
    - US$ 405 para membros do PMI.
    - US$ 555 para não membros do PMI.

- Custo para outras tentativas durante o período de elegibilidade:
    - US$ 275 para membros do PMI.
    - US$ 375 para não membros do PMI.

- Período de elegibilidade: um ano.

Dicas de estudo e tratamento das questões durante a prova

- O gerenciamento de projetos deve ser entendido, não memorizado.

- Anote as questões, separando-as em duas categorias: questões analisadas com dúvida (anote as alternativas candidatas, geralmente duas finalistas) e questões não analisadas. Para todas estas questões, deixe uma das alternativas escolhida, mesmo que esteja em dúvida.

- Verifique se todas as 200 questões foram respondidas.

- Fique atento às alternativas das questões da prova cujos textos são corretos, mas não têm relação com a pergunta.

ROTEIRO E DICAS PARA A CERTIFICAÇÃO PMP

- Alternativas que utilizam generalizações (sempre, nunca, completamente) tendem a estar incorretas.

- Mude uma alternativa somente se tiver certeza.

- Alternativas que preenchem espaços em branco no enunciado das questões não necessariamente se encaixam gramaticalmente no enunciado.

- Estude o glossário do PMBOK.

- Estude por área de conhecimento e depois pelos grupos de processos.

- Faça os exercícios de fixação deste livro (*Workbook PMP*) com muita atenção, de modo a assimilar os conceitos.

- Aprenda com os simulados, analise por que errou ou acertou uma questão.

- Monte grupos de estudo com pessoas verdadeiramente comprometidas com o objetivo da certificação. Agende encontros em que um membro do grupo apresente um capítulo do PMBOK, todos debatam sobre o conteúdo do capítulo e realizem um simulado com pelo menos 20 questões sobre o capítulo.

- Todas as questões valem um ponto, independentemente de sua complexidade. É possível errar todas as questões relacionadas a um domínio e mesmo assim ser aprovado.

- As questões dividem-se em fáceis, médias, difíceis e muito difíceis.

A quantidade de questões fáceis e médias geralmente é suficiente para aprová-lo, portanto, muita atenção nestas questões. Não fique frustrado se não conseguir responder corretamente todas as questões, pois algumas deixam em dúvida até os especialistas.

- Caem muitas questões situacionais, descrevendo cenários (minicasos) e solicitando o posicionamento do candidato como gerente de projetos. Nestes casos, se aplicada à luz das boas práticas, a experiência profissional conta pontos.

- Procure a resposta que realmente resolva o problema descrito no enunciado das questões. Questões com dados irrelevantes são artifícios para testar se o candidato sabe identificar as informações relevantes para solucionar o problema.

- Cuidado com questões que agrupam termos e conceitos que separados fazem sentido, todavia, juntos, não existem. Guie-se pelo descrito no glossário do PMBOK.

- Existem muitas questões solicitando: "a melhor resposta", "o que deve ser feito primeiro", "exceto" e "o que você faria".

- Leia todas as alternativas antes de escolher uma. Para evitar o esquecimento, leia de baixo para cima, ou seja, da alternativa D para a alternativa A.

- O domínio "responsabilidade profissional e social" não é tratado no PMBOK, porém é exigido no exame. O conteúdo deste domínio é abordado no Código de Ética e Responsabilidade Profissional do PMI, que pode ser obtido no site do PMI (EUA).

- Muitas questões exigem que você saiba onde está no gerenciamento de projetos (o que vem antes e o que vem depois).

- É comum a prova apresentar um diagrama de rede ou um determinado cenário e fazer várias perguntas baseadas neste elemento.

- Construa um plano individual de estudo constituído pelos marcos do exame e datas previstas, juntamente com o plano semanal de estudos (marque um X no horário planejado para estudo). Veja um modelo de plano de estudo a seguir:

Marcos do Exame	Data Prevista
1. Decisão de fazer o exame	
2. Filiação ao PMI efetuada (opcional)	
3. Estudos iniciados	
4. Inscrição realizada	
5. Exame marcado	
6. Exame realizado	

ROTEIRO E DICAS PARA A CERTIFICAÇÃO PMP

	2ª feira	3ª feira	4ª feira	5ª feira	6ª feira	Sábado	Domingo
0 às 1 h							
1 às 2 h							
2 às 3 h							
3 às 4 h							
4 às 5 h							
5 às 6 h							
6 às 7 h							
7 às 8 h							
8 às 9 h							
9 às 10 h							
10 às 11 h							
11 às 12 h							
12 às 13 h							
13 às 14 h							
14 às 15 h							
15 às 16 h							
16 às 17 h							
17 às 18 h							
18 às 19 h							
19 às 20 h							
20 às 21 h							
21 às 22 h							
22 às 23 h							
23 às 24 h							
Total de horas de estudo por dia							
Total de horas de estudo por semana							

Pouco antes...

À medida que a data do exame se aproxima, é natural o aumento da ansiedade dos candidatos. Seguem algumas orientações para este importante período.

Uma semana antes

- Revise todo o conteúdo por meio das sínteses dos capítulos deste livro.
- Faça pelo menos mais um simulado completo de 4 horas.
- Se possível, visite anteriormente o local da prova no horário em que o exame está agendado para verificar as condições do trânsito, definir o melhor trajeto e registrar o tempo de deslocamento. Esteja preparado para os imprevistos e reserve um tempo maior para o deslocamento.

Na véspera

- Não fuja do seu padrão em termos de bebida e comida.
- Evite estudar neste dia, procure relaxar.
- Deixe à vista (sobre uma mesa, por exemplo) todo o material que pretende levar para o local de prova, tais como: carta de elegibilidade, documento de identidade e calculadora de quatro operações. Marque o despertador (mesmo se a prova estiver agendada para a parte da tarde) considerando o tempo de deslocamento até o local da prova.
- Evite dormir tarde no dia anterior à prova para ficar mais descansado no outro dia.

Durante...

Identificação do candidato e material permitido

- Levar documento de identificação com foto, nome e assinatura legíveis, preferencialmente, carteira de identidade, CNH ou passaporte.
- Levar uma calculadora de quatro operações e raiz quadrada, lápis e borracha.
- Você receberá folhas para rascunho, que devem ser devolvidas ao final da prova.
- Não será permitido entrar com outros materiais no local da prova.

Por exemplo, não é permitido entrar com: comida, bebida, aparelhos eletrônicos, blocos de anotações e canetas.

ROTEIRO E DICAS PARA A CERTIFICAÇÃO PMP 21

Funções do software da prova

O software da prova tem basicamente as funções de:

- Visualização simultânea dos enunciados das questões e das quatro alternativas de resposta no idioma inglês e no segundo idioma, escolhido quando do momento da inscrição para o exame.

- Navegação com botões para a frente, para trás, encerramento da prova e campo para marcação da questão para revisão posterior. Atenção: após confirmação, o botão de encerramento acionará o processo de correção, não sendo possível retomar a prova.

- Visualização das questões em modo tabela, permitindo rolar rapidamente a tela e encontrar uma questão. Duplo clique e a questão é aberta.

Administração do tempo

- Chegue ao local de prova com 30 minutos de antecedência.

- Aproveite o tempo do tutorial de ambientação com o software da prova (15 minutos), que não contam nas 4 horas disponíveis para a realização do exame, para transpor fórmulas e anotações relevantes para o papel de rascunho recebido.

- 200 questões em 4 horas resulta em uma velocidade de resposta de 1 minuto e 12 segundos por questão. Porém, algumas questões exigirão segundos e outras vários minutos para serem respondidas.

- Tempo de prova é contínuo e decrescente. Quando o *timer* zerar, o software interrompe a prova e inicia-se a correção automaticamente.

- Gaste todo o tempo de prova. A maioria dos candidatos termina a prova em até 3 horas e 30 minutos. Recomenda-se que no tempo restante, o candidato, nesta ordem:

  - acione o modo de navegação por tabela e abra a primeira questão. Avance acionando o botão para a frente e verifique se todas as questões foram respondidas. Questão não respondida é questão errada;

  - confirme a resposta das questões analisadas com dúvida;

  - confirme a resposta das questões não analisadas.

- No término do processo de correção, o resultado de aprovação ou reprovação é mostrado na tela. Simultaneamente, um relatório é impresso em papel oficial do PMI com o resultado e desempenho do candidato por grupo de processo e área de conhecimento. Guarde este documento, pois ele é a única evidência do resultado do exame. Posteriormente, caso aprovado, o nome do PMP aparecerá no site do PMI (EUA).

Depois...

Após a aprovação, o PMP receberá do PMI seu código de identificação (PMP ID), o certificado e o "pin". Não confundir PMP ID (código de identificação do PMP) com o PMI ID (código de identificação do filiado).

Para manter a certificação PMP não é necessário realizar o exame novamente. A manutenção da certificação depende da comprovação do envolvimento do PMP com o gerenciamento de projetos. Esta comprovação deve ocorrer até o final de cada ciclo de continuidade da certificação, que dura três anos a partir da data de aprovação no exame. Por exemplo, se o candidato foi aprovado em 10 de outubro de 2013, o ciclo passa a contar deste mesmo dia e terminará no dia 10 de outubro de 2016.

O PMI criou uma unidade de medida chamada *PDU (Professional Development Unit)* para mensurar o envolvimento do PMP com atividades profissionais ou experiência de aprendizagem estruturada relacionadas ao gerenciamento de projetos. O PMP deve acumular 60 PDUs por ciclo de continuidade da certificação. Caso o PMP acumule mais de 60 PDUs em um ciclo, é possível transferir até 20 PDUs para o próximo ciclo, desde que estas tenham sido cadastradas no terceiro ano do ciclo.

Exemplos:

- O PMP cadastrou 30 PDUs no primeiro ano, 30 PDUs no segundo ano e 30 PDUs no terceiro ano, totalizando 90 PDUs, então poderá transferir 20 PDUs para o próximo ciclo

- O PMP cadastrou 20 PDUs no primeiro ano, 30 PDUs no segundo ano e 10 PDUs no terceiro ano, totalizando 60 PDUs, então não poderá transferir PDUs para o próximo ciclo

Exemplos de ações que contam PDUs:

- Conclusão de cursos (MBA, pós-graduação, mestrado, doutorado e outros) relacionados ao gerenciamento de projetos

- Estudo e leitura de livros relacionados ao gerenciamento de projetos

- Autor ou coautor de artigo sobre gerenciamento de projetos e publicação em periódico referenciado ou não referenciado pelo PMI

- Palestrante ou professor de tópico sobre gerenciamento de projetos em conferências, congressos, *workshops*, seminários ou cursos formais

- Membro ou moderador de painel de discussão sobre gerenciamento de projetos em conferências, congressos, *workshops*, seminários ou cursos formais

- Autor de conteúdo para seminário ou outro programa estruturado de educação formal em gerenciamento de projetos

- Autor ou coautor de livro sobre gerenciamento de projetos

- Atuar profissionalmente em serviços de gerenciamento de projetos por mais de 1.500 horas por ano

- Apoiar serviços de gerenciamento de projetos em *REPs (PMI Registered Education Providers)* e outros provedores educacionais

- Atuar como voluntário em organizações de gerenciamento de projetos como PMI (EUA) ou PMI (Local), grupos comunitários e de caridade.

O registro das PDUs pode ser feito pelo preenchimento do relatório *Professional Development Activities* diretamente no site do PMI (EUA) ou enviado para o e-mail certCCR@pmi.org.

Os documentos que comprovam as ações devem ser armazenados, pois o PMP pode ser selecionado para uma auditoria deste processo. O custo de renovação da certificação é de US$ 150,00 para não membros do PMI e de US$ 60,00 para membros do PMI.

Após o término do ciclo e verificando-se o não cadastro da totalidade das 60 PDUs, a certificação será suspensa. A suspensão dura, no máximo, 12 meses; passado este período e não sendo feito o cadastro das PDUs, a certificação será cancelada. O período em que a certificação estiver suspensa contará normalmente para o próximo ciclo de renovação da certificação.

Após dez anos como certificado e não mais exercendo atividade remunerada, o PMP pode solicitar a aposentadoria da certificação, mantendo o título de forma vitalícia sem a necessidade de renovação e pagamento.

O PMI pode alterar as informações contidas neste capítulo sem aviso prévio. Portanto, fique alerta sobre mudanças na política da prova, consultando com frequência o site do PMI (EUA) no endereço http://www.pmi.org.

Capítulo 3

Simulado-base

O leitor deve reservar quatro horas consecutivas para responder ao simulado a seguir antes da leitura dos demais capítulos, reproduzindo a situação real do exame. Desse simulado foram retiradas as questões que são comentadas ao longo do livro nas seções intituladas "Comentários do Simulado" de cada capítulo. Nessas questões comentadas vocês encontrarão frases sublinhadas que fornecem as "pistas" para o entendimento da pergunta e da resposta, bem como a justificativa para a resposta.

1. O planejamento do projeto está em curso quando a equipe analisa quanto tempo vai demorar para processar uma nova ordem de mudança no novo *call center*. Esta análise a ajudará a determinar quantos funcionários serão necessários no *call center* com base em sua demanda antecipada conforme volume de clientes. Este é um exemplo do quê?

   A) Premissas.

   B) Restrições.

   C) Gerenciamento de operações.

   D) Planejamento estratégico.

2. Como gerente de projetos, você está gerenciando um projeto que tem catorze entregas de fornecedores externos. Um fornecedor tem negociado com um parceiro para obter mais financiamento. Caso não cheguem a um acordo, o fornecedor paralisará a produção de uma de suas entregas. Corre um boato de que a fábrica será fechada devido a esta questão. Que ações devem ser tomadas em primeiro lugar?

   A) Mudar o fornecedor assim que um outro seja encontrado.

   B) Iniciar o plano de resposta aos riscos criado para este fornecedor.

   C) Entrar em contato com o fornecedor e discutir este problema.

   D) Iniciar a contratação de outros fornecedores como um plano de apoio.

3. O patrocinador está realizando uma reunião e um gerente de projetos está relatando que o projeto dele está atrasado em três semanas e abaixo do orçamento em R$ 80 mil. Você descobre a partir do PMO que o projeto está atrasado em oito semanas e acima do orçamento. O que você deve fazer?

   A) Denunciar o gerente de projetos ao PMI.

   B) Rever com o gerente de projetos como esta situação foi criada.

   C) Solicitar ao PMO para investigar a situação do projeto.

   D) Notificar a gerência sênior.

4. Uma empresa tem sido afetada pela desorganização dos projetos, que não estão em alinhamento com os objetivos empresariais, e não enfoca a integração entre os projetos, quando aplicável. A diretoria da empresa gostaria que houvesse melhor foco no agrupamento de projetos, relacionados por unidade de negócio e linhas de produtos, para que fossem maximizadas a eficiência e a rentabilidade. Qual das seguintes opções melhor descreve o que a diretoria pretende fazer?

   A) Gerenciamento por objetivos.

   B) Gerenciamento de portfólio.

   C) Gerenciamento de projetos.

   D) Gerenciamento de operações.

5. Uma empresa de submarinos de R$ 10 bilhões está implementando o gerenciamento de projetos formal na organização. Ela tomou a decisão de implementar um Escritório de Gerenciamento de Projetos (PMO). Na criação desta estrutura, ela tem forte apoio executivo, uma sólida metodologia, incluindo modelos, gerentes de projeto recém-certificados e um sistema de gerenciamento de tempo primoroso. O que é preciso ter primeiro para garantir a maior probabilidade de sucesso?

   A) Gerentes de projetos competentes.
   B) Um sólido sistema de relatórios de tempo para todos os membros da equipe.
   C) Uma definição clara das metas e objetivos para o PMO.
   D) Um conjunto detalhado de modelos.

6. Como gerente de projetos, você está gerenciando um projeto que tem um produto com um conjunto muito detalhado de requisitos, que foram definidos após uma série de reuniões com o cliente. O cliente não viu valor nessas reuniões, mas concordou com elas para o benefício do projeto. O projeto é para um grande cliente, aquele que gasta mais que R$ 7.000.000 por ano com a sua empresa. Para atingir a satisfação do cliente, o que deve ser cumprido?

   A) O cumprimento de todos os requisitos do produto aprovados no levantamento.
   B) Completar o projeto com o produto cumprindo as características inerentes que atendem aos requisitos básicos que foram a base de sua construção.
   C) Focar-se apenas em completar o escopo do projeto.
   D) Completar o projeto no cronograma e no orçamento.

7. Uma empresa de *chips* de computador está construindo uma fábrica para produzir um novo produto. A empresa não tem quaisquer dados sobre quanto tempo vai demorar para criar *chips* com o novo equipamento. Esta informação é importante porque ajudará a definir o número de trabalhadores necessários no processo de fabricação e, também, o tamanho geral da instalação. A empresa realiza alguns testes para determinar quanto tempo vai demorar para concluir o processo de criação do novo *chip*. Estes testes devem ser concluídos e os dados analisados três semanas antes de o desenho da instalação estar finalizado. No tocante ao prazo de realização dos testes, podemos classificar como exemplo de quê?

A) Informações históricas.

B) Análise de produtos.

C) Restrições.

D) Premissas.

8. Você é o chefe dos gerentes de projetos do PMO de sua empresa. Seu trabalho é analisar projetos quando eles terminam e validar a eficácia dos esforços no projeto. O encerramento do projeto poderia ser o resultado de um projeto quando este for completado ou por qualquer outro motivo. Quando você considera um projeto encerrado?

A) Quando não houver possibilidade de se obter mais recursos.

B) Todas as respostas.

C) Quando o projeto completa a validação de escopo.

D) Quando o projeto é cancelado.

9. Como gerente de projetos, você está gerenciando um projeto que tem catorze entregas de contratados externos. Um contratado esqueceu de obter um certificado de ocupação na prefeitura para um edifício que será utilizado como um resultado do projeto. Um fiscal de edifícios da prefeitura está pedindo para ver o certificado de ocupação antes de permitir que as pessoas se mudem para o edifício. Quem é, em última instância, o responsável por obter esta entrega (certificado)?

A) Gerente de projetos.

B) Inspetor de prefeitura.

C) Encanador.

D) Contratante.

10. Qual das opções a seguir não é um regulamento, nem uma norma?

A) A forma documentada de dispor as tintas antigas.

B) O zoneamento para uma área industrial.

C) O número médio de bilhetes de loteria perdidos em uma semana.

D) O código de construção para uma cidade.

11. O projeto de eletrônica está na fase de planejamento para criar uma versão menos dispendiosa de um produto já existente. Na avaliação da tripla restrição, qual das seguintes variáveis é a de mais alta prioridade?

    A) Escopo.

    B) Tempo.

    C) Custo.

    D) Eles são todos iguais, salvo disposição em contrário no termo de abertura.

12. Durante o planejamento do projeto em uma organização matricial, o gerente do projeto determina quais recursos humanos adicionais são necessários. De quem ele requisitaria esses recursos?

    A) Gerente do projetos.

    B) Gerente funcional.

    C) Equipe.

    D) Patrocinador.

13. Você é o gerente de uma consultoria que está executando um projeto de grande porte em um cliente estratégico. Seu cliente está insatisfeito e ameaça cancelar o projeto. Como "última chance" ele pede que o projeto implemente um pequeno pacote de trabalho não previsto no escopo, mas que não irá influenciar no prazo do projeto. O que você deve fazer em primeiro lugar?

    A) Implementar o pacote de trabalho e salvar o projeto.

    B) Negar a implementação, pois o pacote não estava previsto.

    C) Pedir que o cliente formalize o pedido de mudança no projeto.

    D) Submeter o caso ao patrocinador.

14. Um gerente de projetos foi alocado para gerenciar um projeto para desenvolver um novo microprocessador em um país estrangeiro. O gerente do projeto deve ficar no local por oito meses. O gerente do projeto está tendo problemas de adaptação ao trabalho e ao ambiente que o rodeia diariamente. O que poderia causar este problema?

A) Diferença no fuso horário.

B) Diferenças no custo.

C) Diferenças culturais.

D) Diferenças de idioma.

15. A equipe do projeto iniciou para a sua empresa o desenvolvimento de um projeto em um novo mercado. Como o mercado é muito instável, o produto que ela está criando não tem necessariamente todos os detalhes definidos antes de o planejamento começar. A equipe tem que planejar o máximo e começar a trabalhar. À medida que conhecer mais o trabalho, adaptará o planejamento. Qual das seguintes opções descreve melhor a abordagem?

    A) Elaboração Progressiva.

    B) Programação Extrema.

    C) Gerenciamento da Qualidade Total.

    D) Gerenciamento do Projeto.

16. Durante a fase de execução do projeto, seu cliente lhe procura para discutir um escopo adicional que ele entende ser importante para o projeto. Como gerente do projeto, você pede que ele formalize a requisição para que você submeta ao processo de controle de mudanças. Qual deve ser a primeira coisa a fazer após encaminhar a mudança de escopo requerida?

    A) Garantir que o impacto da mudança é compreendido pelo cliente.

    B) Identificar por que a mudança não foi incluída na fase de planejamento.

    C) Perguntar ao cliente se ele tem mais alguma necessidade de mudança de escopo.

    D) Completar o processo de controle integrado de mudanças.

17. O Sistema de Gerenciamento de Configuração tem como objetivo auxiliar o gerente de projeto durante todo o ciclo de vida do projeto na tomada de decisão com relação às mudanças no projeto porque ele:

A) Providencia uma forma padronizada, efetiva e eficiente para gerenciar, dentro do projeto, as mudanças aprovadas e as linhas de base.

B) Providencia um controle formal das versões das várias alterações que ocorreram nas linhas de base do projeto.

C) Possui um comitê de controle de mudanças, conhecido como CCM, que é responsável por aprovar as mudanças no projeto.

D) Permite que somente mudanças que não afetem os objetivos do projeto sejam aprovadas.

18. Você é o gerente de projeto que tem como responsabilidade fazer com que os trabalhos sejam executados no momento certo e na sequência certa. Qual das ferramentas listadas a seguir você irá utilizar?

A) Estrutura Analítica do Projeto.

B) Diagrama de rede PERT/CPM.

C) Matriz de Responsabilidade.

D) Sistema de Autorização do Trabalho.

19. Uma diferença entre o Sistema de Gerenciamento de Configuração e o Controle de Mudanças é que o Gerenciamento de Configuração _____ enquanto o Controle de Mudanças _____.

A) está focado na especificação das entregas e dos processos; está focado na identificação, documentação e controle de mudanças do projeto e das linhas de base.

B) é um conjunto de procedimentos desenvolvidos para cada projeto; são processos corporativos que devem ser utilizados no projeto.

C) fornece um processo para a equipe de projeto comunicar as mudanças no projeto; proporciona a estrutura de um comitê (CCM) para aprovação das mudanças.

D) é composto pelas partes interessadas do projeto; são processos a tratar todas as mudanças do projeto.

20. O plano de gerenciamento do projeto normalmente contém todos os itens listados abaixo, exceto:

A) Os planos das áreas de conhecimento, Linha base de desempenho de custo, Plano de respostas aos riscos.

B) Termo de abertura, Declaração do escopo, Cronograma do projeto.

C) Planos auxiliares, Linha de base de medição de desempenho, opinião especializada.

D) Linha de base do escopo, Linha de base do cronograma, EAP.

21. Quando o gerente do projeto é informado que uma possível mudança irá melhorar o escopo, reduzindo o custo e aumentando a satisfação do cliente, o que ele dever fazer?

    A) Implementar a mudança imediatamente, pois isto irá beneficiar o cliente e o executor do projeto.

    B) Preparar uma solicitação de mudança, que será submetida ao CCM.

    C) Informar ao superior imediato a oportunidade e pedir a sua autorização para fazer a mudança.

    D) Ignorar totalmente o fato, pois isto somente dará mais trabalho e ele já tem o suficiente.

22. Qual das afirmações abaixo sobre o processo de realizar o controle integrado de mudanças está incorreta?

    A) O CCM deve analisar, autorizar ou rejeitar todas as mudanças no projeto.

    B) A EAP faz parte da linha de base para as mudanças de escopo.

    C) O Controle integrado de mudanças pode permitir aprovação automática de algumas mudanças.

    D) O Controle integrado de mudanças objetiva manter a integridade das linhas de base do projeto.

23. Obter a aceitação formal do cliente no final do projeto é um trabalho cuidadoso de verificação e documentação dos resultados do projeto que envolve todos os itens a seguir, exceto:

    A) Executar todos os processos acordados para encerramento do projeto.

    B) Fazer a modificação final da linha de base do projeto.

    C) Atualizar a base de conhecimento sobre o projeto.

    D) Atualizar os sucessos e fracassos dos contratos.

24. O Plano de Gerenciamento do Projeto integra e consolida todos os planos de gerenciamento auxiliares com todos os resultados obtidos durante sua execução no processo de planejamento. O Plano de Gerenciamento do Escopo fornece orientação sobre como o escopo do projeto será definido, documentado, verificado, gerenciado e controlado pela equipe de gerenciamento de projetos. Qual das afirmações a seguir é verdadeira sobre o Plano de Gerenciamento do Escopo?

    A) Ele é elaborado durante a execução dos processos da área de conhecimento de escopo.

    B) Não se desenvolve um Plano de Gerenciamento de Escopo para o projeto.

    C) Ele é elaborado no primeiro processo de gerenciamento do escopo.

    D) Ele faz parte do Plano de Gerenciamento de Requisitos.

25. A principal preocupação do patrocinador do projeto durante as atividades de integração é:

    A) O custo de integração.

    B) A quantidade de trabalho técnico a ser realizado em cada departamento.

    C) O número de fronteiras funcionais que são atravessadas.

    D) O envolvimento do cliente durante a integração.

26. Qual processo deve ser o responsável por pôr em prática o que foi definido nos planos de gerenciamento auxiliares?

    A) Monitorar e controlar o trabalho do projeto.

    B) Desenvolver o termo de abertura do projeto.

    C) Desenvolver o plano de gerenciamento do projeto.

    D) Dirigir e gerenciar o trabalho do projeto.

27. No processo de Monitorar e controlar o trabalho do projeto, a comparação com os resultados planejados gera muitas mudanças, algumas delas conhecidas como ações corretivas e outras como ações preventivas. Com relação a estes dois tipos de mudança, podemos afirmar que:

A) Ações corretivas se relacionam com a substituição de um componente do projeto, enquanto as ações preventivas estão relacionadas aos riscos.

B) Ações preventivas estão relacionadas aos riscos, enquanto as ações corretivas estão relacionadas com falhas de processo.

C) Ambas têm o mesmo objetivo, mas a diferença é que as ações corretivas estão relacionadas com o passado e as ações preventivas estão relacionadas com o futuro.

D) Ações corretivas são feitas para voltar ao que se espera do desempenho futuro do projeto, ficando de acordo com o planejado, e ações preventivas estão relacionadas a evitar que um problema ocorra no futuro.

28. Um gerente de projetos terminou o projeto. Ele sabe que todo o escopo foi concluído e está dentro dos objetivos de custo e prazo estabelecidos pelo patrocinador. O patrocinador, entretanto, diz que o projeto foi um fracasso, porque o cronograma original foi de 27 semanas e o projeto foi concluído em 33 semanas. Se a linha de base do projeto foi 33 semanas, o projeto é um sucesso porque:

    A) Teve apenas seis semanas de alterações.

    B) Foi concluído dentro da linha de base.

    C) Houve poucas alterações.

    D) Houve bom controle de comunicação.

29. O processo que visa revisar as solicitações de mudanças, aprovação e gerenciamento das mudanças em entregas, ativos de processos organizacionais, documentos e plano de gerenciamento do projeto, é:

    A) Realizar o controle da qualidade.

    B) Monitorar e controlar o trabalho do projeto.

    C) Realizar o controle integrado de mudanças.

    D) Controlar o escopo.

30. Você está gerenciando um grande projeto com dez interessados-chave que representam quatro divisões da empresa. Seis diferentes contratados estão envolvidos, e seus esforços têm que ser coordenados.

Seu time de projeto imediato tem quatro líderes de equipe. Cada um desses líderes tem uma equipe com cerca de 12 pessoas. Com um projeto desse tamanho em escopo, você se dá conta de que deve dedicar muita atenção a um efetivo controle integrado de mudanças. Isto significa que você está preocupado primariamente com:

A) Controle dos fatores que poderiam dificultar o controle integrado de mudanças, de forma que somente mudanças aprovadas sejam implementadas.

B) Manutenção da integridade das linhas de base, liberando somente as mudanças aprovadas para serem incorporadas aos produtos ou serviços do projeto e mantendo sua configuração e sua documentação de planejamento relacionadas.

C) Integrar entregas de diferentes especialidades funcionais no projeto.

D) Estabelecer um comitê de controle de mudanças que supervisione as alterações totais do projeto.

31. Necessidade do negócio, justificativa do projeto, descrição do produto e entregas e requisitos de aprovação são alguns dos principais itens que devem compor o documento:

A) Termo de abertura do projeto.

B) Plano de gerenciamento do projeto.

C) Produto, serviço ou resultado final.

D) Atualizações do plano de gerenciamento do projeto.

32. _____são fatores que limitam as opções da equipe, como recursos, orçamento, prazos e escopo. _____ são as coisas assumidas como verdadeiras para iniciar o projeto. As definições anteriores referem-se, respectivamente, a:

A) Premissas e restrições.

B) Delimitações e preconceitos.

C) Proibições e deduções.

D) Restrições e premissas.

33. Todos os seguintes são partes de um efetivo sistema de controle de mudanças, exceto:

   A) Procedimentos formais.

   B) Lições aprendidas.

   C) Sistema de informações do gerenciamento de projetos.

   D) Solicitações de mudanças.

34. Quem é o responsável final pela integração do projeto?

   A) O patrocinador.

   B) O escritório de projetos.

   C) O gerente do projeto.

   D) O gerente do escopo do projeto.

35. Você herdou um grande projeto de construção civil em andamento e observou que o gerente de prazos não alinha suas necessidades com o gerente de escopo que, por sua vez, não conversa com o gerente de custos. Considerando este cenário, o que deve ser feito em primeiro lugar?

   A) Marcar um *happy hour* para integrar os gerentes.

   B) Sugerir que eles conversem entre si e resolvam suas diferenças.

   C) Reunir-se com os gerentes e implementar um fluxo de controle de mudanças.

   D) Pedir a intervenção do patrocinador.

36. Um gerente de projetos está no processo de validar o escopo de uma entrega com o cliente. Qual é a coisa mais importante que o gerente de projetos deve garantir?

   A) Precisão.

   B) Pontualidade.

   C) Aceitação.

   D) Completude.

37. Quando da elaboração da declaração de escopo do projeto, o documento mais importante para este trabalho é a documentação dos requisitos, que tem como objetivo:

   A) Descrever quais requisitos individuais levam a atingir as necessidades para as quais o projeto foi definido.

   B) Documentar as necessidades das partes interessadas e como atingi-las.

   C) Documentar como os requisitos serão analisados, documentados e gerenciados durante toda a vida do projeto.

   D) Documentar a origem do requisito e como ele será seguido durante a execução do projeto.

38. As afirmações a seguir sobre os processos de Gerenciamento do Escopo do Projeto estão corretas, exceto:

   A) O Plano de Gerenciamento do Escopo do projeto não é uma das saídas, visto fazer parte dos processos de integração.

   B) São os processos necessários para assegurar que o projeto inclui todo o trabalho necessário, e somente o necessário, para concluir o projeto com sucesso.

   C) Está relacionado em deixar claro o que está incluso e não incluso no projeto.

   D) Tem como objetivo monitorar, validar e controlar o escopo durante todo o ciclo de vida do projeto.

39. Um membro do time notifica o gerente do projeto (depois do fato) que certas entregas do projeto foram atingidas sem que se fizessem todos os pacotes de trabalho associados na EAP. O que o gerente do projeto deve fazer?

   A) Comunicar imediatamente as alterações a todos os membros do time e interessados.

   B) Submeter a mudança ao Controle Integrado de Mudanças para se alterar o plano de gerenciamento do projeto.

   C) Alterar as linhas de base de medição de desempenho do projeto.

   D) Alterar o processo de relatórios para obter informações mais cedo.

40. A estrutura analítica do projeto é criada:

    A) Pela equipe.

    B) Pelo gerente do projeto.

    C) Pela gerência.

    D) Pelo gerente funcional.

41. A saída mais importante dos processos de Gerenciamento do escopo do projeto é a linha de base do escopo, que é composta por:

    A) Plano de gerenciamento do escopo e a Declaração de escopo do projeto.

    B) Declaração de escopo e a EAP do projeto.

    C) Plano de gerenciamento de escopo e seus planos subsidiários.

    D) Declaração de escopo, EAP e o Dicionário da EAP.

42. Qual das seguintes opções melhor descreve o processo de validar o escopo?

    A) Documenta as características finais dos produtos ou serviços que o projeto concluiu.

    B) É a formalização da aceitação das entregas feitas pelo projeto.

    C) É a última atividade antes do término do projeto.

    D) É o mesmo que o processo de Controle de qualidade, apenas que um é para o produto e o outro é para o projeto.

43. Quando da elaboração da Declaração do escopo do projeto, um dos itens mais importantes que devem constar são as Premissas e Restrições do projeto. Para que a equipe do projeto não tenha qualquer dúvida sobre o assunto, podemos diferenciar Premissas das Restrições da seguinte forma:

    A) Premissas são os marcos do cronograma e restrições estão relacionadas aos custos do projeto.

    B) Premissas são associadas aos riscos iniciais do projeto e restrições aumentam as opções da equipe quanto ao escopo.

C) Premissas são consideradas como verdadeiras e restrições limitam as opções da equipe quanto ao escopo.

D) Premissas são as exclusões do projeto e restrições são marcos a serem considerados.

44. Quando da elaboração da EAP utiliza-se a técnica da decomposição, porém em alguns projetos nem sempre isto pode ser possível em um primeiro momento, e nestes casos utiliza-se a técnica conhecida como:

A) Refinamento.

B) Decomposição sequencial.

C) Ondas sucessivas.

D) Decomposição posterior.

45. Você é o gerente de um projeto de tecnologia da informação. Um especialista em informação do seu time, depois de almoçar com um representante de baixo escalão do cliente, que está trabalhando com ele em um projeto de software, descobre que uma simples alteração no display seria de grande valor para o projeto. Você e o patrocinador do projeto já assinaram a aprovação do escopo. O especialista em informação executa a mudança sem qualquer efeito negativo no cronograma do projeto e sem custo adicional. Que ação gerencial deve ser tomada?

A) O especialista em informação deve ser reconhecido por exceder a expectativa do cliente sem afetar o custo ou o cronograma do projeto.

B) O gerente do projeto deve adicionar uma tarefa ao plano de gerenciamento do projeto sem tempo associado.

C) O especialista em informação deve ser informado de que seu comportamento foi inaceitável, pois pode ter afetado negativamente o projeto como um todo.

D) O gerente do projeto deve criar um formulário de controle de mudanças e conseguir a assinatura do cliente, já que a alteração já foi feita.

46. A principal parte interessada do projeto, no qual você está trabalhando, informou que está faltando uma entrega-chave na Declaração de escopo do projeto. Diante deste fato, o que você deveria fazer?

   A) Modificar a Declaração de escopo depois que uma requisição de mudança aprovada for recebida.

   B) Modificar a Declaração de escopo de modo a refletir a nova entrega.

   C) Informar à parte interessada que o trabalho não incluído está automaticamente excluído do escopo do projeto.

   D) Informar à parte interessada que essa entrega pode ser incluída no próximo projeto, uma vez que a assinatura já foi obtida.

47. Você foi designado para gerenciar uma parte de um grande projeto que deve ser terminada dentro de duas semanas. Você se reuniu com a liderança da área para reunir requisitos, e você tem um termo de abertura do projeto, declaração de escopo e plano de projeto que foram aprovados por estes indivíduos. Disseram a você para se reunir com o usuário principal dos resultados do projeto para demonstrar como o sistema funcionará. Quando você termina a demonstração, fica claro que os requisitos do usuário são muito diferentes daqueles que foram dados inicialmente a você e com os quais você e o cliente concordaram. Qual é a melhor coisa para você fazer agora?

   A) Gerar uma solicitação de mudança para os requisitos do usuário.

   B) Convocar uma outra reunião com a liderança da área e o usuário para gerar um conjunto de requisitos revisados.

   C) Tentar atender tantos requisitos do usuário quanto forem possíveis dentro do orçamento e do cronograma estabelecidos para o projeto.

   D) Completar o trabalho conforme originalmente planejado e formular um novo projeto para atender os requisitos do usuário.

48. O processo do controle integrado de mudanças sugere que sejam observadas todas as interferências que a mudança originada de uma área de conhecimento cause nas demais para, então, decidir por sua aprovação ou rejeição. Em relação ao controle de escopo, podemos dizer que seu(s) principal(is) objetivo(s) é(são):

A) Proibir que haja mudanças no escopo.

B) Documentar as mudanças rejeitadas.

C) Monitorar seu progresso e gerenciar as mudanças na linha de base.

D) Observar as mudanças aprovadas e documentá-las.

49. Criar a Estrutura Analítica do Projeto (EAP) é o processo de subdividir as entregas e o trabalho do projeto em componentes menores e de gerenciamento mais fácil. Os itens abaixo são características da criação de uma EAP, exceto:

    A) É criada com a ajuda da equipe do projeto.

    B) O primeiro nível de decomposição pode representar subprojetos, grandes entregas ou as fases do ciclo de vida do projeto.

    C) Cada nível da EAP é uma parte componente de seu nível superior.

    D) A subdivisão dos elementos da EAP continua até que se alcancem os chamados códigos de contas.

50. Gerenciar escopo significa:

    A) Realizar todo o trabalho que você lembra ser previsto.

    B) Permitir que as partes interessadas adicionem trabalho ao escopo do projeto sem passar pelo sistema de controle de mudanças.

    C) Definir e controlar o que está e o que não está incluso no projeto.

    D) Incentivar a execução de trabalhos extras.

51. Próximo ao término da execução do projeto, um membro da equipe está em dúvida quanto às características de um pacote de trabalho sob sua responsabilidade. Qual dos seguintes documentos abaixo deve ajudar a fornecer as informações que o membro da equipe precisa?

    A) Plano de gerenciamento do escopo.

    B) Dicionário da EAP.

    C) Lista de atividades.

    D) Cronograma.

52. Você é o gerente de um projeto de desenvolvimento de um software que está terminando sua fase de planejamento. Em seguida, você deve iniciar a fase de implementação. O projeto está duas semanas adiantado. Qual deve ser a principal preocupação do gerente do projeto antes de seguir para a fase final do projeto?

    A) Validar o escopo.

    B) Elaborar relatório de desempenho.

    C) Controlar os custos.

    D) Controlar a qualidade.

53. Na tabela anterior, qual é a duração (aproximada) esperada do projeto?

    A) 170 dias.

    B) 200 dias.

    C) 120 dias.

    D) Não é possível saber.

54. Na tabela anterior, qual a probabilidade de que o projeto termine em até 180 dias?

    A) 5%.

    B) 95%.

    C) 68%.

    D) 84%.

55. Uma forma de encurtar o cronograma de seu projeto é designar cinco pessoas para cada atividade na fase de design do projeto em vez de duas. Apesar de estar considerando esta abordagem, a equipe da fase de design do seu projeto dobraria em tamanho como resultado. Esta abordagem tende a:

    A) Reduzir a produtividade.

    B) Aumentar a produtividade.

    C) Reduzir a necessidade de membros de nível sênior na equipe de apoio, diminuindo os custos gerais de recursos em consequência.

    D) Reduzir ou aumentar a produtividade dependendo do plano de gerenciamento do cronograma.

56. O Plano de gerenciamento de cronograma do projeto é desenvolvido durante qual processo?

    A) Desenvolver o cronograma.

    B) Gerenciamento do cronograma.

    C) Desenvolver o plano de gerenciamento do projeto.

    D) Planejar o gerenciamento do cronograma.

57. Quando da elaboração de um diagrama de rede, a equipe de projeto pode utilizar vários tipos de dependência. Entre as atividades, aquelas que são criadas devido à experiência da equipe ou devido às melhores práticas são conhecidas como:

    A) Dependências obrigatórias.

    B) Dependências arbitradas.

    C) Dependências formais.

    D) Dependências externas.

58. A quantidade total de tempo que uma atividade pode atrasar sem interferir com a data de início mais cedo de nenhuma de suas atividades sucessoras é:

    A) Folga livre.

    B) Folga total.

    C) Atraso.

    D) Folga.

59. Compressão (*Crashing*) das atividades de um cronograma significa:

    A) Compactação do cronograma do projeto pela execução em paralelo de atividades que normalmente seriam feitas em série.

    B) Balancear custos e duração para se obter a maior taxa de compressão com o menor custo, na viabilidade técnica de se adicionarem mais recursos na atividade.

    C) Alocar mais recursos na atividade para aumentar sua duração.

    D) Melhorar a produtividade dos recursos alocados na atividade para se obter uma melhor relação de custo-duração.

60. Dadas as informações da tabela a seguir, calcule a duração total do projeto:

Tarefa	Predecessora	Duração em Semanas
INÍCIO	--------	0
D	INÍCIO	4
A	INÍCIO	6
F	D, A	7
E	D	10
G	F, E	5
B	F	22
H	G	7
C	H	8
FIM	C, B	0

A) 69 semanas.

B) 67 semanas.

C) 35 semanas.

D) 34 semanas.

61. Considere que o sistema de gerenciamento de projeto mostrou que, no final do quarto mês de execução de um projeto com duração prevista de 16 meses, os valores apurados do valor agregado foram VP = 100, VA = 80 e CR = 90. Com base nestas informações, podemos inferir que faltam quantos meses para terminar o projeto?

A) 20.

B) 22.

C) 16.

D) 12.

62. No método da corrente crítica, os *buffers* de alimentação (pulmão de convergência) são aqueles que:

   A) São utilizados para determinar a folga do caminho crítico do projeto.

   B) São colocados em cada ponta de uma cadeia de tarefas dependentes que não está na cadeia crítica.

   C) São atividades que não têm nem início nem fim e representam a folga que se tem em cada um dos possíveis caminhos do projeto.

   D) São utilizados para gerenciar a folga total dos caminhos da rede do projeto.

63. O relatório de desempenho de um projeto, até determinada data, indica que VP = 4.500, VA = 4.800 e CR = 4.800. Com base nestas informações, podemos inferir que o projeto está:

   A) Atrasado, mas dentro dos custos.

   B) Fazendo mais do que o planejado.

   C) Fazendo o planejado e gastando mais.

   D) Faltam informações para análise.

64. O que se identifica com o método do caminho crítico?

   A) O caminho mais longo para se completar o projeto.

   B) O caminho mais arriscado para se completar o projeto.

   C) O caminho mais rápido para se completar o projeto.

   D) O caminho mais simples para se completar o projeto.

65. Você está remodelando sua cozinha e decide preparar um diagrama de rede para este projeto. Seus utensílios têm que estar comprados e disponíveis para instalação quando os armários estiverem concluídos. Neste exemplo, estes relacionamentos são:

   A) Início a término.

   B) Término a término.

   C) Início a início.

   D) Término a início.

66. Como técnica de redução de prazos, o paralelismo (*fast tracking*) sugere revisar as atividades sequenciadas para realizá-las em paralelo. Em quais tipos de dependência o gerente de projetos poderá atuar para utilizar este método?

    A) Nas dependências obrigatórias.

    B) Nas dependências arbitradas.

    C) Nas dependências externas.

    D) Em todos os tipos de dependência.

67. Você foi convidado para gerenciar um projeto de engenharia que necessita de uma aprovação ambiental do governo local para iniciar sua execução. Esta aprovação tem previsão de 90 dias para ser conseguida. Este é um exemplo de que tipo de dependência?

    A) Dependência obrigatória.

    B) Dependência arbitrada.

    C) Dependência externa.

    D) Todos os tipos de dependência.

68. Durante o planejamento do projeto, você estima o tempo necessário para cada atividade e então soma as estimativas para criar a estimativa do projeto. Você se compromete a concluir o projeto nessa data. O que está errado neste cenário?

    A) A equipe não criou a estimativa e a estimativa demora muito usando este método.

    B) A equipe não criou a estimativa e um diagrama de rede não foi usado.

    C) A estimativa é muito longa e deveria ser criada pela gerência.

    D) A estimativa do projeto deveria ser igual à data de conclusão requerida pelo cliente.

69. Qual ferramenta ajuda o gerente de projeto a medir, comparar e analisar o desempenho geral do cronograma?

    A) Informações sobre o desempenho do trabalho.

    B) Análise de desempenho.

C) Análise da variação.

D) Mudanças solicitadas.

70. Qual das alternativas a seguir melhor descreve o caminho crítico?

    A) As atividades que representam funcionalidades críticas.

    B) As atividades que representam a maior parte dos pacotes de trabalho.

    C) As atividades que representam os maiores riscos ao cronograma do projeto.

    D) As atividades que representam o caminho ótimo através do diagrama de rede.

71. O tipo mais incomum de relacionamento entre atividades é:

    A) Término a início – A atividade deve terminar antes de sua sucessora começar.

    B) Início a início – A atividade deve começar depois de sua sucessora começar.

    C) Término a término – A atividade deve terminar antes de sua sucessora terminar.

    D) Início a término – A atividade deve começar antes de sua sucessora terminar.

72. Um projeto tem sete atividades: A, B, C, D, E, F e G. A, B e D podem começar a qualquer momento. A leva três semanas, B leva cinco semanas e D leva 11 semanas. A e B têm que estar concluídas antes que C possa começar. C leva seis semanas. B, C e D têm que estar concluídas antes que E possa começar. E leva duas semanas. F pode começar tão logo C esteja concluída e requer quatro semanas. E tem que estar concluída antes que G possa começar. G leva três semanas. F e G têm que estar concluídas para o projeto estar concluído. Que atividades têm folga disponível?

    A) Atividade A tem duas semanas de folga, atividade F tem uma semana.

    B) Atividade F tem uma semana de folga.

    C) Não há folga disponível no projeto.

    D) Atividade A tem oito semanas de folga.

73. Você é um gerente de projetos alocado para um projeto que gastou R$ 4.000.000. O orçamento inicial era de R$ 1.500.000. A alta administração decidiu interromper o projeto. Qual termo descreve os R$ 1.500.000 que foram gastos até agora?

    A) O custo orçado do trabalho realizado.

    B) Custo de oportunidade.

    C) Custo afundado.

    D) Valor monetário esperado.

74. Qual das descrições a seguir mais se aproxima do tipo de estimativa de três pontos para os custos do projeto?

    A) Estimam-se os custos do projeto a partir da utilização da distribuição triangular para representar os vários custos dos pacotes de trabalho.

    B) O custo total do projeto é obtido por meio das estimativas de melhor caso, pior caso e mais provável, calculando-se a média aritmética das três estimativas.

    C) Consideram-se no cálculo dos custos dos pacotes de trabalho as estimativas otimista, mais provável e pessimista da mesma forma que no PERT.

    D) Não se utiliza estimativa de três pontos para calcular o custo de projeto; ela somente é utilizada na estimativa de duração das atividades durante a elaboração de cronogramas.

75. Quando da estimativa de custos de um pacote de trabalho, o gerente do projeto é informado que o custo para execução daquele trabalho será de R$ 90 por metro linear instalado. Ele irá usar qual tipo de estimativa?

    A) Paramétrica.

    B) Análoga.

    C) Três pontos.

    D) *"Bottom-up"*.

76. Qual dos itens abaixo não é considerado como custo direto para execução de um determinado pacote de trabalho?

A) Os custos da mão de obra utilizada nos trabalhos.

B) Parte do aluguel das instalações onde está sendo executado o projeto.

C) Os custos dos materiais utilizados no pacote de trabalho.

D) O custo do aluguel dos equipamentos necessários para executar o pacote de trabalho.

77. Uma das ferramentas para estimativa de custos do projeto é a análise das reservas. Dentre as reservas mais utilizadas temos a reserva de contingência, que reflete a necessidade adicional de fundos para o projeto devido:

A) à decisão da Diretoria de sempre colocar uma porcentagem nos custos finais como garantia.

B) a falhas na identificação dos riscos no projeto.

C) à necessidade de recursos adicionais para tratar os riscos conhecidos.

D) à falta de qualidade nos serviços que estão sendo executados.

78. A técnica de acumulação dos custos dos pacotes de trabalho nas contas de controle e depois das contas de controle até o projeto obtendo-se o ONT é conhecida como:

A) Acumulação *"top-down"*.

B) Decomposição de custos orçados.

C) Reconciliação de recursos financeiros.

D) Agregação.

79. Com base nos dados da tabela abaixo, podemos dizer que o custo para completar o restante do projeto é estimado em:

Duração prevista = 12 meses
CR = R$ 16.000,00
VA = R$ 22.400,00
VP = R$ 27.500,00
ONT = R$ 50.400,00

A) R$ 10.000.

B) R$ 20.000.

C) R$ 30.000.

D) R$ 34.400.

80. Com base nos dados da tabela anterior, qual é o novo orçamento total previsto para o projeto?

    A) R$ 36.000.

    B) R$ 50.400.

    C) R$ 28.000.

    D) R$ 34.400.

81. Na técnica do Valor Agregado, o índice IDPT informa ao gerente do projeto o seguinte:

    A) Qual o saldo corrigido dos custos do projeto com relação ao andamento do cronograma corrigido.

    B) Quanto a equipe deverá trabalhar para manter os custos dentro do orçamento planejado.

    C) Qual o novo saldo de custo necessário para produzir o restante do trabalho programado.

    D) Quanto a equipe de projeto deverá ser eficiente para produzir o restante do trabalho do projeto com o saldo remanescente do orçamento.

82. A tabela a seguir mostra os valores acumulados do projeto até a data. Analisando estes dados, qual elemento da EAP está atrasado e dentro do orçamento?

EAP	PV (VP)	EV (VA)	AC (CR)
A	R$ 2.000	R$ 2100	R$ 2.150
B	R$ 3.000	R$ 2.800	R$ 3.100
C	R$ 2.000	R$ 2.200	R$ 2.050
D	R$ 3.000	R$ 2.900	R$ 2.800

A) Elemento A.

B) Elemento B.

C) Elemento C.

D) Elemento D.

83. O planejamento está progredindo de acordo com o cronograma para o projeto de renovação do hotel. O gerente do projeto e a equipe estão prontos para começar a estimativa de custos. O cliente precisa de uma estimativa com a maior brevidade possível. Qual método de estimativa deve a equipe utilizar?

    A) Estimativa paramétrica.

    B) Estimativa análoga.

    C) Estimativa *bottom-up*.

    D) Estimativa de custos.

84. Sua empresa de tecnologia o escolheu como gerente de um projeto que deverá fazer o cabeamento de 200 pontos de rede num edifício de cinco andares. A fim de realizar sua estimativa de custos, você calcula que o tempo gasto para fazer os primeiros pontos de rede tende a diminuir numa proporção de 10% a cada 50 pontos. Isto é um exemplo de que ferramenta?

    A) Estimativa análoga.

    B) Custo da qualidade.

    C) Estimativa de custos da atividade.

    D) Estimativa paramétrica.

85. Quando se justifica uma mudança na linha de base dos custos do projeto?

    A) Quando houver qualquer mudança de escopo do projeto.

    B) Quando houver uma variação cambial no valor dos componentes de seu produto.

    C) Quando houver variação significativa no valor dos custos do projeto.

    D) Quando houver atraso no cronograma.

86. Atividade A vale R$ 500, está 80% completa, e realmente custa R$ 500. Atividade B vale R$ 450, está 75% completa, e realmente custou R$ 402 até agora. Atividade C vale R$ 600, está 90% completa, e custou R$ 550 até agora. O orçamento total é de R$ 3.000. Qual é a estimativa para a conclusão das atividades listadas?

    A) R$ 3.000,00

    B) R$ 1.957,09

    C) R$ 3.409,09

    D) R$ 409,09

87. Você é um gerente de projetos de um projeto de reforma de casa. O orçamento (ONT) para este projeto é de R$ 68.000. Observando o cronograma, você deveria ter completado 65%, mas está com apenas 50%. Qual é o seu valor agregado?

    A) R$ 30.800.

    B) R$ 44.200.

    C) R$ 34.000.

    D) R$ 22.000.

88. A análise das reservas pode definir reservas de contingência, que são provisões no plano de gerenciamento do projeto para cobrir os custos de riscos. Pode-se afirmar que a reserva de contingência é definida em função dos riscos:

    A) Desconhecidos.

    B) Conhecidos.

    C) Incorridos.

    D) Inexistentes.

89. Uma fábrica gasta R$ 25.000 como custo de preparação cada vez que começa uma nova fabricação. Cada unidade fabricada requer R$ 100 em custo de material e R$ 200 em custo de mão de obra. O preço de venda é R$ 500 por unidade. O custo variável por unidade é:

A) R$ 25.300.

B) R$ 200.

C) R$ 100.

D) R$ 300.

90. Se um projeto tem um IDC de 1,04 e um IDP de 0,92, isto indica que:

    A) O projeto está progredindo mais lentamente e gastando mais do que o planejado.

    B) O projeto está progredindo mais lentamente e gastando menos do que o planejado.

    C) O projeto está progredindo mais rapidamente e gastando mais do que o planejado.

    D) O projeto está progredindo mais rapidamente e gastando menos do que o planejado.

91. Um gerente de projetos fez a análise de desempenho do seu projeto e em relação a custo apresentou um IDC de 0,77. Isto revelou ao gerente de projetos que:

    A) Nesse ponto, ele espera que o projeto esteja 77% acima do orçamento.

    B) O projeto custará 23% mais do que o esperado.

    C) O projeto obterá apenas 77 centavos de cada real nele investido.

    D) A razão de custo para cronograma é 23%.

92. Seu projeto de engenharia civil está 50% realizado, mas sofreu um forte impacto com atrasos na entrega de material pelos fornecedores. Seu superior pede a você que, após revisar seu planejamento, lhe diga qual será o custo total do projeto, quando estiver concluído. Que indicador o ajudará a fornecer esta resposta?

    A) Índice de desempenho de custos.

    B) Variação de custos.

    C) Estimativa para terminar.

    D) Estimativa no término.

93. As informações referentes à forma como o seu projeto irá realizar o gerenciamento dos custos devem ser encontradas no(a):

    A) Plano de gerenciamento do projeto.

    B) Linha de base de desempenho de custos.

    C) Termo de abertura do projeto.

    D) Plano de qualidade do projeto.

94. Você irá gerenciar um projeto de desenvolvimento de software de grande porte. Para isto será necessário providenciar recursos de trabalho para vinte novos analistas. Os custos de aluguel de uma nova sala, iluminação, segurança e limpeza deste local podem ser classificados como:

    A) Custos variáveis.

    B) Custos fixos.

    C) Custos proporcionais.

    D) Custos inversamente proporcionais.

95. Você está herdando um projeto em andamento que tem seu cronograma e custos controlados, mensalmente, por meio de seus indicadores. Ao analisar o gráfico a seguir referente ao projeto, qual seria a sua maior preocupação?

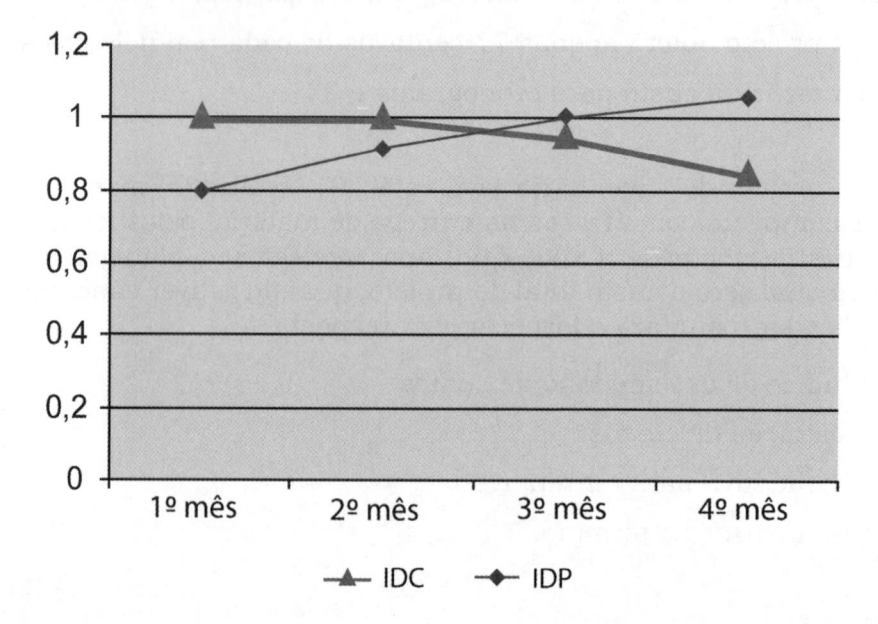

A) Com os custos do projeto.

B) Com o cronograma do projeto.

C) Com ambos.

D) Com a fonte dos dados que geraram o cronograma.

96. Você está apoiando sua gerência na análise de viabilidade de novos projetos e tem de decidir entre o projeto X, com um valor presente líquido de R$ 1.200 MI, e o projeto Y, com um valor presente líquido de R$ 1.350 MI. Se a opção for pelo projeto X, qual é o custo de oportunidade desta escolha?

    A) R$ 1.200 MI.

    B) R$ 1.350 MI.

    C) R$ 150 MI.

    D) R$ 150 MI.

97. Qual dos itens abaixo não faz parte dos conceitos conhecidos como "Os 4 absolutos de Crosby"?

    A) Qualidade significa estar em conformidade com os requerimentos.

    B) Qualidade melhora com a prevenção.

    C) Qualidade é medida somente pelo custo de não conformidade.

    D) Qualidade significa que o desempenho padrão é zero defeito.

98. Qual dos itens abaixo melhor representa o significado da expressão amostragem de atributo, utilizada no processo de controle da qualidade?

    A) Reflete as medidas sobre uma escala contínua de qualidade das características de um produto ou serviço.

    B) É a técnica-padrão utilizada no processo de controle de qualidade desenvolvido por Juran.

    C) É expressa por passou/não passou ou aceito/rejeitado, uma aferição binária.

    D) É realizada para determinar a eficácia dos processos de qualidade implantados.

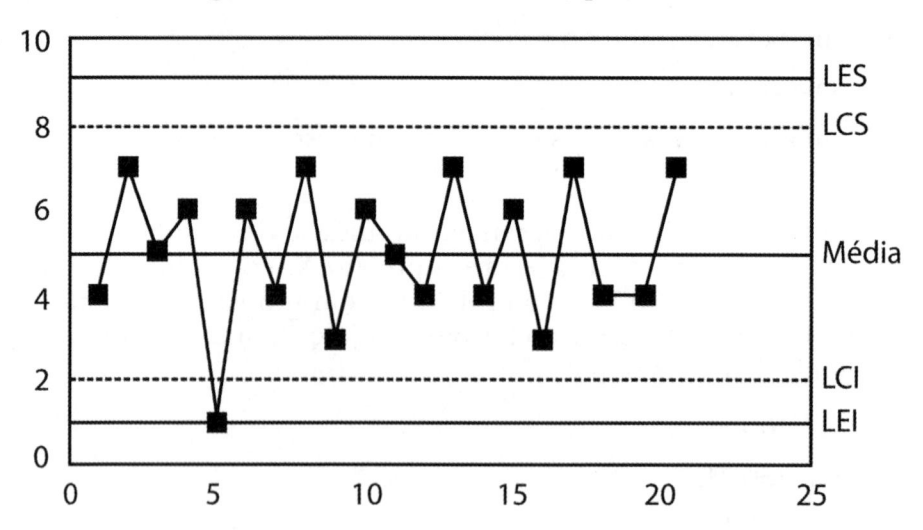

99. Analisando o gráfico de controle abaixo, podemos concluir:

[Gráfico de controle com LES, LCS, Média, LCI, LEI]

A) O processo está sob controle e atendendo às expectativas do cliente.

B) O processo está fora de controle, mas nenhuma ação deverá ser feita, visto que ele está atendendo às expectativas do cliente.

C) Utilizando-se a regra dos sete pontos, verifica-se que está tudo em ordem com o processo.

D) O processo está fora de controle e uma ação deverá ser tomada para corrigi-lo.

100. Quando um processo está estatisticamente sob controle, significa que:

A) Causas naturais e especiais estão presentes.

B) Causas aleatórias ou comuns estão presentes.

C) Somente causas especiais estão presentes.

D) Não existem causas que possam modificar o comportamento.

101. Se em um determinado processo a distância entre os limites de especificação superior e inferior for de 6 sigmas, podemos afirmar que o índice de capacidade ou capabilidade é:

A) 1 sigma.

B) 2,0.

C) 1,0.

D) –2 sigmas.

102. Qual das seguintes não é uma ferramenta utilizada em todos os processos de qualidade?

A) Pareto.

B) Auditoria de qualidade.

C) Gráficos de controle.

D) Diagrama de causa-efeito.

103. A prototipagem da nova função de atualização de cadastro foi apresentada ao usuário para testes e mostrou que não estava seguindo todos os padrões de qualidade definidos. O gerente do projeto se reuniu com a equipe para analisar os resultados. Nesse momento eles estão executando o processo de:

A) Realizar a garantia da qualidade.

B) Planejar o gerenciamento da qualidade.

C) Controlar o escopo.

D) Controlar a qualidade.

104. Você foi nomeado para gerenciar um projeto que já estava em andamento. Antes de iniciar suas atividades, você verificou se haviam ocorrido problemas sérios até o momento. Um dos grandes problemas identificados foi relativo à qualidade dos trabalhos, visto que não existia um plano de gerenciamento da qualidade para o projeto. Você reuniu a equipe para preparar um plano de gerenciamento da qualidade para o projeto e sua primeira ação foi:

A) Definir as métricas de qualidade do projeto e a forma de atingi-las.

B) Determinar a política de qualidade do projeto.

C) Elaborar o plano de gerenciamento da qualidade do projeto.

D) Nomear os responsáveis pela qualidade do projeto.

105. A equipe está testando o trabalho do projeto e enfrenta problemas em um requisito particular. Qual das seguintes ferramentas eles podem usar para isolar o problema?

A) Diagrama de Ishikawa.

B) Análise custo-benefício.

C) Projeto de experimentos.

D) Fluxogramas.

106. A empresa está em fase de testes do seu projeto de software, monitorando defeitos participados por clientes Premium, que estão testando a versão beta do trabalho do projeto. Dada a natureza de um novo projeto, uma variedade de defeitos está sendo detectada ao longo do tempo. Qual das seguintes ferramentas a equipe utilizará para avaliar esses dados graficamente?

A) Diagrama de Pareto.

B) Fluxograma.

C) Gráfico de execução.

D) Diagrama espinha de peixe.

107. Seu cliente está muito satisfeito com o desenvolvimento do projeto e oferece, como prêmio, uma extensão de 100% das atividades contratadas, caso seja imediatamente realizada uma rápida entrega não prevista, que não afetará tempo nem custos do projeto atual. Como gerente deste projeto, qual a melhor coisa a fazer?

A) Você faz a entrega e ganha a extensão do projeto.

B) Você faz a entrega e depois documenta o ocorrido.

C) Você não faz a entrega e solicita uma formalização para realizá-la.

D) Você submete a situação a seu superior.

108. A ferramenta que se utiliza da soma dos custos de prevenção de não atendimento aos requisitos mais os custos de não conformidades é:

A) *Benchmarking*.

B) Métricas de qualidade.

C) Linha de base da qualidade.

D) Custo da qualidade.

109. Uma auditoria da qualidade é uma revisão estruturada e independente para determinar se as atividades do projeto estão cumprindo as políticas, processos e procedimentos da organização e do projeto. Qual das opções abaixo não é um objetivo de uma auditoria da qualidade?

   A) Identificar todas as melhores práticas que estão sendo implementadas.

   B) Identificar todas as lacunas e deficiências.

   C) Denunciar os responsáveis pelas lacunas e deficiências.

   D) Oferecer apoio proativo para melhorar a implementação de processos, aumentando a produtividade.

110. Durante o planejamento da qualidade, o uso de _____ é útil como um método estatístico que auxilia o gerente da qualidade a identificar os fatores que podem influenciar variáveis específicas de um produto ou processo em desenvolvimento ou em produção.

   A) Análise de custo-benefício.

   B) Projeto de experimentos.

   C) Amostragem estatística.

   D) Análise de processos.

111. O projeto está passando pelo controle de qualidade. O que o gerente do projeto poderá usar para comparar o que foi criado com o que foi planejado?

   A) Lista de verificação.

   B) Inspeção.

   C) Decisões de aceitação.

   D) Retrabalho.

112. O diagrama de Pareto é uma ferramenta que mostra quantos defeitos foram gerados por um tipo ou categoria de causa identificada. Esta classificação é usada para direcionar a ação corretiva. Qual o outro nome também dado para identificar a Lei de Pareto?

   A) Diagrama de Ishikawa.

   B) Diagrama de espinha de peixe.

   C) Princípio 80/20.

   D) Diagrama de dispersão.

113. Gerenciar a qualidade do projeto significa empreender os esforços necessários para que o projeto satisfaça às necessidades para as quais foi criado. Dentre os possíveis impactos de um fraco gerenciamento da qualidade podemos citar os abaixo, exceto:

    A) Aumento de custos.

    B) Moral baixo da equipe.

    C) Retrabalhos.

    D) Revisão da metodologia de projetos.

114. Em última instância, quem deve ser considerado o responsável pela qualidade do gerenciamento do projeto?

    A) Equipe do projeto.

    B) O patrocinador.

    C) O gerente do projeto.

    D) O gerente da qualidade do projeto.

115. A fim de planejar seu projeto, qual deve ter, geralmente, a mais alta prioridade: qualidade, custos ou prazos?

    A) Isto deve ser definido pelo próprio projeto.

    B) Custos é o mais importante, depois qualidade e prazos.

    C) Qualidade é mais importante do que prazos e custos.

    D) Prazos é mais importante, em seguida custos e qualidade.

116. Considere um gerente de projeto que está procurando uma solução para um conflito existente, dando ênfase aos pontos em comum que as partes interessadas possuem. Que técnica de resolução de conflitos está sendo utilizada?

    A) Retirada.

    B) Acomodação.

    C) Confrontação.

    D) Imposição.

117. A escala hierárquica elaborada por Maslow pode ajudar o gerente de projetos, na relação com a equipe do projeto, a:

   A) Atender às necessidades sociais após as fisiológicas.

   B) Conhecer o aumento de salário que irá motivar a equipe.

   C) Estabelecer o nível de dificuldade das tarefas que serão delegadas à equipe.

   D) Comunicar-se com a equipe de forma a conseguir uma maior motivação.

118. Segundo Herzberg, os fatores listados abaixo, quando presentes, incrementam a motivação, exceto:

   A) Possibilidade de crescimento na empresa.

   B) Receber mais responsabilidades.

   C) Promoções por reconhecimento.

   D) Um salário competitivo com o mercado.

119. Quando o gerente de projeto aloca recursos ao projeto, qual das alternativas abaixo ele não deveria usar na designação dos papéis e responsabilidades?

   A) Colocar uma alta expectativa no desempenho da equipe.

   B) Informar as métricas de como o trabalho será avaliado.

   C) Informar os obstáculos conhecidos para a realização do trabalho.

   D) Colocar desafios atingíveis.

120. Quando estamos pensando na Teoria da Expectativa, qual das afirmações abaixo melhor se aproxima desta teoria?

   A) A equipe irá trabalhar melhor naqueles objetivos que forneçam um prêmio maior, mesmo que estejam acima da sua capacidade.

   B) Os membros da equipe trabalharão melhor naqueles objetivos que são acompanhados de um alto grau de autoridade dado a eles.

   C) A equipe trabalhará melhor naqueles objetivos que satisfaçam suas necessidades de segurança e sociais.

   D) A equipe trabalhará melhor naqueles objetivos que estejam alinhados com as suas expectativas pessoais.

121. Você acabou de ser nomeado gerente de um projeto que se encontra em dificuldade e com uma grande intensidade de conflitos entre a equipe do projeto e os subcontratados. Para poder controlar rapidamente a situação, você precisa saber quem faz o que no projeto, e, para isto, você solicita:

A) O histograma de recursos do projeto.

B) O organograma do projeto.

C) A matriz de responsabilidades do projeto.

D) O cronograma do projeto.

122. Durante uma reunião de posicionamento de um projeto que apresentou índices de desempenho IDP = 0,77 e IDC = 0,82, surgiu uma grande discussão de procura dos culpados. Para evitar que isto se transformasse em desentendimento dentro da equipe, o gerente de projeto interrompeu a reunião e agendou outra, para que fossem apresentadas alternativas à solução do problema. Esta atuação do gerente de projetos indica que ele está:

A) Utilizando as técnicas de valor agregado para o projeto.

B) Utilizando a técnica de retirada na solução do conflito.

C) Utilizando a técnica de confrontação na solução do conflito.

D) Fugindo da solução do problema.

123. Na montagem de uma equipe de projeto, uma das ferramentas mais utilizadas para desenvolver o espírito de equipe é o agrupamento, porque ele resolve um dos principais problemas na formação da equipe de projeto, que é a necessidade de:

A) Pertencer.

B) *Status*.

C) Sentir-se útil.

D) Ficar perto do gerente de projeto.

124. A habilidade mais importante para o gerente de projeto no gerenciamento da equipe do projeto é:

A) Saber escrever e-mail corretamente.

B) Habilidade de contratar e demitir.

C) Conhecimento técnico dos trabalhos do projeto.

D) Saber dar e receber feedback.

125. Você é o gerente de um projeto com previsão de dois anos de duração, que se encontra pela metade. Você percebe que sua equipe está dando sinais de desmotivação com o projeto. Qual a melhor atitude a tomar?

A) Como você não tem como interferir no salário da equipe, não há nada a fazer.

B) Torcer para que consiga terminar o projeto.

C) Conversar individual e coletivamente com a equipe para entender o motivo da desmotivação e analisar o que pode ser feito.

D) Prometer um aumento salarial à equipe e levar a situação a sua chefia.

126. Devido às características de urgência de seu projeto e a fim de não perder tempo, você resolve que irá adotar um comportamento de liderá-lo sem interferências da equipe, graças a sua grande experiência na área. Este é um exemplo de que estilo de gerenciamento?

A) Autocrático.

B) Democrático.

C) *Laissez-faire.*

D) Totalitário.

127. Desenvolver o plano de recursos humanos é o processo de identificar e documentar papéis, responsabilidades, habilidades necessárias e relações hierárquicas do projeto. A fim de elaborar sua principal saída – o Plano de recursos humanos – qual dos itens abaixo não é uma das entradas válidas?

A) Designações de pessoal de projeto.

B) Requisitos dos recursos das atividades.

C) Fatores ambientais da empresa.

D) Ativos de processos organizacionais.

128. Graças aos recursos tecnológicos hoje existentes (e-mails, áudio e video conferências) é cada vez mais viável o uso de equipes virtuais para mobilizar equipes de projetos que não têm facilidade de se encontrar fisicamente. Qual das opções abaixo não é uma das possíveis vantagens de utilização de equipes virtuais?

A) Formar equipes com pessoas que moram em áreas geográficas dispersas.

B) Utilizar pessoas com limitações de mobilidade ou em *home office.*

C) Implementar projetos que seriam ignorados devido a custos de viagens.

D) Montar uma equipe projetizada.

129. O gerente de projetos e o gerente funcional estão em desacordo sobre alocação de recursos em um novo projeto de banda larga. O gerente funcional deseja o recurso para um problema operacional que precisa de atenção, e o gerente de projetos quer o recurso para o trabalho no projeto, a fim de manter o cronograma em dia como estava planejado. Qual dos seguintes papéis pode ajudar a resolver este problema?

A) Patrocinador.

B) Gerenciamento de projetos.

C) Gerência funcional.

D) Gerência sênior.

130. As avaliações de desempenho de equipes maximizam a probabilidade de cumprimento dos objetivos do projeto a partir do uso de critérios claros de mensuração dos resultados. A avaliação da eficácia de uma equipe pode incluir indicadores como os citados a seguir, exceto:

A) Redução na taxa de rotatividade do pessoal.

B) Aumento da capacitação técnica da equipe em gestão de negócios.

C) Melhorias nas habilidades humanas que permitam a realização de tarefas mais eficazes.

D) Aumento na coesão da equipe.

131. A capacidade de resolução de conflitos é uma das habilidades desejadas de um gerente de projetos. Em 1964, um estudo de Robert Blake

e Jane Mouton identificou e categorizou métodos de resolução de conflitos. Dentre as opções abaixo, qual não é um destes métodos?

A) Alienação.

B) Retirada.

C) Acomodação.

D) Confrontação.

132. As opções abaixo são responsabilidades do gerente de projetos, exceto:

A) Negociar com o gerente de recursos pela disponibilidade dos melhores recursos humanos para o projeto.

B) Entender as necessidades de treinamentos dos membros da equipe de projetos e viabilizá-las.

C) Incentivar e se envolver em atividades de integração fora do período de trabalho.

D) Criar o plano formal que descreva os papéis e responsabilidades dos membros da equipe do projeto.

133. As afirmativas abaixo sobre conflito são erradas, exceto:

A) O conflito deve ser evitado a qualquer custo.

B) O conflito pode ser benéfico ao projeto.

C) O conflito sempre acontece por falha do gerenciamento.

D) Todo conflito deve ser resolvido com a intervenção gerencial.

134. Para o projeto de desenvolvimento de um hotel, o gerente de projetos está utilizando uma matriz de responsabilidades (RAM) para facilitar a execução do projeto. O que isto significa para o gerente de projeto?

A) Mostra quem está no projeto.

B) Mostra quem executará o trabalho e quanto tempo vai demorar.

C) Mostra qual a ordem das atividades.

D) Mostra quem executará os trabalhos em determinadas áreas do projeto.

O texto abaixo é base para as respostas das questões 135 e 136:

Um novo técnico foi designado para trabalhar no seu projeto. Este técnico nunca tinha trabalhado com você. Em uma reunião com ele, você explicou a forma como queria que um determinado trabalho fosse executado e em seguida perguntou se ele tinha entendido. Ele respondeu "Sim".

Duas semanas depois, ao verificar o resultado do trabalho, você constatou que não estava conforme suas especificações. Você chama o técnico e questiona o porquê. Ele responde: "Este é o padrão que nós sempre utilizamos neste trabalho".

135. Utilizando o modelo de comunicação, em qual fase do modelo provavelmente ocorreu a falha de comunicação?

    A) Na mensagem transmitida.

    B) No tom de voz utilizado (paralingual).

    C) Feedback.

    D) No meio utilizado para enviar a mensagem.

136. Qual técnica, para ter certeza que a mensagem foi entendida, você deveria utilizar?

    A) Parafrasear.

    B) Ouvinte Efetivo.

    C) Bom Observador.

    D) Mímicas.

137. Um relatório de progresso pode ser definido, geralmente, como:

    A) Descreve onde o projeto se encontra com relação ao planejado.

    B) Descreve o que a equipe de projeto já realizou com relação ao planejado.

    C) Projeta o futuro do projeto em termos de prazo e custo.

    D) Atualiza os elementos críticos de sucesso do projeto.

138. A comunicação presencial é preferida devido ao fator:

   A) Necessidade de decodificação.

   B) Necessidade de codificação.

   C) Por ser uma comunicação bidirecional.

   D) Feedback instantâneo.

139. Um registro de risco que faz parte do plano de gerenciamento de projeto em um projeto seria visto como que tipo de comunicação?

   A) Formal.

   B) Contrato.

   C) Verbal.

   D) Formal por escrito.

140. O projeto tem cinco pessoas. Quatro mais são adicionadas. Qual é o número total de canais de comunicação acrescentados ao projeto?

   A) 36 canais.

   B) 6 canais.

   C) 15 canais.

   D) 26 canais.

141. Em um processo de comunicação, os jargões utilizados pelo emissor para se comunicar com o receptor de outra área técnica podem ser encarados como:

   A) Uma grande vantagem.

   B) Uma forma de melhorar a codificação e a decodificação da informação.

   C) Uma barreira na codificação e na decodificação da informação.

   D) Não influencia o processo de comunicação.

142. O estudo que permite analisar o significado e as intenções do comunicador pelo ritmo de fala, tom e volume de voz é identificado como?

    A) Comunicação informal.

    B) Comunicação paralinguística.

    C) Comunicação nãoverbal.

    D) Comunicação paranormal.

143. Você está na fase de monitoramento e controle de seu projeto e tem de realizar a coleta e distribuição de informações sobre seu desempenho. Qual das seguintes não é uma entrada para o processo que você está trabalhando?

    A) Plano de gerenciamento do projeto.

    B) Previsões de orçamentos.

    C) Ativos de processos organizacionais.

    D) Comunicações do projeto.

144. No modelo de comunicação, quem é o responsável se a mensagem é entregue de forma confusa e mal-interpretada?

    A) Receptor.

    B) Tanto o emissor quanto o receptor.

    C) Gerente de projetos.

    D) Emissor.

145. Métodos de previsão são ferramentas utilizadas no processo de Controlar as comunicações, que possibilitam prever o desempenho futuro do projeto com base no desempenho real até uma data. Dentre os possíveis métodos de previsão reconhecidos, podemos citar os abaixo, exceto:

    A) Métodos de séries temporais.

    B) Métodos causais/econométricos.

    C) Métodos qualitativos/quantitativos.

    D) Métodos subjetivos.

146. Barreiras à comunicação são ruídos que dificultam os processos de comunicação entre as partes interessadas. Quais dos itens abaixo podem ser considerados possíveis barreiras à comunicação?

   A) Barulho – Distância – Cordialidade.

   B) Proximidade – Distância – Diferenças culturais.

   C) Barulho – Distância – Diferenças culturais

   D) Proximidade – Codificação correta da mensagem – Cordialidade.

147. O gerente de projeto está executando a análise dos riscos de um projeto junto com a equipe. Eles estão preocupados sobre como avaliar os riscos de modo a obter uma priorização de acordo com a severidade para o projeto. Qual dos métodos eles deveriam utilizar para obter esta priorização?

   A) Fazer uma análise subjetiva.

   B) Determinar o custo do impacto do risco.

   C) Determinar a probabilidade de o risco ocorrer.

   D) Utilizar métricas qualitativas.

148. Um gerente de projeto está repassando para uma subcontratada parte do projeto que contém alguns riscos já identificados. A contratação será feita na forma de Preço Fixo Global. O que o gerente de projetos deveria fazer para aumentar as chances de sucesso da contratação?

   A) O gerente de projetos deveria obter garantias de que o fornecedor entendeu os riscos antes da assinatura do contrato.

   B) O gerente de projetos deveria ter certeza de que a equipe de projeto não reviu os riscos para o fornecedor até ele ser contratado.

   C) O gerente de projetos deveria garantir que o fornecedor fique preocupado com os riscos após a assinatura do contrato.

   D) O gerente de projetos deveria colocar um membro da equipe de projeto para monitorar as atividades do fornecedor, para ter certeza de que ele está tratando os riscos apropriadamente.

149. Após terminar o processo de análise de riscos, a equipe de projeto verificou nos arquivos de lições aprendidas que em projetos semelhantes, mesmo com todo o cuidado na identificação e análise dos

riscos, ocorreram vários problemas inesperados. Para tentar se proteger contra estas ocorrências, a equipe resolveu solicitar um fundo para estes riscos, que é conhecido como:

A) Fundo de gerenciamento de riscos.

B) Fundo emergencial.

C) Reserva gerencial.

D) Fundo de contingência.

150. O gerente de projetos e sua equipe estão iniciando o processo de identificação dos riscos de um projeto. Como primeira atividade o gerente de projetos solicita que você traga os documentos que ajudarão nesta atividade. Você traz os documentos abaixo, EXCETO:

A) Lições aprendidas de projetos similares.

B) EAR.

C) O Valor Monetário Esperado das mudanças em projetos similares.

D) EAP.

151. Em uma reunião de posicionamento do projeto foi colocada a necessidade de antecipação do cronograma de entrega em 10 semanas. Os custos envolvidos para que isto acontecesse não seriam problema, segundo o patrocinador. Em análise conjunta com a equipe de projeto, o gerente de projeto decide propor que seja executado um paralelismo do projeto. Esta decisão:

A) Diminuirá os riscos.

B) Aumentará os riscos.

C) Mudanças nos riscos não podem ser determinadas.

D) Não afetará os riscos.

152. A equipe de projeto avaliou os riscos de um projeto e encontrou algumas possíveis ameaças e também algumas oportunidades. Todas foram devidamente avaliadas e quantificadas. Para se conhecer qual é o pior cenário para o projeto, deveria(m) ser sumarizado(as):

A) As oportunidades menos as ameaças.

B) As ameaças menos as oportunidades.

C) Somente as ameaças.

D) O Valor Monetário Esperado do projeto.

153. O gerente de projetos, em sua primeira reunião com o cliente de um grande projeto, percebeu que o cliente tinha uma tolerância muito baixa para lidar com os riscos do projeto. Este fato provavelmente significa que o cliente:

    A) Entende que projetos sempre estão sujeitos a riscos.

    B) Não irá entender se riscos ocorrerem no projeto.

    C) Está disposto a aceitar grandes riscos para obter grandes lucros.

    D) Não está disposto a aceitar grandes riscos para obter grandes lucros.

154. A técnica de coleta de informações que possibilita fazer uma análise do cenário para posicionar ou verificar a situação estratégica da empresa no ambiente em questão é conhecida como?

    A) Técnica de Delphi.

    B) Análise SWOT.

    C) *Benchmarking*.

    D) Diagrama de influência.

155. O gerente de projeto está considerando desistir de seu trabalho para desenvolver um livro e produtos de apoio ao exame PMP, uma ideia que ele criou fora do seu trabalho. Se vender bem, ele planeja começar a sua própria empresa e vender em tempo integral. Qual a característica que ele demonstra em relação aos riscos?

    A) Corre o risco.

    B) Avesso ao risco.

    C) Atende às expectativas dos acionistas.

    D) Apresenta neutralidade em relação ao risco.

156. O método de Monte Carlo é um modelo estatístico utilizado em simulações, que analisa as incertezas especificadas em relação ao seu possível impacto nos objetivos expressos do projeto. Dentre as abaixo, qual não é uma característica da análise de Monte Carlo?

A) Avalia o risco total do projeto.

B) Fornece a probabilidade de uma dada atividade estar no caminho crítico.

C) Pode ser usada para avaliar impactos em mudanças de escopo e equipe.

D) Resulta em uma distribuição de probabilidades.

157. Você é o gerente de um projeto que pode ganhar uma extensão de escopo interessante para a sua empresa. Mas, para tal, sua empresa terá de formar uma *joint venture* com outra organização especializada em parte das atividades previstas na extensão. Que estratégia para riscos está sendo prevista?

    A) Transferir o risco.

    B) Melhorar o risco.

    C) Compartilhar o risco.

    D) Explorar o risco.

158. O gerente do projetos está definindo os riscos para o projeto, realizando a análise de probabilidade e impacto e atribuindo proprietários aos riscos. Como o plano de gerenciamento do projeto evolui, onde estas informações serão documentadas?

    A) Gatilho do risco.

    B) Lista de riscos.

    C) Resposta aos riscos.

    D) Registro dos riscos.

159. O gerente de projetos e sua equipe estão planejando um projeto de software de pesquisa na Internet. Eles estão discutindo o que poderia ocorrer diferente do previsto no projeto. Eles também estão tentando identificar os indicadores que podem alertá-los dos problemas potenciais. Como estes indicadores são chamados?

    A) Gatilhos.

    B) Análise de risco.

    C) Riscos.

    D) Solução de problemas.

160. A fim de apoiar sua identificação de possíveis riscos do projeto, você percebe que irá necessitar utilizar alguma técnica de coleta de informações que evite a interferência de influências hierárquicas para obter um resultado imparcial. Qual a técnica que melhor se enquadra em sua necessidade?

   A) Técnica PERT.

   B) Técnica de decomposição.

   C) Técnica de Delphi.

   D) Técnica de diagramação de redes.

161. Classificação dos riscos é realizada em qual processo?

   A) Realizar a análise qualitativa dos riscos.

   B) Valor monetário esperado (EMV).

   C) Soluções de contorno.

   D) Gatilhos dos riscos.

162. Monitorar e controlar os riscos é o processo de implementação dos planos de respostas, acompanhamento de riscos e avaliação do processo de riscos durante todo o projeto. Qual das opções abaixo não demonstra uma das ferramentas e técnicas utilizadas neste processo?

   A) Auditoria de riscos.

   B) Análise das reservas.

   C) Realizar a análise qualitativa dos riscos.

   D) Reuniões de andamento.

163. Você está gerenciando um projeto que necessita subcontratar um fornecedor para realizar uma entrega específica. Ciente disto, seu gerente sênior sugere que você contrate um fornecedor com o qual ele já trabalhou várias vezes. Você descobre que este fornecedor é parente de seu gerente sênior. Diante deste cenário, qual deve ser a maior preocupação do gerente do projeto?

   A) Os termos e condições do contrato.

   B) Se o fornecedor consegue atender as necessidades de prazos da entrega.

C) Se o fornecedor consegue atender as necessidades de custos da entrega.

D) Certificar-se de que o fornecedor tem as qualificações para fazer a entrega.

164. Qual dos itens abaixo listados pode ser uma desvantagem na utilização de contratos a custos reembolsáveis?

A) Mais trabalho para detalhar o escopo a ser contratado.

B) Controlar os custos do fornecedor.

C) Avaliar constantemente as margens do fornecedor.

D) Pagar mais por mês.

165. Quando ao final de um contrato o fornecedor completou o trabalho conforme as especificações, mas o comprador não ficou satisfeito com o resultado apresentado, o contrato é considerado:

A) Incompleto, pois não atendeu às expectativas do contratante.

B) Incompleto, pois as especificações estavam incorretas.

C) Completo, pois os termos e condições do contrato foram atendidos.

D) Completo, pois satisfação do cliente não tem nada a ver com o término do contrato.

166. Como gerente de um projeto você constatou que o resultado de um trabalho produzido por um subcontratado não está correto. Provavelmente você está executando as atividades do processo de:

A) Realizar a garantia da qualidade.

B) Monitorar e controlar os riscos.

C) Controlar as aquisições.

D) Controlar a comunicação.

167. As situações abaixo sobre o controle de mudanças em um contrato estão incorretas, exceto:

A) Uma declaração de escopo (SOW) detalhada eliminará as causas de mudanças no contrato.

B) Mudanças nos contratos raramente trazem benefícios ao projeto.

C) A utilização de contrato a preço fixo minimizará as mudanças no contrato.

D) Contratos deveriam incluir procedimentos específicos para tratar com as mudanças.

168. Em um projeto que está sendo executado sob um contrato a custo reembolsável, qual dos itens abaixo seria a ação mais importante para o contratante na administração do contrato?

A) Ter certeza de que o fornecedor não está adicionando recursos extras.

B) Garantir que o fornecedor está gerenciando os riscos.

C) Avaliar, constantemente, a margem que o fornecedor tem sobre os pagamentos.

D) Garantir o entendimento do escopo contratado.

169. As afirmativas abaixo são corretas sobre as negociações das aquisições, exceto:

A) O gerente do projeto deve ser o principal negociador das aquisições.

B) Devem objetivar um acordo mútuo antes da assinatura do contrato.

C) As disposições finais do contrato refletem os acordos obtidos.

D) São concluídas com um documento celebrado pelo comprador e fornecedor.

170. Qual das respostas seguintes melhor descreve o papel do gerente de projetos durante as aquisições?

A) O gerente de projetos deve informar o gestor de contrato como o processo de contratação deve ser conduzido.

B) O gerente de projetos não tem participação no processo.

C) O gerente de projetos deverá ser o negociador do contrato.

D) O gerente de projetos deverá fornecer a visão dos riscos do projeto.

171. Um contrato foi assinado e espera-se o custo de R$ 1 milhão ao longo de um ano de envolvimento. Na conclusão do projeto, os custos reaisforam de R$ 800 mil, mas o cronograma do projeto está atrasado devido a um atraso no processo de fabricação, que estava fora do controle do fornecedor. Há uma partilha de 50/50% para qualquer variação de custos e um preço máximo de R$ 1,3 milhão. Qual é o valor total do contrato?

    A) R$ 750 mil.

    B) R$ 730 mil.

    C) R$ 900 mil.

    D) R$ 800 mil, porque o cronograma do projeto estava atrasado.

172. À medida que o comprador está envolvido na criação da solicitação de propostas (RFP) para um projeto de infraestrutura, ele vai disponibilizando-a aos fornecedores de serviços. Os seguintes são nomes usados por fornecedores, exceto:

    A) Provedor de serviço.

    B) Organização de aquisição.

    C) Fornecedor.

    D) Vendedor.

173. A fim de realizar o encerramento das aquisições, o gerente de projetos determina à sua equipe que atualize os ativos de processos organizacionais cabíveis. Dentre as opções abaixo, qual não é um ativo de processo organizacional neste cenário?

    A) Arquivo de aquisições.

    B) Aceitação da entrega.

    C) Documentação de lições aprendidas.

    D) Plano de gerenciamento do projeto.

174. Você está gerenciando um projeto de grande porte que necessita realizar a contratação de um fornecedor e opta pela modalidade de contratação por tempo e material (T&M). Uma das vantagens de se utilizar este modelo é porque:

A) O vendedor não é incentivado a controlar os custos.

B) O modelo é apropriado para pequenos projetos.

C) É rápido de criar.

D) Requer um acompanhamento minucioso do comprador.

175. Você está gerenciando um projeto que necessita realizar a contratação de um fornecedor e opta pela modalidade de contratação por preço fixo. Uma das desvantagens de se utilizar este modelo é que:

    A) Será necessário menos esforço de gerenciamento do comprador.

    B) O fornecedor é fortemente incentivado a controlar os custos.

    C) O comprador tem conhecimento do preço da aquisição.

    D) O fornecedor pode não realizar alguma entrega se perceber prejuízo.

176. O gerente de projetos vem negociando com um fornecedor de circuito integrado durante os últimos seis meses. O fornecedor recebeu a declaração de trabalho e respondeu com uma proposta usando preço fixo. O gerente de projetos respondeu com uma carta de intenção. Por que o gerente de projetos enviou esta carta?

    A) O gerente de projetos planeja solicitar uma oferta (orçamento) ao fornecedor.

    B) O gerente de projetos planeja comprar do fornecedor.

    C) O gerente de projetos planeja processar o fornecedor.

    D) O gerente de projetos planeja cancelar as negociações com o fornecedor.

177. Um gerente de projetos está começando o processo de obter respostas de fornecedores para encontrar empresas que possam potencialmente fornecer os serviços necessários. O comprador quer considerar apenas os vendedores de serviços que tenham realizado projetos de mais de R$ 20 milhões e tenham funcionários com um elevado nível de consciência sobre segurança. Qual a melhor opção?

A) Publicidade.

B) Conferências com licitantes.

C) Sistema de gerenciamento de registros.

D) Lista qualificada de vendedores.

178. Você é o gerente de um projeto que está sendo desenvolvido em vários locais do país. Sua empresa tem um acordo com uma rede de hotéis para sua hospedagem. Quando você chega a um dos locais, descobre que um hotel de nível superior está cobrando diárias muito menores do que o hotel onde você deveria ficar. Como você sabe que os custos de hospedagem são custos diretos do projeto, o que você deveria fazer?

    A) Utilizar o hotel no qual foi feita a reserva.

    B) Utilizar o hotel mais barato e no relatório de despesas explicar as razões da mudança de hotel.

    C) Negociar no hotel onde você tem a reserva uma tarifa melhor do que a acertada.

    D) Solicitar ao patrocinador do projeto autorização para utilizar o outro hotel.

179. Você está de férias em um local que é a sede de um dos principais fornecedores do projeto que você está gerenciando. Ao saber da sua presença, o fornecedor convida você e sua esposa para um jantar em um dos melhores restaurantes da região. Segundo o código de ética do PMI, isto pode ser caracterizado como:

    A) Um conflito de interesses.

    B) Falta de ética do fornecedor por ter convidado sua esposa, que não faz parte do projeto.

    C) Sem problemas com relação ao código de ética, desde que essa prática seja coerente com as políticas da sua organização.

    D) Não ético, pois fere o conceito de dever e lealdade do código de ética.

180. Ao preparar uma reunião de posicionamento do projeto, você se depara com um IDP de 0,70. O seu cliente não aceita atrasos superiores a 5% do previsto. Analisando as causas do valor deste índice, você verificou que foi devido a quebra de equipamentos e a não liberação pelas áreas funcionais dos recursos necessários. Porém, para os

próximos períodos, os recursos estão disponíveis, inclusive em uma quantidade maior, e os equipamentos já foram consertados. Com o objetivo de evitar discussões desnecessárias durante a reunião, você decide:

A) Revisar o IDP, visto que o problema não irá se repetir.

B) Não apresentar os índices de desempenho, informando apenas que tudo está de acordo com o planejado.

C) Apresentar as informações conforme apuradas.

D) Adiar a reunião até o momento em que o índice volte ao planejamento.

181. A diretoria da empresa solicitou que você fizesse uma análise do nível de confiança para atingir determinados objetivos do projeto. Como você nunca tinha realizado este tipo de análise, foi procurar quais ferramentas poderiam ajudá-lo, e constatou que a simulação de Monte Carlo seria a melhor ferramenta para esta análise. Você convoca a equipe para uma reunião cujo objetivo é desenvolver o modelo matemático para a simulação. Durante a reunião, um dos membros da equipe informa que o irmão dele possui uma cópia não autorizada de um software que faz este tipo de simulação. O software poderia ser utilizado imediatamente, visto que ele tinha conhecimento da sua utilização. Como ninguém na equipe conhecia a utilização de outro software, o prazo dado pela diretoria era muito curto para se comprar e aprender a utilizar outro software; o software seria utilizado uma única vez e somente para apresentar aqueles resultados, você decide:

A) Aceitar a utilização do software até que a empresa decida sobre a aquisição.

B) Recusar a utilização do software e notificar o fornecedor sobre a cópia não autorizada em poder de um membro da equipe.

C) Recusar a utilização do software e informar ao membro da equipe que a sua utilização viola a lei de direitos autorais.

D) Aceitar a utilização, visto que você estava numa emergência e as necessidades da empresa se sobrepõem a estes pequenos entraves.

182. Após um longo processo de seleção, finalmente sua empresa ganhou a concorrência para um grande projeto de infraestrutura. Devido aos aspectos legais em discussão, o contrato não foi assinado e ainda demorará sua assinatura. Porém, a alta administração quer que você

inicie a execução, contratando os recursos e fazendo o planejamento, visto que os recebimentos seguirão determinados marcos já estabelecidos. O que você faria?

A) Somente faria a solicitação de propostas e currículos, mas não faria gastos significativos para o projeto.

B) Solicitaria ao cliente uma carta de intenção.

C) Explicaria para a alta administração que isto não seria possível devido aos procedimentos internos e legais.

D) Seguiria a orientação da alta administração, pois ela é a responsável pelas decisões na empresa.

183. Você recentemente prestou exame para a certificação PMP e foi aprovado. Dias após o exame você recebe uma ligação da empresa de treinamento (REP do PMI) na qual você fez o curso preparatório. O representante desta empresa o cumprimenta pelo sucesso no exame e aproveita a ocasião para sondar se você se lembra de algumas questões que apareceram no exame. Com base no código de conduta profissional, o que você deveria fazer?

A) Passar as informações que você lembra, visto que a empresa tem um negócio de treinamento para o exame PMP e é REP do PMI.

B) Como esta informação é de conhecimento pessoal, você deveria negociar um valor.

C) Não passar as informações para a empresa.

D) Não passar as informações para a empresa e reportar a violação do código de conduta profissional ao PMI.

184. Durante a execução de um projeto que você está gerenciando, a área de suprimentos realiza uma solicitação de proposta para fornecimento de determinados produtos. Você descobre posteriormente que a empresa ganhadora pertence ao seu irmão. O que você deveria fazer?

A) Informar o cliente e o patrocinador do projeto.

B) Solicitar substituição no projeto devido ao conflito de interesses.

C) Solicitar que uma nova concorrência seja feita sem a presença de seu irmão.

D) Não fazer nada, pois seu irmão ganhou pelo menor preço.

185. Você foi contratado recentemente para gerenciar um grande projeto de informática para um conceituado banco americano. Durante a avaliação do projeto, você descobre que alguns padrões importantes da SARBOX não estão sendo seguidos corretamente. Neste caso, o que você deve fazer primeiro?

   A) Informar as agências reguladoras sobre o que está acontecendo no banco.

   B) Como você está começando na empresa, o melhor é ignorar o problema e procurar descobrir se a empresa tem uma forma diferente de lidar com os padrões SARBOX.

   C) Solicitar à alta administração que seja contratada uma auditoria de qualidade do projeto.

   D) Informar a área financeira da empresa sobre os padrões da SARBOX que não estão sendo seguidos e questionar o porquê.

186. Após sua empresa ganhar um novo contrato para um projeto, você, gerente do projeto, recebe um documento contendo os detalhes de como os testes de controle de qualidade deverão ser implementados. O responsável pela área de engenharia avisa que não será possível fazer aqueles testes conforme contratado, porque a empresa não tem os equipamentos nem as habilidades necessárias para a execução. Todavia, a forma como a engenharia sempre fez estes testes atende aos padrões aceitáveis, apesar de isso ir contra o que está documentado na declaração do trabalho do projeto. O que você deveria fazer?

   A) Fazer como sempre fez os testes e não avisar ao cliente.

   B) Fazer como sempre fez os testes e informar ao cliente.

   C) Informar ao patrocinador o que está ocorrendo e sugerir a contratação dos equipamentos e recursos necessários ou a utilização de serviços de terceiros.

   D) Cancelar o contrato, visto que houve má-fé do cliente.

187. Antes de reportar uma violação ao código de ética e de conduta profissional do PMI, o gerente de projetos deve:

   A) Quantificar os riscos que estão ligados a esta violação.

   B) Solicitar uma reunião do comitê de ética para verificar a violação e determinar uma resposta a este ato.

C) Assegurar que existe uma clara e comprovada base para informar a violação.

D) Ignorar a violação se ela não afetar os objetivos do projeto.

188. Você está gerenciando um projeto que foi contratado a preço unitário (*time and material*). Seu superior imediato informa que um recurso de alto custo da empresa não está alocado para qualquer projeto e solicita que você aloque e fature o recurso pelo seu projeto. Neste projeto você tem direito a uma porcentagem sobre o faturamento do cliente. Qual a melhor atitude que você poderia tomar?

    A) Alocar e aumentar o faturamento da maneira mais ética possível.

    B) Solicitar do superior imediato esclarecimentos sobre a intenção de alocar o recurso.

    C) Solicitar uma aprovação do cliente antes de alocar o recurso.

    D) Não alocar o recurso e solicitar uma compensação no bônus.

189. Você está gerenciando um projeto em outro país com uma equipe formado por trabalhadores locais. Em um determinado momento você recebe do líder dos trabalhadores uma reclamação de que os salários deles são inferiores aos recebidos pelos trabalhadores do seu país na mesma função. Frente a esta reclamação, o que você deveria fazer?

    A) Ignorar a reclamação como se ela não tivesse acontecido.

    B) Mostrar que o salário dos trabalhadores do país é somente um pouco menor do que o dos trabalhadores de fora.

    C) Alterar os salários para que todos recebessem o mesmo valor.

    D) Pagar um salário de acordo com o nível salarial do país onde o projeto está sendo executado.

190. O que não é uma responsabilidade profissional do gerente de projetos, de acordo com o código de conduta profissional do PMI?

    A) Relato de uma violação.

    B) Balancear os interesses das partes interessadas.

    C) Aderir ao tempo, custo e escopo conforme especificado pela gerência sênior.

    D) Seguir os processos do PMBOK do PMI.

191. Seu projeto necessita de um software de gerenciamento de contato com alguns clientes, mas o orçamento do projeto não incluiu verba para este software. Você está em um jogo de futebol com um amigo de seu antigo trabalho que possui vários tipos de software. Ele sugere que pode fazer uma cópia deste software que você necessita, já que você não tem dinheiro. Ele diz que é uma versão antiga e, portanto, não é grande coisa. Qual é a melhor maneira de adquirir o software?

A) Pegue a cópia dele e use-a em seu projeto.

B) Encomende uma cópia da empresa ou de um revendedor autorizado.

C) Faça o *download* de uma cópia de um sistema de compartilhamento de arquivos.

D) Use uma cópia de demonstração.

192. Você, gerente de projeto, está participando de uma reunião com a principal parte interessada do projeto para informá-la sobre sérios problemas que estão ocorrendo no projeto. Você sabe que existe certa resistência da parte interessada com relação ao assunto e às pessoas que estão envolvidas com o problema. Qual das técnicas de comunicação mais ajudaria neste processo de comunicação, para que não ocorram desvios, falhas de compreensão e mal-entendidos?

A) Utilizar apresentação com técnicas visuais.

B) Ser um ouvinte efetivo.

C) Ser um ouvinte atencioso.

D) Colocar outras pessoas influentes na reunião.

193. Um gerente de tecnologia terminou todo o planejamento de um novo projeto e irá realizar a reunião de abertura (*kick-off meeting*). Para tal, você faz questão da presença do patrocinador na reunião. Qual o principal objetivo que o gerente do projeto espera atingir com a presença do patrocinador?

A) Garantir a presença dos membros do projeto.

B) Estabelecer as relações de trabalho entre as partes interessadas.

C) Analisar os planejamentos do projeto feitos pelo gerente do projeto.

D) Fortalecer a relevância do projeto e conquistar comprometimento.

194. O projeto do centro de distribuição está aproximadamente 75% completo. O projeto teve os seus desafios com recursos e a substituição de dois gerentes de projetos. De acordo com o último relatório de status, o projeto parece sob controle em relação a custo, cronograma e escopo. A gerência sênior o informa de que o patrocinador tem sérias preocupações com o projeto. Você não compreende a razão, baseado no último relatório de status. Qual seria a melhor ação a tomar em primeiro lugar?

    A) Reúna-se com o patrocinador para determinar as preocupações dele.

    B) Ignorar a gerência sênior, porque o projeto está em boa forma.

    C) Avaliar o cronograma e orçamento, a fim de verificar a saúde da tripla restrição do projeto.

    D) Diga à gerência sênior que o projeto está em boa forma.

195. O registro das partes interessadas é uma saída que contém detalhes relativos às partes identificadas no processo. Qual das opções abaixo não deve ser encontrada em um registro das partes interessadas?

    A) Informações de identificação da parte interessada.

    B) Informações de avaliação da parte interessada.

    C) Papéis e responsabilidades das partes interessadas.

    D) Classificação das partes interessadas.

196. Definir uma estratégia para gerenciamento das partes interessadas é um possível resultado da identificação das partes interessadas. Nela, se define uma abordagem para aumentar o apoio e minimizar possíveis impactos negativos das partes interessadas durante o projeto. Uma das formas de representar a estratégia de gerenciamento das partes interessadas é a:

    A) Matriz de responsabilidades.

    B) Matriz de análise das partes interessadas.

    C) Matriz de probabilidade e impacto.

    D) Matriz de rastreabilidade de requisitos.

SIMULADO-BASE 85

197. Todos os itens listados abaixo são razões para a utilização do plano de gerenciamento do projeto no processo de Integração durante a execução do projeto, exceto:

   A) Ele auxilia a comunicação com as partes interessadas do projeto.

   B) Ele contém a linha de base de medição do desempenho do projeto.

   C) Ele documenta as premissas e como os riscos serão controlados.

   D) Ele é o repositório de todas as mudanças no projeto.

198. Uma parte interessada tem a reputação de fazer muitas mudanças nos projetos. Qual a melhor coisa que o gerente de projetos pode fazer, no início do projeto, para lidar com esta situação?

   A) Fazer com que a parte interessada não seja incluída no mapeamento das partes interessadas.

   B) Envolver a parte interessada no projeto, o quanto antes possível.

   C) Falar com o superior da parte interessada para encontrar uma forma de direcionar suas atividades para outro projeto.

   D) Dizer "não" para a parte interessada algumas vezes, para coibi-la de requerer mudanças.

199. Você não tem experiência em gerenciamento de projetos e foi convidado a desenvolver um novo projeto. Qual seria a melhor coisa a fazer, durante seu planejamento, a fim de melhorar suas chances de sucesso?

   A) Uma análise das partes interessadas.

   B) Levantar informações históricas.

   C) Pesquisar literatura especializada.

   D) Seguir sua intuição e treinamentos.

200. Você está gerenciando um projeto de construção e o patrocinador veio até você com outro projeto de alta prioridade que pode trazer uma significante receita para a empresa, e ajudar a obter uma vantagem sobre um concorrente. De acordo com o cronograma, o projeto está programado para ser concluído em duas semanas. O patrocina-

dor também lhe forneceu uma declaração de trabalho e uma linha de tempo com alta prioridade. De acordo com a responsabilidade profissional, como deveria você responder à gerência sênior?

A) Comece a execução deste projeto.

B) Informe à gerência sênior que você pode trabalhar no projeto depois de ter completado o seu atual projeto.

C) Recuse o projeto, porque, como gerente de projetos, você não criou o cronograma e o orçamento, e seu atual projeto ainda está em execução.

D) Inicie a execução do projeto o mais rapidamente possível.

Gabarito do Simulado comentado PMP

1	A	41	D	81	D	121	C
2	C	42	B	82	D	122	B
3	B	43	C	83	B	123	A
4	B	44	C	84	D	124	D
5	C	45	C	85	C	125	C
6	A	46	A	86	C	126	A
7	C	47	A	87	C	127	A
8	B	48	C	88	B	128	D
9	A	49	D	89	D	129	D
10	C	50	C	90	B	130	B
11	D	51	B	91	C	131	A
12	B	52	A	92	D	132	C
13	C	53	A	93	A	133	B
14	C	54	D	94	B	134	D
15	A	55	A	95	A	135	C
16	D	56	D	96	B	136	A
17	A	57	B	97	C	137	B
18	D	58	A	98	C	138	D
19	A	59	B	99	D	139	D
20	C	60	C	100	B	140	D
21	B	61	C	101	C	141	C
22	A	62	B	102	B	142	B
23	B	63	B	103	A	143	D
24	C	64	A	104	B	144	D
25	A	65	B	105	A	145	C
26	D	66	B	106	C	146	C
27	D	67	C	107	C	147	D
28	B	68	B	108	D	148	D
29	C	69	B	109	C	149	C
30	B	70	C	110	B	150	C
31	A	71	D	111	B	151	B
32	D	72	A	112	C	152	C
33	B	73	C	113	D	153	D
34	C	74	C	114	C	154	B
35	C	75	A	115	A	155	A
36	C	76	B	116	B	156	C
37	A	77	C	117	D	157	C
38	A	78	D	118	D	158	D
39	B	79	B	119	A	159	A
40	A	80	A	120	D	160	C

161	A	171	C	181	C	191	B
162	C	172	B	182	B	192	B
163	D	173	D	183	D	193	D
164	B	174	C	184	A	194	A
165	C	175	D	185	D	195	C
166	C	176	B	186	C	196	B
167	D	177	D	187	C	197	D
168	A	178	A	188	B	198	B
169	A	179	D	189	D	199	B
170	D	180	C	190	C	200	C

Capítulo 4

A Estrutura e o Padrão de Gerenciamento de Projetos

Síntese dos Conceitos

PMBOK: o PMI considera o PMBOK uma referência básica de gerenciamento de projetos para seus programas de desenvolvimento profissional e certificações. Como é uma referência básica, atende gerencialmente a todos os setores, porém não inclui suas especificidades técnicas. Portanto, o PMBOK é um guia, não uma metodologia, que sumariza os processos das boas práticas de gerenciamento de projetos.

Projeto/Project: esforço temporário empreendido para criar um produto, serviço ou resultado exclusivo.

Trabalho contínuo x projetos/On going work x projects: trabalho contínuo é geralmente um processo operacional e repetitivo e segue os procedimentos existentes de uma organização. Em projetos, as tarefas podem ser novas para a equipe do projeto, o que demanda planejamento mais dedicado do que o trabalho rotineiro.

Os projetos exigem um gerenciamento de projetos, enquanto que os trabalhos contínuos exigem gerenciamento de processos de negócios ou gerenciamento de operações.

Gerenciamento de projetos/Project management: aplicação de conhecimentos, habilidades, ferramentas e técnicas às atividades do projeto a fim de atender aos seus requisitos. São dez áreas de conhecimento (integração, escopo, tempo, custo, qualidade, recursos humanos, comunicações, risco, aquisições e partes interessadas), cinco grupos de processos (iniciação, planejamento, execução, monitoramento e controle e encerramento) e quarenta e sete processos, conforme a Figura 4.1.

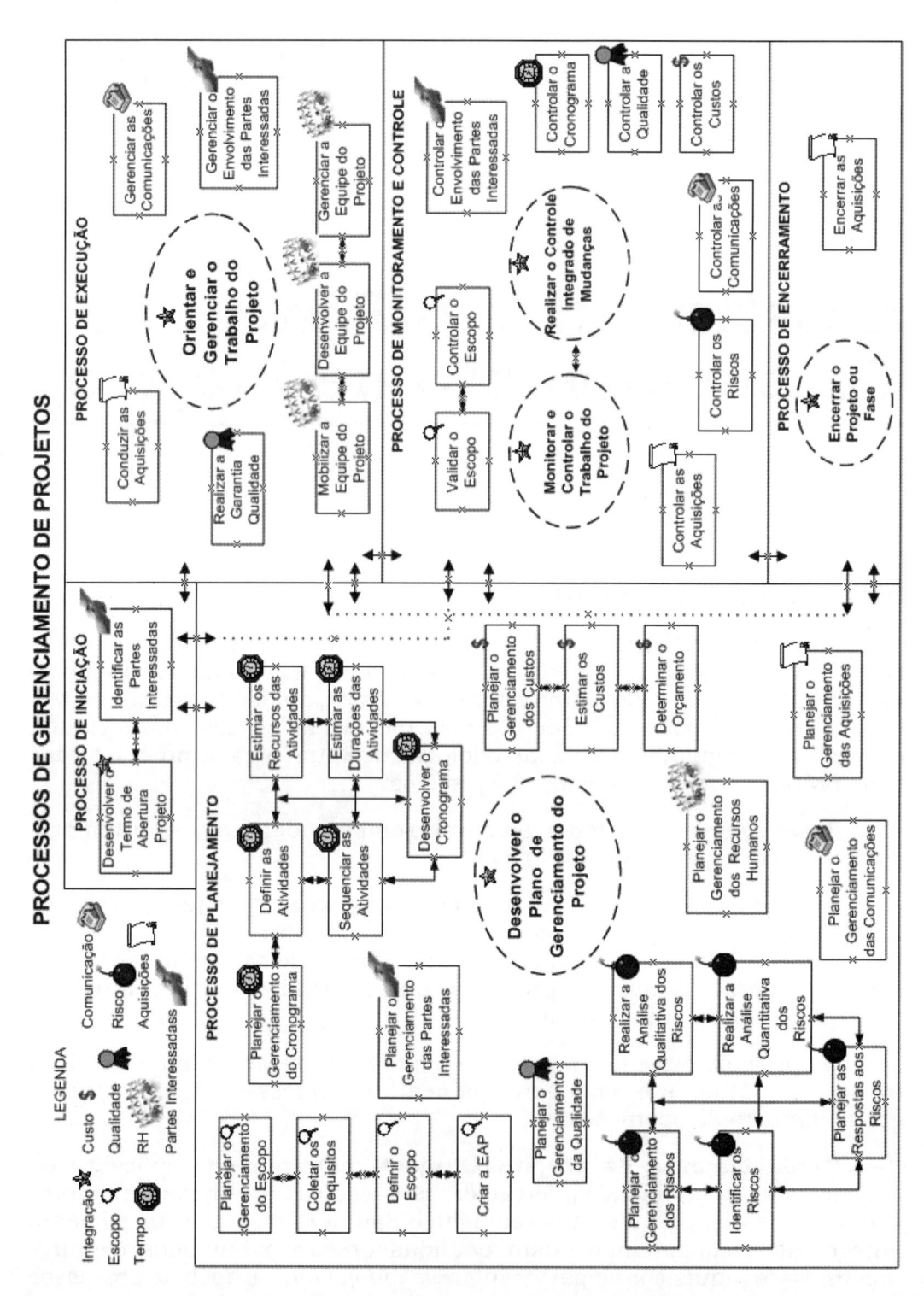

Figura 4.1: Processos de gerenciamento de projetos

A ESTRUTURA E O PADRÃO DE GERENCIAMENTO DE PROJETOS

O plano de gerenciamento do projeto é iterativo e passa por uma elaboração progressiva no decorrer do ciclo de vida do projeto.

Raramente os grupos de processos são eventos distintos ou que ocorrem uma única vez; são sobrepostos no ciclo de vida do projeto e normalmente repetidos para cada fase do projeto.

Programa/Program: grupo de projetos relacionados e gerenciados de modo coordenado para a obtenção de benefícios e controles que não estariam disponíveis se fossem gerenciados individualmente. Podem ter um fim definido (por exemplo: programa quinquenal de governo) ou indefinido (por exemplo: programa espacial) e conter trabalhos contínuos.

Os projetos dentro de um programa estão relacionados a um objetivo comum ou a um conjunto de capacidades.

Gerenciamento de programa/Program management: aplicação do conhecimento, habilidades, ferramentas e técnicas a um programa de modo a determinar os requisitos do programa. O foco está nas interdependências dos projetos e auxilia a determinar a melhor abordagem para gerenciá-los.

Portfólio/Portfolio: conjunto de projetos, programas e outros trabalhos, agrupados para um gerenciamento eficaz do empreendimento que está sendo realizado, de modo a alcançar os objetivos estratégicos do negócio. Os projetos ou programas do portfólio não são necessariamente interdependentes ou diretamente relacionados.

Gerenciamento de portfólio/Portfolio management: refere-se a um gerenciamento centralizado de um ou mais portfólios, de forma a conseguir atingir os objetivos estratégicos. Deve garantir que os projetos e programas sejam analisados a fim de priorizar a alocação de recursos, e que o gerenciamento do portfólio seja consistente e esteja alinhado às estratégias organizacionais.

Plano estratégico/Strategic plan: principal fator de orientação de uma organização, inclusive para investimentos em projetos.

Projetos e planejamento estratégico/Projects and strategic planning: os portfólios, programas e projetos são meios de atingir metas e objetivos organizacionais no contexto de um planejamento estratégico.

Escritório de projetos/Project management office (PMO): é uma estrutura de gestão que padroniza os processos de governança relacionados aos projetos e facilita o compartilhamento de recursos, metodologias, ferramentas e técnicas. O PMO faz parte da estrutura organizacional, não é uma pessoa.

Os PMOs possuem várias formas de atuação. Podem operar de modo contínuo, desde o apoio ao gerenciamento de projetos na forma de treinamento, software, políticas padronizadas e procedimentos, até o gerenciamento direto e a responsabilidade pela realização dos objetivos do projeto.

Existem vários tipos de PMO: apoio ou "supportive" (papel de consultoria – nível baixo de controle); controle ou "controlling" (papel de suporte e de fazer cumprir as normas legais e regulamentares – nível médio de controle); e diretivo ou "directive" (gerenciamento direto dos projetos – nível alto de controle).

Questões operacionais e gerenciamento de projetos/ Operational issues and Project management: as questões operacionais estão fora do escopo de um projeto, entretanto, durante o ciclo de vida do produto, existem pontos de interseção entre projetos e operações, como: na fase de encerramento de cada um (produto e projeto); no desenvolvimento de novos produtos ou na atualização de um já existente; no aumento de produção; na melhoria das operações ou do processo de desenvolvimento do produto; ou no final do ciclo de vida do produto.

Questões organizacionais e gerenciamento de projetos/Organizational issues and project management: a governança estabelece as diretrizes de alto nível estratégico e parâmetros de desempenho; a estratégia provê as expectativas, propósito, objetivos e ações necessárias para guiar a unidade de negócio e seu alinhamento com os objetivos do negócio; as atividades de gerenciamento de projetos devem estar alinhadas com as diretrizes de alto nível, caso haja alguma mudança, os objetivos dos projetos deverão ser realinhados.

Gerente de projetos/Project manager: pessoa designada pela organização executora para atingir os objetivos do projeto. É o principal responsável pelo sucesso ou fracasso do projeto. Deve apresentar algumas importantes habilidades interpessoais. O papel do gerente de projetos é diferente do gerente funcional e do gerente de operações. Enquanto o gerente funcional se concentra na unidade de negócio e o gerente de operações é o responsável por assegurar a eficiência das operações do negócio, o gerente de projetos tem como papel satisfazer as necessidades das atividades, das equipes e dos indivíduos.

Restrição tripla/Triple constraint: restrição ao projeto é qualquer fator que limita as opções. A expressão "restrição tripla" envolvia apenas custo, tempo e qualidade; hoje também envolve escopo, risco e satisfação das partes interessadas.

Uma mudança em um componente da "restrição tripla" influenciará os outros componentes.

Fases de projeto/Project phases: são as divisões de um projeto (por exemplo: estudo de viabilidade, desenvolvimento de conceito, design, protótipo, construção e teste) em que controle adicional é necessário para gerenciar de forma efetiva o término de uma ou mais entregas.

As fases são terminadas sequencialmente, mas podem se sobrepor em algumas situações. Entre as fases há uma revisão para que se determinem a aceitação das entregas e o término da fase. Pode ser realizada uma análise de final de fase com o objetivo de se obter autorização para encerrar a atual e iniciar a seguinte.

Há dois tipos básicos de relações entre fases: relação sequencial e relação sobreposta.

Ciclo de vida de projeto/Project life cycle: consiste na organização das fases do projeto, geralmente sequenciais e às vezes sobrepostas, cujo nome e quantidade são determinados pelas necessidades de gerenciamento e controle das organizações envolvidas, a natureza do projeto e sua área de aplicação. Não pode ser confundido com os grupos de processos de gerenciamento de projetos.

Ciclo de vida do produto/Product life cycle: consiste na organização das fases do produto, geralmente sequenciais e não sobrepostas, determinadas pela necessidade de produção e controle da organização.

Partes interessadas/Stakeholders: pessoas ou organizações ativamente envolvidas no projeto, que podem afetar ou ter os interesses afetados de forma positiva ou negativa pelo projeto. Por exemplo: clientes, patrocinadores, equipe do projeto, gerente do projeto e organização executora.

Parte da responsabilidade do gerente é balancear os distintos interesses das partes interessadas e garantir que a equipe do projeto interaja com eles de uma maneira profissional e cooperativa.

Governança do projeto/Project governance: é o alinhamento dos objetivos do projeto com os objetivos estratégicos das partes interessadas. Alguns exemplos de itens que devem ser incluídos na governança do projeto: critérios de sucesso; processo de identificação, classificação e solução dos problemas; relações entre a equipe do projeto, grupos organizacionais, partes interessadas externas; processo decisório do projeto e a abordagem do ciclo de vida do projeto.

Partes interessadas operacionais/Operational stakeholders: partes interessadas que cuidam da operação do negócio, por exemplo, gerentes de produção, analistas de sistemas, pessoal de vendas, representante do serviço ao consumidor e trabalhadores de manutenção.

Influências organizacionais no gerenciamento de projetos: culturas e estilos organizacionais, estilos de comunicação organizacional, estrutura organizacional e ativos de processos organizacionais (processos e procedimentos; base de conhecimento corporativa; fatores ambientais externos e internos à organização).

Elaboração progressiva/Progressive elaboration: característica de projetos que integra os conceitos de ser temporário e exclusivo. Significa desenvolverem etapas e continuar por incrementos.

Valor do negócio/Business value: é a soma de todos os elementos importantes tangíveis e intangíveis a uma organização, seja ela com fins lucrativos ou não.

Ciclo de vida adaptativo/Adaptive life cycle: ciclo de vida do projeto, também conhecido por método ágil, cujo propósito é facilitar as mudanças, porém requer intenso envolvimento das partes interessadas.

Ciclos de vida iterativo e incremental/ Iterative and incremental life cycles: o escopo do projeto é determinado bem cedo no ciclo de vida do projeto, mas o prazo e o custo são modificados à medida que a equipe conhece melhor o produto.

Mapa Mental

Estrutura e Padrão de Gerenciamento de Projetos

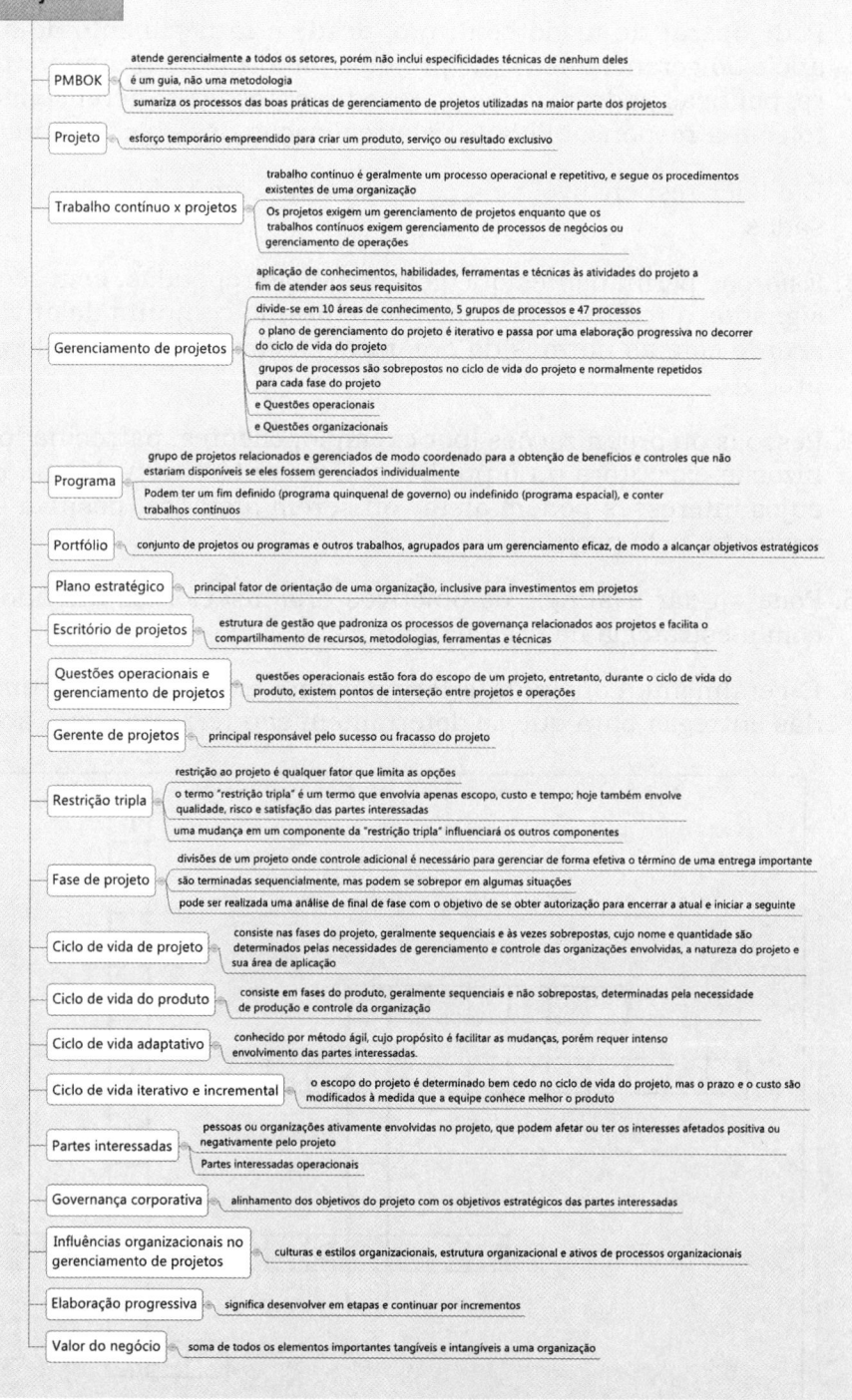

- **PMBOK**
  - atende gerencialmente a todos os setores, porém não inclui especificidades técnicas de nenhum deles
  - é um guia, não uma metodologia
  - sumariza os processos das boas práticas de gerenciamento de projetos utilizadas na maior parte dos projetos

- **Projeto**
  - esforço temporário empreendido para criar um produto, serviço ou resultado exclusivo

- **Trabalho contínuo x projetos**
  - trabalho contínuo é geralmente um processo operacional e repetitivo, e segue os procedimentos existentes de uma organização
  - Os projetos exigem um gerenciamento de projetos enquanto que os trabalhos contínuos exigem gerenciamento de processos de negócios ou gerenciamento de operações

- **Gerenciamento de projetos**
  - aplicação de conhecimentos, habilidades, ferramentas e técnicas às atividades do projeto a fim de atender aos seus requisitos
  - divide-se em 10 áreas de conhecimento, 5 grupos de processos e 47 processos
  - o plano de gerenciamento do projeto é iterativo e passa por uma elaboração progressiva no decorrer do ciclo de vida do projeto
  - grupos de processos são sobrepostos no ciclo de vida do projeto e normalmente repetidos para cada fase do projeto
  - e Questões operacionais
  - e Questões organizacionais

- **Programa**
  - grupo de projetos relacionados e gerenciados de modo coordenado para a obtenção de benefícios e controles que não estariam disponíveis se eles fossem gerenciados individualmente
  - Podem ter um fim definido (programa quinquenal de governo) ou indefinido (programa espacial), e conter trabalhos contínuos

- **Portfólio**
  - conjunto de projetos ou programas e outros trabalhos, agrupados para um gerenciamento eficaz, de modo a alcançar objetivos estratégicos

- **Plano estratégico**
  - principal fator de orientação de uma organização, inclusive para investimentos em projetos

- **Escritório de projetos**
  - estrutura de gestão que padroniza os processos de governança relacionados aos projetos e facilita o compartilhamento de recursos, metodologias, ferramentas e técnicas

- **Questões operacionais e gerenciamento de projetos**
  - questões operacionais estão fora do escopo de um projeto, entretanto, durante o ciclo de vida do produto, existem pontos de interseção entre projetos e operações

- **Gerente de projetos**
  - principal responsável pelo sucesso ou fracasso do projeto

- **Restrição tripla**
  - restrição ao projeto é qualquer fator que limita as opções
  - o termo "restrição tripla" é um termo que envolvia apenas escopo, custo e tempo; hoje também envolve qualidade, risco e satisfação das partes interessadas
  - uma mudança em um componente da "restrição tripla" influenciará os outros componentes

- **Fase de projeto**
  - divisões de um projeto onde controle adicional é necessário para gerenciar de forma efetiva o término de uma entrega importante
  - são terminadas sequencialmente, mas podem se sobrepor em algumas situações
  - pode ser realizada uma análise de final de fase com o objetivo de se obter autorização para encerrar a atual e iniciar a seguinte

- **Ciclo de vida de projeto**
  - consiste nas fases do projeto, geralmente sequenciais e às vezes sobrepostas, cujo nome e quantidade são determinados pelas necessidades de gerenciamento e controle das organizações envolvidas, a natureza do projeto e sua área de aplicação

- **Ciclo de vida do produto**
  - consiste em fases do produto, geralmente sequenciais e não sobrepostas, determinadas pela necessidade de produção e controle da organização

- **Ciclo de vida adaptativo**
  - conhecido por método ágil, cujo propósito é facilitar as mudanças, porém requer intenso envolvimento das partes interessadas.

- **Ciclo de vida iterativo e incremental**
  - o escopo do projeto é determinado bem cedo no ciclo de vida do projeto, mas o prazo e o custo são modificados à medida que a equipe conhece melhor o produto

- **Partes interessadas**
  - pessoas ou organizações ativamente envolvidas no projeto, que podem afetar ou ter os interesses afetados positiva ou negativamente pelo projeto
  - Partes interessadas operacionais

- **Governança corporativa**
  - alinhamento dos objetivos do projeto com os objetivos estratégicos das partes interessadas

- **Influências organizacionais no gerenciamento de projetos**
  - culturas e estilos organizacionais, estrutura organizacional e ativos de processos organizacionais

- **Elaboração progressiva**
  - significa desenvolver em etapas e continuar por incrementos

- **Valor do negócio**
  - soma de todos os elementos importantes tangíveis e intangíveis a uma organização

Exercícios de Fixação

Exercício 1. Faça a palavra cruzada de acordo com o texto a seguir:

1. Pode operar de modo contínuo, desde o fornecimento de funções de apoio ao gerenciamento de projetos na forma de treinamento, software, políticas padronizadas e procedimentos, até o gerenciamento direto com a responsabilidade pela realização dos objetivos do projeto.

2. É o líder responsável pela comunicação com todas as partes interessadas.

3. Esforços permanentes que geram saídas repetidas, com recursos designados a realizar basicamente o mesmo conjunto de atividades, de acordo com as normas da organização em relação ao ciclo de vida do produto.

4. Pessoas ou organizações (por exemplo, clientes, patrocinadores, organização executora ou o público) ativamente envolvidas no projeto ou cujos interesses podem afetar ou serem afetados, positiva ou negativamente, pelo projeto.

5. Pode ajudar a atingir os objetivos organizacionais quando alinhado com a estratégia da organização.

6. É geralmente concluída e formalmente encerrada com uma revisão das entregas para que se determinem seu término e sua aceitação.

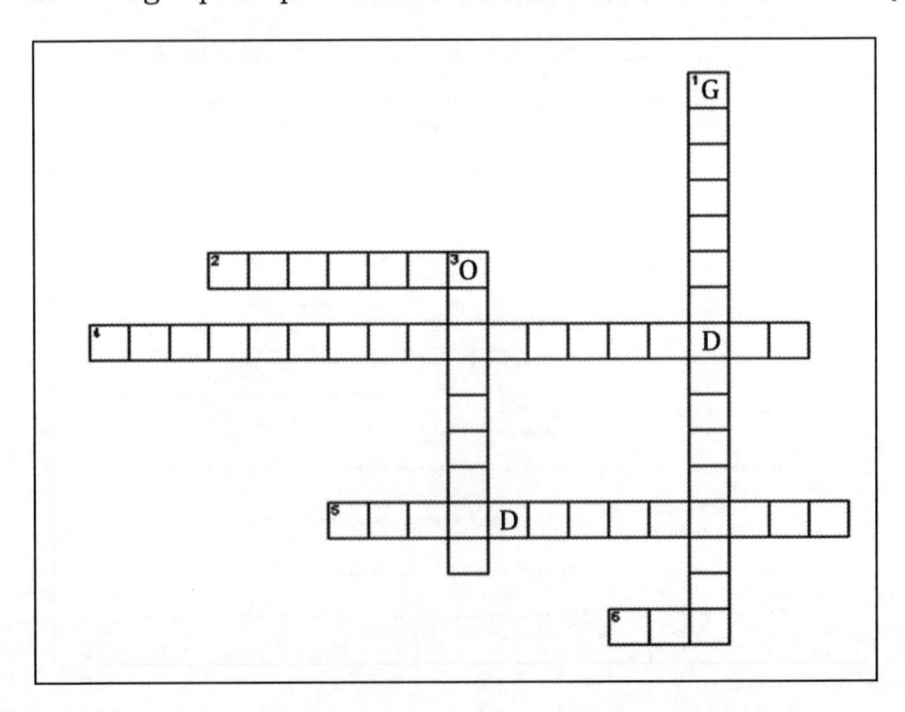

A ESTRUTURA E O PADRÃO DE GERENCIAMENTO DE PROJETOS

Exercício 2: Quais funções podem ser desempenhadas pelos escritórios de projetos? Complete as frases com as palavras a seguir e descubra! Observação: todas as palavras devem ser usadas no preenchimento das lacunas.

aconselhamento

compartilhados

comunicações

conformidade

coordenação

formulários

melhores práticas

metodologia

monitoramento

padrões

políticas

práticas

procedimentos

recursos

treinamento

Gerenciamento de _____ _____ entre todos os projetos.

Identificação e desenvolvimento de _____, _____ _____ e _____ de gerenciamento de projetos.

Orientação, _____, _____ e supervisão.

_____ da _____ com as políticas, procedimentos e modelos padrões de gerenciamento de projetos por meio de auditorias do projeto.

Desenvolvimento e gerenciamento de _____, _____, _____ e outras documentações compartilhadas do projeto (ativos de processos organizacionais).

_____ das _____ entre projetos.

Exercício 3: Na tabela a seguir, alguns itens foram dispostos de maneira equivocada em "vantagens" e "desvantagens" das estruturas organizacionais funcional, projetizada e matricial. Corrija esses erros identificando: (F) Funcional, (M) Matricial e (P) Projetizada.

Estrutura	Funcional	Matricial	Projetizada
Vantagens	( ) Os membros da equipe se reportam a somente um gerente de projeto ( ) Quando o projeto é finalizado, a equipe é alocada em outras atividades dentro da empresa ( ) A definição de carreira é muito clara e está de acordo com a especialização técnica	( ) Utilização máxima dos recursos escassos ( ) Foco no projeto ( ) Melhor disseminação das informações tanto verticalmente quanto horizontalmente ( ) As empresas são compostas por funcionários especialistas ( ) Os recursos similares são centralizados	( ) Comunicação mais efetiva do que na estrutura funcional ( ) Membros da equipe se reportam a um gerente funcional
Desvantagens	( ) Os funcionários dão maior ênfase ao trabalho técnico do que ao próprio projeto ( ) O gerente de projetos não possui autoridade ( ) A equipe se reporta a mais de um gerente	( ) Possui pessoal administrativo extra para cumprir com as necessidades do projeto (acarreta aumento de custo) ( ) Os gerentes funcionais apresentam prioridades diferentes daquelas apresentadas pelos gerentes de projetos ( ) Quando o projeto é finalizado, a equipe é desalocada	( ) Uso dos recursos não é eficiente ( ) Não existe uma carreira de gerente de projetos ( ) Maior probabilidade para a duplicação de esforços e conflitos ( ) Maior esforço de comunicação com todas as partes interessadas

Exercício 4: Identifique a qual "grupo de processo" e a que "área do conhecimento" pertencem os "processos". Por exemplo: o processo "**Determi-**

A ESTRUTURA E O PADRÃO DE GERENCIAMENTO DE PROJETOS

nar o orçamento" pertence ao grupo de processo Planejamento (2) e à área do conhecimento Custo (7). Veja o exemplo:

Grupos de Processos	Áreas do Conhecimento	Processos
1. Iniciação	4. Integração	• **Determinar o orçamento (2) (7)** • Controlar as aquisições ( ) ( ) • Coletar os requisitos ( ) ( ) • Conduzir as aquisições ( ) ( ) • Mobilizar a equipe do projeto ( ) ( )
2. Planejamento	5. Escopo	• Controlar o cronograma ( ) ( ) • Controlar o escopo ( ) ( ) • Controlar os custos ( ) ( ) • Criar EAP ( ) ( ) • Definir o escopo ( ) ( )
3. Execução	6. Tempo	• Desenvolver a equipe do projeto ( ) ( ) • Desenvolver o cronograma ( ) ( ) • Desenvolver o plano de gerenciamento do projeto ( ) ( )
4. Monitoramento e Controle	7. Custo	• Planejar o gerenciamento do cronograma ( ) ( ) • Planejar o gerenciamento de recursos humanos ( ) ( ) • Desenvolver o termo de abertura do projeto ( ) ( ) • Gerenciar as comunicações ( ) ( ) • Controlar as comunicações ( ) ( )
5. Encerramento	8. Qualidade	• Encerrar as aquisições ( ) ( ) • Encerrar o projeto ou fase ( ) ( ) • Planejar o gerenciamento dos custos ( ) ( ) • Estimar as durações das atividades ( ) ( ) • Estimar os custos ( ) ( )
	9. Recursos Humanos	• Estimar os recursos das atividades ( ) ( ) • Gerenciar a equipe do projeto ( ) ( ) • Gerenciar o engajamento das partes interessadas ( ) ( ) • Identificar as partes interessadas ( ) ( )
	10. Comunicação	• Identificar os riscos ( ) ( ) • Controlar os riscos ( ) ( ) • Monitorar e controlar o trabalho do projeto ( ) ( ) • Orientar e gerenciar o trabalho do projeto ( ) ( ) • Planejar o gerenciamento das aquisições ( ) ( ) • Planejar o gerenciamento das comunicações ( ) ( )
	11. Riscos	• Realizar a análise quantitativa dos riscos ( ) ( ) • Planejar as respostas aos riscos ( ) ( ) • Planejar o gerenciamento de riscos ( ) ( ) • Planejar o gerenciamento da qualidade ( ) ( )
	12. Aquisições	• Realizar a análise qualitativa dos riscos ( ) ( ) • Realizar a garantia da qualidade ( ) ( ) • Controlar a qualidade ( ) ( ) • Planejar o gerenciamento das partes interessadas ( ) ( ) • Realizar o controle integrado de mudanças ( ) ( ) • Sequenciar as atividades ( ) ( )
	13. Partes interessadas	• Validar o escopo ( ) ( ) • Definir as atividades ( ) ( ) • Planejar o gerenciamento do escopo ( ) ( ) • Controlar o engajamento das partes interessadas ( ) ( )

Respostas

Resposta do Exercício 1:

```
                                    ¹G
                                     E
                                     R
                                     E
                                     N
              ²P R O J E T ³O        T
                          P          E
          ⁴P A R T E S I N T E R E S S A D A S
                          R          O
                          A          P
                          Ç          R
                          Õ          O
                    ⁵F A S E D O P R O J E T O
                          S          E
                                     T
                                    ⁶P M O
```

Resposta do Exercício 2:

- Gerenciamento de <u>recursos compartilhados</u> entre todos os projetos.

- Identificação e desenvolvimento de <u>metodologia, melhores práticas</u> e <u>padrões</u> de gerenciamento de projetos.

- Orientação, <u>aconselhamento, treinamento</u> e supervisão.

- <u>Monitoramento</u> da <u>conformidade</u> com as políticas, procedimentos e modelos padrões de gerenciamento de projetos por meio de auditorias do projeto.

- Desenvolvimento e gerenciamento de <u>políticas, procedimentos, formulários</u> e outras documentações compartilhadas do projeto (ativos de processos organizacionais).

- <u>Coordenação</u> das <u>comunicações</u> entre projetos.

A ESTRUTURA E O PADRÃO DE GERENCIAMENTO DE PROJETOS

Resposta do Exercício 3:

Estrutura	Funcional	Matricial	Projetizada
Vantagens	(P) Os membros da equipe se reportam a somente um gerente de projeto (M) Quando o projeto é finalizado, a equipe é alocada em outras atividades dentro da empresa (F) A definição de carreira é muito clara e está de acordo com a especialização técnica	(M) Utilização máxima dos recursos escassos (P) Foco no projeto (M) Melhor disseminação das informações tanto verticalmente quanto horizontalmente (F) As empresas são compostas por funcionários especialistas (F) Os recursos similares são centralizados	(P) Comunicação mais efetiva do que na estrutura funcional (F) Membros da equipe se reportam a um gerente funcional
Desvantagens	(F) Os funcionários dão maior ênfase ao trabalho técnico do que ao próprio projeto (F) O gerente de projetos não possui autoridade (M) A equipe se reporta a mais de um gerente	(M) Possui pessoal administrativo extra para cumprir com as necessidades do projeto (acarreta aumento de custo) (M) Os gerentes funcionais apresentam prioridades diferentes daquelas apresentadas pelos gerentes de projetos (P) Quando o projeto é finalizado, a equipe é desalocada	(P) Uso dos recursos não é eficiente (F) Não existe uma carreira de gerente de projetos (M) Maior probabilidade para a duplicação de esforços e conflitos (M) Maior esforço de comunicação com todas as partes interessadas

Resposta do Exercício 4:

Grupos de Processos	Áreas do Conhecimento	Processos
1. Iniciação	4. Integração	• **Determinar o orçamento (2) (7)** • Controlar as aquisições (4) (12) • Coletar os requisitos (2) (5) • Conduzir as aquisições (3) (12) • Mobilizar a equipe do projeto (3) (9)
2. Planejamento	5. Escopo	• Controlar o cronograma (4) (6) • Controlar o escopo (4) (5) • Controlar os custos (4) (7) • Criar EAP (2) (5) • Definir o escopo (2) (5)
3. Execução	6. Tempo	• Desenvolver a equipe do projeto (3) (9) • Desenvolver o cronograma (2) (6) • Desenvolver o plano de gerenciamento do projeto (2) (4) • Planejar o gerenciamento do cronograma (2) (6)
4. Monitoramento e Controle	7. Custo	• Planejar o gerenciamento de recursos humanos (2) (9) • Desenvolver o termo de abertura do projeto (1) (4) • Gerenciar as comunicações (3) (10) • Controlar as comunicações (4) (10) • Encerrar as aquisições (5) (12)
5. Encerramento	8. Qualidade	• Encerrar o projeto ou fase (5) (4) • Planejar o gerenciamento dos custos (2) (7) • Estimar as durações das atividades (2) (6) • Estimar os custos (2) (7) • Estimar os recursos das atividades (2) (6)
	9. Recursos Humanos	• Gerenciar a equipe do projeto (3) (9) • Gerenciar o engajamento das partes interessadas (3) (13) • Identificar as partes interessadas (1) (13) • Identificar os riscos (2) (11)
	10. Comunicação	• Controlar os riscos (4) (11) • Monitorar e controlar o trabalho do projeto (4) (4) • Orientar e gerenciar o trabalho do projeto (3) (4) • Planejar o gerenciamento das aquisições (2) (12) • Planejar o gerenciamento das comunicações (2) (10)
	11. Riscos	• Realizar a análise quantitativa dos riscos (2) (11) • Planejar as respostas aos riscos (2) (11) • Planejar o gerenciamento de riscos (2) (11) • Planejar o gerenciamento da qualidade (2) (8) • Realizar a análise qualitativa dos riscos (2) (11)
	12. Aquisições	• Realizar a garantia da qualidade (3) (8) • Controlar a qualidade (4) (8) • Planejar o gerenciamento das partes interessadas (2) (13) • Realizar o controle integrado de mudanças (4) (4) • Sequenciar as atividades (2) (6)
	13. Partes interessadas	• Validar o escopo (4) (5) • Definir as atividades (2) (6) • Planejar o gerenciamento do escopo (2) (5) • Controlar o engajamento das partes interessadas (4) (13)

Comentários do Simulado

1. O <u>planejamento do projeto está em curso</u> quando a equipe analisa quanto tempo vai demorar para processar uma nova ordem de mudança no novo *call center*. <u>Esta análise a ajudará a determinar quantos funcionários serão necessários no *call center*</u> com base em sua demanda antecipada conforme volume de clientes. Este é um exemplo do quê?

   A) Premissas.

   B) Restrições.

   C) Gerenciamento de operações.

   D) Planejamento estratégico.

Resposta: A

   Justificativa: Premissas são hipóteses que se assumem para fins de planejamento. Neste caso, a premissa se refere ao número de funcionários.

2. Como gerente de projetos, você está gerenciando um projeto que tem catorze entregas de fornecedores externos. Um fornecedor tem negociado com um parceiro para obter mais financiamento. Caso não cheguem a um acordo, o fornecedor paralisará a produção de uma de suas entregas. <u>Corre um boato de que a fábrica será fechada devido a esta questão</u>. Que ações devem ser tomadas <u>em primeiro lugar</u>?

   A) Mudar o fornecedor assim que um outro seja encontrado.

   B) Iniciar o plano de resposta aos riscos criado para este fornecedor.

   C) Entrar em contato com o fornecedor e discutir este problema.

   D) Iniciar a contratação de outros fornecedores como um plano de apoio.

Resposta: C

   Justificativa: O gerente de projetos deve se orientar por fatos. Conversar com o fornecedor é uma forma de esclarecer o boato.

3. O patrocinador está realizando uma reunião e um gerente de projetos está relatando que o <u>projeto dele está atrasado em três semanas e abaixo do orçamento em R$ 80 mil.</u> <u>Você descobre a partir do PMO que o projeto está atrasado em oito semanas e acima do orçamento.</u> O que você deve fazer?

A) Denunciar o gerente de projetos ao PMI.

B) Rever com o gerente de projetos como esta situação foi criada.

C) Solicitar ao PMO para investigar a situação do projeto.

D) Notificar a gerência sênior.

Resposta: B

Justificativa: Faz parte do papel do gerente de projetos orientar outros gerentes de projeto. Neste caso, esclarecer a razão da discrepância entre os dados do PMO e o relatado na reunião.

4. Uma empresa tem sido afetada pela desorganização dos projetos, que não estão em alinhamento com os objetivos empresariais, e não enfoca a integração entre os projetos, quando aplicável. A diretoria da empresa gostaria que houvesse melhor foco no agrupamento de projetos, relacionados por unidade de negócio e linhas de produtos para que fossem maximizadas a eficiência e a rentabilidade. Qual das seguintes opções melhor descreve o que a diretoria pretende fazer?

   A) Gerenciamento por objetivos.

   B) Gerenciamento de portfólio.

   C) Gerenciamento de projetos.

   D) Gerenciamento de operações.

Resposta: B

Justificativa: Gerenciamento de portfólio abrange o gerenciamento dos projetos e programas da organização. Busca alinhar os objetivos dos projetos com os objetivos da organização.

5. Uma empresa de submarinos de R$ 10 bilhões está implementando o gerenciamento de projetos formal na organização. Ela tomou a decisão de implementar um Escritório de Gerenciamento de Projetos (PMO). Na criação desta estrutura, ela tem forte apoio executivo, uma sólida metodologia, incluindo modelos, gerentes de projeto recém-certificados e um sistema de gerenciamento de tempo primoroso. O que é preciso ter primeiro para garantir a maior probabilidade de sucesso?

   A) Gerentes de projetos competentes.

   B) Um sólido sistema de relatórios de tempo para todos os membros da equipe.

C) Uma definição clara das metas e objetivos para o PMO.

D) Um conjunto detalhado de modelos.

Resposta: C

Justificativa: Trata-se da implementação de um PMO, logo é muito importante definir as metas e objetivos deste trabalho.

6. Como gerente de projetos, você está gerenciando um projeto que tem um produto com um conjunto muito detalhado de requisitos que foram definidos após uma série de reuniões com o cliente. O cliente não viu valor nessas reuniões, mas concordou com elas para o benefício do projeto. O projeto é para um grande cliente, aquele que gasta mais que R$ 7.000.000 por ano com a sua empresa. Para atingir a satisfação do cliente, o que deve ser cumprido?

    A) O cumprimento de todos os requisitos do produto aprovados no levantamento.

    B) Completar o projeto com o produto cumprindo as características inerentes que atendem aos requisitos básicos que foram a base de sua construção.

    C) Focar apenas em completar o escopo do projeto.

    D) Completar o projeto no cronograma e no orçamento.

Resposta: A

Justificativa: O gerente e a equipe de projetos devem se guiar pelos requisitos do produto especificados pelo cliente. Opção B perde em clareza e abrangência para opção A, visto que cita apenas os requisitos básicos.

7. Uma empresa de *chips* de computador está construindo uma fábrica para produzir um novo produto. A empresa não tem quaisquer dados sobre quanto tempo vai demorar para criar *chips* com o novo equipamento. Esta informação é importante porque ajudará a definir o número de trabalhadores necessários no processo de fabricação e, também, o tamanho geral da instalação. A empresa realiza alguns testes para determinar quanto tempo vai demorar para concluir o processo de criação do novo *chip*. Estes testes devem ser concluídos e os dados analisados três semanas antes de o desenho da instalação estar finalizado. No tocante ao prazo de realização dos testes, podemos classificar como exemplo de quê?

A) Informações históricas.

B) Análise de produtos.

C) Restrições.

D) Premissas.

Resposta: C

Justificativa: Restrições são fatores que limitam o poder decisório da equipe do projeto. Por exemplo, restrições de datas.

8. Você é o chefe dos gerentes de projetos do PMO de sua empresa. Seu trabalho é analisar projetos quando eles terminam e validar a eficácia dos esforços no projeto. O encerramento do projeto poderia ser o resultado de um projeto quando este for completado ou por qualquer outro motivo. <u>Quando você considera um projeto encerrado?</u>

A) Quando não houver possibilidade de se obter mais recursos.

B) Todas as respostas.

C) Quando o projeto completa a validação de escopo.

D) Quando o projeto é cancelado.

Resposta: B

Justificativa: Todas as alternativas estão corretas. O projeto necessita de recursos, se não há possibilidade de obtê-los, este entra em processo de encerramento. A validação ocorre no final de cada fase e no final do projeto. Portanto, terminada a validação, o projeto entra em encerramento. Evidentemente, o projeto se encerra quando é cancelado.

9. Como gerente de projetos, você está gerenciando um projeto que tem catorze entregas de contratados externos. Um contratado esqueceu de obter um certificado de ocupação na prefeitura para um edifício que será utilizado como um resultado do projeto. Um fiscal de edifícios da prefeitura está pedindo para ver o certificado de ocupação antes de permitir que as pessoas se mudem para o edifício. <u>Quem é, em última instância, o responsável por obter esta entrega (certificado)?</u>

A) Gerente de projetos.

B) Inspetor de prefeitura.

C) Encanador.

D) Contratante.

A ESTRUTURA E O PADRÃO DE GERENCIAMENTO DE PROJETOS

Resposta: A

Justificativa: O gerente de projetos é o responsável em última instância pelo sucesso do projeto.

10. Qual das opções a seguir não é um regulamento nem uma norma?

    A) A forma documentada de dispor as tintas antigas.

    B) O zoneamento para uma área industrial.

    C) O número médio de bilhetes de loteria perdidos em uma semana.

    D) O código de construção para uma cidade.

Resposta: C

Justificativa: Regulamento (opções B e D) é obrigatório. Norma (opção A) não é obrigatória. A opção C não é regulamento nem norma.

11. O projeto de eletrônica está na fase de planejamento para criar uma versão menos dispendiosa de um produto já existente. Na avaliação da tripla restrição, qual das seguintes variáveis é a de mais alta prioridade?

    A) Escopo.

    B) Tempo.

    C) Custo.

    D) Eles são todos iguais, salvo disposição em contrário no termo de abertura.

Resposta: D

Justificativa: Na tripla restrição, todas as variáveis têm a mesma prioridade.

12. Durante o planejamento do projeto em uma organização matricial, o gerente do projeto determina quais recursos humanos adicionais são necessários. De quem ele requisitaria esses recursos?

    A) Gerente do projeto.

    B) Gerente funcional.

    C) Equipe.

    D) Patrocinador.

Resposta: B

Justificativa: O gerente funcional é quem fornece os recursos humanos.

13. Você é o gerente de uma consultoria que está executando um projeto de grande porte em um cliente estratégico. Seu <u>cliente está insatisfeito e ameaça cancelar o projeto</u>. Como "última chance" ele pede que o projeto implemente um pequeno <u>pacote de trabalho não previsto no escopo</u>, mas que <u>não irá influenciar no prazo do projeto</u>. O que você deve <u>fazer em primeiro lugar</u>?

    A) Implementar o pacote de trabalho e salvar o projeto.

    B) Negar a implementação, pois o pacote não estava previsto.

    C) Pedir que o cliente formalize o pedido de mudança no projeto.

    D) Submeter o caso ao patrocinador.

Resposta: C

Justificativa: Todo trabalho não previsto na documentação de escopo do projeto não deve ser feito a menos que seja aprovado pelo processo de mudanças do projeto. A opção A, embora pareça sensata, não obedece a esta boa prática do gerenciamento de projetos. A opção B fará com que seu cliente fique totalmente insatisfeito. A opção D não se aplica, pois esta é uma decisão de responsabilidade do Comitê de Controle de Mudanças, do qual o gerente do projeto faz parte.

14. Um gerente de projetos foi alocado para gerenciar um projeto para desenvolver um novo microprocessador em um <u>país estrangeiro</u>. O gerente do projeto deve <u>ficar no local por oito meses</u>. O gerente do projeto está tendo <u>problemas de adaptação ao trabalho e ao ambiente que o rodeia diariamente</u>. O que poderia causar este problema?

    A) Diferença no fuso horário.

    B) Diferenças no custo.

    C) Diferenças culturais.

    D) Diferenças de idioma.

Resposta: C

Justificativa: Adaptar-se ao novo ambiente de um país estrangeiro é um problema cultural.

15. A equipe do projeto iniciou para a sua empresa o desenvolvimento de um projeto em um novo mercado. Como o mercado é muito instável, o produto que ela está criando <u>não tem necessariamente todos os detalhes definidos antes de o planejamento começar</u>. A equipe tem que planejar o máximo e começar a trabalhar. <u>À medida que conhecer mais o trabalho, adaptará o planejamento.</u> Qual das seguintes opções descreve melhor a abordagem?

A) Elaboração Progressiva.

B) Programação Extrema.

C) Gerenciamento da Qualidade Total.

D) Gerenciamento do Projeto.

Resposta: A

Justificativa: O projeto é progressivamente elaborado, ou seja, definido aos poucos, à medida que mais informações são levantadas.

Capítulo 5

Gerenciamento de Integração

Síntese dos Conceitos

O gerenciamento da integração do projeto envolve atividades de unificação, consolidação, articulação e integração que são cruciais para o controle da execução do projeto até o seu encerramento; bem como para o gerenciamento das expectativas das partes interessadas; e para o alcance dos requisitos do projeto. Inclui também fazer escolhas sobre alocação de recursos, concessões entre objetivos e alternativas conflitantes e gerenciamento das dependências mútuas entre as áreas de conhecimento do gerenciamento de projetos.

Gerenciamento de integração do projeto/Project integration management: inclui os processos e atividades necessárias para identificar, definir, combinar, unificar e coordenar os vários processos e atividades dos Grupos de Processos do Gerenciamento do Projeto.

Algumas atividades realizadas pela equipe de gerenciamento são:

— desenvolver, revisar, analisar e entender o escopo do projeto;

— transformar a informação do projeto obtida em um plano de gerenciamento do projeto usando a estrutura do Guia PMBOK®;

- gerar as entregas do projeto;
- medir e monitorar o progresso;
- tomar as medidas necessárias para atender aos objetivos do projeto.

Métodos de Seleção de Projeto/Project Selection Methods: métodos de medição dos benefícios (*Benefit measurement methods*) dizem respeito a abordagens comparativas; e métodos de otimização restrita (*Constrained optimization methods*) se referem a modelos matemáticos.

Exemplos de fatores para seleção de projetos:

- Valor presente (VP)/*Present value* (PV).
- Valor presente líquido (VPL)/*Net present value* (NPV).
- Taxa interna de retorno (TIR)/*Internal rate of return* (IRR).
- Período de retorno/*Payback period*.
- Relação custo-benefício / *Benefit-cost rate* (BCR).

Valor presente (VP)/Present value (PV): valor atual de um fluxo de caixa futuro. O cálculo do valor presente não é solicitado no exame, mas sua fórmula ajuda a entender o conceito:

$$VP = \frac{VF}{(1+r)^n}$$

sendo:

- VF = valor futuro
- r = taxa de juros por período
- n = número de períodos de tempo

Valor presente líquido (VPL)/Net present value (NPV): envolve trazer a valor de hoje um fluxo de caixa (entradas e saídas) futuro, descontada a taxa de juros. O somatório dos VP dos benefícios (receitas) é subtraído do investimento inicial (Ii) no projeto. O valor presente líquido é dado pela fórmula:

$$VPL = \Sigma VP - Ii$$

VPL > 0 indica recuperação do investimento inicial.
VPL < 0 indica que investir no projeto não é atrativo.
O VPL é expresso em moeda.

GERENCIAMENTO DE INTEGRAÇÃO

Quanto maior o VPL, melhor para o projeto. Assim, na comparação entre projetos, por este critério, selecione o de maior VPL.

Taxa interna de retorno (TIR)/Internal rate of return (IRR): taxa de desconto que torna o VPL = 0. A TIR deve ser maior do que a taxa mínima do mercado financeiro para que o projeto seja atrativo. Caso contrário, valeria mais a pena investir no mercado financeiro. A TIR é expressa em percentual.

Quanto maior a TIR, melhor para o projeto. Assim, na comparação entre projetos, por este critério, selecione o de maior TIR.

Período de retorno/Payback period: período de tempo necessário para o retorno do investimento inicial. O período de retorno é expresso em unidades de tempo.

Quanto menor o período de retorno, menor o risco e melhor para o projeto. Assim, na comparação entre projetos, por este critério, selecione o de menor período de retorno.

Relação custo-benefício/Benefit-cost rate (BCR): divisão dos benefícios (receitas) pelos custos do projeto.

Quanto maior o BCR, melhor para o projeto. Assim, na comparação entre projetos, por este critério, selecione o de maior BCR. Se o BCR do projeto é 2,1 isto indica que os benefícios são 2,1 vezes maiores do que os custos.

Algumas atividades realizadas pela equipe de gerenciamento: analisar e entender o escopo do projeto; entender como capturar a informação identificada e transformá-la em um plano de gerenciamento do projeto; realizar atividades para produzir as entregas do projeto; medir e monitorar o progresso do projeto e tomar as medidas necessárias para atender aos seus objetivos.

Métodos de seleção de projeto/Project selection methods: métodos de medição dos benefícios (*Benefit measurement methods*) dizem respeito a abordagens comparativas; e métodos de otimização restrita (*Constrained optimization methods*) se referem a modelos matemáticos.

Exemplos de fatores para seleção de projetos:

- Valor presente (VP)/*Present value* (PV).
- Valor presente líquido (VPL)/*Net present value* (NPV).
- Taxa interna de retorno (TIR)/*Internal rate of return* (IRR).

- Período de retorno/*Payback period*.
- Relação custo-benefício/*Benefit-cost rate* (BCR).

Valor presente (VP)/Present value (PV): valor atual de um fluxo de caixa futuro. O cálculo do valor presente não é solicitado no exame mas sua fórmula ajuda a entender o conceito:

$$VP = \frac{VF}{(1+r)^n}$$

sendo:

- VF = valor futuro
- r = taxa de juros por período
- n = número de períodos de tempo

Valor presente líquido (VPL)/Net present value (NPV): envolve trazer a valor de hoje um fluxo de caixa (entradas e saídas) futuro, descontada a taxa de juros. O somatório dos VP dos benefícios (receitas) é subtraído do investimento inicial (Ii) no projeto. O valor presente líquido é dado pela fórmula:

$$VPL = \Sigma VP - Ii$$

VPL > 0 indica recuperação do investimento inicial. VPL < 0 indica que investir no projeto não é atrativo. O VPL é expresso em moeda.

Quanto maior o VPL, melhor para o projeto. Assim, na comparação entre projetos, por este critério, selecione o de maior VPL.

Taxa interna de retorno (TIR)/Internal rate of return (IRR): taxa de desconto que torna o VPL = 0. A TIR deve ser maior do que a taxa mínima do mercado financeiro para que o projeto seja atrativo. Caso contrário, valeria mais a pena investir no mercado financeiro. A TIR é expressa em percentual.

Quanto maior a TIR, melhor para o projeto. Assim, na comparação entre projetos, por este critério, selecione o de maior TIR.

Período de retorno/Payback period: período de tempo necessário para o retorno do investimento inicial. O período de retorno é expresso em unidades de tempo.

GERENCIAMENTO DE INTEGRAÇÃO

Quanto menor o período de retorno, menor o risco e melhor para o projeto. Assim, na comparação entre projetos, por este critério, selecione o de menor período de retorno.

Relação custo-benefício/Benefit-cost rate (BCR): divisão dos benefícios (receitas) pelos custos do projeto.

Quanto maior o BCR, melhor para o projeto. Assim, na comparação entre projetos, por este critério, selecione o de maior BCR. Se o BCR do projeto é 2,1 isto indica que os benefícios são 2,1 vezes maiores do que os custos.

Desenvolver o termo de abertura do projeto/Develop project charter

Processo de desenvolvimento do documento que formalmente autoriza a existência de um projeto, nomeia o gerente e define a sua autoridade para aplicar os recursos organizacionais nas atividades do projeto.

Principal benefício: fornecer os aspectos básicos do projeto, definir os seus limites, registrar o início do projeto e mostrar a aceitação formal e o compromisso da alta administração para com o projeto.

Declaração do trabalho do projeto/Project statement of work: descrição dos produtos, serviços ou resultados que serão fornecidos pelo projeto.

Business case: documento que descreve as informações necessárias sobre o negócio que justificam ou não o investimento previsto para o projeto. Nele consta também a análise de custo-benefício do projeto. É criado, por exemplo, como resultado da demanda de mercado, necessidade organizacional, solicitação do cliente, avanço tecnológico, impactos ecológicos, requisito legal ou necessidade social.

Acordos/ Agreements: definem as pretensões iniciais do projeto sob a forma escrita (carta, contrato, e-mail, memorando etc.) ou verbal. Para projetos com clientes externos o usual é a celebração de um contrato.

Fatores ambientais da empresa/Enterprise environmental factors: qualquer fator externo ou interno à organização executora que pode influenciar o sucesso do projeto (padrões governamentais, industriais ou regulamentos como: estrutura e cultura organizacionais; infraestrutura da organização; diretrizes para contratações e demissões; revisões de desempenho de empregados;registros de treinamento).

Ativos de processos organizacionais/Organizational process assets: qualquer ativo da organização executora relacionado a processos que pode ser usado para influenciar o sucesso do projeto (diretrizes, modelos, informações históricas e bases de conhecimento).

Enquanto os fatores ambientais estão em um nível mais amplo, nível organizacional, os ativos de processos organizacionais estão em um nível de processo com foco nas necessidades do projeto.

Opinião especializada/Expert judgment: opinião de um especialista em determinada área de aplicação, indústria ou disciplina, usada para avaliar as informações de entrada e contribuir com a produção das saídas do processo.

Técnicas de facilitação/Facilitation techniques: auxiliam, por exemplo, no desenvolvimento de um termo de abertura do projeto. Algumas dessas técnicas são: *brainstorming*, resolução de conflitos, resolução de problemas, gerenciamento de reuniões.

Termo de abertura do projeto/Project charter: documento que formalmente autoriza um projeto a iniciar. Contém os requisitos iniciais que satisfaçam as necessidades e expectativas das partes interessadas. Estabelece uma parceria entre a organização executora e a organização solicitante (ou cliente, no caso de projetos externos).

O patrocinador ou outro responsável por iniciar projetos, como escritório de projetos ou comitê diretivo de portfólio, são os aprovadores do Termo de Abertura. O gerente de projeto designado no Termo de Abertura pode participar da sua elaboração.

O Termo de Abertura do Projeto não se altera; caso o *business case* que lhe deu origem sofra alterações, elas devem ser refletidas no plano de gerenciamento do projeto.

Desenvolver o plano de gerenciamento do projeto/Develop project management plan

Processo de definir, preparar e coordenar todos os planos auxiliares e integrá-los em um plano de gerenciamento de projeto claro e coerente.

Principal benefício: um documento central que define todo o trabalho do projeto.

Plano de gerenciamento do projeto/Project management plan: documento que define como o projeto será executado, monitorado, controlado e encerrado. Integra e consolida todos os planos auxiliares de gerenciamento e as linhas de base dos processos de planejamento que são referências para medir o progresso do projeto. É elaborado com base em informações e decisões da equipe do projeto e de outras partes interessadas. O plano do projeto deve ser acordado e aprovado formalmente pelas principais partes interessadas. Como é um documento a ser usado no dia a dia do gerenciamento do projeto, ele deve ser realista.

Atualizações dos planos auxiliares podem requerer atualizações do plano de gerenciamento do projeto.

Os planos auxiliares incluem, mas não estão limitados a:

- Plano de gerenciamento do escopo.
- Plano de gerenciamento dos requisitos.
- Plano de gerenciamento do cronograma.
- Plano de gerenciamento dos custos.
- Plano de gerenciamento da qualidade.
- Plano de melhorias no processo.
- Plano de recursos humanos.
- Plano de gerenciamento das comunicações.
- Plano de gerenciamento dos riscos.
- Plano de gerenciamento das aquisições.
- Plano de gerenciamento das partes interessadas.

As linhas de base incluem, mas não estão limitadas a:

- Escopo (declaração de escopo, EAP e dicionário da EAP).
- Tempo (cronograma).
- Custo (orçamento).

Os planos de gerenciamento devem ser customizados conforme as necessidades do projeto, estilo do gerente de projeto e influências organizacionais. O conteúdo desses planos deve contemplar como o projeto será definido, planejado, executado, monitorado e controlado. O plano de gerenciamento do projeto pode ser em nível resumido ou detalhado e pode ser composto de um ou mais planos auxiliares.

Orientar e gerenciar o trabalho do projeto/Direct and manage project work

O processo de liderar e realizar o trabalho definido no plano de gerenciamento de projeto e implementar as mudanças aprovadas para alcançar os objetivos do projeto.

Principal benefício: fornece todo o gerenciamento do trabalho do projeto.

O gerente de projetos e sua equipe orientam o desempenho das atividades planejadas e gerenciam as interfaces técnicas e organizacionais que existem no projeto. As informações sobre o desempenho do trabalho e a situação atual de desenvolvimento das entregas são coletadas como parte da execução do projeto e registradas no relatório de desempenho. Este processo é parte do grupo de processo de execução e diz respeito a, por exemplo:

- Executar as atividades para realizar os objetivos do projeto;
- Criar as entregas do projeto;
- Formar, treinar e gerenciar os membros da equipe designados para o projeto; gerenciar vendedores e fornecedores;
- Obter, gerenciar e usar recursos, inclusive materiais, ferramentas, equipamentos e instalações;
- Implementar os padrões e os métodos planejados;
- Estabelecer e gerenciar os canais de comunicação do projeto, tanto externos como internos à equipe do projeto;
- Gerar os dados de desempenho do trabalho tais como custo, cronograma, progresso técnico e de qualidade e informações da situação do projeto para facilitar as previsões;
- Solicitar mudanças e implementar as mudanças aprovadas no escopo do projeto, planos e ambiente;
- Gerenciar riscos e implementar atividades de resposta aos riscos;
- Gerenciar os contratados e fornecedores;
- Gerenciar as partes interessadas e o seu engajamento;

GERENCIAMENTO DE INTEGRAÇÃO

- Coletar e documentar as <u>lições aprendidas</u> e implementar as atividades de melhorias nos processos aprovados.

- Avaliar o impacto das mudanças solicitadas e implementar as mudanças aprovadas:
  - **Ações corretivas**: atividades intencionais que realinham o desempenho do trabalho do projeto em relação ao plano de gerenciamento do projeto.
  - **Ações preventivas:** atividades intencionais que garantem o desempenho futuro do trabalho do projeto em relação ao plano de gerenciamento do projeto; e / ou
  - **Reparo de defeito:** atividade intencional para modificar uma não conformidade de um produto ou componente de produto.

Solicitações de mudança aprovadas/Aproved change requests: são mudanças (escopo, cronograma, custo, políticas etc.) documentadas e autorizadas que requerem implementação de ações corretivas ou preventivas.

Sistema de informações do gerenciamento de projetos/Project management information system: ferramenta automatizada, geralmente informatizada, que apoia o gerenciamento da execução do projeto. Exemplos: sistema de gerenciamento de configuração e sistemas de coleta e distribuição de informações.

Sistema de gerenciamento da configuração/Configuration management system: visa identificar e documentar as características funcionais e físicas de um produto, resultado, serviço ou componente. Também permite controlar quaisquer mudanças feitas nessas características, registrar e relatar cada mudança e o andamento de sua implementação, além de dar suporte à auditoria dos produtos, resultados ou componentes para verificar a conformidade com os requisitos. Possibilita que a equipe e outras partes interessadas tenham conhecimento da versão mais atual dos documentos do projeto.

Reuniões/Meetings: são realizadas para discutir a direção e o gerenciamento da execução dos projetos. Os assuntos discutidos podem ser, por exemplo: identificação de riscos relevantes, mudança do escopo etc.. Participam das reuniões: gerente do projeto, equipe do projetos e outras partes interessadas.

Entregas/Deliverables: qualquer produto, resultado ou capacidade para realizar um serviço exclusivo e verificável e que deve ser produzido para concluir um processo, uma fase ou um projeto.

Dados sobre o desempenho do trabalho/Work performance data: dados das atividades coletadas durante o progresso do projeto, podem estar relacionados à situação das entregas, ao progresso do cronograma e aos custos incorridos.

Solicitações de mudanças/Change requests: trata-se de propostas formais para modificar qualquer documento, entrega ou linha de base. As mudanças podem ser solicitadas por qualquer parte interessada. As solicitações podem ser verbais, mas devem ser registradas em um documento e no sistema de gerenciamento de mudanças. As solicitações de mudança estão condicionadas ao processo especificado no controle de mudança e sistemas de controle de configuração.

As solicitações de mudança aprovadas poderão impactar nas políticas ou procedimentos, escopo, custo, orçamento, cronograma ou qualidade do projeto.

Toda solicitação documentada de mudança deve ser aprovada ou rejeitada por algum responsável da equipe de gerenciamento do projeto, um patrocinador ou organização externa, de acordo com critérios definidos no processo de gerenciamento de mudanças. Em muitos projetos, o gerente recebe autoridade para aprovar certos tipos de solicitações de mudança, ou então em situações de emergência. Um comitê de controle de mudança (CCM) também poderá ser o responsável pela aprovação ou rejeição das solicitações.

Atualizações do plano de gerenciamento do projeto/Project management plan updates: atualizações dos planos do projeto, por exemplo: Plano de gerenciamento dos requisitos, Plano de gerenciamento do cronograma, Plano de gerenciamento dos custos, Plano de gerenciamento da qualidade, Plano de melhorias no processo.

Atualizações dos documentos do projeto/Project documents updates: atualizações dos documentos, por exemplo: registro de riscos, registro de partes interessadas, premissas do projeto, outros.

Monitorar e controlar o trabalho do projeto/Monitor and control project work

Processo de monitoramento, revisão e relato do progresso do projeto, de forma a alcançar os objetivos definidos no plano de gerenciamento do projeto.

Principal benefício: permite que as partes interessadas entendam a situação do projeto, os passos seguidos e as previsões do cronograma, custos e escopo.

GERENCIAMENTO DE INTEGRAÇÃO

Previsão do cronograma/Schedule forecasts: expressa a variação do cronograma (variação de prazos — VPR) e o índice de desempenho do cronograma (índice de desempenho de prazos — IDP).

Previsão dos custos/Cost forecasts: expressa a variação do custo (VC) e o índice de desempenho de custos (IDC).

Mudanças validadas/Validated changes: requerem validação para assegurar que sejam implementadas de maneira adequada.

Dados sobre o desempenho do trabalho/Work performance data: status das entregas, estimativas, status das implementações das solicitações de mudança, outras informações de processos de controle.

Técnicas de análise/Analytical techniques: buscam prever alguns resultados baseando-se em variações do projeto, do ambiente e de suas relações. Por exemplo: análise de tendências, análises causais etc.

Relatórios de desempenho do trabalho/Work performance report: documento físico ou eletrônico que deve conter detalhamento das atividades, realizações, marcos, questões identificadas e problemas da equipe do projeto.

Realizar o controle integrado de mudanças/Perform integrated change control

Processo de avaliação de todas as solicitações de mudança; aprovação das mudanças e gerenciamento das mudanças nas entregas, nos ativos de processos organizacionais, nos documentos do projeto e no plano de gerenciamento do projeto; e comunicar esta situação.

Principal benefício: permite documentar as mudanças ocorridas no projeto

Reuniões/Meetings: reuniões em que o comitê de controle de mudanças é responsável pela revisão, aprovação ou rejeição das solicitações de mudança.

Ferramentas para controle de mudanças/Change control tools: usadas para gerenciar as solicitações de mudança e as decisões tomadas pelo comitê de controle de mudanças. Podem ser manuais ou automatizadas.

Registros das mudanças/Change log: documenta as mudanças que ocorrem no projeto e seus impactos em termos de tempo, custo e risco para serem comunicadas aos interessados.

Encerrar o projeto ou fase/Close project or phase

Processo de finalização de todas as atividades envolvidas

nos grupos de processos de gerenciamento do projeto

para completar formalmente o projeto ou fase.

Principal benefício: provê lições aprendidas, finalização formal do trabalho do projeto e liberação dos recursos organizacionais para emprego em outros empreendimentos.

Durante o encerramento do projeto, o gerente revisará todas as informações das fases previamente encerradas, assegurando que todo o trabalho do projeto está completo e que alcançou seus objetivos.

Entregas aceitas/Accepted deliverables: entregas que foram aceitas pelo processo Verificar escopo.

Transição do produto, serviço ou resultado final/Final product, service, or result transition: refere-se à transição de um resultado, serviço ou produto final que o projeto foi autorizado a produzir. No caso da transição entre fases, refere-se ao produto intermediário produzido pelo projeto.

Mapa Mental

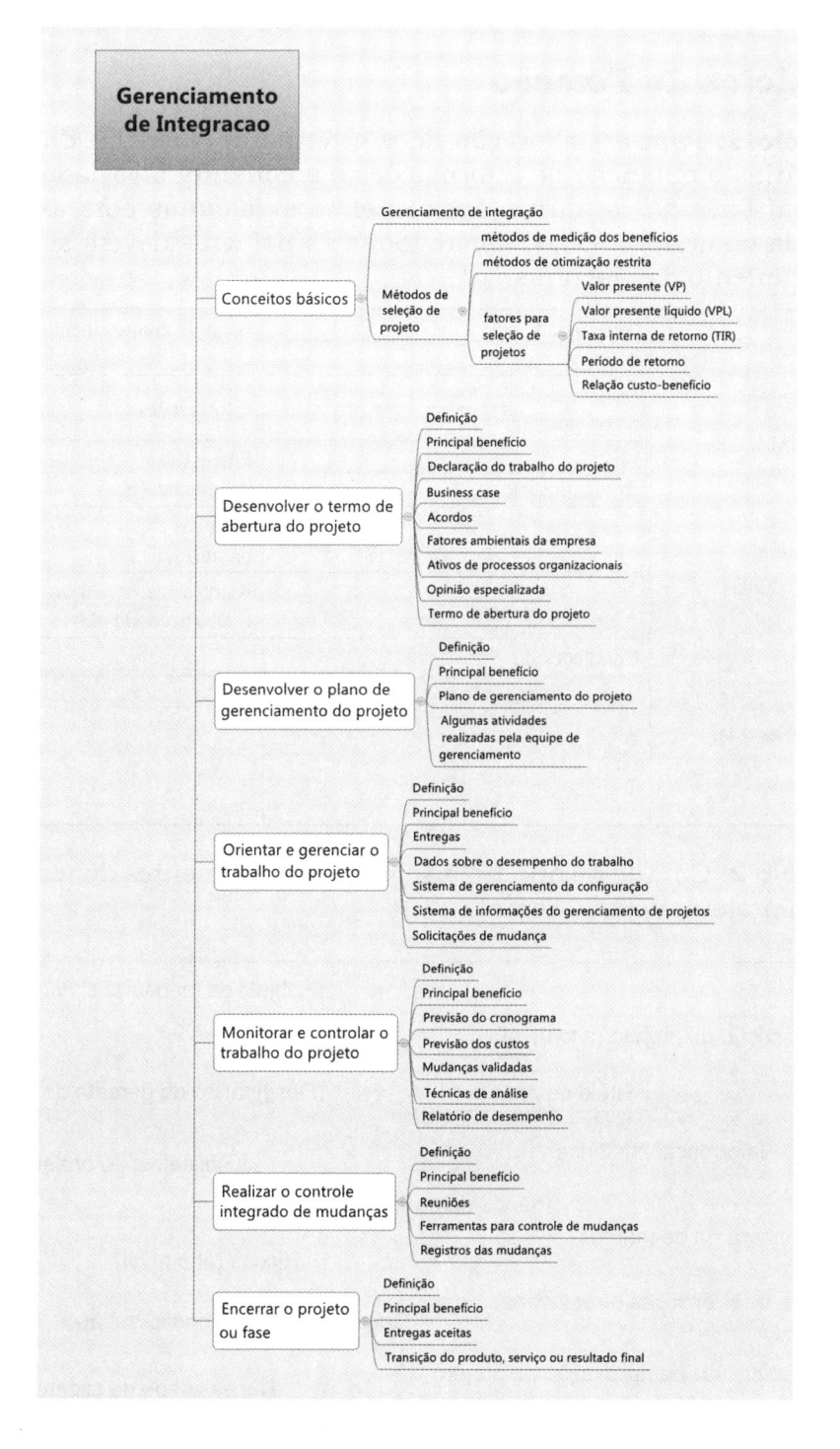

Gerenciamento de Integracao

- **Conceitos básicos**
  - Gerenciamento de integração
  - Métodos de seleção de projeto
    - métodos de medição dos benefícios
    - métodos de otimização restrita
    - fatores para seleção de projetos
      - Valor presente (VP)
      - Valor presente líquido (VPL)
      - Taxa interna de retorno (TIR)
      - Período de retorno
      - Relação custo-benefício

- **Desenvolver o termo de abertura do projeto**
  - Definição
  - Principal benefício
  - Declaração do trabalho do projeto
  - Business case
  - Acordos
  - Fatores ambientais da empresa
  - Ativos de processos organizacionais
  - Opinião especializada
  - Termo de abertura do projeto

- **Desenvolver o plano de gerenciamento do projeto**
  - Definição
  - Principal benefício
  - Plano de gerenciamento do projeto
  - Algumas atividades realizadas pela equipe de gerenciamento

- **Orientar e gerenciar o trabalho do projeto**
  - Definição
  - Principal benefício
  - Entregas
  - Dados sobre o desempenho do trabalho
  - Sistema de gerenciamento da configuração
  - Sistema de informações do gerenciamento de projetos
  - Solicitações de mudança

- **Monitorar e controlar o trabalho do projeto**
  - Definição
  - Principal benefício
  - Previsão do cronograma
  - Previsão dos custos
  - Mudanças validadas
  - Técnicas de análise
  - Relatório de desempenho

- **Realizar o controle integrado de mudanças**
  - Definição
  - Principal benefício
  - Reuniões
  - Ferramentas para controle de mudanças
  - Registros das mudanças

- **Encerrar o projeto ou fase**
  - Definição
  - Principal benefício
  - Entregas aceitas
  - Transição do produto, serviço ou resultado final

Exercícios de Fixação

Exercício 1: Para a elaboração de um termo de abertura do projeto são necessárias a obtenção de informações e a consulta a variados documentos. Com base nesta afirmação, complete as lacunas com as palavras à esquerda do quadro. Observação: todas as palavras devem ser usadas no preenchimento das lacunas.

contratos	Necessidade de _____ da organização	Base de conhecimento de _____
diretrizes		
escopo	Descrição do _____ do produto	Informações _____
estratégico		
gerente	Plano _____ da organização	Processos e _____ da organização
históricas		
infraestrutura	_____ de negócio	Políticas e _____ organizacionais
lições aprendidas		As prováveis _____ e suas necessidades
marcos	_____	
mercado	Condições do _____	_____ organizacional
padrões	_____ do projeto	_____ principais
partes interessadas		
plano		
negócio		

Exercício 2: Circule no quadro a seguir os componentes do termo de abertura do projeto. Veja o exemplo.

```
                              Objetivos mensuráveis do projeto
   Descrição do projeto (alto nível)    Ações corretivas
              [ Título do projeto ]     Designação do gerente do projeto
       Informação histórica
                                        Justificativa do projeto
              Planos de projetos similares
   Cronograma de marcos
                                        Riscos (alto nível)
         Premissas e restrições
                                        Gerenciamento de configuração
   Requisitos de aprovação do projeto
                                        Necessidade do cliente
              Opinião especializada
                                        Lista das partes interessadas
              Orçamento sumarizado
                              Requisitos (alto nível)
```

GERENCIAMENTO DE INTEGRAÇÃO

Exercício 3: O que deve ser desempenhado no processo Monitorar e controlar o trabalho do projeto? Faça a palavra-cruzada com base no texto a seguir:

1. Fornecimento de previsões para a atualização do _____ e _____.

2. _____ das informações sobre o desempenho do trabalho do projeto com o plano de gerenciamento do projeto.

3. _____ e _____ e acompanhamento de novos riscos e o monitoramento de riscos existentes, garantindo que sejam identificados, que o seu acompanhamento seja reportado e que os planos apropriados de resposta a riscos sejam implementados.

4. Avaliação do desempenho para determinar se quaisquer ações _____ ou _____ são indicadas e então recomendá-las, se necessário.

5. Monitoramento da execução das _____ _____ conforme ocorrem.

6. Fornecimento de informações para dar suporte ao relatório de andamento, _____ de _____ e previsão.

7. _____ de uma base de informações precisas e oportunas a respeito do produto do projeto e suas relativas documentações do início ao término do projeto.

Exercício 4: Mudanças podem gerar impactos no gerenciamento do projeto. Por exemplo, podem aumentar o custo do projeto em relação ao que foi orçado, portanto impacta os componentes da "tripla restrição". Em um primeiro momento o gerente do projeto deve prevenir a necessidade da mudança, eliminando a sua causa. Entretanto, nem sempre é possível. Diante desses desafios, como o gerente de projeto deve agir com situações de mudança no projeto, ou seja, que processo deve seguir? Complete o restante das palavras, como no exemplo abaixo:

1. **Id_____a mudança.**
1. **Identificar a mudança.**

2. Criar a so_____ de m_____.

3. A_____ a mudança (necessidade, benefícios ...).

4. Analisar o im_____ da mu_____ (escopo, prazo, qualidade ...).

5. Realizar o co_____ int_____ de mudanças.

6. Verificar as opções de ações que mi_____ as am_____ e au_____ as op_____.

7. Enc_____ a solicitação de mudança para ap_____ (ou re_____) ou, conforme a situação, a_____ a so_____ de mudança.

8. At_____ o plano de gerenciamento do projeto e as li_____ de ba_____.

9. No_____ as partes interessadas impactadas pela mudança

10. Ge_____ o projeto com base no n_____ pl_____ de gerenciamento do projeto.

Exercício 5: Relacione as listas 1 e 2 a seguir. Na lista 1 estão as questões a serem resolvidas e na lista 2 estão as diversas alternativas com um resultado correto a ser relacionado. Observação: nem todos os itens da lista2 serão assinalados.

Lista 1:

(1) Você é o gerente de projetos de uma empresa automobilística e atualmente está trabalhando em um projeto de criação de um carburador mais eficiente. Houve uma mudança recente no regulamento que rege os testes para os novos carburadores, o que impactará o escopo do seu projeto. A primeira coisa que você deve fazer como gerente de projetos é _____.

GERENCIAMENTO DE INTEGRAÇÃO

(2) Você, na função de gerente de projetos, e sua equipe de projeto estão na fase final de preparação de um plano de gerenciamento do projeto. Qual restrição deve ser considerada por você e sua equipe no plano em desenvolvimento?

(3) O objetivo principal do plano de gerenciamento de projeto é _____.

(4) Qual é a diferença entre uma linha de base do projeto e um plano degerenciamento de projeto?

(5) Quando se trata de Controle Integrado de Mudanças, um gerente de projetos deve garantir o quê?

(6) O plano de gerenciamento do projeto fornece o quê?

(7) Um dos projetos que você gerencia tem como objetivo o desenvolvimento e a implementação de um aplicativo de banco de dados para uma empresa bancária. O gerente de seu departamento solicita que você crie um método para documentar as questões técnicas do projeto e todas as alterações ou melhorias nos atributos técnicos do projeto. Que plano deve satisfazer o pedido do gerente?

(8) Desvios na linha de base, um plano para registrar os desvios de gestão e uma metodologia para implementar as ações corretivas ao plano de gerenciamento do projeto são todos parte de quê?

(9) Um dos requisitos de gerenciamento de projetos na empresa onde você trabalha é descrever a abordagem e a metodologia de gerenciamento do projeto. A melhor forma de cumprir essa exigência é_____.

(10) Você informou a sua equipe de projeto que cada membro deverá contribuir para a documentação das Lições aprendidas do projeto. Sua equipe não conhece esta prática e lhe pergunta que documentação será utilizada. O que melhor descreve a finalidade das Lições aprendidas?

(11) Que ação não está incluída no gerenciamento da configuração?

Lista 2:

( ) Os detalhes de suporte para a mudança.

( ) A aprovação da mudança por um especialista.

( ) Proporcionar uma comunicação precisa para a equipe do projeto, patrocinador do projeto e as partes interessadas.

( ) Consulte o patrocinador do projeto e as partes interessadas.

( ) As linhas de base são instrumentos de controle; os planos de gerenciamento de projetos são instrumentos de execução.

( ) Um guia para todas as futuras decisões do projeto.

( ) Processo Realizar o controle integrado de udanças.

( ) Criar um sistema integrado de gestão e documentar suas entradas, ferramentas e técnicas, e saídas.

( ) Evitar quaisquer alterações no projeto.

( ) Aprovação automática de solicitação de mudança.

( ) Plano de gerenciamento da configuração.

( ) Oferecer informação histórica para projetos futuros.

( ) Os planos de projetos e as linhas de base não mudam.

( ) Oferecer evidência de progresso do projeto conforme relatado pela equipe do projeto.

( ) Identificação dos atributos funcionais e físicos das entregas do projeto.

( ) Criar uma solicitação de mudança documentada.

( ) Plano de gerenciamento das mudanças.

( ) Compilar em um plano do projeto os planos de gerenciamento de cada uma das áreas do conhecimento.

( ) Planos de projetos similares que não tiveram sucesso.

( ) Sistema de controle de mudança.

( ) O orçamento, conforme definido pela gestão.

( ) Uma metodologia para aprovar ou recusar as alterações do *Change Control Board* (CCB).

GERENCIAMENTO DE INTEGRAÇÃO

Respostas

Resposta do Exercício 1:

Necessidade de <u>negócio</u> da organização	Base de conhecimento de <u>lições aprendidas</u>
Descrição do <u>escopo</u> do produto	Informações <u>históricas</u>
Plano <u>estratégico</u> da organização	Processos e <u>padrões</u> da organização
<u>Plano</u> de negócio	Políticas e <u>diretrizes</u> organizacionais
<u>Contratos</u>	As prováveis <u>partes interessadas</u> e suas necessidades
Condições do <u>mercado</u>	<u>Infraestrutura</u> organizacional
<u>Gerente</u> do projeto	<u>Marcos</u> principais

Resposta do Exercício 2:

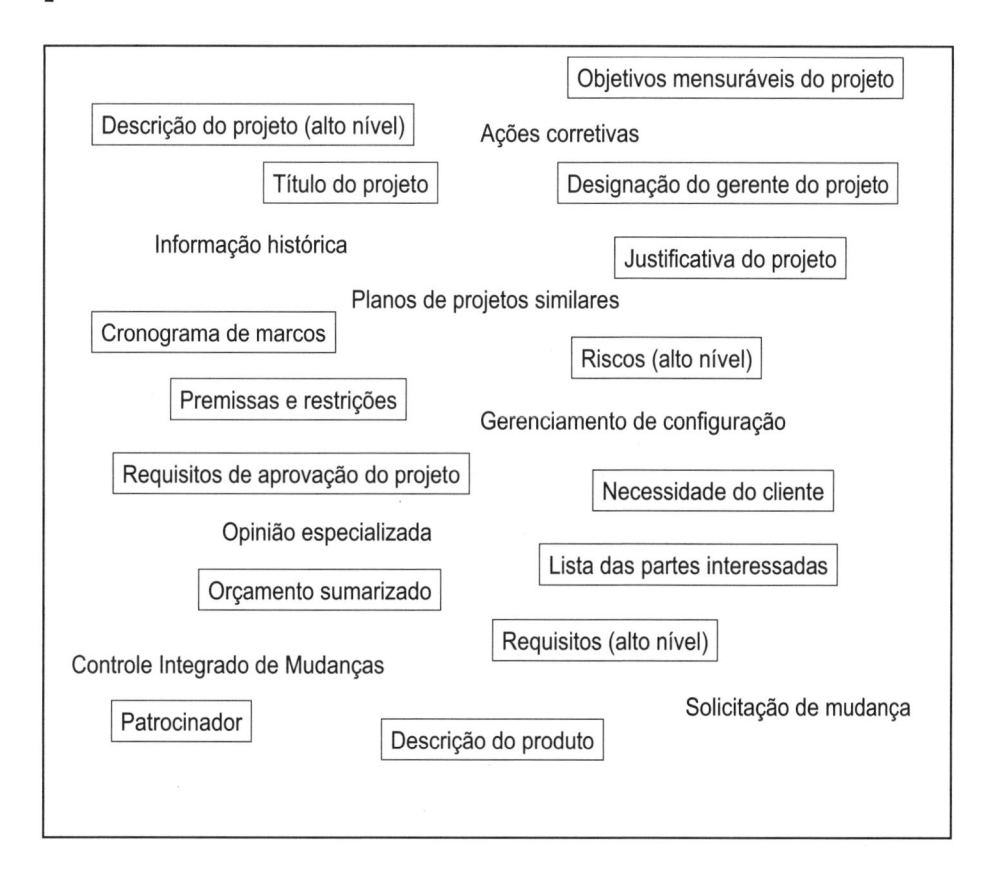

Objetivos mensuráveis do projeto

Descrição do projeto (alto nível)   Ações corretivas

Título do projeto   Designação do gerente do projeto

Informação histórica

Justificativa do projeto

Planos de projetos similares

Cronograma de marcos

Riscos (alto nível)

Premissas e restrições

Gerenciamento de configuração

Requisitos de aprovação do projeto

Necessidade do cliente

Opinião especializada

Lista das partes interessadas

Orçamento sumarizado

Requisitos (alto nível)

Controle Integrado de Mudanças

Solicitação de mudança

Patrocinador

Descrição do produto

Resposta do Exercício 3:

1. Fornecimento de previsões para a atualização do <u>custo</u> e <u>cronograma</u>.

2. <u>Comparação</u> das informações sobre o desempenho do trabalho do projeto com o plano de gerenciamento do projeto.

3. <u>Identificação</u> e <u>análise</u> e acompanhamento de novos riscos e o monitoramento de riscos existentes, garantindo que sejam identificados, que o seu acompanhamento seja reportado e que os planos apropriados de resposta a riscos sejam implementados.

4. Avaliação do desempenho para determinar se quaisquer ações <u>corretivas</u> ou <u>preventivas</u> são indicadas e então recomendá-las, se necessário.

5. Monitoramento da execução das <u>mudanças aprovadas</u> conforme ocorrem.

6. Fornecimento de informações para dar suporte ao relatório de andamento, <u>medição</u> de <u>progresso</u> e previsão.

7. <u>Manutenção</u> de uma base de informações precisas e oportunas a respeito do produto do projeto e suas relativas documentações do início ao término do projeto.

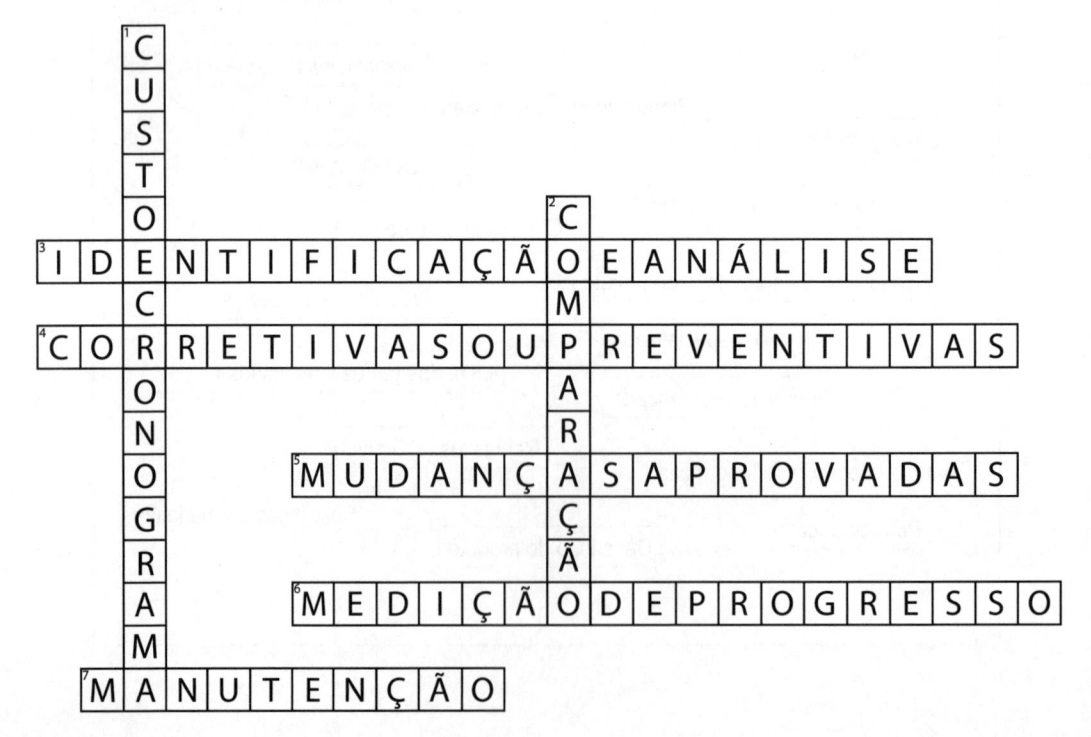

```
        C
        U
        S
        T
        O                          C
    I D E N T I F I C A Ç Ã O E A N Á L I S E
        C                          M
    C O R R E T I V A S O U P R E V E N T I V A S
        O                          A
        N                          R
        O         M U D A N Ç A S A P R O V A D A S
        G                          Ç
        R                          Ã
        A         M E D I Ç Ã O D E P R O G R E S S O
        M
    M A N U T E N Ç Ã O
```

GERENCIAMENTO DE INTEGRAÇÃO

Resposta do Exercício 4:

1. <u>Identificar</u> a mudança.
2. Criar a <u>solicitação</u> de <u>mudança</u>.
3. <u>Avaliar</u> a mudança (necessidade, benefícios ...).
4. Analisar o <u>impacto</u> da <u>mudança</u> (escopo, prazo, qualidade ...).
5. Realizar o <u>controle</u> <u>integrado</u> de mudanças.
6. Verificar as opções de ações que <u>minimizem</u> as <u>ameaças</u> e <u>aumentem</u> as <u>oportunidades</u>.
7. <u>Encaminhar</u> a solicitação de mudança para <u>aprovação</u> (ou <u>rejeição</u>) ou, conforme a situação, <u>aprovar</u> a <u>solicitação</u> de mudança.
8. <u>Atualizar</u> o plano de gerenciamento do projeto e as <u>linhas</u> de <u>base</u>.
9. <u>Notificar</u> as partes interessadas impactadas pela mudança.
10. <u>Gerenciar</u> o projeto com base no <u>novo</u> <u>plano</u> de gerenciamento do projeto.

Resposta do Exercício 5:

(5) Os detalhes de suporte para a mudança.

(   ) A aprovação da mudança por um especialista.

(3) Proporcionar uma comunicação precisa para a equipe do projeto, patrocinador do projeto e as partes interessadas.

(   ) Consulte o patrocinador do projeto e as partes interessadas.

(4) As linhas de base são instrumentos de controle; os planos de gerenciamento de projetos são instrumentos de execução.

(6) Um guia para todas as futuras decisões do projeto.

(8) Processo Realizar o controle integrado de mudanças.

(   ) Criar um sistema integrado de gestão e documentar suas entradas, ferramentas e técnicas, e saídas.

(   ) Evitar quaisquer alterações no projeto.

(11) Aprovação automática de solicitação de mudança.

(7) Plano de gerenciamento da configuração.

(10) Oferecer informação histórica para projetos futuros.

(　) Os planos de projetos e as linhas de base não mudam.

(　) Oferecer evidência de progresso do projeto conforme relatado pela equipe do projeto.

(　) Identificação dos atributos funcionais e físicos das entregas do projeto.

(1) Criar uma solicitação de mudança documentada.

(　) Plano de gerenciamento das mudanças.

(9) Compilar em um plano do projeto os planos de gerenciamento de cada uma das áreas do conhecimento.

(　) Planos de projetos similares que não tiveram sucesso.

(　) Sistema de controle de mudança.

(2) O orçamento conforme definido pela gestão.

(　) Uma metodologia para aprovar ou recusar as alterações do *Change Control Board* (CCB).

Explicação detalhada das respostas:

(1) "Criar uma solicitação de mudança documentada" é a melhor opção. Uma solicitação formal documentada de alteração do escopo é a melhor atitude para uma solicitação de mudança decorrente de um regulamento ou lei. "Consulte o patrocinador do projeto e as partes interessadas" é incorreta, o gerente do projeto deve primeiro documentar a mudança por meio de uma solicitação de mudança.

(2) "O orçamento, conforme definido pela gestão" é a opção correta. Se o orçamento for fixo para o projeto, o gerente do projeto e a equipe devem determinar como o projeto deverá ser desempenhado considerando esta restrição.
"Planos de projetos similares que não tiveram sucesso" é informação histórica, não uma restrição de projeto, por isso é incorreto.

(3) "Proporcionar uma comunicação precisa para a equipe do projeto, patrocinador do projeto e as partes interessadas" é a melhor escolha. O plano de gerenciamento do projeto é um documento para divulgação do projeto à equipe do projeto, ao patrocinador do projeto e às partes interessadas.

GERENCIAMENTO DE INTEGRAÇÃO

(4) "As linhas de base são instrumentos de controle; os planos de gerenciamento de projetos são instrumentos de execução" é a opção correta. A linha de base do projeto serve para o controle do projeto. Os resultados da execução do plano de gerenciamento do projeto e do trabalho são medidos em relação às linhas de base do projeto. "Os planos de projetos e as linhas de base não mudam" é uma opção incorreta, pois os planos do projeto e as linhas de base são alterados, conforme necessidade do projeto.

(5) "Os detalhes de suporte para a mudança" é a melhor opção. Controle integrado de mudanças exige detalhes para a implementação da mudança. Sem a necessidade de mudança, não há razão para implementá-la. "A aprovação da mudança por um especialista" está incorreta, pois um especialista nem sempre determina a necessidade de mudança.

(6) "Um guia para todas as futuras decisões do projeto" é a escolha correta, pois de fato o plano de gerenciamento do projeto fornece um guia para todas as futuras decisões do projeto.
"Uma metodologia para aprovar ou recusar as alterações do *Change Control Board* (CCB)" está incorreto. O *Change Control Board* (CCB) aprova ou recusa mudanças.

(7) "Plano gerenciamento da configuração" descreve os atributos dos produtos do projeto e define aqueles itens que requerem controle formal de suas alterações.

"Plano de gerenciamento das mudanças" está incorreta, pois não descreve o produto do projeto e suas características, mas define o processo para gerenciar as mudanças no projeto.

(8) "Processo Realizar o controle integrado de mudanças" é a opção correta. No controle integrado de mudanças se documentam as alterações, o seu impacto, resposta às mudanças e déficits de desempenho. "Sistema de controle de mudança" é opção incorreta, pois o Sistema de controle de mudança é um conjunto de procedimentos formais e documentados que define como as entregas e a documentação do projeto serão controladas, alteradas e aprovadas.

(9) "Compilar em um plano do projeto os planos de gerenciamento de cada uma das áreas do conhecimento" é a melhor opção. Os planos individuais devem estar descritos no plano de gerenciamento do projeto.
"Criar um sistema integrado de gestão e documentar suas entradas, ferramentas e técnicas, e saídas" pode ser uma boa prática para o controle do projeto, mas não descreve a abordagem e a metodologia de gerenciamento.

(10) "Oferecer informação histórica para projetos futuros" está correto. As lições aprendidas são um documento que oferece informações históricas.
"Oferecer evidência de progresso do projeto conforme relatado pela equipe do projeto" é opção incorreta. As lições aprendidas podem informar o progresso do projeto, mas não é o objetivo do documento de lições aprendidas.

(11) "Aprovação automática de solicitação de mudança" é a opção escolhida, pois esperamos que em nenhum projeto haja aprovação automática de mudança! Esta opção não faz parte de gerenciamento da configuração.
"Identificação dos atributos funcionais e físicos das entregas do projeto" é um dos atributos de gerenciamento da configuração.

Comentários do Simulado

16. Durante a fase de execução do projeto, seu cliente lhe procura para discutir um escopo adicional que ele entende ser importante para o projeto. Como gerente do projeto, você pede que ele formalize a requisição para que você submeta ao processo de controle de mudanças. Qual deve ser a primeira coisa a fazer após encaminhar a mudança de escopo requerida?

    A) Garantir que o impacto da mudança é compreendido pelo cliente.

    B) Identificar por que a mudança não foi incluída na fase de planejamento.

    C) Perguntar ao cliente se ele tem mais alguma necessidade de mudança de escopo.

    D) Completar o processo de controle integrado de mudanças.

Resposta: D

> *Justificativa:* As opções A, B e C são procedimentos corretos. Mas, como a questão pergunta "qual deve ser a primeira coisa a fazer após...", a opção D é a correta, pois, após o encaminhamento da mudança de escopo, deve se esperar que todo o processo integrado do controle de mudanças seja concluído para implementar a mudança, se esta foi aceita.

17. O Sistema de Gerenciamento de Configuração tem como objetivo auxiliar o gerente de projeto durante todo o ciclo de vida do projeto na tomada de decisão com relação às mudanças no projeto porque ele:

GERENCIAMENTO DE INTEGRAÇÃO

A) Providencia uma forma padronizada, efetiva e eficiente para gerenciar, dentro do projeto, as mudanças aprovadas e as linhas de base.

B) Providencia um controle formal das versões das várias alterações que ocorreram nas linhas de base do projeto.

C) Possui um comitê de controle de mudanças, conhecido como CCM, que é responsável por aprovar as mudanças no projeto.

D) Permite que somente mudanças que não afetem os objetivos do projeto sejam aprovadas.

Resposta: A

Justificativa: O sistema de gerenciamento de configuração se utiliza de um fluxo padronizado para aprovação ou rejeição da solicitação de mudança afetando as linhas de base, portanto a opção A está correta. A opção B está correta, porém a opção A é a melhor alternativa, por ser mais completa e mais bem escrita. Nem todas as mudanças no projeto passam pelo CCM, somente aquelas que afetam os objetivos do projeto, invalidando a opção C. O sistema de gerenciamento de configuração permite gerenciar principalmente mudanças que afetem os objetivos do projeto, invalidando a opção D.

18. Você é o gerente de projeto que tem como responsabilidade fazer com que os <u>trabalhos</u> sejam executados <u>no momento certo e na sequência certa</u>. Qual das ferramentas listadas a seguir você irá utilizar?

A) Estrutura Analítica do Projeto.

B) Diagrama de rede PERT/CPM.

C) Matriz de Responsabilidade.

D) Sistema de Autorização do Trabalho.

Resposta: D

Justificativa: Sistema de autorização do trabalho permite ao gerente do projeto autorizar a execução no momento adequado. PERT/CPM são métodos para cálculos de estimativas de duração das atividades e não são diagramas, invalidando a opção B. As opções A e C não são ferramentas relacionadas à ideia de sequência.

19. Uma diferença entre o Sistema de Gerenciamento de Configuração e o Controle de Mudanças é que o <u>Gerenciamento de Configuração</u> _____ enquanto o <u>Controle de Mudanças</u> _____.

A) está focado na especificação das entregas e dos processos; está focado na identificação, documentação e controle de mudanças do projeto e das linhas de base.

B) é um conjunto de procedimentos desenvolvidos para cada projeto; são processos corporativos que devem ser utilizados no projeto.

C) fornece um processo para a equipe de projeto comunicar as mudanças no projeto; proporciona a estrutura de um comitê (CCM) para aprovação das mudanças.

D) é composto pelas partes interessadas do projeto; são processos a tratar todas as mudanças do projeto.

Resposta: A

Justificativa: A opção A está relacionada a definições de gerenciamento de configuração e controle de mudanças.

20. <u>O plano de gerenciamento do projeto normalmente contém todos os itens listados abaixo, exceto:</u>

    A) Os planos das áreas de conhecimento, Linha base de desempenho de custo, Plano de respostas aos riscos.

    B) Termo de abertura, Declaração do escopo, Cronograma do projeto.

    C) Planos auxiliares, Linha de base de medição de desempenho, <u>opinião especializada.</u>

    D) Linha de base do escopo, Linha de base do cronograma, EAP.

Resposta: C

Justificativa: São as saídas dos processos que compõem o plano de gerenciamento do projeto. Opinião especializada é somente uma ferramenta utilizada para gerar saídas.

21. Quando o gerente do projeto é informado que uma <u>possível mudança</u> irá melhorar o escopo, reduzindo o custo e aumentando a satisfação do cliente, <u>o que ele deveria fazer</u>?

    A) Implementar a mudança imediatamente, pois isto irá beneficiar ao cliente e ao executor do projeto.

    B) Preparar uma solicitação de mudança, que será submetida ao CCM.

GERENCIAMENTO DE INTEGRAÇÃO

C) Informar ao superior imediato sobre a oportunidade e pedir a sua autorização para fazer a mudança.

D) Ignorar totalmente o fato, pois isto somente dará mais trabalho e você já tem o suficiente.

Resposta: B

Justificativa: Qualquer mudança nos objetivos do projeto, para o mal ou para o bem, deverá ser submetida ao CCM por meio de uma solicitação formal de mudança.

22. Qual das afirmações abaixo sobre o <u>processo de realizar o controle integrado de mudanças está incorreta?</u>

    A) O CCM deve analisar, autorizar ou rejeitar todas as mudanças no projeto.

    B) A EAP faz parte da linha de base para as mudanças de escopo.

    C) O Controle integrado de mudanças pode permitir aprovação automática de algumas mudanças.

    D) O Controle integrado de mudanças objetiva manter a integridade das linhas de base do projeto.

Resposta: A

Justificativa: Não são todas as mudanças do projeto que são submetidas ao CCM, somente aquelas que afetam os objetivos do projeto.

23. Obter a <u>aceitação formal do cliente no final do projeto</u> é um trabalho cuidadoso de verificação e documentação dos resultados do projeto que envolve todos os itens a seguir, exceto:

    A) Executar todos os processos acordados para encerramento do projeto.

    B) Fazer a modificação final da linha de base do projeto.

    C) Atualizar a base de conhecimento sobre o projeto.

    D) Atualizar os sucessos e fracassos dos contratos.

Resposta: B

Justificativa: A aceitação formal final dos trabalhos pelo cliente não envolve fazer modificação na linha de base do projeto.

24. O Plano de Gerenciamento do Projeto integra e consolida todos os planos de gerenciamento auxiliares com todos os resultados obtidos durante sua execução no processo de planejamento. O Plano de Gerenciamento do Escopo fornece orientação sobre como o escopo do projeto será definido, documentado, verificado, gerenciado e controlado pela equipe de gerenciamento de projetos. Qual das afirmações a seguir é verdadeira sobre o Plano de Gerenciamento do Escopo?

    A) Ele é elaborado durante a execução dos processos da área de conhecimento de escopo.

    B) Não se desenvolve um Plano de Gerenciamento de Escopo para o projeto.

    C) Ele é elaborado no primeiro processo de gerenciamento do escopo.

    D) Ele faz parte do Plano de Gerenciamento de Requisitos.

Resposta: C

   Justificativa: O plano de gerenciamento do escopo é criado no processo Planejar o gerenciamento do escopo, o primeiro da área de conhecimento escopo.

25. A principal preocupação do patrocinador do projeto durante as atividades de integração é:

    A) O custo de integração.

    B) A quantidade de trabalho técnico a ser realizado em cada departamento.

    C) O número de fronteiras funcionais que são atravessadas.

    D) O envolvimento do cliente durante a integração.

Resposta: A

   Justificativa: O patrocinador é o provedor financeiro do projeto. Assim, sua principal preocupação é com o custo do projeto.

26. Qual processo deve ser o responsável por pôr em prática o que foi definido nos planos de gerenciamento auxiliares?

    A) Monitorar e controlar o trabalho do projeto.

    B) Desenvolver o termo de abertura do projeto.

    C) Desenvolver o plano de gerenciamento do projeto.

    D) Dirigir e gerenciar o trabalho do projeto.

GERENCIAMENTO DE INTEGRAÇÃO

Resposta: D

Justificativa: O plano de gerenciamento de projeto é composto pelos planos auxiliares (*subsidiary plans*). Uma vez produzidos e aprovados, eles devem ser postos em prática por meio do processo de Dirigir e gerenciar o trabalho do projeto.

27. No processo de Monitorar e controlar o trabalho do projeto, a comparação com os resultados planejados gera muitas mudanças, algumas delas conhecidas como <u>ações corretivas</u> e outras como <u>ações preventivas</u>. Com relação a estes dois tipos de mudança, podemos afirmar que:

    A) Ações corretivas se relacionam com a substituição de um componente do projeto, enquanto as ações preventivas estão relacionadas aos riscos.

    B) Ações preventivas estão relacionadas aos riscos, enquanto as ações corretivas estão relacionadas com falhas de processo.

    C) Ambas têm o mesmo objetivo, mas a diferença é que as ações corretivas estão relacionadas com o passado e as ações preventivas estão relacionadas com o futuro.

    D) Ações corretivas são feitas para voltar ao que se espera do desempenho futuro do projeto, ficando de acordo com o planejado, e ações preventivas estão relacionadas a evitar que um problema ocorra no futuro.

Resposta: D

Justificativa: Ações corretivas visam resolver problemas. Ações preventivas visam evitar problemas. A opção C está incorreta por dizer que ambas têm o mesmo objetivo.

28. Um gerente de projetos terminou o projeto. Ele sabe que <u>todo o escopo foi concluído e está dentro dos objetivos de custo e prazo estabelecidos pelo patrocinador</u>. O patrocinador, entretanto, diz que o projeto foi um fracasso, porque o cronograma original foi de 27 semanas e o projeto foi concluído em 33 semanas. Se a linha de base do projeto foi 33 semanas, o projeto é um sucesso porque:

    A) Teve apenas seis semanas de alterações.

    B) Foi concluído dentro da linha de base.

    C) Houve poucas alterações.

    D) Houve bom controle de comunicação.

Resposta: B

Justificativa: O projeto foi executado conforme planejamento (linha de base de 33 semanas).

29. O processo que visa revisar as solicitações de mudanças, aprovação e gerenciamento das mudanças em entregas, ativos de processos organizacionais, documentos e plano de gerenciamento do projeto, é:

    A) Realizar o controle da qualidade.

    B) Monitorar e controlar o trabalho do projeto.

    C) Realizar o controle integrado de mudanças.

    D) Controlar o escopo.

Resposta: C

Justificativa: É a própria definição do processo Realizar o controle integrado de mudanças.

30. Você está gerenciando um grande projeto com dez interessados-chave que representam quatro divisões da empresa. Seis diferentes contratados estão envolvidos, e seus esforços têm que ser coordenados. Seu time de projeto imediato tem quatro líderes de equipe. Cada um desses líderes tem uma equipe com cerca de 12 pessoas. Com um projeto desse tamanho em escopo, você se dá conta de que deve dedicar muita atenção a um efetivo controle integrado de mudanças. Isto significa que você está preocupado primariamente com:

    A) Controle dos fatores que poderiam dificultar o controle integrado de mudanças, de forma que somente mudanças aprovadas sejam implementadas.

    B) Manutenção da integridade das linhas de base, liberando somente as mudanças aprovadas para serem incorporadas aos produtos ou serviços do projeto e mantendo sua configuração e sua documentação de planejamento relacionadas.

    C) Integrar entregas de diferentes especialidades funcionais no projeto.

    D) Estabelecer um comitê de controle de mudanças que supervisione as alterações totais do projeto.

Resposta: B

Justificativa: O controle integrado de mudanças deve garantir que o projeto altere suas linhas de base somente por mudanças aprovadas.

GERENCIAMENTO DE INTEGRAÇÃO

31. <u>Necessidade do negócio, justificativa do projeto, descrição do produto e entregas e requisitos de aprovação</u> são alguns dos principais itens que devem compor o documento:

    A) Termo de abertura do projeto.

    B) Plano de gerenciamento do projeto.

    C) Produto, serviço ou resultado final.

    D) Atualizações do plano de gerenciamento do projeto.

Resposta: A

> *Justificativa:* Os itens citados no enunciado devem compor o Termo de Abertura do Projeto, pois são informações relevantes para esclarecer sobre o porquê do projeto e fornecer diretrizes para o desenvolvimento de todos os demais documentos a serem gerados.

32. _____ são <u>fatores que limitam</u> as opções da equipe como recursos, orçamento, prazos e escopo. _____ são as <u>coisas assumidas como verdadeiras</u> para iniciar o projeto. As definições da frase anterior referem-se, respectivamente, a:

    A) Premissas e restrições.

    B) Delimitações e preconceitos.

    C) Proibições e deduções.

    D) Restrições e premissas.

Resposta: D

> *Justificativa:* As definições do enunciado pertencem a restrições e Premissas que devem compor o termo de abertura do projeto.

33. Todos os seguintes são <u>partes</u> de um efetivo <u>sistema de controle de mudanças, exceto</u>:

    A) Procedimentos formais.

    B) Lições aprendidas.

    C) Sistema de informações do gerenciamento de projetos.

    D) Solicitações de mudanças.

Resposta: B

Justificativa: Um sistema de controle de mudanças consiste em documentos e ferramentas que permitam seu controle e monitoramento de mudanças. Suas entradas, ferramentas e saídas são regidas pelo processo Orientar e gerenciar o trabalho do projeto. Lições aprendidas têm o objetivo de documentar os fatos ocorridos no projeto para suporte a projetos futuros. Logo, não faz parte desta lista.

34. Quem é o <u>responsável final pela integração do projeto</u>?

    A) O patrocinador.

    B) O escritório de projetos.

    C) O gerente do projeto.

    D) O gerente do escopo do projeto.

Resposta: C

Justificativa: Uma equipe de projetos pode ser composta por muitas pessoas que terão suas responsabilidades distintas. Mas é o gerente do projeto que terá a responsabilidade de ter a visão integrada do projeto. Será ele o responsável por "juntar as peças" e dar coerência ao projeto como um todo.

35. Você herdou um grande projeto de construção civil em andamento e observou que o gerente de prazos não alinha suas necessidades com o gerente de escopo que, por sua vez, não conversa com o gerente de custos. <u>Considerando este cenário</u>, o que deve ser feito em <u>primeiro lugar</u>?

    A) Marcar um *happy hour* para integrar os gerentes.

    B) Sugerir que eles conversem entre si e resolvam suas diferenças.

    C) Reunir-se com os gerentes e implementar um fluxo de controle de mudanças.

    D) Pedir a intervenção do patrocinador.

Resposta: C

Justificativa: O cenário demonstra um projeto sem o papel de integrador de um gerente de projetos. Para resolver o desalinhamento de demandas das diversas áreas do projeto, o gerente de projetos deve reunir as partes e implementar um fluxo de controle de mudanças. As opções A e B não serão eficientes para isso, e a opção D é errada, pois não é papel do patrocinador realizar a integração do projeto.

Capítulo 6

Gerenciamento do Escopo

Síntese dos Conceitos

Escopo/Scope: somatório dos produtos, serviços e resultados a serem realizados pelo projeto. Para simplificação e evitar repetições dos três termos, utiliza-se o termo produto para designar produto, serviço ou resultado. O escopo é dividido em escopo do produto e escopo do projeto. Escopo do produto e escopo do projeto complementam-se.

Escopo do produto/Product scope: características e funções que descrevem um produto. Tem como referência os requisitos do produto.

Escopo do projeto/Project scope: organização do trabalho do projeto para viabilizar a entrega do produto conforme características e funções especificadas. Tem como referência o plano de gerenciamento do projeto.

Especificação/Specification: documento que detalha de maneira completa, precisa e verificável as características de um sistema, componente, produto e, com frequência, os procedimentos para determinar se essas características foram satisfeitas.

Exemplos: especificação de requisitos, especificação de produto e especificação de testes.

Planejar o gerenciamento do escopo/Plan scope management

Processo de criação de um plano de gerenciamento do escopo para documentar como o escopo será definido, validado e controlado.

Principal benefício: provê orientação e direção em como o escopo será gerenciado ao longo do projeto.

Plano de gerenciamento do escopo/Scope management plan: parte do plano de gerenciamento do projeto que descreve como o escopo será definido, desenvolvido, monitorado, controlado e verificado.

Inclui a definição dos processos:

- Processo para preparar a declaração de escopo;
- Processo que permite a criação da EAP a partir da declaração de escopo;
- Processo que define como a EAP será mantida e aprovada;
- Processo que estabelece como a aceitação das entregas formais será obtida;
- Processo para gerenciar as solicitações de mudança no escopo;

Plano de gerenciamento dos requisitos/Requirements management plan: faz parte do plano de gerenciamento do projeto ou programa que descreve como os requisitos serão analisados, documentados e gerenciados.

Esse plano pode incluir, mas não se limita a:

- A forma como as atividades de gerenciamento dos requisitos serão planejadas, rastreadas e reportadas;
- A forma como serão as atividades de gerenciamento de configuração;
- Processo para priorizar os requisitos;
- Métricas do produto que serão usadas e o motivo para usá-las;
- Estrutura de rastreamento para refletir os atributos dos requisitos que serão capturados na matriz de rastreamento.

Coletar os requisitos / Collect requirements

Processo de determinação, documentação e gerenciamento das necessidades das partes interessadas e dos requisitos para se atingirem os objetivos do projeto.

Principal benefício: provê a base para a definição e gerenciamento do escopo do projeto, incluindo o escopo do produto.

Requisito/Requirement: condição ou capacidade que deve ser atendida ou possuída por um produto para atender as necessidades e expectativas das partes interessadas. Devem possuir detalhes suficientes para serem medidos. Podem ser categorizados em requisitos do produto (requisitos técnicos, de segurança e de desempenho) e requisitos do projeto (requisitos de negócios, de gerenciamento do projeto e de entrega). Os requisitos são referência para definir e gerenciar o escopo.

Voz do cliente/Voice of the customer: técnicas de planejamento usadas para capturar a real necessidade do cliente e, posteriormente, retratá-la em requisitos. Exemplo: Desdobramento da função de qualidade (*QFD – Quality Function Deployment*).

Entrevistas/Interviews: meio formal ou informal para se coletarem informações das partes interessadas sobre o produto. Podem ser preparadas ou espontâneas, conduzidas individualmente ou em grupo.

Dinâmicas de grupo/Focus groups: método que promove a discussão interativa, guiada por um moderador, com o objetivo de extrair os interesses e desejos das partes interessadas sobre o produto.

Oficinas/Facilitated workshops: discussões que reúnem as partes interessadas para reconciliar diferenças e definir os requisitos do produto. Visam também gerar confiança, aprimorar a comunicação e desenvolver as relações entre as partes interessadas. Exemplos: *Joint Application Design (JAD)* para desenvolvimento de software e desdobramento da função de qualidade (QFD) para desenvolvimento de novos produtos.

Técnicas de criatividade em grupo/Group criativity techniques:

- **Brainstorming:** gera e coleta ideias sobre os requisitos reunindo um grupo de membros da equipe ou especialistas no assunto. Primeiro, as ideias são coletadas sem restrições, depois são criticadas.

- **Técnica de grupo nominal/Nominal group technique**: expande a técnica do *brainstorming*. Um grupo de membros da equipe ou especialistas no assunto, com o apoio de um facilitador, indica as ideias mais importantes geradas no brainstorming. Em seguida, o facilitador prioriza estas ideias de acordo com as prioridades dadas pelos membros do grupo, criando uma classificação final. A participação individual é mais solicitada do que a discussão em grupo.

- **Técnica Delphi/Delphi technique:** técnica de coleta de informações utilizada como meio de alcançar um consenso de especialistas em um assunto. Os participantes ficam anônimos. Um facilitador usa um questionário para solicitar ideias sobre um determinado assunto (neste caso, requisitos do produto). As respostas são resumidas e então redistribuídas para os especialistas para comentários adicionais. O consenso pode ser alcançado após algumas rodadas desse processo. A técnica Delphi ajuda a reduzir a parcialidade nos dados e evita que alguém possa indevidamente influenciar o resultado.

- **Mapa mental/Mind mapping:** também chamado de mapa de ideias, consiste em um diagrama com ideias conectadas, em vários níveis. Partindo-se de uma ideia central, ramificam-se ideias secundárias, destas ramificam-se as terciárias e assim por diante, até se reunirem todas as ideias em torno de um ponto central. O mapa mental unificado provê uma visão hierárquica do assunto, facilita a geração de novas ideias e a percepção de similaridades e diferenças de entendimento.

Técnicas de tomada de decisão em grupo/Group decision making techniques:

Existem muitos métodos para se chegar a uma decisão em grupo. Por exemplo:

- **Unanimidade:** todos concordam com uma única solução.

- **Maioria:** suporte de mais de 50% dos membros do grupo.

- **Pluralidade:** o maior bloco no grupo decide, mesmo que a maioria não seja alcançada.

- **Ditadura:** um indivíduo decide pelo grupo.

GERENCIAMENTO DO ESCOPO

Questionários e pesquisas / Questionnaires and surveys: consistem de perguntas objetivas para acumular informações de forma rápida, geralmente envolvendo um grande número de entrevistados e tratamento estatístico.

Observações/Observation: meio de analisar diretamente no ambiente de trabalho o desempenho de pessoas em determinada atividade. Visa descobrir requisitos "escondidos" quando as pessoas têm dificuldade ou relutam em expressar os requisitos do produto. O observador pode ser externo ou participante da atividade observada.

Protótipos/Prototypes: permitem realizar experiências com um modelo físico do produto final antes de efetivamente construi-lo. Empregam o conceito de elaboração progressiva em ciclos de coleta de feedback até se visualizarem com clareza os requisitos do produto.

Benchmarking: processo de comparação de práticas entre organizações, visando identificar melhores práticas, gerar ideias para melhoramento, estabelecer uma base para medir desempenho.

Diagramas de contexto/Context diagrams: descreve visualmente o escopo do produto ao mostrar o sistema de negócios (processos, equipamentos, sistema de computador etc.), e como as pessoas e outros sistemas (atores) interagem com o sistema.

Análise de documentos/Document analysis: analisa a documentação existente e identifica informações relevantes para os requisitos.

Documentação dos requisitos/Stakeholder requirements documentation: descreve os requisitos que atendem as necessidades de negócio que deram origem ao projeto. Geralmente, trata-se de uma lista priorizada e categorizada de requisitos por parte interessada. Os requisitos devem ser: completos, mensuráveis, passíveis de teste e aceitação pelas partes interessadas.

Matriz de rastreabilidade de requisitos/Requirements traceability matrix: tabela que associa os requisitos às partes interessadas (origens) e permite o rastreamento desses durante todo o ciclo de vida do projeto.

A matriz de rastreabilidade ajuda a:

- associar os requisitos aos objetivos da organização e do projeto;
- garantir que os requisitos aprovados sejam entregues;
- fornecer suporte para gerenciar as mudanças de escopo.

Atributos típicos de cada requisito na matriz de rastreabilidade:

- identificador único;
- descrição do requisito;
- razão para inclusão do requisito;
- responsável (parte interessada) pelo requisito;
- prioridade do requisito;
- versão do requisito;
- status do requisito (por exemplo, ativo, cancelado, aprovado, adiado);
- data de conclusão do requisito.

Definir o escopo/Define scope

Processo de desenvolvimento de uma descrição detalhada do trabalho necessário para desenvolver o produto do projeto.

Principal benefício: estabelece os limites do projeto, ao definir quais dos requisitos coletados serão incluídos ou excluídos do escopo do projeto.

Entrega/Deliverable: parte entregável do produto e do projeto. As entregas podem ser técnicas ou gerenciais. Deve ser mensurável, tangível, verificável e produzida obrigatoriamente para o projeto ser considerado concluído. Cada fase do projeto é marcada por uma ou mais entregas. Deve ser aprovada pelas partes interessadas, geralmente o patrocinador ou cliente do projeto.

Análise de produto/Product analysis: técnica utilizada pela área de aplicação para melhorar o entendimento sobre o produto do projeto. Visa transformar as descrições de alto nível do produto em entregas tangíveis.

Exemplos: análise de sistemas, decomposição do produto, engenharia de valor e análise funcional.

Geração de alternativas/Alternatives generation: técnica usada para identificar diferentes abordagens para se realizar o produto do projeto. As técnicas mais comuns são: *brainstorming*, pensamento lateral e comparações em pares.

GERENCIAMENTO DO ESCOPO

Declaração do escopo do projeto/Project scope statement: documentação do escopo do projeto, que servirá de base para a tomada de futuras decisões e para desenvolver um entendimento comum do escopo do projeto entre as partes interessadas.

Nem todos os requisitos transformam-se em escopo. Assim, a declaração do escopo é criada com base nos requisitos selecionados para detalhamento no escopo.

Deve conter diretamente, ou por referência a outros documentos, os seguintes itens:

- **Descrição do escopo do produto:** descreve as características do produto em complemento às identificadas no termo de abertura e na documentação dos requisitos do projeto.

- **Entregas do projeto:** lista das saídas, produtos, serviços, resultados ou itens mensuráveis que constituem o escopo.

- **Critérios de aceitação do produto:** critérios que devem ser atendidos para que as entregas do projeto sejam aceitas pelas partes interessadas.

- **Exclusões do projeto:** o que não está incluído no escopo. Importante para modular as expectativas das partes interessadas.

- **Premissas:** são suposições ou hipóteses sobre o projeto. Fatores que, para fins de planejamento, são considerados verdadeiros e fazem parte da elaboração progressiva do projeto.

As premissas são hipóteses que o gerente do projeto considera como certas para efeito de planejamento, principalmente, em relação a fatores não controláveis, como cotação do dólar. Ao assinarem o plano de gerenciamento do projeto, as partes interessadas aprovam as premissas, dando margem a negociações de ajuste, caso estas não se realizem. Como as premissas podem não se realizar, a toda premissa está associado pelo menos um risco. A não realização das premissas afeta em algum grau os objetivos do projeto.

Exemplos:

- A equipe do projeto estará autorizada a utilizar as dependências do setor de manufatura, 24 horas por dia, sete dias da semana.

- O cliente disponibilizará até o dia 1º de fevereiro toda a infraestrutura de hardware e software necessária para o desenvolvimento e instalação do sistema.

- **Restrições:** são fatores limitantes impostos ao planejamento do projeto, normalmente associado ao escopo, orçamento ou prazo estabelecido pelo cliente ou organização. Quando um projeto é feito sob contrato, as cláusulas contratuais podem gerar restrições.

Exemplos:

- O projeto terá um prazo total de 12 meses, e no final do primeiro mês deverão ser iniciados os trabalhos de construção no campo.
- Todos os softwares deverão ser desenvolvidos em Java.

Criar a EAP/Create WBS

Processo de subdivisão das entregas do projeto e do trabalho do projeto em componentes menores e mais facilmente gerenciáveis.

Principal benefício: provê uma visão estruturada do que deve ser entregue pelo projeto.

Decomposição/Decomposition: técnica de planejamento que subdivide os produtos do projeto em partes menores ou subprodutos, que são mais facilmente gerenciáveis. Decompõem-se até atingir o nível que se quer gerenciar. Nesse nível são alocados os recursos, estimadas as durações e os custos para gerar esses itens.

Estrutura analítica do projeto (EAP)/Work breakdown structure (WBS): estrutura hierárquica montada com a decomposição do trabalho a ser executado para gerar as entregas do projeto.

- representa o trabalho especificado e aprovado na declaração do escopo. Se não está na EAP, não faz parte do escopo. O PMI se refere à EAP como "a fundação sobre a qual o projeto é construído";
- inclui todas as entregas do projeto, inclusive as gerenciais. A soma das entregas dos elementos dos níveis mais baixos deve corresponder à entrega do elemento acima (regra dos 100%);
- facilita a comunicação da equipe com as partes interessadas no projeto;

GERENCIAMENTO DO ESCOPO

- incentiva o comprometimento e aprimora o foco da equipe no escopo do projeto;
- clarifica as responsabilidades dos membros da equipe do projeto;
- serve como referência para todo o planejamento do projeto, principalmente para as estimativas de tempo, custo e recursos;
- pode ser apresentada em diversos formatos, por exemplo, organograma, lista identada (lista com recuos), diagrama de espinha de peixe e outros;
- ajuda a prevenir mudanças, pois melhora o entendimento das partes interessadas a respeito do escopo do projeto;
- pode ser decomposta futuramente, quando mais detalhes estiverem disponíveis para a equipe do projeto, técnica chamada de planejamento por ondas sucessivas.
- um ramo da EAP pode se decompor mais do que outro.

Componente da EAP/WBS component: item na EAP que pode estar em qualquer nível.

Código de contas/Code of accounts: qualquer sistema de numeração utilizado para identificar de modo exclusivo cada componente da EAP.

Pacote de trabalho/Work package: nível mais baixo e não decomposto da EAP ("nível folha da árvore"). O gerenciamento do projeto ocorre no nível dos pacotes de trabalho, ponto em que as estimativas de duração, custo e recursos do projeto podem ser definidas com segurança. O nível de detalhe do pacote de trabalho dependerá do tamanho e da complexidade do projeto.

Dicionário da EAP/WBS dictionary: documento que descreve em detalhes os componentes da EAP, inclusive os pacotes de trabalho e contas de controle. Pode conter informações prévias sobre tempo, custo, qualidade, recursos humanos, riscos e aquisições.

O dicionário da EAP inclui, mas não se limita, as informações:

- código de contas;
- descrição do trabalho e critérios de aceitação;
- atividades associadas e lista de marcos do cronograma;

- recursos necessários e estimativa de custo;
- padrões de qualidade e referências técnicas;
- riscos envolvidos e respostas planejadas; e
- informações do contrato.

Linha de base do escopo/Scope baseline: referência com a qual o desempenho do escopo do projeto será comparado. É constituída pela declaração de escopo, EAP e Dicionário da EAP.

Validar o escopo/Validate scope

Processo de formalização da aceitação das entregas concluídas do projeto.

Principal benefício: traz objetividade ao processo de aceitação e amplia a chance de aceitação do produto, serviço ou resultado final por meio da validação de cada entrega.

Validação de escopo x Controle de qualidade

- Validação de escopo: preocupa-se com a aceitação formal das entregas.
- Controle de qualidade: preocupa-se com a correção das entregas e respeito aos padrões de qualidade.

Controle de qualidade ocorre antes ou ao mesmo tempo que a verificação de escopo.

Inspeção/Inspection: exame ou medição para verificar se as entregas atendem aos requisitos e critérios de aceitação do produto.

Sinônimos: revisões, revisões de produto, auditorias e ensaios.

Entregas aceitas/Accepted deliverables: aceites formais das entregas, geralmente assinados pelo cliente ou patrocinador, quando são atendidos os critérios de aceitação. As entregas podem ser aceitas a qualquer momento ao longo do ciclo de vida do projeto.

GERENCIAMENTO DO ESCOPO

Controlar o escopo/Control scope

Processo de monitoramento do status do projeto e do produto do projeto e gerenciamento das mudanças na linha de base do escopo.

Fazem parte do controle de mudanças do escopo:

- monitorar o andamento do escopo do projeto;
- gerenciar as mudanças na linha de base do escopo.

Garante que todas as solicitações de mudança e ações corretivas e preventivas serão analisadas de acordo com um processo de controle de mudanças.

Principal benefício: permite que a linha de base de escopo seja respeitada ao longo do projeto.

Solicitação de mudança/Change request: solicitações para ajustar a linha de base de escopo ou outros componentes do plano de gerenciamento do projeto. Geralmente, incluem ações corretivas ou preventivas, reparos de defeito e solicitações de melhoria.

Mudanças do escopo/Scope change: qualquer alteração no escopo do projeto. Uma mudança do escopo quase sempre exige um ajuste nos recursos, tempo, custo ou qualidade do projeto.

Escalada do escopo/Scope creep: mudanças não -controladas no escopo do projeto. Trata-se da adição de recursos e funcionalidades sem considerar os efeitos sobre o projeto (recursos, tempo, custos ou qualidade) ou sem a aprovação do cliente.

Análise de variação/Variance analysis: utiliza medições de desempenho do trabalho para descobrir a causa e o grau de variação em relação à linha de base do escopo.

Informações sobre o desempenho do trabalho/Work performance information: informações sobre as mudanças recebidas, tais como: categoria, origem e impacto em tempo e custo.

Mapa Mental

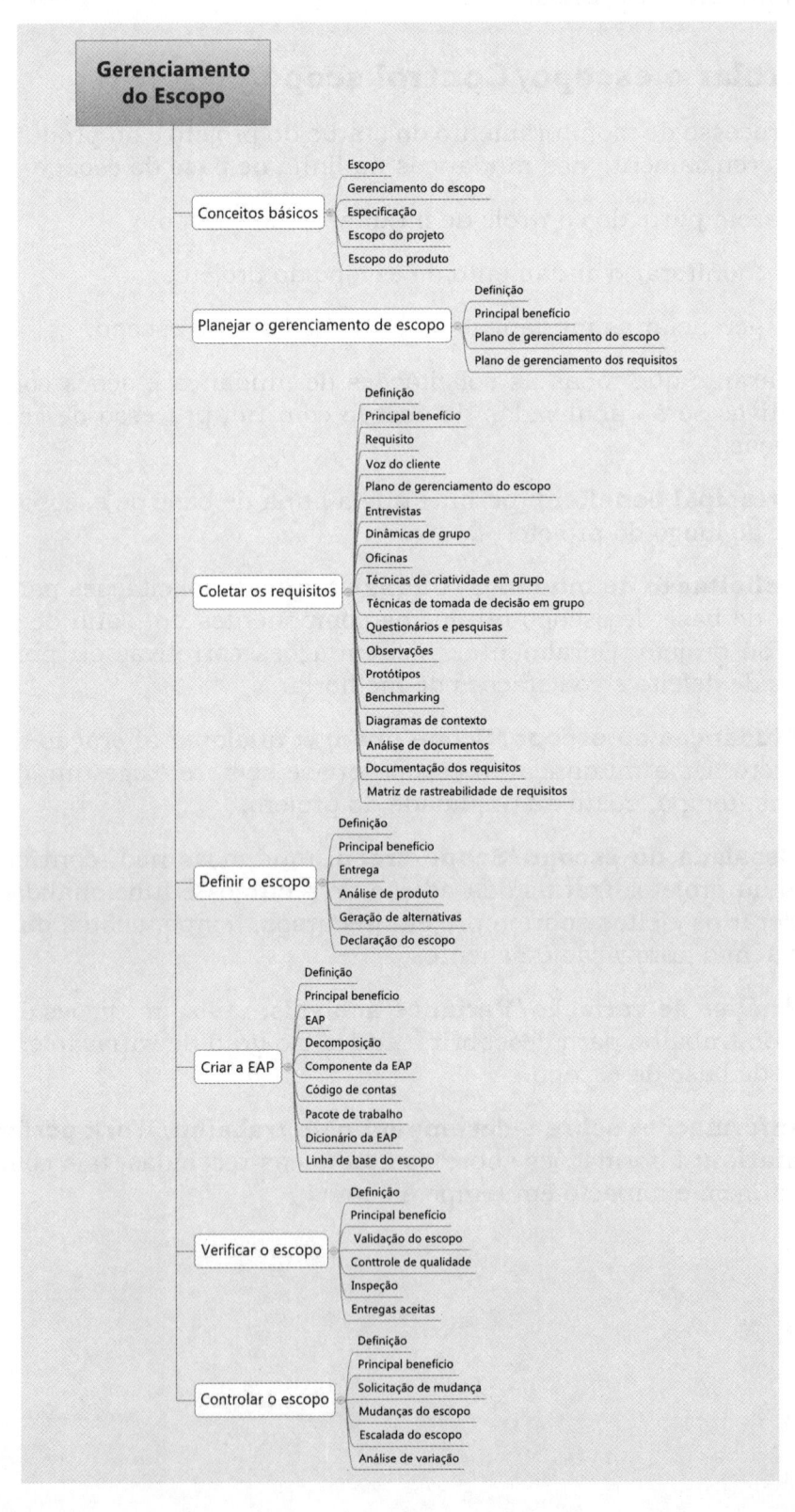

- **Gerenciamento do Escopo**
  - Conceitos básicos
    - Escopo
    - Gerenciamento do escopo
    - Especificação
    - Escopo do projeto
    - Escopo do produto
  - Planejar o gerenciamento de escopo
    - Definição
    - Principal benefício
    - Plano de gerenciamento do escopo
    - Plano de gerenciamento dos requisitos
  - Coletar os requisitos
    - Definição
    - Principal benefício
    - Requisito
    - Voz do cliente
    - Plano de gerenciamento do escopo
    - Entrevistas
    - Dinâmicas de grupo
    - Oficinas
    - Técnicas de criatividade em grupo
    - Técnicas de tomada de decisão em grupo
    - Questionários e pesquisas
    - Observações
    - Protótipos
    - Benchmarking
    - Diagramas de contexto
    - Análise de documentos
    - Documentação dos requisitos
    - Matriz de rastreabilidade de requisitos
  - Definir o escopo
    - Definição
    - Principal benefício
    - Entrega
    - Análise de produto
    - Geração de alternativas
    - Declaração do escopo
  - Criar a EAP
    - Definição
    - Principal benefício
    - EAP
    - Decomposição
    - Componente da EAP
    - Código de contas
    - Pacote de trabalho
    - Dicionário da EAP
    - Linha de base do escopo
  - Verificar o escopo
    - Definição
    - Principal benefício
    - Validação do escopo
    - Conttrole de qualidade
    - Inspeção
    - Entregas aceitas
  - Controlar o escopo
    - Definição
    - Principal benefício
    - Solicitação de mudança
    - Mudanças do escopo
    - Escalada do escopo
    - Análise de variação

GERENCIAMENTO DO ESCOPO

Exercícios de Fixação

Exercício 1: Os requisitos do produto, serviço ou resultado a ser entregue pelo projeto, necessários ao sucesso do projeto, precisam ser documentados e quantificados. Numere as frases listadas às duas saídas do processo "Coletar os requisitos do projeto". Tais sejam:

(1) Documentação dos requisitos.

(2) Matriz de rastreabilidade de requisitos.

( ) Tabela em que se apresentam as partes interessadas e são mapeados os requisitos correspondentes, de maneira a serem rastreados durante todo o ciclo de vida do projeto.

( ) É neste documento que estão categorizadas e priorizadas as necessidades e expectativas das partes interessadas.

( ) Descreve como os requisitos de cada parte interessada atendem às necessidades do negócio para o projeto.

( ) Ajuda a garantir que os requisitos adicionem valor ao negócio pelo alinhamento aos objetivos do projeto e de negócio, e que os requisitos aprovados na documentação sejam entregues no final do projeto.

( ) Permite que os requisitos sejam mais bem definidos, portanto não ambíguos (mensuráveis e passíveis de testes), investigáveis, completos, consistentes e aceitáveis para as principais partes interessadas.

Exercício 2: Preencha as lacunas de acordo com a lista a seguir. Saiba que algumas frases foram incluídas na lista equivocadamente, portanto não farão parte do exercício.

A empresa gestora do projeto deve pagar

Controlar a qualidade

Diretrizes regulatórias

Durante a fase de iniciação

Durante a fase de planejamento

Elaboração progressiva

Erro e omissão na fase de iniciação Estrutura analítica do projeto

Evento externo

Informações históricas

O cliente deve pagar

Premissa

Restrição

Risco

Termo de abertura do projeto

Validar o escopo

1. Márcia, membro de sua equipe de gerenciamento de projetos, pergunta a você quando um gerente de projetos é designado a um projeto. Sua resposta deve ser _____.

2. Você será o gerente de projetos para o projeto de um túnel subaquático e necessitará de subsídios para trabalhar na fase de iniciação do projeto. A melhor fonte de informação para o seu projeto é _____.

3. Um projeto que você gerencia terá como resultado a instalação de um novo sistema operacional em cem postos de trabalho de uma empresa de consultoria. Você estimou o custo e o prazo do projeto e disse ao cliente que as estimativas fornecidas serão mais precisas se as estações de trabalho forem adequadas às exigências do novo sistema operacional. Este é um exemplo de _____.

4. Você é o gerente de um projeto e precisa se certificar de que em cada fase do projeto haverá o aceite formal do cliente com relação aos respectivos resultados, e que esses resultados trarão valor ao negócio e estejam de acordo com os objetivos do projeto. Este processo é conhecido como _____.

5. Você é o gerente de um projeto que deve ser concluído antes de o inverno chegar. Este é um exemplo de _____.

6. Uma das primeiras coisas que o gerente de projetos deve fazer no projeto é redigir _____.

7. A equipe do projeto construiu a estrutura analítica do projeto (EAP). A alta gerência e todas as partes interessadas, incluindo o cliente, aprovaram essa EAP. O cliente, alguns meses depois, solicitou que se fizesse uma alteração no projeto, que custaria uma quantia considerável de dinheiro. O cliente disse que a empresa vendedora tinha prometido esta mudança antes da assinatura de formalização da EAP. Quem deve pagar pela mudança é _____.

GERENCIAMENTO DO ESCOPO

8. Você é o gerente de projetos de uma indústria de motores de caminhões. Seu projeto consiste no desenvolvimento de um material mais resistente para sua estrutura. À medida que o projeto segue para a sua conclusão, o material é definido mais detalhadamente após cada fase de teste. Este é um exemplo de _____.

9. Você é o gerente de um projeto de um novo perfume cuja essência é importada da Nova Zelândia. Você tem conhecimento de que seu concorrente está trabalhando em um perfume semelhante, mas incluirá uma base hidratante, que o seu perfume não oferece. Você tem solicitado alterações para atualizar o seu projeto. Este é um exemplo de mudança devido a um _____.

Exercício 3: Todos os projetos, mesmo os menores, precisam de uma EAP. A EAP é orientada às entregas do trabalho e construída pelo gerente do projeto com a ajuda de sua equipe. O gerente do projeto se utiliza da técnica da decomposição para dividir o projeto em partes menores até chegar nos pacotes de trabalho (*work packages*), de tal forma que ele consiga planejá-lo e controlá-lo. Os pacotes de trabalho (*work packages*) serão desdobrados em atividades no cronograma. Circule os benefícios da EAP no quadro a seguir. Veja o exemplo.

```
┌─────────────────────────────────────────────────────────────────────┐
│                    Fornece uma estrutura para todos os deliverables │
│  Entendimento dos membros da equipe com relação ao seu papel         │
│     Ajuste de antecipações e esperas      Cria padrões específicos ao projeto │
│        Facilita a comunicação entre a equipe e outras partes interessadas │
│                   Evita influências externas e mudanças             │
│                                              Corrige as deficiências │
│  Facilita a análise do progresso do projeto                         │
│     Leva em consideração a incerteza                                │
│                                           Compromete a equipe do projeto │
│              Base para a estimativa de pessoal, custos e tempo      │
│                         Determina a conformidade das entregas       │
│  Auxilia em prevenir as mudanças                                    │
│              Visualização ampla do que deve ser realizado           │
└─────────────────────────────────────────────────────────────────────┘
```

Exercício 4: Qual a diferença entre validar o escopo e controlar o escopo? Marque "V" para a alternativa relacionada a validar o escopo e "C" para a alternativa relacionada a controlar o escopo:

( ) Monitoramento do andamento do escopo do projeto e do produto e gerenciamento das mudanças feitas na linha de base do escopo.

( ) Entradas do processo: Plano de gerenciamento do projeto, Documentação dos requisitos, Matriz de rastreabilidade dos requisitos, Entregas validadas, Dados sobre o desempenho do trabalho.

( ) Assegura que todas as mudanças solicitadas e ações corretivas ou preventivas sejam processadas por meio do processo Realizar o controle integrado de mudanças.

( ) Revisão das entregas com o cliente ou patrocinador em relação ao plano de gerenciamento do projeto e ao plano de gerenciamento do escopo, para assegurar que foram concluídas satisfatoriamente e obter deles a aceitação formal.

( ) Medições do desempenho do projeto usadas para avaliar a magnitude de variação a partir da linha de base do escopo.

( ) As entregas que estão de acordo com os critérios de aceitação são formalmente assinadas e aprovadas pelo cliente ou patrocinador.

( ) As entregas devem estar conforme as especificações.

( ) Entradas do processo: Plano de gerenciamento do projeto, Documentação dos requisitos, Matriz de rastreabilidade de requisitos, Dados sobre o desempenho do trabalho, Ativos de processos organizacionais.

( ) Medição, exame e verificação para determinar se o trabalho e as entregas atendem aos requisitos e aos critérios de aceitação do produto.

( ) Pode ser realizado no final de cada fase no ciclo de vida do projeto e durante os grupos de processos de monitoramento e controle.

Respostas

Respostas do Exercício 1:

(2) Tabela em que estão as partes interessadas e mapeados os requisitos correspondentes, de maneira a serem rastreados durante todo o ciclo de vida do projeto.

GERENCIAMENTO DO ESCOPO

(1) É neste documento que estão categorizadas e priorizadas as necessidades e expectativas das partes interessadas.

(1) Descreve como os requisitos de cada parte interessada atendem às necessidades do negócio para o projeto.

(2) Ajuda a garantir que os requisitos adicionem valor ao negócio pelo alinhamento aos objetivos do projeto e de negócio, e que os requisitos aprovados na documentação sejam entregues no final do projeto.

(1) Permite que os requisitos sejam mais bem definidos, portanto não ambíguos (mensuráveis e passíveis de testes), investigáveis, completos, consistentes e aceitáveis para as principais partes interessadas.

Respostas do Exercício 2:

1. "Durante a fase de iniciação", é a melhor escolha. Os gerentes de projetos são designados durante o processo de iniciação do projeto.

2. "Informações históricas" é a melhor opção.

    "Termo de abertura do projeto" é uma saída do processo de iniciação, não uma entrada.

3. "Premissa". Este é um exemplo de uma premissa de que as estações de trabalho devem satisfazer a os requisitos do novo sistema operacional.

    "Risco" está incorreta, porque o cenário não descreveu um evento incerto de acontecer.

4. "Validar o escopo" é o processo de aceitar formalmente as entregas completadas do projeto.

    "Controlar a qualidade" é incorreta. Muitas vezes o que traz confusão é a diferença entre "validação do escopo" e "controle de qualidade". A validação do escopo difere do controle de qualidade, pois está interessada principalmente na aceitação das entregas, enquanto o controle de qualidade se preocupa com a precisão e o alcance dos requisitos de qualidade especificados para as entregas. O controle de qualidade é em geral realizado antes da validação do escopo, mas os dois processos podem ser executados paralelamente.

5. "Restrição" é a resposta correta, pois está lidando com limitações de tempo. "Premissa" é incorreta, porque a condição não é uma suposição.

6. O "termo de abertura do projeto" é uma das primeiras coisas que devem ser feitas em qualquer projeto; é "um documento emitido pela alta gerência que designa o gerente de projeto com a autoridade para aplicar os recursos organizacionais nas atividades do projeto".

7. "O cliente deve pagar" é a resposta correta, porque a assinatura da EAP constitui um acordo entre as partes: gestora do projeto e o cliente. O trabalho que não é especificado na EAP não faz parte do escopo do projeto.

8. "Elaboração progressiva" é a resposta correta. A elaboração progressiva é típica em todos os projetos. "Programa de gestão" é incorreta, não é relevante para a questão.

   "Diretrizes regulatórias" é incorreta, porque diretrizes regulatórias não refinam o escopo do projeto.

9. "Evento externo" é a resposta correta, uma vez que a mudança é requerida para manter a competitividade com a concorrência, um evento externo.

   "Erro e omissão na fase de iniciação" é incorreta ao se tomarem como base as condições de solicitação de mudança.

Respostas do Exercício 3:

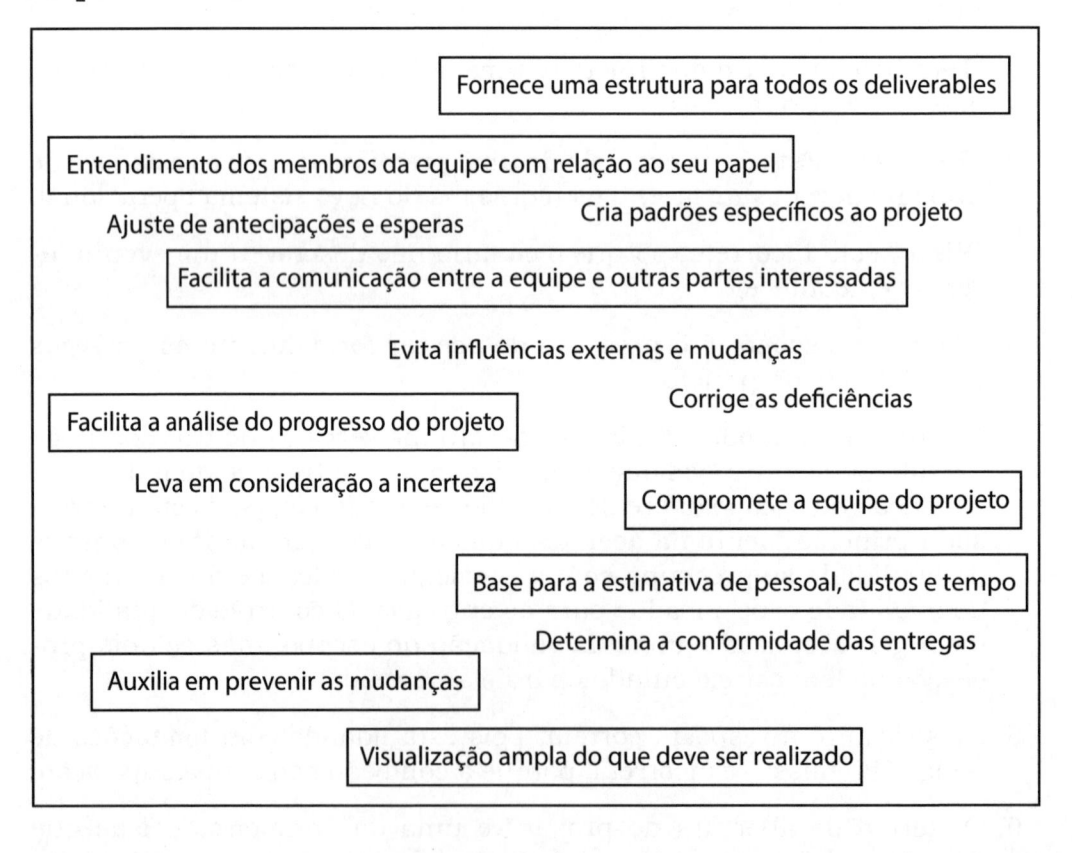

- Fornece uma estrutura para todos os deliverables
- Entendimento dos membros da equipe com relação ao seu papel
- Ajuste de antecipações e esperas
- Cria padrões específicos ao projeto
- Facilita a comunicação entre a equipe e outras partes interessadas
- Evita influências externas e mudanças
- Corrige as deficiências
- Facilita a análise do progresso do projeto
- Leva em consideração a incerteza
- Compromete a equipe do projeto
- Base para a estimativa de pessoal, custos e tempo
- Determina a conformidade das entregas
- Auxilia em prevenir as mudanças
- Visualização ampla do que deve ser realizado

GERENCIAMENTO DO ESCOPO

Respostas do Exercício 4:

(C) Monitoramento do andamento do escopo do projeto e do produto e gerenciamento das mudanças feitas na linha de base do escopo.

(V) Entradas do processo: Plano de gerenciamento do projeto, Documentação dos requisitos, Matriz de rastreabilidade dos requisitos, Entregas validadas, Dados sobre o desempenho do trabalho.

(C) Assegura que todas as mudanças solicitadas e ações corretivas ou preventivas sejam processadas por meio do processo Realizar o controle integrado de mudanças.

(V) Revisão das entregas com o cliente ou patrocinador em relação ao plano de gerenciamento do projeto e ao plano de gerenciamento do escopo, para assegurar que foram concluídas satisfatoriamente e obter deles a aceitação formal.

(C) Medições do desempenho do projeto usadas para avaliar a magnitude de variação a partir da linha de base do escopo.

(V) As entregas que estão de acordo com os critérios de aceitação são formalmente assinadas e aprovadas pelo cliente ou patrocinador.

(V) As entregas devem estar conforme as especificações.

(C) Entradas do processo: Plano de gerenciamento do projeto, Documentação dos requisitos, Matriz de rastreabilidade de requisitos, Dados sobre o desempenho do trabalho, Ativos de processos organizacionais.

(V) Medição, exame e verificação para determinar se o trabalho e as entregas atendem aos requisitos e aos critérios de aceitação do produto.

(V) Pode ser realizado no final de cada fase no ciclo de vida do projeto e durante os grupos de processos de monitoramento e controle.

Comentários do Simulado

36. Um gerente de projetos está no processo de validar o escopo de uma entrega com o cliente. Qual é a coisa mais importante que o gerente de projetos deve garantir?

    A) Precisão.

    B) Pontualidade.

    C) Aceitação.

    D) Completude.

Resposta: C

> *Justificativa:* O processo validar o escopo tem por objetivo buscar a aceitação das entregas do escopo pelas partes interessadas.

37. Quando da elaboração da declaração de escopo do projeto, o documento mais importante para este trabalho é a <u>documentação dos requisitos</u>, que tem como objetivo:

    A) Descrever quais os requisitos individuais levam a atingir as necessidades para as quais o projeto foi definido.

    B) Documentar as necessidades das partes interessadas e como atingi-las.

    C) Documentar como os requisitos serão analisados, documentados e gerenciados durante toda a vida do projeto.

    D) Documentar a origem do requisito e como ele será seguido durante a execução do projeto.

Resposta: A

> *Justificativa:* Documentar os requisitos é descrever os requisitos que atendem as necessidades de negócio que deram origem ao projeto.

38. As afirmações a seguir sobre os <u>processos de Gerenciamento do Escopo do Projeto estão corretas, exceto</u>:

    A) O Plano de Gerenciamento do Escopo do projeto não é uma das saídas, visto fazer parte dos processos de integração.

    B) São os processos necessários para assegurar que o projeto inclui todo o trabalho necessário, e somente o necessário, para concluir o projeto com sucesso.

    C) Está relacionado em deixar claro o que está incluso e não incluso no projeto.

    D) Tem como objetivo monitorar, validar e controlar o escopo durante todo o ciclo de vida do projeto.

Resposta: A

> *Justificativa:* O Plano de gerenciamento do escopo é desenvolvido no processo Planejar o gerenciamento do escopo.

GERENCIAMENTO DO ESCOPO

39. Um membro do time notifica o gerente do projeto (depois do fato) que certas entregas do projeto foram atingidas sem que se fizessem todos os pacotes de trabaho associados na EAP. O que o gerente do projeto deve fazer?

   A) Comunicar imediatamente as alterações a todos os membros do time e interessados.

   B) Submeter a mudança ao Controle Integrado de Mudanças para se alterar o plano de gerenciamento do projeto.

   C) Alterar as linhas de base de medição de desempenho do projeto.

   D) Alterar o processo de relatórios para obter informações mais cedo.

Resposta: B

   Justificativa: Como as entregas do projeto já foram feitas, o plano de gerenciamento do projeto deve refletir este novo cenário.

40. A estrutura analítica do projeto é criada:

   A) pela equipe;

   B) pelo gerente do projeto;

   C) pela gerência;

   D) pelo gerente funcional.

Resposta: A

   Justificativa: Desenvolver a EAP é uma atividade coletiva feita pela equipe do projeto.

41. A saída mais importante dos processos de Gerenciamento do escopo do projeto é a linha de base do escopo, que é composta por:

   A) Plano de gerenciamento do escopo e a Declaração de escopo do projeto.

   B) Declaração de escopo e a EAP do projeto.

   C) Plano de gerenciamento de escopo e seus planos subsidiários.

   D) Declaração de escopo, EAP e o Dicionário da EAP.

Resposta: D

   Justificativa: A linha de base do escopo é composta por três elementos: declaração de escopo, EAP e dicionário da EAP.

42. Qual das seguintes opções melhor descreve o processo de validar o escopo?

    A) Documenta as características finais dos produtos ou serviços que o projeto concluiu.

    B) É a formalização da aceitação das entregas feitas pelo projeto.

    C) É a última atividade antes do término do projeto.

    D) É o mesmo que o processo de Controle de qualidade, apenas que um é para o produto e o outro é para o projeto.

Resposta: B

Justificativa: Validar o escopo está diretamente relacionado a aceitação das entregas.

43. Quando da elaboração da Declaração do escopo do projeto, um dos itens mais importantes que devem constar são as Premissas e Restrições do projeto. Para que a equipe do projeto não tenha qualquer dúvida sobre o assunto podemos diferenciar Premissas das Restrições da seguinte forma:

    A) Premissas são os marcos do cronograma e restrições estão relacionadas aos custos do projeto.

    B) Premissas são associadas aos riscos iniciais do projeto e restrições aumentam as opções da equipe quanto ao escopo.

    C) Premissas são consideradas como verdadeiras e restrições limitam as opções da equipe quanto ao escopo.

    D) Premissas são as exclusões do projeto e restrições são marcos a serem considerados.

Resposta: C

Justificativa: Premissas são suposições estabelecidas como verdadeiras e restrições são limitantes impostas ao poder de decisão da equipe do projeto.

44. Quando da elaboração da EAP utiliza-se a técnica da decomposição, porém em alguns projetos nem sempre isto pode ser possível em um primeiro momento, e nestes casos utiliza-se a técnica conhecida como:

GERENCIAMENTO DO ESCOPO

A) Refinamento.

B) Decomposição sequencial.

C) Ondas sucessivas.

D) Decomposição posterior.

Resposta: C

Justificativa: Quando o detalhamento do projeto exige que partes sejam executadas antecipadamente para que possamos planejar os passos seguintes, isto é conhecido como planejamento em ondas sucessivas.

45. Você é o gerente de um projeto de tecnologia da informação. Um especialista em informação do seu time, depois de almoçar com um representante de baixo escalão do cliente, que está trabalhando com ele em um projeto de software, descobre que uma simples alteração no display seria de grande valor para o projeto. Você e o patrocinador do projeto já assinaram a aprovação do escopo. O especialista em informação executa a mudança sem qualquer efeito negativo no cronograma do projeto e sem custo adicional. Que ação gerencial deve ser tomada?

   A) O especialista em informação deve ser reconhecido por exceder a expectativa do cliente sem afetar o custo ou o cronograma do projeto.

   B) O gerente do projeto deve adicionar uma tarefa ao plano de gerenciamento do projeto sem tempo associado.

   C) O especialista em informação deve ser informado de que seu comportamento foi inaceitável, pois pode ter afetado negativamente o projeto como um todo.

   D) O gerente do projeto deve criar um formulário de controle de mudanças, e conseguir a assinatura do cliente, já que a alteração já foi feita.

Resposta: C

Justificativa: Mudanças devem ser executadas com base em uma solicitação formal, mesmo que o cliente se beneficie com o resultado e que não afete cronograma ou custo. O erro do especialista foi ter feito a mudança por conta própria.

46. A principal parte interessada do projeto, no qual você está trabalhando, informou que está faltando uma entrega-chave na Declaração de escopo do projeto. Diante deste fato, o que você deveria fazer?

    A) Modificar a Declaração de escopo depois que uma requisição de mudança aprovada for recebida.

    B) Modificar a Declaração de escopo de modo a refletir a nova entrega.

    C) Informar a parte interessda que o trabalho não incluído está automaticamente excluído do escopo do projeto.

    D) Informar à parte interessada que essa entrega pode ser incluída no próximo projeto, uma vez que a assinatura já foi obtida.

Resposta: A

   Justificativa: Mudanças nos objetivos do projeto somente podem ser executadas após aprovação de uma requisição de mudanças.

47. Você foi designado para gerenciar uma parte de um grande projeto que deve ser terminada dentro de duas semanas. Você se reuniu com a liderança da área para reunir requisitos, e você tem um termo de abertura do projeto, declaração de escopo e plano de projeto que foram aprovados por estes indivíduos. Disseram a você para se reunir com o usuário principal dos resultados do projeto para demonstrar como o sistema funcionará. Quando você termina a demonstração, fica claro que os requisitos do usuário são muito diferentes daqueles que foram dados inicialmente a você e com os quais você e o cliente concordaram. Qual é a melhor coisa para você fazer agora?

    A) Gerar uma solicitação de mudança para os requisitos do usuário.

    B) Convocar uma outra reunião com a liderança da área e o usuário para gerar um conjunto de requisitos revisados.

    C) Tentar atender tantos requisitos do usuário quanto forem possíveis dentro do orçamento e do cronograma estabelecidos para o projeto.

    D) Completar o trabalho conforme originalmente planejado e formular um novo projeto para atender aos requisitos do usuário.

Resposta: A

   Justificativa: Deve-se gerar uma solicitação de mudança para equacionar as diferenças entre os requisitos do principal usuário e os requisitos documentados no plano de projeto.

GERENCIAMENTO DO ESCOPO

48. O processo do controle integrado de mudanças sugere que sejam observadas todas as interferências que a mudança originada de uma área de conhecimento cause nas demais para, então, decidir por sua aprovação ou rejeição. Em relação ao controle de escopo, podemos dizer que seu(s) principal(is) objetivo(s) é(são):

    A) Proibir que haja mudanças no escopo.

    B) Documentar as mudanças rejeitadas.

    C) Monitorar seu progresso e gerenciar as mudanças na linha de base.

    D) Observar as mudanças aprovadas e documentá-las.

Resposta: C

   Justificativa: O processo Controlar o escopo é um processo proativo que tem por objetivo monitorar o progresso do escopo do projeto e escopo do produto, e gerenciar as mudanças feitas na linha de base do escopo.

49. Criar a Estrutura Analítica do Projeto (EAP) é o processo de subdividir as entregas e o trabalho do projeto em componentes menores e de gerenciamento mais fácil. Os itens abaixo são características da criação de uma EAP, exceto:

    A) É criada com a ajuda da equipe do projeto.

    B) O primeiro nível de decomposição pode representar subprojetos, grandes entregas ou as fases do ciclo de vida do projeto.

    C) Cada nível da EAP é uma parte componente de seu nível superior.

    D) A subdivisão dos elementos da EAP continua até que se alcancem os chamados códigos de contas.

Resposta: D

   Justificativa: As opções A, B e C são características da criação de uma EAP. A opção D está errada, pois a subdivisão da EAP deve acontecer até que se alcancem os pacotes de trabalho, e não códigos de contas.

50. Gerenciar escopo significa:

    A) Realizar todo o trabalho que você lembra ser previsto.

    B) Permitir que as partes interessadas adicionem trabalho ao escopo do projeto sem passar pelo sistema de controle de mudanças.

    C) Definir e controlar o que está e o que não está incluso no projeto.

    D) Incentivar a execução de trabalhos extras.

Resposta: C

Justificativa: A opção A está errada, pois o gerenciamento do escopo tem de ter certeza de que todo o trabalho previsto está sendo realizado. As opções B e D não são características do bom gerenciamento de escopo de projeto.

51. Próximo ao término da execução do projeto, um membro da equipe está em dúvida quanto às <u>características de um pacote de trabalho</u> sob sua responsabilidade. Qual dos seguintes documentos abaixo deve ajudar a fornecer as informações que o membro da equipe precisa?

    A) Plano de gerenciamento do escopo.

    B) Dicionário da EAP.

    C) Lista de atividades.

    D) Cronograma.

Resposta: B

Justificativa: O plano de gerenciamento do escopo informa como devem ser gerenciadas as informações sobre o escopo do projeto. A lista de atividades e o cronograma contêm informações sobre o que será feito e quando. Para encontrar detalhes e características sobre os pacotes de trabalho, deve ser procurado o dicionário da EAP.

52. Você é o gerente de um projeto de desenvolvimento de um software que está terminando sua fase de planejamento. Em seguida, você deve iniciar a fase de implementação. <u>O projeto está duas semanas adiantado.</u> Qual deve ser a <u>principal preocupação do gerente do projeto antes de</u> <u>seguir para a fase final do projeto?</u>

    A) Validar o escopo.

    B) Elaborar relatório de desempenho.

    C) Controlar os custos.

    D) Controlar a qualidade.

Resposta: A

Justificativa: Antes de mudar de fase o gerente de projeto deve garantir que a validação de escopo foi feita para todas as entregas produzidas durante a fase. Este processo implica obter a aceitação formal do cliente para todas as entregas da fase.

Capítulo **7**

Gerenciamento de Tempo

Síntese dos Conceitos

Gerenciamento de tempo do projeto/Project time management: visa gerenciar o término pontual do projeto.

Planejar o gerenciamento do cronograma/Plan schedule management

Processo em que são estabelecidas as políticas, procedimentos e documentação para o planejamento, desenvolvimento, execução e controle do cronograma do projeto.

Principal benefício: oferece orientação e direção de como o cronograma do projeto será gerenciado durante todo o projeto.

Plano de gerenciamento do cronograma/Schedule management plan: parte do plano de gerenciamento do projeto que estabelece os critérios e as atividades para desenvolver, monitorar e controlar o cronograma.

Definir as atividades/Define activities

Processo de identificação das ações específicas que devem ser executadas para se obterem as entregas do projeto.

Principal benefício: proporciona uma base para a estimativa, desenvolvimento do cronograma, execução, monitoramento e controle do trabalho do projeto.

Linha de base do escopo/Scope baseline: itens presentes na linha de base do escopo, como entregas do projeto, restrições e premissas são relevantes para a definição das atividades.

Decomposição/Decomposition: técnica de subdivisão dos pacotes de trabalho em componentes menores e mais gerenciáveis, que são as atividades do projeto.

Planejamento em ondas sucessivas/Rolling wave planning: no planejamento com elaboração progressiva, o trabalho a ser executado em curto prazo é planejado em detalhes (lista de atividades e seus atributos) e o trabalho previsto no futuro, quando há pouca informação disponível, é planejado nos níveis mais altos da EAP.

Opinião especializada/Expert judgment: membros da equipe do projeto ou outros especialistas podem fornecer opiniões técnicas sobre a definição de atividades, principalmente se tiverem experiência em projetos similares.

Lista das atividades/Activity list: inclui um identificador e uma descrição do escopo do trabalho de cada atividade; inclui todas, e somente, as atividades que serão executadas no projeto.

Atributos da atividade/Activity attributes: são as características associadas a cada atividade, por exemplo: código identificador da atividade, descrição da atividade, atividades predecessoras e sucessoras, relacionamentos lógicos, restrições, premissas, datas impostas. O número de atributos varia de acordo com a área de aplicação.

Lista de marcos/Milestone list: eventos significativos no projeto, tais como: pontos de revisão para um melhor controle do projeto e a aceitação de determinada entrega. Podem ser definidos pelo patrocinador e pelos gerentes de projeto. O marco é definido com duração igual a zero e nenhuma utilização de recursos.

Sequenciar as atividades/Sequence activities

Processo de identificação e documentação das relações entre as atividades do projeto.

GERENCIAMENTO DE TEMPO

Principal benefício: documentação da sequência lógica do trabalho para obter a maior eficiência, considerando todas as restrições do projeto.

Declaração do escopo do projeto/Project scope statement: a declaração detalhada inclui: descrição do escopo do produto, critérios de aceitação do produto, entregas do projeto, exclusões do projeto e as restrições e premissas do projeto.

Método do diagrama de precedência (MDP)/Precedence diagramming method (PDM): neste método as atividades são representadas por "nós" ou "caixas" que são conectadas por setas, as quais representam as dependências. As relações são:

- **Término – Início (TI)/Finish – Start (FS):** a atividade em análise deve acabar para que a seguinte possa começar. É o tipo de dependência mais comum.

- **Término – Término (TT)/Finish – Finish (FF):** a atividade em análise deve acabar para que a seguinte possa acabar.

- **Início – Início (II)/Start – Start (SS):** a atividade em análise deve começar para que a seguinte possa começar.

- **Início – Término (IT)/Start – Finish (SF):** a atividade em análise deve começar para que a seguinte possa acabar.

Determinação da dependência/Dependency determination: as atividades são sequenciadas de modo a refletirem como o trabalho será executado. Para isso o sequenciamento entre as atividades é feito a partir de relações lógicas em três tipos de dependências:

- Obrigatórias: exigidas legal, contratual ou inerentes à natureza do trabalho — *hard logic;* não podem ser alteradas; por exemplo, é preciso construir a estrutura da casa antes de colocar o telhado.

- Arbitradas: conhecimento das melhores práticas — *soft logic*; por exemplo, podem ser alteradas por aumento de alocação de recursos.

- Externas: envolve o relacionamento entre atividades do projeto e atividades de fora do projeto, que em geral não estão sob controle da equipe do projeto; por exemplo, uma aprovação de meio ambiente é necessária antes de começar a terraplenagem de uma obra.

- Internas: envolve a relação de precedência entre atividades do projeto e estão, geralmente, sob o controle da equipe do projeto.

Antecipações e esperas/Leads and lags: o uso de antecipações e esperas não deve substituir a lógica de desenvolvimento do cronograma. Uma antecipação permite começar e terminar mais cedo a atividade sucessora. Uma espera provoca um retardo na atividade sucessora.

Diagramas de rede do cronograma do projeto/Project schedule network diagrams: são representações sequenciais das atividades do cronograma e suas relações lógicas, também chamadas de dependências.

Estimar os recursos das atividades/Estimate activity resources

Processo de estimativa do tipo e das quantidades de material, pessoas, equipamentos e suprimentos exigidos para o desempenho de cada atividade.

Principal benefício: identifica o tipo, quantidade e característica dos recursos requeridos para completar a atividade, o que permite maior eficiência nas estimativas de duração e custo.

Calendários de recursos/Resource calendars: especificam quando e por quanto tempo os recursos identificados estarão disponíveis durante o projeto, além de incluírem, por exemplo, a experiência do recurso e localizações geográficas de onde vêm esses recursos.

Registro dos riscos/Risk register: os eventos de risco poderão impactar na seleção e disponibilidade dos recursos.

Estimativas dos custos das atividades/Activity cost estimates: o custo dos recursos poderá impactar na sua seleção.

Opinião especializada/Expert judgment: grupo ou pessoa com conhecimento especializado em planejamento e estimativa de recursos e/ou com experiência em projetos similares, de modo a conseguir um melhor uso do recurso.

Análise de alternativas/Alternative analysis: escolha entre várias alternativas possíveis de uso dos recursos; por exemplo: análise dos níveis de capacidade ou habilidades de recursos e dos tipos ou tamanhos das máquinas, bem como a revisão dos dados e informações históricas sobre o uso de recursos de projetos semelhantes.

Dados publicados para auxílio às estimativas/Published estimating data: muitas empresas publicam rotineiramente valores de produção, custos de mão de obra, material e equipamento.

Estimativa *bottom-up*/Bottom-up estimating: estimar os recursos das atividades individuais dos pacotes de trabalho, de baixo para cima, na Estrutura Analítica do Projeto (EAP).

Software de gerenciamento de projetos/Project management software: auxilia no planejamento, organização e estimativa dos recursos.

Requisitos de recursos das atividades / Activity resource requirements: identificação e descrição dos tipos e quantidades de recursos necessários para cada atividade em um pacote de trabalho.

Estrutura Analítica dos Recursos (EAR)/Resource Breakdown Structure (RBS): estrutura hierárquica dos recursos, identificados por categoria e tipo.

Estimar as durações das atividades/Estimate activity durations

Processo de estimativa do número de períodos de trabalho necessários para se concluírem as atividades individuais com os recursos estimados.

Principal benefício: fornece o tempo que dura cada atividade para sua finalização.

Opinião especializada/Expert judgment: grupo ou pessoa com conhecimento especializado em planejamento e estimativa de duração.

Estimativa análoga/Analogous estimating: utiliza opinião especializada, dados e informações (duração, orçamento, tamanho e complexidade) históricas de projetos anteriores similares como base para a estimativa do projeto futuro. Pode ser realizada para um projeto ou atividade.

Estimativa paramétrica/Parametric estimating: utiliza modelos matemáticos (curva de aprendizado e análise de regressão) para estimar as durações das atividades.

Estimativas de três pontos/Three-point estimating: tiveram origem na Técnica de Revisão e Avaliação de Programa (PERT – *Program Evaluation and Review Technique*), que usa três estimativas: mais provável, otimista e pessimista.

Técnicas de tomada de decisão em grupo/Group decision-making techniques: uso de técnicas como Delphi e *brainstorming* para engajar os membros da equipe do projeto, no sentido de melhorar as estimativas e aumentar o comprometimento com as estimativas definidas.

Análise das reservas/Reserve analysis: reserva para contingências, decorrente das incertezas que permanecem no projeto mesmo após a implementação das respostas aos riscos.

Estimativas de duração da atividade/Activity duration estimates: avaliações quantitativas do número provável de períodos de trabalho que serão necessários para a conclusão da atividade.

Desenvolver o cronograma/Develop schedule

Processo de análise das sequências das atividades, suas durações, os recursos necessários e as restrições de prazo para criar o cronograma do projeto.

Principal benefício: geração de um modelo de cronograma, com as datas planejadas para completar as atividades do projeto, por meio da inserção, em uma ferramenta específica, das durações, recursos, disponibilidade de recursos e o relacionamento lógico das atividades.

Para desenvolver o cronograma é preciso ter o plano de gerenciamento do cronograma, a lista de atividades, os atributos das atividades, os diagramas de rede do cronograma, os requisitos de recursos das atividades, calendários dos recursos, estimativas de duração das atividades, a declaração de escopo, registro dos riscos, atribuições da equipe do projeto, estrutura analítica dos riscos, fatores ambientais da empresa e os ativos de processos organizacionais.

Os cronogramas podem ser representados por marcos, barras ou diagrama de rede. Cada uma dessas representações apresenta vantagens em determinada situação. A representação por marcos do projeto é interessante quando for apresentado o desempenho do projeto aos clientes e à alta gerência. O cronograma de barras é útil quando da apresentação do desempenho do projeto aos membros da equipe, se não houver interesse na visualização das interdependências entre as atividades. O cronograma com o diagrama de rede é importante quando se deseja observar a interdependência entre as atividades.

Atribuições da equipe do projeto/Project staff assignments: define que recurso será atribuído para cada atividade.

Análise de rede do cronograma/Schedule network analysis: técnica que gera o cronograma do projeto. Para isso são utilizadas várias técnicas analíticas, tais como:

- Método do caminho crítico.
- PERT.

GERENCIAMENTO DE TEMPO

- Compressão do cronograma.
- Análise de cenário do tipo "E-se".
- Nivelamento de recursos.
- Método da cadeia crítica.

Método do caminho crítico/Critical path method: "caminho crítico" é o caminho mais longo do projeto e com menor folga total. É a sequência de atividades do cronograma que determina a duração do projeto. O gerente do projeto deve dar maior atenção ao monitoramento e controle das atividades que estão no caminho crítico e daquelas cujo caminho é quase crítico, de modo a evitar o atraso do projeto. Na Figura 7.1 o caminho 1-2-3-7-8-9 dura 34 dias e o caminho 1-4-5-6-7-8-9 dura 101 dias, sendo este o caminho crítico.

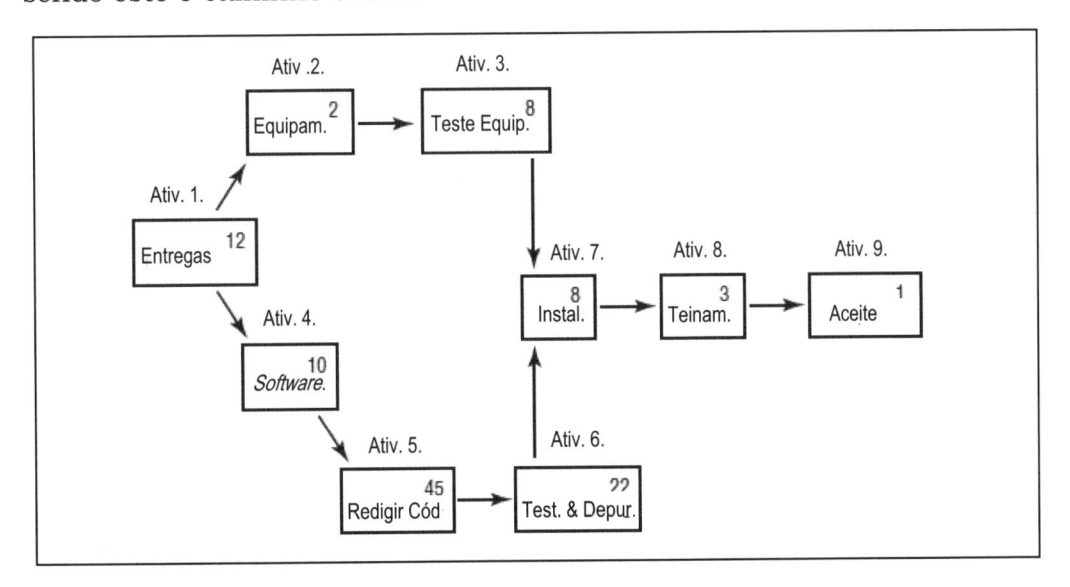

Fonte: Heldman (2002, p. 252).

Figura 7.1 – Exemplo de caminho crítico.

Método da corrente crítica / Critical chain method: utiliza o caminho crítico restrito por recursos. As incertezas associadas às estimativas são representadas por "atividades" *buffers*, colocadas ao final de cada cadeia e também ao final do projeto. Portanto, em vez de gerenciar a folga total dos caminhos da rede, o método da cadeia crítica foca no gerenciamento das durações restantes dos *buffers* contra as durações restantes das cadeias de atividades.

Técnicas de otimização de recursos / Resource optimization techniques: nivelamento de recursos e suavização de recursos.

Nivelamento de recursos / Resource leveling: o nivelamento é necessário quando mais recursos são planejados para a realização de uma atividade do que os disponíveis num determinado período do projeto. Evita que um recurso fique super ou sub-alocado. Após o nivelamento o caminho crítico pode sofrer alteração.

Suavização de recursos / Resource Smoothing: técnica que ajusta as atividades de tal forma que os recursos necessários ao projeto não excedam um limite predefinido de recurso. As atividades somente poderão atrasar dentro do limite de suas folgas livre e total, por isso, o caminho crítico não sofre alteração após a suavização dos recursos.

Folga / Float (Slack): as folgas dão flexibilidade de atraso das atividades. Os tipos de folgas são:

- *Folga total:* tempo que uma atividade pode atrasar sem comprometer o prazo do projeto.

- *Folga livre:* tempo que uma atividade pode atrasar sem atrasar a data de início mais cedo de qualquer outra atividade sucessora.

- *Folga do projeto:* tempo que um projeto pode atrasar sem atrasar as datas impostas externamente pelo cliente, alta gerência e/ou outra parte interessada.

Técnicas de modelagem/Modeling techniques: o cronograma é usado para simular diferentes cenários. A simulação envolve o cálculo de múltiplas durações para o projeto com diferentes conjuntos de hipóteses das atividades. A técnica mais comum é a análise de Monte Carlo.

Antecipações e esperas/Leads and Lags: aplicados durante a análise de rede. Uma antecipação permite uma aceleração da atividade sucessora. Uma espera leva a um retardo da atividade sucessora.

Compressão de cronograma/Schedule compression:

- *Compressão/Crashing:* reduzir a duração das atividades, por exemplo, pela adição de mais recursos no caminho crítico do projeto; o objetivo é obter a máxima compressão da duração do cronograma pelo menor custo adicional. Em geral, tende a aumentar os custos do projeto.

- *Paralelismo/Fast tracking:* técnica em que a lógica da rede de atividades é alterada; por exemplo, as atividades do caminho crítico que são executadas em sequência passam a ser executadas em paralelo. Em geral, tende a aumentar os riscos do projeto.

Ferramenta de elaboração de cronograma/Scheduling tool: gera datas de início e término mais cedo e mais tarde baseadas nas entradas das atividades, diagramas de rede, recursos e durações das atividades.

Fórmulas PERT: as fórmulas abaixo se referem a cada atividade, sendo otimista (O), pessimista (P) e mais provável (MP):

PERT ou Duração Esperada Média = (O + 4MP + P)/6

Variância: $s^2 = [(P - O)/6]^2$

Desvio-padrão: s = (P - O)/6

Lembre-se de que para o cálculo do desvio-padrão do projeto deve-se calcular a variância de cada atividade, somá-las e calcular a raiz quadrada dessa soma. Não é correto, estatisticamente, somar os desvios-padrão de cada atividade.

Linha de base do cronograma/Schedule baseline: aceita e aprovada pela equipe de gerenciamento como a linha de base do cronograma, com datas de início e término da linha de base.

Cronograma do projeto/Project schedule: inclui no mínimo as datas de início e término planejadas para cada atividade. Tipos:

- Gráfico de barras ou gráfico de Gantt.
- Gráfico de marcos.
- Diagrama de rede acrescido com datas.

Dados do cronograma/Schedule data: referem-se aos marcos do cronograma, atividades, atributos da atividade, alocação das reservas para contingências e documentação de premissas e restrições.

Calendários do projeto/Project calendars: documenta os dias de trabalho e os turnos disponíveis para a realização das atividades.

Controlar o cronograma/Control schedule

Processo de monitoramento do status das atividades do projeto para atualizar o progresso e gerenciar as mudanças na linha de base do cronograma do projeto.

Principal benefício: fornece meios para identificar o que não ocorreu segundo o plano e tomar ações corretivas para minimizar os riscos.

Dados sobre o desempenho do trabalho/Work performance data: informações a respeito do progresso do projeto, tais como, quais atividades foram iniciadas, os seus progressos e quais foram concluídas.

Análise de desempenho/Performance reviews: compara e analisa o desempenho do cronograma do trabalho em andamento em relação às datas reais de início e término, porcentagem e duração restante. Se o projeto usar o método da cadeia crítica, deve haver a comparação do tamanho do *buffer* restante com o tamanho do *buffer* necessário para o término do projeto.

Antecipações e esperas/Leads and lags: ajustes usados para encontrar maneiras de minimizar o atraso das atividades em relação ao plano.

Compressão de cronograma/Schedule compression: compressão (*Crashing*); paralelismo (*Fast tracking*).

Ferramenta de elaboração de cronograma/Scheduling tool: reflete o progresso do projeto e o trabalho restante. Auxilia na análise da rede do projeto, bem como na atualização do cronograma.

Informações sobre o desempenho do trabalho/Work performance information: comunicam às partes interessadas os valores do VP (valor planejado) e do IDP (índice de desempenho de prazos) calculados para os pacotes de trabalho e as contas de controle.

Previsões do cronograma/Schedule forecasts: estimativas das condições e eventos no futuro do projeto com base nas informações disponíveis no momento da estimativa.

Solicitações de mudança/Change requests: análises das variações de cronograma em conjunto com relatórios de desempenho podem gerar pedidos de mudança na linha de base do cronograma e em outras partes do projeto.

Atualizações do Plano de Gerenciamento do Projeto/Project Management Plan updates: incluem, mas não se limitam à, linha de base do cronograma, plano de gerenciamento do cronograma e linha de base dos custos.

Atualizações dos documentos do projeto/Project documents updates: incluem, mas não se limitam à, dados do cronograma, cronograma do projeto e registro de riscos.

Mapa Mental

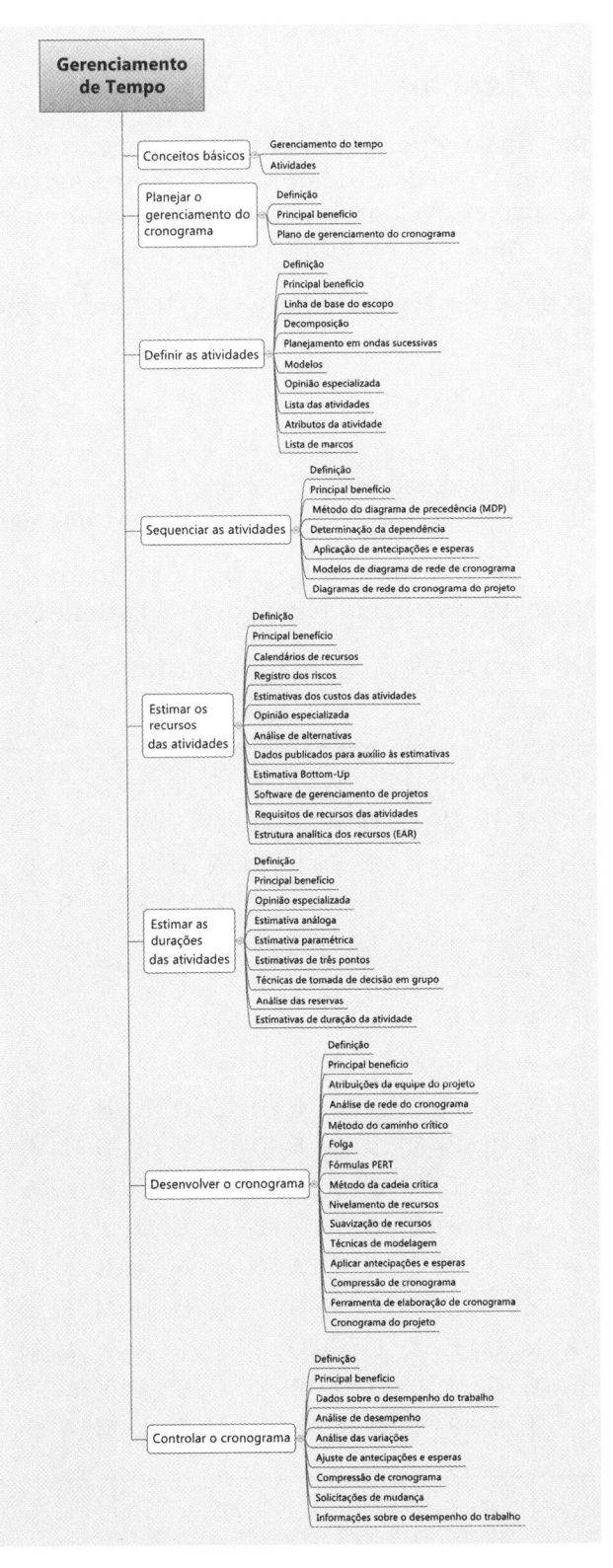

- **Gerenciamento de Tempo**
  - Conceitos básicos
    - Gerenciamento do tempo
    - Atividades
  - Planejar o gerenciamento do cronograma
    - Definição
    - Principal benefício
    - Plano de gerenciamento do cronograma
  - Definir as atividades
    - Definição
    - Principal benefício
    - Linha de base do escopo
    - Decomposição
    - Planejamento em ondas sucessivas
    - Modelos
    - Opinião especializada
    - Lista das atividades
    - Atributos da atividade
    - Lista de marcos
  - Sequenciar as atividades
    - Definição
    - Principal benefício
    - Método do diagrama de precedência (MDP)
    - Determinação da dependência
    - Aplicação de antecipações e esperas
    - Modelos de diagrama de rede de cronograma
    - Diagramas de rede do cronograma do projeto
  - Estimar os recursos das atividades
    - Definição
    - Principal benefício
    - Calendários de recursos
    - Registro dos riscos
    - Estimativas dos custos das atividades
    - Opinião especializada
    - Análise de alternativas
    - Dados publicados para auxílio às estimativas
    - Estimativa Bottom-Up
    - Software de gerenciamento de projetos
    - Requisitos de recursos das atividades
    - Estrutura analítica dos recursos (EAR)
  - Estimar as durações das atividades
    - Definição
    - Principal benefício
    - Opinião especializada
    - Estimativa análoga
    - Estimativa paramétrica
    - Estimativas de três pontos
    - Técnicas de tomada de decisão em grupo
    - Análise das reservas
    - Estimativas de duração da atividade
  - Desenvolver o cronograma
    - Definição
    - Principal benefício
    - Atribuições da equipe do projeto
    - Análise de rede do cronograma
    - Método do caminho crítico
    - Folga
    - Fórmulas PERT
    - Método da cadeia crítica
    - Nivelamento de recursos
    - Suavização de recursos
    - Técnicas de modelagem
    - Aplicar antecipações e esperas
    - Compressão de cronograma
    - Ferramenta de elaboração de cronograma
    - Cronograma do projeto
  - Controlar o cronograma
    - Definição
    - Principal benefício
    - Dados sobre o desempenho do trabalho
    - Análise de desempenho
    - Análise das variações
    - Ajuste de antecipações e esperas
    - Compressão de cronograma
    - Solicitações de mudança
    - Informações sobre o desempenho do trabalho

Exercícios de Fixação

Exercício 1: Uma das responsabilidades do gerente de projetos é obter boas estimativas. Você, um gerente de projeto, como agiria para obter boas estimativas para o projeto? Complete as lacunas com as letras correspondentes e procure as palavras no quadro abaixo.

(1) A estimativa deve ser baseada na E _ _, de modo a melhorar a e x _ _ _ _ _ _ e ser r _ _ _ _ _ _ a.

(2) A e _ _ _ _ _ _ _ _ _ deve ser feita com a a _ _ _ _ da pessoa que e x _ _ _ _ _ _ _ o trabalho.

(3) Deve-se consultar pessoas com c o _ _ _ _ _ _ _ _ _ _ _ _ e s _ _ _ _ _ _ _ _ _ do t _ _ _ _ _ _ o para auxiliarem nas estimativas.

(4) As i n _ _ _ _ _ _ _ _ _ h _ _ _ _ _ _ _ _ _ dos projetos e n c _ _ _ _ _ _ _ devem ser usadas como base para as estimativas.

(5) As estimativas são mais e _ _ _ _ _ _ para componentes m _ _ _ _ _ _ de trabalho.

```
B K Q Q X X V O I U Z W A H C C H G L V W P B W Q
N U D F H K H H H A Q W H I O S A J U D A U W S H
J U I H I N Q C H D U F U W N H I S T Ó R I C A S
M J S S Ñ N C F P V C B J R H C B D R Z F Y J Y T
I S P A I T F S I N T E R E E S A D A S I R N P P
Y O L D Ñ E R O V U I E Y P C E A P L N D E O S V
T R A B A L H O R Z E X A T I D Ã O N N E A V Q O
D E L S E D P Q U M S X F Y M V Y U S I N L Y F Q
M R O C N F Y Z F G A R K U E H N H H F T I V L Z
E S P E C I F I C O S Ç E D N P R O J E T S S K F
N M Y S E E P B Z A D S Õ Q T D G R K S S T H W U
Y E U T R X A O B Q Z Y X E O R O J E T O A L D F
H N H N R A A J J C Q Q A O S N R G X K R C Y Z H
D O J Q A T E Z S B F L N S O D H M E L P Z W D M
S R C U D A M U E X E C U T A R Á Z L O B L Z Y U
C E R M A S C G M B H J R L C B A T M C E D I X C
X S M O S Y I I P T U X K E S T I M A T I V A Q Q
```

GERENCIAMENTO DE TEMPO 181

Exercício 2: O desenvolvimento de um cronograma requer dados realistas, de modo a ser aprovado e formalizado para que o gerenciamento do projeto seja eficaz. Para isso, qual deve ser a atitude do gerente do projeto (considere projetos simples e complexos)? Desenvolva o texto ligando a coluna da esquerda com a coluna da direita. Veja o exemplo.

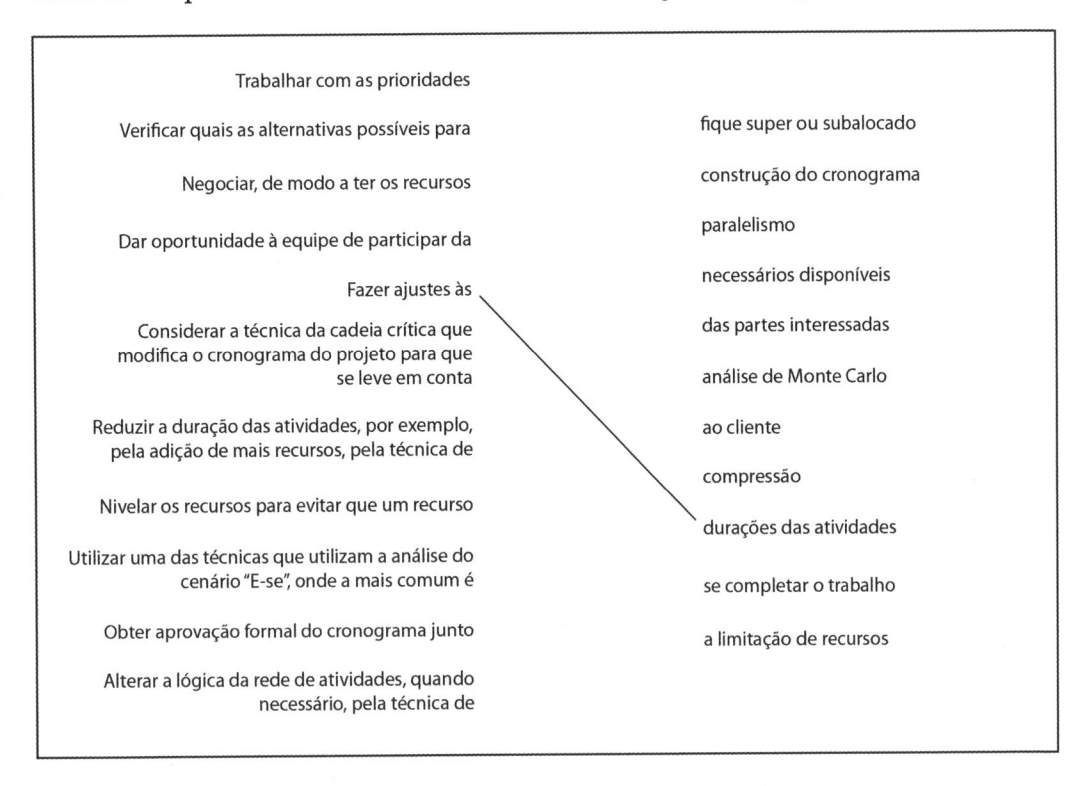

Trabalhar com as prioridades	
Verificar quais as alternativas possíveis para	fique super ou subalocado
Negociar, de modo a ter os recursos	construção do cronograma
Dar oportunidade à equipe de participar da	paralelismo
Fazer ajustes às	necessários disponíveis
Considerar a técnica da cadeia crítica que modifica o cronograma do projeto para que se leve em conta	das partes interessadas
	análise de Monte Carlo
Reduzir a duração das atividades, por exemplo, pela adição de mais recursos, pela técnica de	ao cliente
	compressão
Nivelar os recursos para evitar que um recurso	durações das atividades
Utilizar uma das técnicas que utilizam a análise do cenário "E-se", onde a mais comum é	se completar o trabalho
Obter aprovação formal do cronograma junto	a limitação de recursos
Alterar a lógica da rede de atividades, quando necessário, pela técnica de	

Exercício 3: Como o caminho crítico auxilia o gerente de projetos? Faça as palavras cruzadas com base no texto a seguir:

... é o caminho de maior (1) do projeto.

... apresenta quais atividades se deve dar maior (2).

... possibilita a visualização de quanto (3) o projeto vai durar.

... deixa claro quais atividades poderão ter (7) e serem atrasadas sem (4) o projeto.

... mostra quais (5) se podem aplicar a técnica de (8).

... é o caminho mais (9) do projeto.

... mostra qual (10) deve ser resolvida com maior (6).

Exercício 4: Marque na lista a seguir quais são as entradas (E) e saídas (S) para o processo Controlar o cronograma:

( ) Atualizações dos documentos do projeto.

( ) Dados sobre o desempenho do trabalho.

( ) Informações sobre o desempenho do trabalho.

( ) Atualizações dos ativos de processos organizacionais.

( ) Software de gerenciamento de projetos.

( ) Nivelamento de recursos.

( ) Calendários do projeto.

( ) Plano de gerenciamento do projeto.

( ) Técnicas de modelagem.

( ) Cronograma do projeto.

( ) Ajuste de antecipações e esperas.

( ) Solicitações de mudança.

( ) Compressão do cronograma.

( ) Atualizações do plano de gerenciamento do projeto.

GERENCIAMENTO DE TEMPO

( ) Dados do cronograma.

( ) Ferramenta para desenvolvimento do cronograma.

( ) Ativos de processos organizacionais.

( ) Previsões do cronograma.

Exercício 5: Sua empresa foi contratada para fazer o desenvolvimento de um novo sistema para controlar as vendas de um determinado produto do seu cliente. As atividades para execução do projeto já foram identificadas, sequenciadas e tiveram a sua duração estimada. Além disso, foram identificados os recursos necessários à execução de cada uma delas. A tabela a seguir apresenta essas informações:

Atividades	Predecessora	Duração em dias	Recursos
INÍCIO	-----------------	0	-----------------
A	INÍCIO	4	1 AN SR / 1 AN JR
B	INÍCIO	6	1 PRG VS
C	A, B	7	4 AN SR / 2 AN JR
D	A	8	2 AN SR / 1 AN JR / 1 AD
E	C, D	5	2 AN SR / 2 AN JR
F	C	5	2 AN SR / 2 AN JR
G	E	7	2 AN SR / 2 AN JR
H	G	8	3 AN SR / 3 AN JR
FIM	F, H	0	-----------------

Considere que:

AN SR = Analista Sênior, AN JR = Analista Júnior, PRG VS = Programador Visual e AD = Administrador de Dados.

– A produtividade de um Analista Sênior é o dobro da produtividade de um Analista Júnior.

– A duração das atividades varia de acordo com a quantidade de recursos alocados, exceto para as atividades G e H.

– Se recursos forem removidos de quaisquer atividades, estas terão sua duração aumentada proporcionalmente.

5.1. De acordo com as informações, deve-se montar o diagrama de rede e responder sobre:

a) A duração do projeto.

b) O caminho crítico do projeto.

c) O gráfico de Gantt para todas as atividades (com as interdependências).

d) A folga total das atividades A, D e F.

e) A folga livre da atividade D.

f) A quantidade total necessária de recursos para realizar o projeto.

g) Os impactos no projeto se a atividade D durasse um dia a mais.

h) Voltando o diagrama de rede para a condição original, ou seja, a atividade D para a duração de 8 dias e a quantidade de recursos originais, determine quais alterações devem ser feitas no diagrama de rede, supondo-se que só fosse possível contar com quatro analistas seniores e dois analistas juniores trabalhando ao mesmo tempo e que a duração do projeto não se alterasse.

i) Voltando o diagrama de rede para a condição original, ou seja, a atividade D para a duração de 8 dias e a quantidade de recursos originais, determine o caminho crítico e a duração do projeto caso a defasagem entre a atividade F e a atividade C fosse TT + 5.

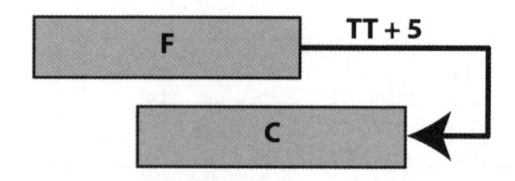

5.2. Logo na primeira reunião com o cliente, ele informou que o prazo de lançamento de seu produto será de 30 dias e que ele não pode trabalhar sem o suporte do sistema. Assim sendo, ele solicitou, pelo menos, três alternativas estratégicas para reduzir o tempo do projeto para 30 dias e uma análise de impactos de cada ação sugerida (considerar o diagrama de rede da questão anterior, em que a duração de D = 8 dias).

GERENCIAMENTO DE TEMPO

Respostas

Respostas do Exercício 1:

```
B K Q Q X X V O I U Z W A H C C H G L V W P B W Q
N U D F H K H H H A Q W H I O S A J U D A U W S H
J U I H I N Q C H D U F U W N H I S T Ó R I C A S
M J S S Ñ N C F P V C B J R H C B D R Z F Y J Y T
I S P A I T F S I N T E R E E S A D A S I R N P P
Y O L D Ñ E R O V U I E Y P C E A P L N D E O S V
T R A B A L H O R Z E X A T I D Ã O N N E A V Q O
D E L S E D P Q U M S X F Y M V Y U S I N L Y F Q
M R O C N F Y Z F G A R K U E H N H H F T I V L Z
E S P E C Í F I C O S Ç E D N P R O J E T S S K F
N M Y S E E P B Z A D S Ö Q T D G R K S S T H W U
Y E U T R X A O B Q Z Y X E O R O J E T O A L D F
H N H N R A A J J C Q Q A O S N R G X K R C Y Z H
D O J Q A T E Z S B F L N S O D H M E L P Z W D M
S R C U D A M U E X E C U T A R Á Z L O B L Z Y U
C E R M O S C G M B H J R L C B A T M C E D I X C
X S M O S Y I I P T U X K E S T I M A T I V A Q Q
```

A estimativa deve ser baseada na EAP, de modo a melhorar a exatidão e ser realista.

A estimativa deve ser feita com a ajuda da pessoa que executará o trabalho.

Deve-se consultar pessoas com conhecimentos específicos do trabalho para auxiliarem nas estimativas.

As informações históricas dos projetos encerrados devem ser usadas como base para as estimativas.

As estimativas são mais exatas para componentes menores de trabalho.

WORKBOOK PMP – MANUAL DE ESTUDO PARA A CERTIFICAÇÃO

Respostas do Exercício 2:

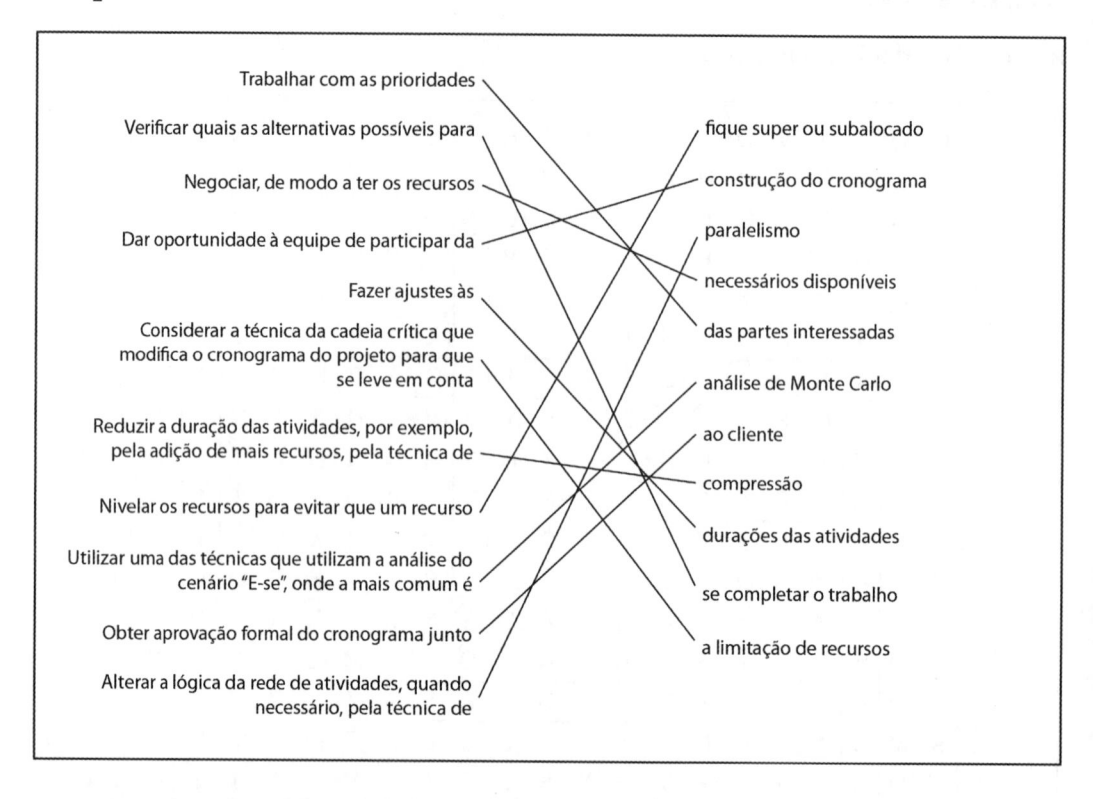

Coluna A	Coluna B
Trabalhar com as prioridades	das partes interessadas
Verificar quais as alternativas possíveis para	construção do cronograma
Negociar, de modo a ter os recursos	necessários disponíveis
Dar oportunidade à equipe de participar da	construção do cronograma
Fazer ajustes às	durações das atividades
Considerar a técnica da cadeia crítica que modifica o cronograma do projeto para que se leve em conta	a limitação de recursos
Reduzir a duração das atividades, por exemplo, pela adição de mais recursos, pela técnica de	compressão
Nivelar os recursos para evitar que um recurso	fique super ou subalocado
Utilizar uma das técnicas que utilizam a análise do cenário "E-se", onde a mais comum é	análise de Monte Carlo
Obter aprovação formal do cronograma junto	ao cliente
Alterar a lógica da rede de atividades, quando necessário, pela técnica de	paralelismo

Respostas do Exercício 3:

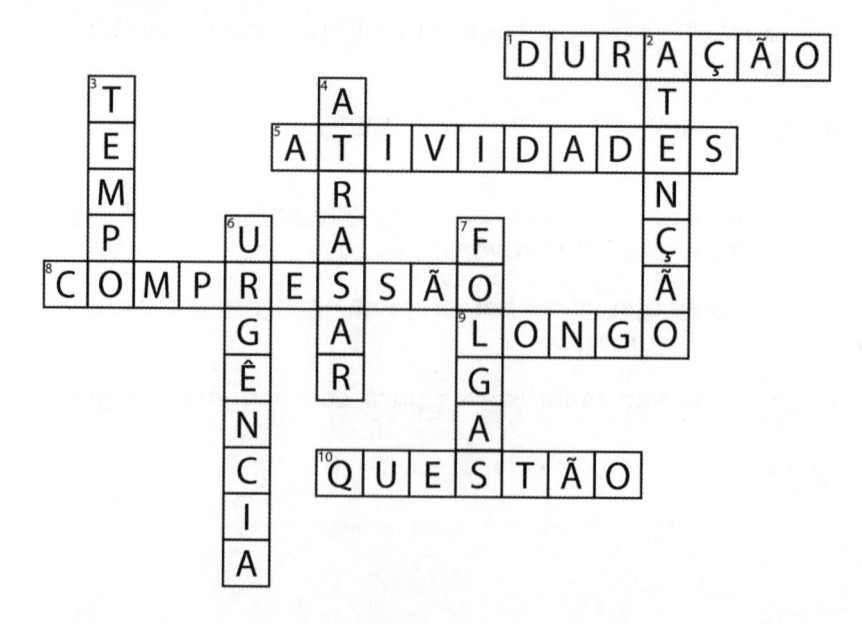

Horizontais:
1. DURAÇÃO
5. ATIVIDADES
8. COMPRESSÃO
9. LONGO
10. QUESTÃO

Verticais:
2. ATENÇÃO
3. TEMPO
4. ARARA
6. URGÊNCIA
7. FOLGA

GERENCIAMENTO DE TEMPO

... é o caminho de maior (**1. duração**) do projeto.

... apresenta quais atividades se deve dar maior (**2. atenção**).

... possibilita a visualização de quanto (**3. tempo**) o projeto vai durar.

... deixa claro quais atividades poderão ter (**7. folgas**) e serem atrasadas sem (**4. atrasar**) o projeto.

... mostra a quais (**5. atividades**) se podem aplicar a técnica de (**8. compressão**).

... é o caminho mais (**9. longo**) do projeto.

... mostra qual (**10. questão**) deve ser resolvida com maior (**6. urgência**).

Respostas do Exercício 4:

(S) Atualizações dos documentos do projeto.

(E) Dados sobre o desempenho do trabalho.

(S) Informações sobre o desempenho do trabalho.

(S) Atualizações dos ativos de processos organizacionais.

(   ) Software de gerenciamento de projetos.

(   ) Nivelamento de recursos.

(E) Calendários do projeto.

(E) Plano de gerenciamento do projeto.

(   ) Técnicas de modelagem.

(E) Cronograma do projeto.

(   ) Ajuste de antecipações e esperas.

(S) Solicitações de mudança.

(   ) Compressão do cronograma.

(S) Atualizações do plano de gerenciamento do projeto.

(E) Dados do cronograma.

(   ) Ferramenta para desenvolvimento do cronograma.

(E) Ativos de processos organizacionais.

(S) Previsões do cronograma

Resposta do exercício 5:

Resposta do exercício 5.1:

Respostas letras a, b, d, e, f, g:

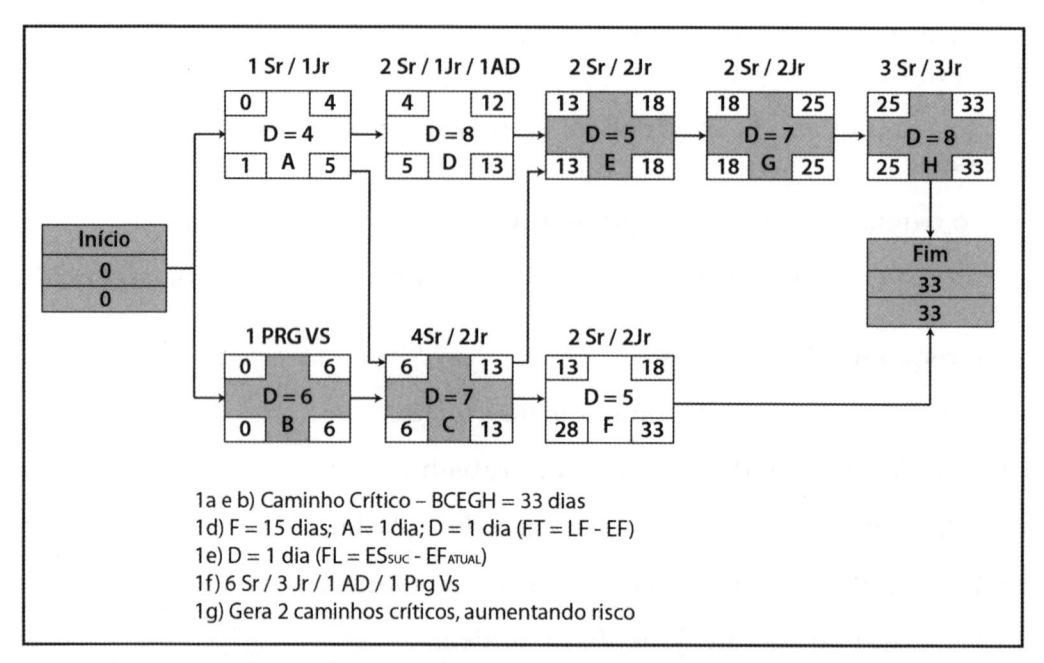

```
                1 Sr / 1Jr          2 Sr / 1Jr / 1AD     2 Sr / 2Jr        2 Sr / 2Jr        3 Sr / 3Jr
              ┌─────────┐          ┌─────────┐          ┌─────────┐        ┌─────────┐        ┌─────────┐
              │ 0    4  │          │ 4    12 │          │ 13   18 │        │ 18   25 │        │ 25   33 │
              │  D = 4  │─────────▶│  D = 8  │─────────▶│  D = 5  │───────▶│  D = 7  │───────▶│  D = 8  │
              │ 1  A  5 │          │ 5  D 13 │          │ 13 E 18 │        │ 18 G 25 │        │ 25 H 33 │
              └─────────┘          └─────────┘          └─────────┘        └─────────┘        └─────────┘
  ┌────────┐                                                                                            ▼
  │ Início │                                                                                    ┌─────────┐
  │   0    │                                                                                    │   Fim   │
  │   0    │                                                                                    │   33    │
  └────────┘                                                                                    │   33    │
              1 PRG VS              4 Sr / 2Jr           2 Sr / 2Jr                             └─────────┘
              ┌─────────┐          ┌─────────┐          ┌─────────┐
              │ 0    6  │          │ 6    13 │          │ 13   18 │
              │  D = 6  │─────────▶│  D = 7  │─────────▶│  D = 5  │
              │ 0  B  6 │          │ 6  C 13 │          │ 28 F 33 │
              └─────────┘          └─────────┘          └─────────┘
```

1a e b) Caminho Crítico – BCEGH = 33 dias
1d) F = 15 dias; A = 1dia; D = 1 dia (FT = LF - EF)
1e) D = 1 dia (FL = ES_{SUC} - EF_{ATUAL})
1f) 6 Sr / 3 Jr / 1 AD / 1 Prg Vs
1g) Gera 2 caminhos críticos, aumentando risco

Resposta letra c:

Id	Nome da Tarefa	Duração
1	Título do Projeto	33 dias
2	Início	0 dia
3	A	4 dias
4	B	6 dias
5	C	7 dias
6	D	8 dias

Id	Nome da Tarefa	Duração
7	E	5 dias
8	F	5 dias
9	G	7 dias
10	H	8 dias
11	Fim	0 dia

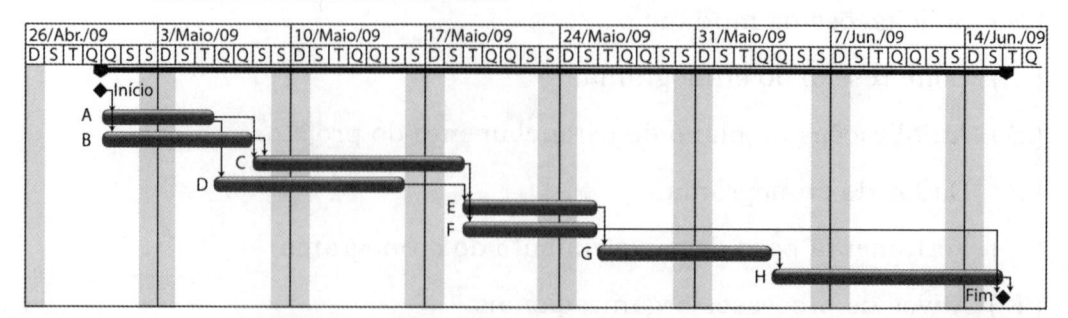

GERENCIAMENTO DE TEMPO

Resposta letra h:

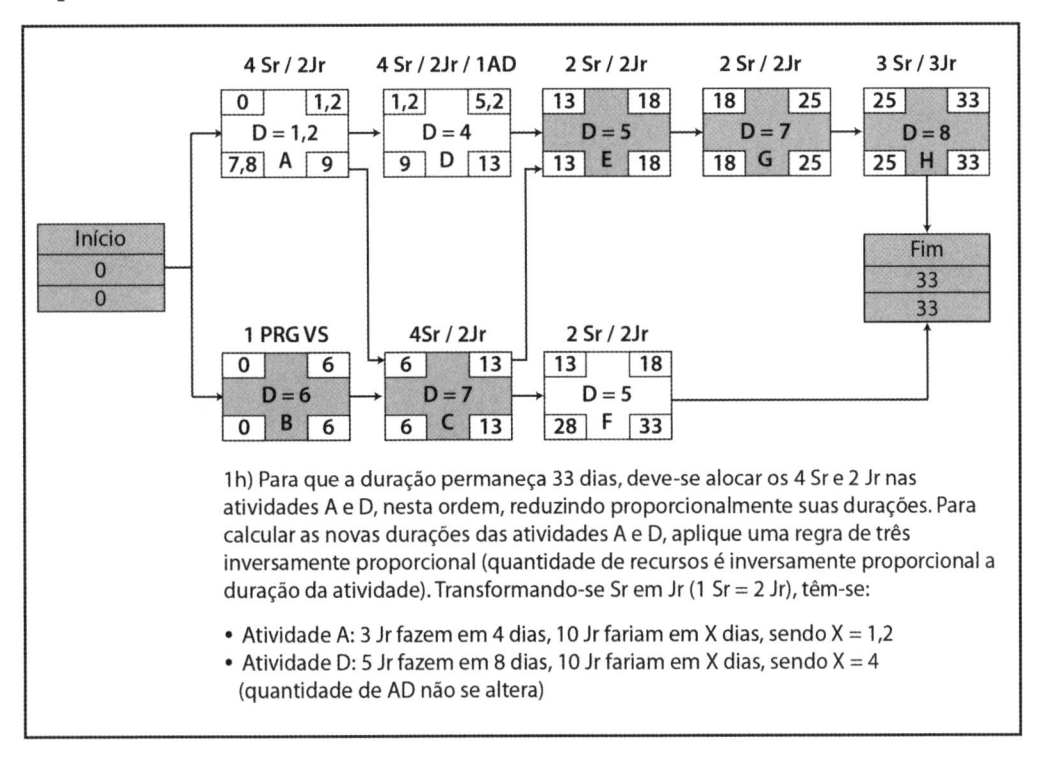

```
                4 Sr / 2Jr      4 Sr / 2Jr / 1AD    2 Sr / 2Jr      2 Sr / 2Jr      3 Sr / 3Jr
                ┌─0────┬──1,2─┐  ┌─1,2───┬──5,2─┐  ┌─13───┬──18─┐  ┌─18───┬──25─┐  ┌─25───┬──33─┐
                │   D = 1,2   │  │   D = 4      │  │  D = 5    │  │  D = 7    │  │  D = 8    │
                ├─7,8──┬──9───┤  ├─9─────┬──13──┤  ├─13─E─┬──18─┤  ├─18─G─┬──25─┤  ├─25─H─┬──33─┤
                └──────A──────┘  └───────D──────┘  └───────────┘  └───────────┘  └───────────┘
  ┌─Início─┐ ─┤                                                                                   ┌──Fim──┐
  │   0    │                                                                                      │  33   │
  │   0    │                                                                                      │  33   │
  └────────┘                                                                                      └───────┘
                1 PRG VS          4Sr / 2Jr        2 Sr / 2Jr
                ┌─0────┬──6───┐  ┌─6────┬──13──┐  ┌─13───┬──18─┐
                │   D = 6     │  │  D = 7      │  │  D = 5    │
                ├─0──B─┬──6───┤  ├─6──C─┬──13──┤  ├─28─F─┬──33─┤
                └─────────────┘  └─────────────┘  └───────────┘
```

1h) Para que a duração permaneça 33 dias, deve-se alocar os 4 Sr e 2 Jr nas atividades A e D, nesta ordem, reduzindo proporcionalmente suas durações. Para calcular as novas durações das atividades A e D, aplique uma regra de três inversamente proporcional (quantidade de recursos é inversamente proporcional a duração da atividade). Transformando-se Sr em Jr (1 Sr = 2 Jr), têm-se:

- Atividade A: 3 Jr fazem em 4 dias, 10 Jr fariam em X dias, sendo X = 1,2
- Atividade D: 5 Jr fazem em 8 dias, 10 Jr fariam em X dias, sendo X = 4
  (quantidade de AD não se altera)

Resposta letra i:

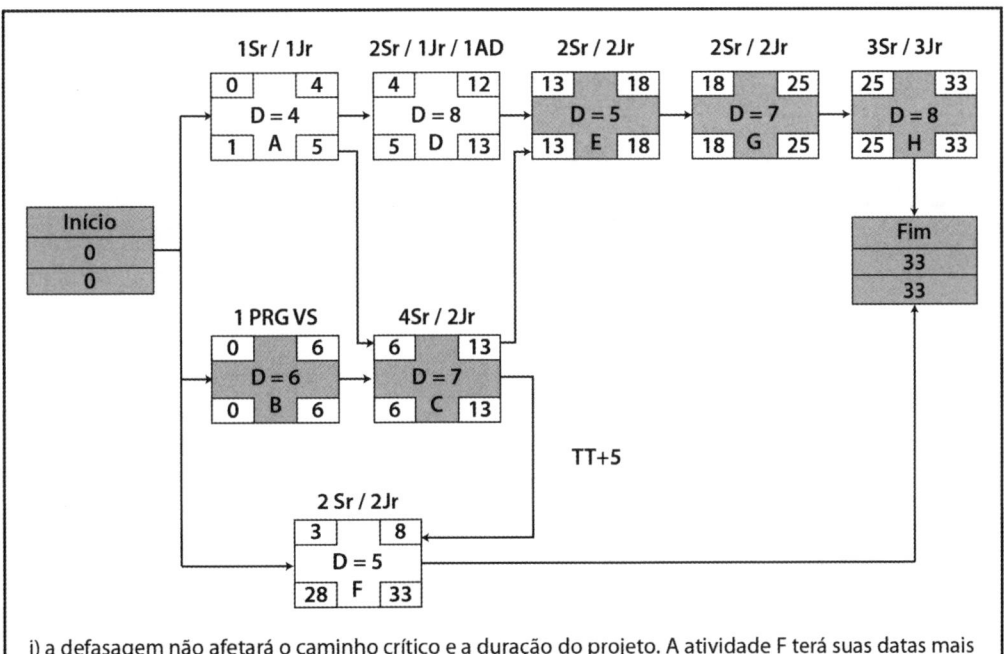

```
                1Sr / 1Jr       2Sr / 1Jr / 1AD    2Sr / 2Jr       2Sr / 2Jr       3Sr / 3Jr
                ┌─0────┬──4───┐  ┌─4────┬──12──┐  ┌─13───┬──18─┐  ┌─18───┬──25─┐  ┌─25───┬──33─┐
                │   D = 4     │  │  D = 8      │  │  D = 5    │  │  D = 7    │  │  D = 8    │
                ├─1──A─┬──5───┤  ├─5──D─┬──13──┤  ├─13─E─┬──18─┤  ├─18─G─┬──25─┤  ├─25─H─┬──33─┤
                └─────────────┘  └─────────────┘  └───────────┘  └───────────┘  └───────────┘
  ┌─Início─┐ ─┤                                                                                   ┌──Fim──┐
  │   0    │                                                                                      │  33   │
  │   0    │                                                                                      │  33   │
  └────────┘                                                                                      └───────┘
                1 PRG VS          4Sr / 2Jr
                ┌─0────┬──6───┐  ┌─6────┬──13──┐
                │   D = 6     │  │  D = 7      │
                ├─0──B─┬──6───┤  ├─6──C─┬──13──┤
                └─────────────┘  └─────────────┘
                                              TT+5
                        2 Sr / 2Jr
                        ┌─3────┬──8───┐
                        │   D = 5     │
                        ├─28─F─┬──33──┤
                        └─────────────┘
```

i) a defasagem não afetará o caminho crítico e a duração do projeto. A atividade F terá suas datas mais cedo recalculadas e por iniciar na data 3 poderá ter como predecessora somente o marco de início.

Resposta do Exercício 5.2:

Opção 1: Paralelismo

H em paralelo com G após o quarto dia de G (Término-Início menos 3 dias).

Duração do projeto é reduzida em 3 dias.

Aumenta os riscos do projeto (aumenta o mínimo necessário os riscos).

Opção 2: Compressão

Deslocar todos os recursos da atividade F para a atividade E.

Atividade F passa a ser sucessora da atividade E.

Duração do projeto é reduzida em 3 dias.

Não há impacto, pois não foram contratados novos recursos.

Opção 3: Paralelismo

E em paralelo com G após o segundo dia de E (Término-Início menos 3 dias).

Duração do projeto é reduzida em 3 dias.

Aumenta os riscos do projeto (aumenta o mínimo necessário os riscos).

Comentários do Simulado

Considere na tabela a seguir que o caminho crítico do projeto é composto pelas atividades A, B, C e D. Com base nestas informações responda às próximas questões.

Atividade	Duração Otimista	Duração mais Provável	Duração Pessimista
A	14	27	47
B	41	60	89
C	39	44	48
D	29	37	42

53. Na tabela anterior, qual é a duração (aproximada) esperada do projeto?

    A) 170 dias.

    B) 200 dias.

    C) 120 dias.

    D) Não é possível saber.

GERENCIAMENTO DE TEMPO

Resposta: A

Justificativa: PERT é uma técnica para cálculo de duração de atividade. Aplicando-se a fórmula do PERT (otimista + 4 * mais provável + pessimista)/6 para cada atividade do caminho crítico, encontramos que a soma das durações é igual a 170 dias.

54. Na tabela anterior, qual a probabilidade de que o projeto termine em até 180 dias?

    A) 5%.

    B) 95%.

    C) 68%.

    D) 84%.

Resposta: D

Justificativa: Calcula-se a variância das atividades do caminho crítico pela fórmula [(pessimista − otimista)/6]^2, a seguir somam-se as variâncias (=101,2) e calcula-se a raiz quadrada do valor para se obter o desvio-padrão = 10,06. O PERT utiliza a curva normal para medir o nível de confiança, portanto até 180 dias é a área, na curva normal, que vai de menos infinito até +1 desvio-padrão, ou seja, 50% + (68%/2) = 84%.

55. Uma forma de encurtar o cronograma de seu projeto é designar cinco pessoas para cada atividade na fase de design do projeto em vez de duas. Apesar de estar considerando esta abordagem, a equipe da fase de design do seu projeto dobraria em tamanho como resultado. Esta abordagem tende a:

    A) Reduzir a produtividade.

    B) Aumentar a produtividade.

    C) Reduzir a necessidade de membros de nível sênior na equipe de apoio, diminuindo os custos gerais de recursos em consequência.

    D) Reduzir ou aumentar a produtividade dependendo do plano de gerenciamento do cronograma.

Resposta: A

Justificativa: Alocar cinco pessoas onde duas seriam suficientes tende a reduzir a produtividade de cada pessoa.

56. O Plano de gerenciamento de cronograma do projeto é <u>desenvolvido</u> durante qual processo?

   A) Desenvolver o cronograma.

   B) Gerenciamento do cronograma.

   C) Desenvolver o plano de gerenciamento do projeto.

   D) Planejar o gerenciamento do cronograma.

Resposta: D

   Justificativa: O plano de gerenciamento de cronograma é desenvolvido no processo Planejar o gerenciamento de cronograma.

57. Quando da elaboração de um diagrama de rede, a equipe de projeto pode utilizar vários <u>tipos de dependência.</u> Entre as atividades, aquelas que são criadas devido à <u>experiência da equipe ou devido às melhores práticas</u> são conhecidas como:

   A) Dependências obrigatórias.

   B) Dependências arbitradas.

   C) Dependências formais.

   D) Dependências externas.

Resposta: B

   Justificativa: As dependências podem ser obrigatórias, arbitradas ou externas. Dependências arbitradas baseiam-se na decisão da equipe ou em melhores práticas de uma área de aplicação para definir a ordem de execução das atividades. A expressão dependências formais não existe na terminologia de projetos.

58. A quantidade total de tempo que uma <u>atividade pode atrasar sem interferir com a data de início mais cedo de nenhuma de suas atividades sucessoras</u> é:

   A) Folga livre.

   B) Folga total.

   C) Atraso.

   D) Folga.

Resposta: A

   Justificativa: O enunciado da questão traz a definição de folga livre.

GERENCIAMENTO DE TEMPO

59. Compressão (*Crashing*) das atividades de um cronograma significa:

A) Compactação do cronograma do projeto pela execução em paralelo de atividades que normalmente seriam feitas em série.

B) Balancear custos e duração para se obter a maior taxa de compressão com o menor custo, na viabilidade técnica de se adicionarem mais recursos na atividade.

C) Alocar mais recursos na atividade para aumentar sua duração.

D) Melhorar a produtividade dos recursos alocados na atividade para se obter uma melhor relação de custo-duração.

Resposta: B

Justificativa: Deve-se aplicar a compressão nas atividades do caminho crítico por ordem crescente de custo de aplicação.

60. Dadas as informações da tabela a seguir, calcule a duração total do projeto:

Tarefa	Predecessora	Duração em Semanas
INÍCIO	--------	0
D	INÍCIO	4
A	INÍCIO	6
F	D, A	7
E	D	10
G	F, E	5
B	F	22
H	G	7
C	H	8
FIM	C, B	0

A) 69 semanas.

B) 67 semanas.

C) 35 semanas.

D) 34 semanas.

Resposta: C

Justificativa: O caminho crítico do diagrama de redes (Início – A – F – B – Término) referente à tabela totaliza 35 semanas. Logo, a duração deste projeto é de 35 semanas.

61. Considere que o sistema de gerenciamento de projeto mostrou que, no final do quarto mês de execução de um projeto com duração prevista de 16 meses, os valores apurados do valor agregado foram VP = 100, VA = 80 e CR = 90. Com base nestas informações, podemos inferir que faltam quantos meses para terminar o projeto?

    A) 20.

    B) 22.

    C) 16.

    D) 12.

Resposta: C

Justificativa: Para inferência sobre datas utiliza-se o índice de performance de cronograma (IDP). IDP = VA/VP = 80/100 = 0,8. A nova duração total do projeto prevista será de 16 meses/0,8 = 20 meses; como já decorreram 4 meses, faltam 16 meses para o término.

62. No método da corrente crítica, os *buffers* de alimentação (pulmão de convergência) são aqueles que:

    A) São utilizados para determinar a folga do caminho crítico do projeto.

    B) São colocados em cada ponta de uma cadeia de tarefas dependentes que não está na cadeia crítica.

    C) São atividades que não têm nem início nem fim e representam a folga que se tem em cada um dos possíveis caminhos do projeto.

    D) São utilizados para gerenciar a folga total dos caminhos da rede do projeto.

Resposta: B

Justificativa: Esta é a definição de *buffer* de alimentação.

GERENCIAMENTO DE TEMPO

63. O relatório de desempenho de um projeto, até determinada data, indica que <u>VP = 4.500, VA = 4.800 e CR = 4.800</u>. Com base nestas informações, podemos inferir que o projeto está:

    A) Atrasado, mas dentro dos custos.

    B) Fazendo mais do que o planejado.

    C) Fazendo o planejado e gastando mais.

    D) Faltam informações para análise.

Resposta: B

   Justificativa: A relação entre VA e CR nos diz que estamos gastando o planejado e a relação VA e VP nos diz que estamos fazendo mais do que o planejado.

64. O que se identifica com o <u>método do caminho crítico</u>?

    A) O caminho mais longo para se completar o projeto.

    B) O caminho mais arriscado para se completar o projeto.

    C) O caminho mais rápido para se completar o projeto.

    D) O caminho mais simples para se completar o projeto.

Resposta: A

   Justificativa: O método do caminho crítico identifica a sequência de atividades conectadas que, somadas, demonstram o caminho mais longo para se completar o projeto.

65. Você está remodelando sua cozinha e decide <u>preparar um diagrama de rede</u> para este projeto. <u>Seus utensílios têm que estar comprados e disponíveis para instalação quando os armários estiverem concluídos</u>. Neste exemplo, estes relacionamentos são:

    A) Início a término.

    B) Término a término.

    C) Início a início.

    D) Término a início.

Resposta: B

   Justificativa: A atividade comprar utensílios tem que terminar para que a atividade instalar armários termine.

66. Como técnica de redução de prazos, o paralelismo (*fast tracking*) sugere revisar as atividades sequenciadas para realizá-las em paralelo. Em quais tipos de dependência, o gerente de projetos poderá atuar para utilizar este método?

   A) Nas dependências obrigatórias.

   B) Nas dependências arbitradas.

   C) Nas dependências externas.

   D) Em todos os tipos de dependência.

Resposta: B

   Justificativa: As dependências arbitradas são aquelas geridas pelas boas práticas da equipe do projeto e que, em caso de necessidade, podem ser quebradas. As dependências obrigatórias e externas estão fora da interferência ou do desejo da equipe do projeto.

67. Você foi convidado para gerenciar um projeto de engenharia que necessita de uma aprovação ambiental do governo local para iniciar sua execução. Esta aprovação tem previsão de 90 dias para ser conseguida. Este é um exemplo de que tipo de dependência?

   A) Dependência obrigatória.

   B) Dependência arbitrada.

   C) Dependência externa.

   D) Todos os tipos de dependência.

Resposta: C

   Justificativa: Uma aprovação de licença governamental é algo que está fora do controle da equipe de projeto. Assim, é correto considerá-la como uma dependência externa ao projeto.

68. Durante o planejamento do projeto, você estima o tempo necessário para cada atividade e então soma as estimativas para criar a estimativa do projeto. Você se compromete a concluir o projeto nessa data. O que está errado neste cenário?

   A) A equipe não criou a estimativa e a estimativa demora muito usando este método.

   B) A equipe não criou a estimativa e um diagrama de rede não foi usado.

C) A estimativa é muito longa e deveria ser criada pela gerência.

D) A estimativa do projeto deveria ser igual à data de conclusão requerida pelo cliente.

Resposta: B

Justificativa: Antes de estimar o tempo de cada atividade e do projeto, além do envolvimento da equipe, as atividades devem ser sequenciadas em um diagrama de rede.

69. Qual ferramenta ajuda o gerente de projeto a medir, comparar e analisar o <u>desempenho geral do cronograma</u>?

    A) Informações sobre o desempenho do trabalho.

    B) Análise de desempenho.

    C) Análise da variação.

    D) Mudanças solicitadas.

Resposta: B

Justificativa: A ferramenta que ajuda a analisar dados, como as datas reais de início e término, percentagem completa e duração restante para o trabalho em andamento, é a análise de desempenho. As opções A, C e D também pertencem ao mesmo processo, mas têm outros objetivos.

70. Qual das alternativas a seguir <u>melhor</u> descreve o <u>caminho crítico</u>?

    A) As atividades que representam funcionalidades críticas.

    B) As atividades que representam a maior parte dos pacotes de trabalho.

    C) As atividades que representam os maiores riscos ao cronograma do projeto.

    D) As atividades que representam o caminho ótimo através do diagrama de rede.

Resposta: C

Justificativa: As atividades do caminho crítico não podem atrasar, pois não possuem folga. São as atividades que oferecem mais riscos ao cronograma.

71. O tipo mais incomum de relacionamento entre atividades é:

   A) Término a início – A atividade deve terminar antes de sua sucessora começar.

   B) Início a início – A atividade deve começar depois de sua sucessora começar.

   C) Término a término – A atividade deve terminar antes de sua sucessora terminar.

   D) Início a término – A atividade deve começar antes de sua sucessora terminar.

Resposta: D

   Justificativa: O tipo mais incomum de relacionamento entre atividades é o relacionamento início a término, pois é o menos utilizado pelos gerentes de projeto.

72. Um projeto tem sete atividades: A, B, C, D, E, F e G. A, B e D podem começar a qualquer momento. A leva três semanas, B leva cinco semanas e D leva 11 semanas. A e B têm que estar concluídas antes que C possa começar. C leva seis semanas. B, C e D têm que estar concluídas antes que E possa começar. E leva duas semanas. F pode começar tão logo C esteja concluída e requer quatro semanas. E tem que estar concluída antes que G possa começar. G leva três semanas. F e G têm que estar concluídas para o projeto estar concluído. Que atividades têm folga disponível?

   A) Atividade A tem duas semanas de folga, atividade F tem uma semana.

   B) Atividade F tem uma semana de folga.

   C) Não há folga disponível no projeto.

   D) Atividade A tem oito semanas de folga.

Resposta: A

   Justificativa: A opção A está correta de acordo com o diagrama de rede abaixo.

Capítulo 8

Gerenciamento de Custos

Síntese dos Conceitos

Custo/Cost: valor monetário dos recursos necessários para completar as atividades do cronograma ou os componentes da EAP.

Gerenciamento dos custos do projeto/Project cost management:

visa assegurar que o projeto seja concluído dentro do orçamento aprovado.

Preço/Price: valor monetário atribuído a um bem ou serviço, geralmente influenciado pelo mercado. É também uma decisão de negócio que usa as estimativas de custos como uma das variáveis. Representa o quanto uma organização pretende cobrar pelo produto, serviço ou resultado do projeto.

Ciclo de vida do produto/Product life cycle: conjunto de fases do produto que não se sobrepõem, geralmente em ordem sequencial, cujos nomes e quantidades são determinados pelas necessidades de produção e controle da organização.

O custo do ciclo de vida do produto é composto pelo custo do ciclo de vida do projeto acrescido dos custos anteriores e posteriores ao projeto. Exemplos: custos de estudo de viabilidade/*business case*, custos de operação, manutenção, suporte etc.

Tanto o custo do ciclo de vida do projeto quanto o custo do ciclo de vida do produto podem ser considerados na seleção de projetos. Exemplo: um sistema de informação pode ter um custo de desenvolvimento relativamente baixo, porém sua manutenção é cara.

Engenharia de valor/Value engineering: abordagem para tornar o projeto mais eficiente, visando realizar o mesmo escopo a um custo menor.

As técnicas de custo de ciclo de vida e engenharia de valor são usadas para reduzir custo e prazo, melhorar a qualidade e otimizar a tomada de decisão.

Curva S/S-Curve: representação gráfica dos custos acumulados pelo tempo do projeto. O nome se origina do formato da curva, parecido com um S (mais plana no início e no final e mais inclinada no centro). É gerada para representar um projeto que começa lentamente, se agiliza e em seguida diminui o ritmo.

Custo de oportunidade/Opportunity cost: custo de escolher uma alternativa desistindo das receitas potenciais de outras alternativas. Oportunidades perdidas de gerar receita podem ser consideradas como custo.

Exemplo: estima-se que as receitas que os projetos A, B e C poderão gerar sejam, respectivamente, R$ 10.000, R$ 15.000 e R$ 20.000. Ao investir no projeto C, devido à maior receita (R$ 20.000), o custo de oportunidade desta decisão será R$ 15.000 (a maior receita perdida das demais alternativas).

No caso de duas alternativas, o custo de oportunidade será a receita da alternativa não escolhida.

Custos afundados/Sunk costs: custos empregados no passado para se atingir determinado resultado. Estes custos não devem influenciar a decisão de interromper ou continuar um projeto.

Tipos de custo:

Custos diretos/Direct cost: custos relacionados diretamente ao produto, serviço ou resultado final do projeto. Exemplo: mão de obra.

GERENCIAMENTO DE CUSTOS

- **Custos indiretos/Indirect cost:** custos não relacionados diretamente ao produto, serviço ou resultado final do projeto. Exemplo: manutenção do escritório.

- **Custos fixos/Fixed cost:** custos que não variam de acordo com a produtividade. Exemplo: aluguel.

- **Custos variáveis/Variable cost:** custos que variam de acordo com a produtividade. Exemplo: matéria-prima.

Depreciação de ativos/Asset depreciation: processo contábil de perda de valor dos ativos das empresas ao longo do tempo.

Formas de depreciação:

- Depreciação linear: o mesmo valor é depreciado periodicamente até zerar o valor a depreciar.

- Depreciação acelerada: o valor depreciado é maior no início, depois diminui.

Tipos de depreciação acelerada:

- Balanço de declínio duplo / *Double declining balance.*

- Soma dos dígitos dos anos / *Sum of the years digits.*

A depreciação acelerada é mais rápida do que a depreciação linear. Exemplo: nos EUA, o mobiliário de escritório deprecia-se em 10 anos pela depreciação linear e em 7 anos pela depreciação acelerada.

Planejar o gerenciamento dos custos/Plan cost management

Processo de estabelecer as políticas, procedimentos e documentação para planejar, gerenciar, consumir e controlar os custos do projeto.

Principal benefício: fornece orientação e direção de como os custos do projeto serão geridos ao longo do projeto.

Técnicas analíticas/Analytical techniques: trata-se da decisão de quais técnicas financeiras serão empregadas no projeto. Por exemplo: período de payback, taxa interna de retorno (TIR), valor presente líquido (VPL), fluxo de caixa descontado e retorno do investimento (ROI).

Plano de gerenciamento dos custos/Cost management plan: descreve como os custos do projeto serão planejados, estruturados, estimados, orçados e controlados. O plano de gerenciamento de custos faz parte do plano de gerenciamento do projeto.

Estimar os custos/Estimate costs

Processo de desenvolvimento de uma aproximação dos recursos monetários necessários para a conclusão das atividades do projeto.

Estimativas de custos geralmente são expressas em unidades monetárias (exemplos: real, dólar), porém, unidades como homem-hora e homem-dia podem ser usadas para facilitar comparações e eliminar o efeito de flutuação das moedas.

Principal benefício: determina o custo necessário para completar o trabalho do projeto.

Estimam-se recursos dos tipos: humanos, materiais, equipamento e financeiros.

Estimativa análoga/Analogous estimating: utiliza o custo real de projetos anteriores semelhantes como base para estimar os custos do projeto atual. Esta estimativa será mais precisa quanto maior for a semelhança dos projetos comparados e maior a expertise da equipe que estima.

Esta estimativa é mais comum nas fases iniciais do projeto, quando a quantidade de informações sobre o projeto é menor. É mais rápida e menos dispendiosa, porém, menos precisa do que as demais técnicas de estimativa de custos. Pode ser aplicada em conjunto com outros métodos de estimativa.

Estimativa paramétrica/Parametric estimating: utilizam-se parâmetros do projeto em modelos matemáticos para prever os custos do projeto. Os modelos podem ser simples (valor por metro quadrado de área construída) ou complexos (modelo multicritério).

O modelo é mais confiável quando:

- as informações históricas usadas no desenvolvimento do modelo forem precisas;
- os parâmetros usados no modelo forem quantificáveis;
- o modelo for escalonável (funcionar para projetos grandes e pequenos).

Pode ser aplicada em conjunto com outros métodos de estimativa.

Estimativa *bottom-up*/Bottom-up estimating: conhecida como estimativa de baixo para cima, envolve estimar os custos dos recursos das atividades do projeto. Somando-se os custos das atividades obtêm-se os

GERENCIAMENTO DE CUSTOS

custos dos pacotes de trabalho que, somados, informam os custos dos elementos ascendentes na EAP, até totalizar o custo do projeto.

A precisão da estimativa *bottom-up* é determinada pelo tamanho e pela complexidade do trabalho identificado nos níveis inferiores.

Atividades menores aumentam a precisão da estimativa, porém o custo do processo de estimativa também aumenta. A equipe de gerenciamento do projeto deve pesar o aumento da precisão contra o custo adicional.

Estimativa de três pontos/Three-point estimating: leva em consideração a incerteza para calcular o custo aproximado de uma atividade com base nas médias, simples ou ponderada, de três cenários de custos:

MP: custo da atividade em um cenário mais provável (realista).

O: custo da atividade em um cenário otimista.

P: custo da atividade em um cenário pessimista.

O custo esperado da atividade é dado pela média ponderada dos três cenários. Esta fórmula é baseada na distribuição beta usada na técnica PERT:

$$(O + 4MP + P)/6$$

A técnica PERT é usada para calcular as estimativas de tempo e custo, e trabalha em conjunto com a técnica de simulação de Monte Carlo.

Análise das reservas/Reserve analysis: as estimativas de custos devem considerar as reservas de contingência baseadas nos riscos conhecidos.

Custo da qualidade/Cost of quality: é o custo para manter a qualidade (custo de conformidade) adicionado do custo de não se ter qualidade (custo de não conformidade).

Exemplos:

- Custo de conformidade: treinamentos, testes, auditorias, sistemas de qualidade etc.

- Custo de não conformidade: retrabalhos, recalls, garantias, desperdícios, perda de reputação etc.

Software de gerenciamento de projetos/Project management software: simplifica o uso de técnicas e escolha de alternativas de estimativas de custos. Exemplos: planilhas, simulações e ferramentas estatísticas.

Análise de proposta de fornecedor/Vendor bid analysis: são referências para as estimativas de custo obtidas dos fornecedores.

Estimativas de custos das atividades/Activity cost estimates: avaliações quantitativas dos prováveis custos necessários para executar o trabalho do projeto.

Bases de estimativas/Basis of estimates: descrevem como as estimativas de custo foram definidas. Para cálculo das estimativas em relaçãoà margem de erro, consideram-se as três faixas a seguir:

- Ordem de grandeza: – 25% a + 75% do real.
- Orçamentária: – 10% a + 25% do real.
- Definitiva: – 5% a +10% do real.

Determinar o orçamento/Determine budget

Processo de agregação dos custos estimados das atividades individuais ou pacotes de trabalho para estabelecer uma linha de base autorizada dos custos.

Principal benefício: determina a linha de base de custos referência para o desempenho dos custos e contra o qual o desempenho futuro do projeto pode ser comparado e controlado.

Agregação de custos/Cost aggregation: consiste em agregar as estimativas de custo em torno dos componentes da EAP. Inicia-se pelos pacotes de trabalho e depois ascende-se para os demais elementos da EAP.

Análise de reservas/Reserve analysis: as estimativas de custos devem considerar as reservas gerenciais baseadas nos riscos desconhecidos. As reservas gerenciais não compõem a linha de base de custo, ou seja, não são referência para o controle dos custos. É necessária autorização para se utilizarem as reservas.

Relações históricas/Historical relationship: conjunto de parâmetros e dados que resultam nas estimativas paramétricas e/ou análogas.

Reconciliação dos limites de recursos financeiros/Funding limit reconciliation: ajustes do cronograma no sentido de nivelar ou regular as despesas.

Linha de base de custos/Cost baseline: usada para comparar os custos reais com os custos planejados, determinando a necessidade de ações preventivas ou corretivas para atender aos objetivos do projeto. É o

GERENCIAMENTO DE CUSTOS

orçamento-base para monitorar e controlar os custos do projeto. Tipicamente é apresentado como uma curva S.

Veja a decomposição dos elementos do orçamento do projeto na figura 8.1, com a indicação das reservas de contingência e de gerenciamento.

```
                        Orçamento do
                          projeto
                             |
                        é a soma de
                        /           \
              Linha de base      Reserva de
               de custos         gerenciamento
                  |              (riscos desconhecidos)
             é a soma das
                  |
              Contas de
              controle
                  |
              é a soma de
              /           \
    Estimativas dos custos    Reservas de contingência
    dos pacotes de trabalho   dos pacotes de trabalho
              |               (riscos conhecidos)
         é a soma de
         /          \
Estimativas dos      Reservas de contingência
custos das           das atividades
atividades           (riscos conhecidos)
```

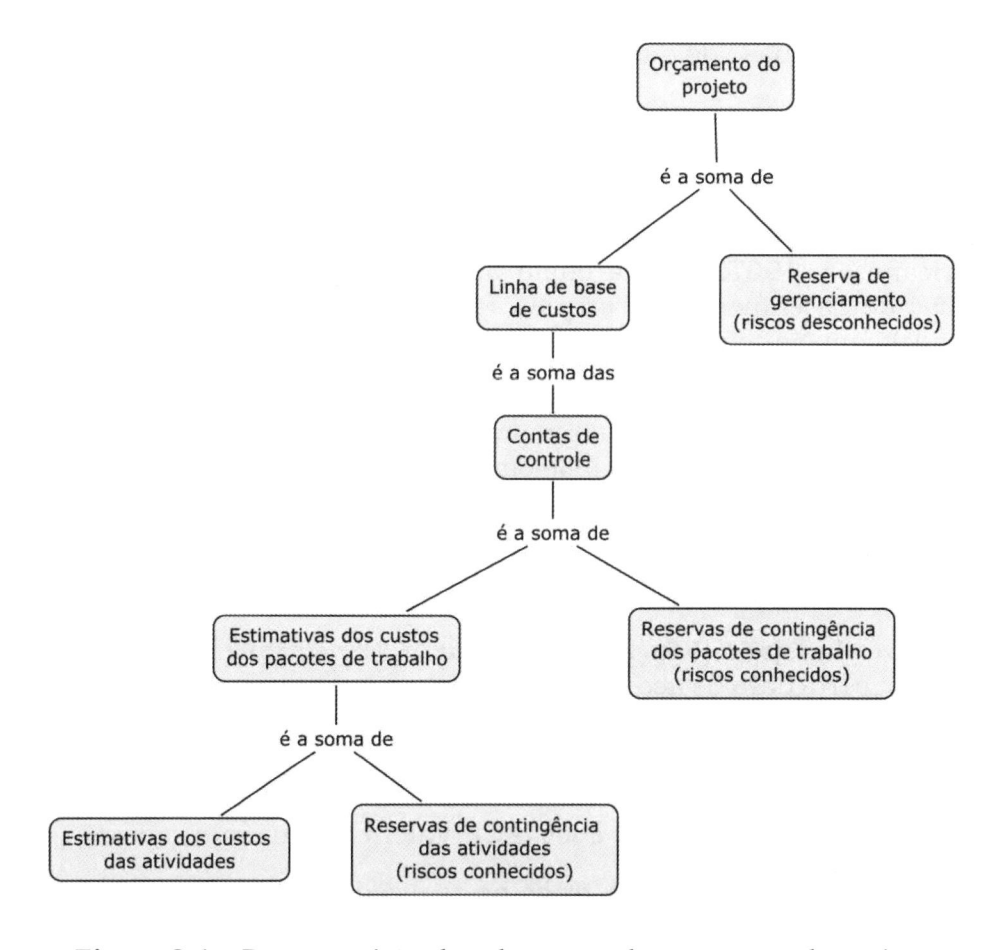

Figura 8.1 – Decomposição dos elementos do orçamento do projeto

Controlar os custos/Control costs

Processo de monitoramento do status do projeto para atualizar o orçamento e gerenciar as mudanças na linha de base de custos.

Principal benefício: provê os meios para reconhecer variações do plano com o intuito de tomar ações corretivas e minimizar os riscos.

Este processo inclui:

- Manter o orçamento aprovado sob controle.
- Informar as partes interessadas sobre as mudanças autorizadas.
- Assegurar que todas as mudanças autorizadas sejam refletidas na linha de base de custos.
- • Monitorar o desempenho dos custos para entender as razões das variações do orçamento.

Gerenciamento do valor agregado (GVA)/Earned value management (EVM): técnica criada pelo Departamento de Defesa (DOD) norte-americano em 1967. Integra custo, tempo e escopo para a avaliação e previsão de desempenho do projeto. Relaciona "o que você obtete (valor agregado) com o que você gastou".

Observação: Para o gerenciamento de valor agregado, apesar de as fórmulas estarem em português e em inglês, nos exercícios, exemplos e simulados serão usados os termos em português.

Orçamento no término (ONT)/Budget at completion (BAC): orçamento original do projeto, ou seja, o valor planejado total do projeto. O orçamento é saída do processo de custos Determinar o orçamento.

Valor planejado (VP)/Planned value (PV): valor planejado para gasto até uma certa data de acordo com a linha de base de custos (orçamento).

Sinônimo: Custo orçado do trabalho agendado (COTA) / Budgeted cost of work scheduled (BCWS).

Custo real (CR)/Actual cost (AC): Valor efetivamente gasto.

Sinônimo: Custo real do trabalho realizado (CRTR) / Actual cost of work performed (ACWP).

Valor agregado (VA)/Earned value (EV): valor que deveria ter sido gasto considerando o que se produziu (agregou).

Sinônimo: Custo orçado do trabalho realizado (COTR) / Budgeted cost of work performed (BCWP).

VA = % progresso x valor orçado ou

EV = % progresso x valor orçado

Veja a aplicação da fórmula do valor agregado no Quadro 8.1:

GERENCIAMENTO DE CUSTOS

Quadro 8.1: Exemplo de cálculo do valor agregado (VA)

Atividades	ONT	VP	CR	% Progresso Físico	VA
Elaborar a especificação funcional	R$ 5.000	3.800	4.100	70%	3.500
Elaborar a especificação dos equipamentos	R$ 3.600	2.500	2.980	60%	2.160
Elaborar as especificações técnicas	R$ 8.200	6.400	5.940	75%	6.150
Aprovar o protótipo	R$ 1.800	600	360	15%	270
Desenvolver o produto	R$ 16.800				
Realizar testes	R$ 4.600				
Implantar em produção	R$ 1.400				
	R$ 41.400	R$ 13.300	R$ 13.380		R$ 12.080

Por exemplo, a atividade "Elaborar a especificação funcional" tem

progresso físico de 70%, tem valor orçado de R$ 5.000, resultando no VA

= 0,7 x 5.000 = R$ 3.500.

Como medir o progresso físico?

- Método 1: Avaliação física de avanço

Estabelece um parâmetro físico para avaliação de avanço.

Exemplo: Numa atividade de construção de um muro de 1.000 m², temos medidos 300 m², portanto o progresso é 30%.

Mais bem aplicada quando a natureza da atividade permite o estabelecimento de um indicador objetivo para cálculo do percentual.

Quando não existe um indicador objetivo para cálculo do percentual, a avaliação se torna subjetiva, dependendo inteiramente da percepção do responsável pela atividade.

- Método 2: Marcos ponderados

Método em que a atividade é dividida em segmentos definidos por entregas parciais do trabalho com marcos observáveis.

Exemplo: Elaboração de projeto de engenharia:

- 10% – Pesquisa preliminar concluída;
- 20% – Desenho inicial emitido;
- 60% – Projeto básico emitido para comentários;
- 70% – Aprovação inicial pelo cliente;
- 90% – Emissão final para aprovação;
- 100% – Emissão para construção.

- Método 3: Fórmula fixa

Para atividades relativamente pequenas, pode-se estabelecer uma fórmula fixa para calcular o progresso físico.

Exemplo para a regra 50/50:

- 50% do trabalho são dados como concluídos quando a atividade começa, seja qual for a quantidade real de trabalho completada. Os outros 50% de progresso são creditados apenas quando o trabalho termina.

Outras fórmulas bastante utilizadas:

- 0/100;
- 20/80.

A Figura 8.2 mostra um exemplo de visualização das variáveis da técnica do valor agregado na forma da curva S. Analisando na data de corte, percebe-se graficamente que o projeto está atrasado (VA menor do que VP) e acima do orçamento (VA menor do que CR).

GERENCIAMENTO DE CUSTOS

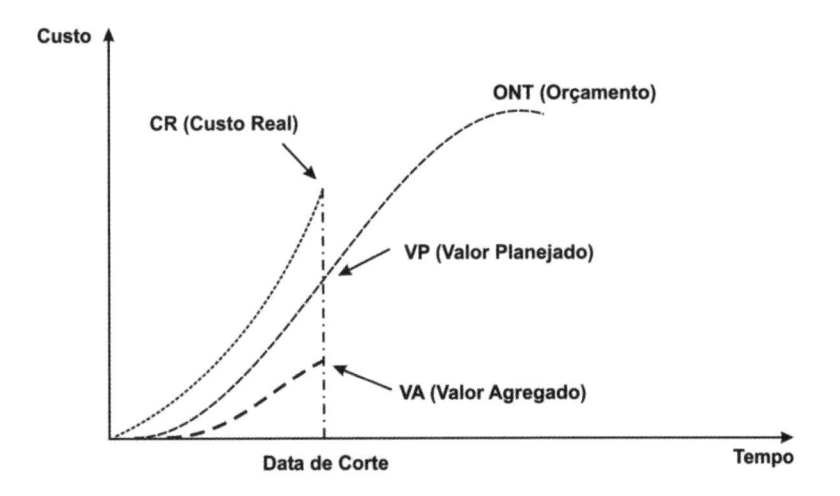

Figura 8.2 – Representação das variáveis do GVA na curva S

Variação de prazos (VPR)/Schedule variance (SV): medida do desempenho de prazos em um projeto. É a diferença entre o valor agregado e o valor planejado até uma certa data.

VPR = VA – VP

ou

SV = EV – PV

A interpretação se VPR é:

- Zero: projeto exatamente no prazo.
- Positivo: projeto adiantado (*).
- Negativo: projeto atrasado (*).

(*) O projeto como um todo estará adiantado ou atrasado com base no VPR, caso a variação principal esteja nas atividades do caminho crítico.

Variação de custos (VC)/Cost variance (CV): medida do desempenho de custos em um projeto. É a diferença entre o valor agregado e o custo real. Não depende de uma data específica, somam-se todos os gastos registrados até o momento.

VC = VA − CR

ou

CV = EV − AC

A interpretação se VC é:

- Zero: projeto exatamente no orçamento.
- Positivo: projeto gastou abaixo do orçado.
- Negativo: projeto gastou acima do orçado.

Observação: as variações de prazos e custos (VPR e VC), além de indicarem se houve variação no projeto, também informam quanto em moeda corresponde à variação.

Índice de desempenho de prazos (IDP)/Schedule performance index (SPI): medida da eficiência do cronograma em um projeto. É a relação entre o valor agregado e o valor planejado.

IDP = VA/VP

ou

SPI = EV/PV

A interpretação se IDP é:

- Igual a 1: projeto exatamente no prazo.
- Maior do que 1: projeto adiantado.
- Menor do que 1: projeto atrasado.

Índice de desempenho de custos (IDC)/Cost performance index (CPI): medida da eficiência de custos em um projeto. É a relação entre o valor agregado e os custos reais.

IDC = VA/CR

ou

CPI = EV/AC

A interpretação se IDC é:

- Igual a 1: projeto exatamente no orçamento.
- Maior do que 1: projeto gastou abaixo do orçado.
- Menor do que 1: projeto gastou acima do orçado.

GERENCIAMENTO DE CUSTOS

Observação: os índices de desempenho de prazos e custos (IDP e IDC) além de indicarem se houve variação no projeto, também informam o percentual de variação.

Previsão/Forecasting: uma estimativa ou prognóstico de condições e eventos futuros do projeto com base nas informações e no conhecimento disponíveis no momento da previsão.

Estimativa no término (ENT)/Estimate at completion (EAC): custo total previsto de uma atividade do cronograma, de um componente da estrutura analítica do projeto ou do projeto, quando o escopo definido do trabalho for terminado. A ENT pode ser calculada com base no desempenho até a data em questão ou estimada pela equipe do projeto com base em outros fatores, caso em que é frequentemente chamada de última estimativa revisada.

A seguir descrevem-se as possíveis fórmulas para cálculo da ENT e

as respectivas indicações para aplicação.

A fórmula abaixo decorre naturalmente do conceito de estimativa no término. Soma-se o gasto até o momento com a previsão de gastos futuros:

ENT = CR + EPT

ou

EAC = AC + ETC

Utilizada quando as variações correntes são vistas como atípicas e a expectativa é que estas não se repetirão no futuro:

ENT = CR + ONT – VA

ou

EAC = AC + BAC – EV

Utilizada quando as variações correntes são vistas como típicas e a expectativa é que estas se repetirão no futuro:

ENT = ONT/IDC

ou

EAC = BAC/CPI

É a forma simplificada de:

ENT = CR + (ONT – VA)/IDC ou

EAC = AC + (BAC – EV)/CPI

Mesma fórmula anterior, porém mais rigorosa por utilizar tanto o IDC quanto o IDP:

ENT = CR + (ONT − VA)/(IDC x IDP)

ou

EAC = AC + (BAC − EV)/(CPI x SPI)

Estimativa para terminar (EPT)/Estimate to complete (ETC): custo previsto necessário para terminar todo o trabalho restante de uma atividade do cronograma, um componente da estrutura analítica do projeto ou o projeto:

EPT = ENT − CR

ou

ETC = EAC − AC

Variação no término (VNT)/Variance at completion (VAC): valor acima ou abaixo do orçamento previsto para o final do projeto:

VNT = ONT − ENT

ou

VAC = BAC − EAC

Índice de desempenho para término (IDPT /To-complete-performance-index (TCPI): projeção do índice que deve ser alcançado para atingir o IDC desejado para o restante do projeto em relação ao orçamento original (ONT) ou orçamento projetado (ENT). É a proporção entre o "trabalho restante" e os "recursos financeiros restantes".

IDPT em relação ao orçamento no término (ONT):

IDPT = (ONT − VA)/(ONT − CR)

ou

TCPI = (BAC − EV)/(BAC − AC)

IDPT em relação à estimativa no término (ENT):

IDPT = (ONT − VA)/(ENT − CR)

ou

TCPI = (BAC − EV)/(EAC − AC)

GERENCIAMENTO DE CUSTOS

O Quadro 8.2 mostra o comparativo entre as designações em português e em inglês do gerenciamento de valor agregado.

Quadro 8.2: Comparativo entre as designações em português e em inglês do GVA

Designações em Português	Designações em Inglês
Gerenciamento do valor agregado (GVA)	Earned Value Management (EVM)
Orçamento no término (ONT)	Budget At Completion (BAC)
Valor planejado (VP)	Planned Value (PV)
Custo real (CR)	Actual Cost (AC)
Valor agregado (VA)	Earned Value (EV)
Variação de prazos (VPR)	Schedule Variance (SV)
Variação de custos (VC)	Cost Variance (CV)
Índice de desempenho de prazos (IDP)	Schedule Performance Index (SPI)
Índice de desempenho de custos (IDC)	Cost Performance Index (CPI)
Estimativa no término (ENT)	Estimate At Completion (EAC)
Estimativa para terminar (EPT)	Estimate To Complete (ETC)
Variação no término (VNT)	Variance At Completion (VAC)
Índice de desempenho para término (IDPT)	To-Complete-Performance-Index (TCPI)

Exemplo de aplicação do cálculo de análise do valor agregado

Uma empresa de consultoria foi contratada para levantar e documentar os processos de negócio da área de TI de sua organização. O trabalho engloba 16 processos em quatro semanas de levantamento (Previsão = quatro processos/semana) a um custo de R$ 100,00 por processo. O contrato reza que os custos incorridos na obra serão cobertos por você, por isso, no final da primeira semana você solicitou à empresa um relatório de status do projeto. O relatório indicou que até o momento foram gastos R$ 300,00 e levantaram-se dois processos. Veja as análises e as conclusões.

Visão tradicional: o projeto economizou R$ 100,00.

Mas falta responder à pergunta: quanto trabalho (resultado) foi feito em relação ao que foi gasto?

Visão pela análise de valor agregado:

- O projeto está atrasado, pois foram agregados R$ 200,00 em resultados dos R$ 400,00 previstos.

- O projeto está acima do orçamento, pois foram gastos R$ 300,00 para agregar somente R$ 200,00 em resultados.

Dados do problema:

- ONT = R$ 1.600,00
- VP = R$ 400,00
- CR = R$ 300,00 (*)
- VA = R$ 200,00 (**)

Representação gráfica das variáveis:

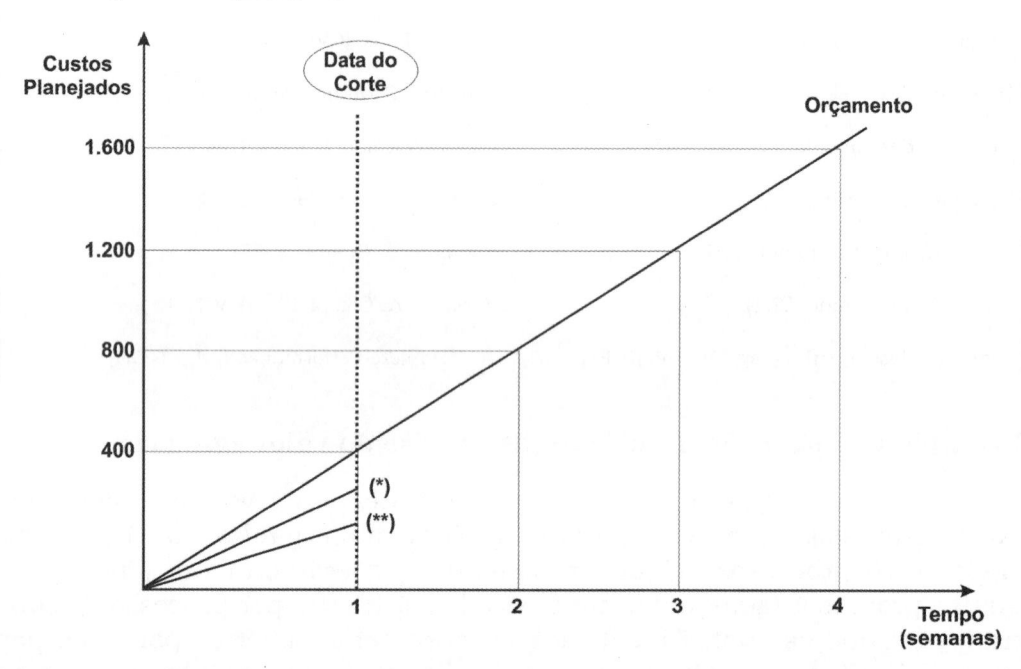

No quadro que segue apresentam-se os cálculos, as fórmulas, os resultados e as interpretações dos indicadores da análise de valor agregado para o exercício:

GERENCIAMENTO DE CUSTOS

Indicadores	Fórmulas	Resultados	Interpretação
Variação de Prazos (VPR) ou Schedule Variance (SV)	VA – VP ou EV – PV	= 200 – 400 = – R$ 200	o projeto está atrasado o equivalente a R$ 200
Variação de Custos (VC) ou Cost Variance (CV)	VA – CR ou EV – AC	= 200 – 300 = – R$ 100	o projeto está acima do orçamento
Índice de Desempenho de Prazos (IDP) ou Schedule Performance Index (SPI)	VA/VP ou EV/PV	= 200/400 = 0,5 ou 50%	o projeto conseguiu cumprir (agregou) 50% do cronograma
Índice de Desempenho de Custos (IDC) ou Cost Performance Index (CPI)	VA/CR ou EV/AC	= 200/300 = 0,67 ou 67%	o projeto conseguiu converter (agregou) 67% do custo em resultados
Orçamento no Término (ONT) ou Budget At Completion (BAC)	--------------------	R$ 1.600	o orçamento original do projeto é de R$1.600
Estimativa no Término (ENT) ou Estimate At Completion (EAC)	CR + ONT – VA ou AC + BAC – EV	= 300 + 1.600 – 200 = R$ 1.700	perdas anteriores atípicas e não serão tendência
	ONT/IDC ou BAC/CPI	= 1.600/0,67 = R$ 2.400	perdas anteriores típicas e serão tendência (considerando somente o índice de custo)
	CR + [(ONT – VA)/(IDC x IDP)] ou AC + [(BAC – EV)/(CPI x SPI)]	= 300 + [(1.600 – 200)/ /(0,5 x 0,67)] = = R$ 4.480	perdas anteriores típicas e serão tendência (considerando os índices de custo e cronograma)
Estimativa para Terminar (EPT) ou Estimate To Complete (ETC)	ENT – CR ou EAC – AC	= 2.400 – 300 = = R$ 2.100	o custo para completar o projeto é R$ 2.100
Variação no Término (VNT) ou Variance At Completion (VAC)	ONT – ENT ou BAC – EAC	= 1.600 – 2.400 = = – R$ 800	o orçamento projetado está R$ 800 acima do orçamento original
Índice de Desempenho para Término (IDPT) ou To-Complete - Performance-Index (TCPI)	(ONT – VA)/(ONT – CR) ou (BAC – EV)/(BAC – AC)	= (1.600 – 200)/ /(1.600 – 300) = = 1,07	o trabalho restante é 1,07 vez o recurso financeiro restante (orçamento no término)
	(ONT – VA)/(ENT –CR) ou (BAC – EV)/(EAC –AC)	= (1.600 – 200)/ /(2.400 – 300) = = 0,66	o trabalho restante é 0,66 vez o recurso financeiro restante (estimativa no término)

Mapa Mental

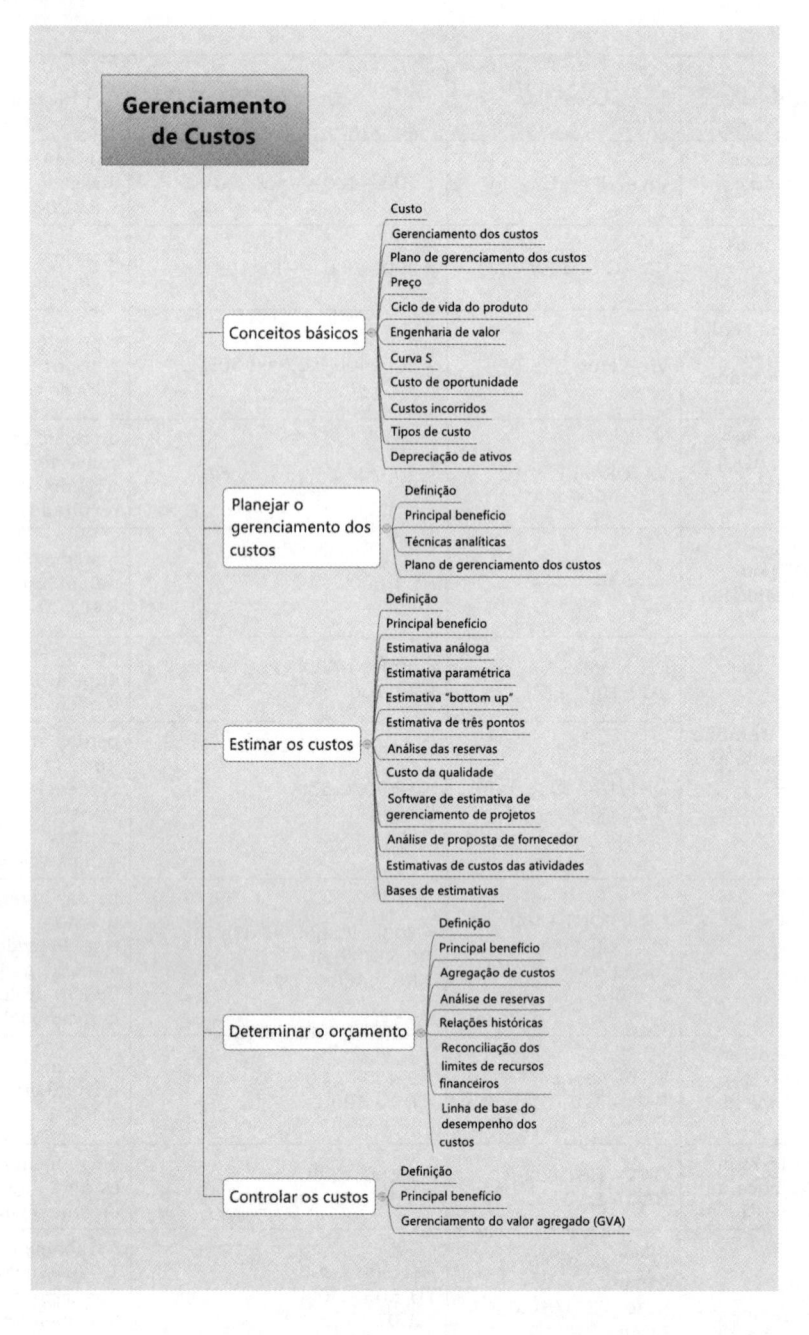

- **Gerenciamento de Custos**
  - Conceitos básicos
    - Custo
    - Gerenciamento dos custos
    - Plano de gerenciamento dos custos
    - Preço
    - Ciclo de vida do produto
    - Engenharia de valor
    - Curva S
    - Custo de oportunidade
    - Custos incorridos
    - Tipos de custo
    - Depreciação de ativos
  - Planejar o gerenciamento dos custos
    - Definição
    - Principal benefício
    - Técnicas analíticas
    - Plano de gerenciamento dos custos
  - Estimar os custos
    - Definição
    - Principal benefício
    - Estimativa análoga
    - Estimativa paramétrica
    - Estimativa "bottom up"
    - Estimativa de três pontos
    - Análise das reservas
    - Custo da qualidade
    - Software de estimativa de gerenciamento de projetos
    - Análise de proposta de fornecedor
    - Estimativas de custos das atividades
    - Bases de estimativas
  - Determinar o orçamento
    - Definição
    - Principal benefício
    - Agregação de custos
    - Análise de reservas
    - Relações históricas
    - Reconciliação dos limites de recursos financeiros
    - Linha de base do desempenho dos custos
  - Controlar os custos
    - Definição
    - Principal benefício
    - Gerenciamento do valor agregado (GVA)

GERENCIAMENTO DE CUSTOS

Exercícios de Fixação

Exercício 1: Preencha as palavras cruzadas a seguir:

Horizontal	Vertical
2. Custos que independem do volume produzido.	1. Custos não relacionados ao produto final do projeto.
5. Reserva para lidar com riscos conhecidos.	2. Representação gráfica do orçamento.
6. Custos relacionados ao produto final do projeto.	3. Mostra o valor agregado para cada unidade monetária de custo.
7. Mesmo que orçamento.	4. Reserva para lidar com riscos desconhecidos.
8. Fazer o mesmo escopo a um custo menor.	7. Linha de base de custos.
10. Custos proporcionais ao volume produzido.	9. Valor acima ou abaixo do orçamento previsto para o final do projeto.
12. Custo para completar o projeto a partir da data de corte.	11. Mostra o progresso do projeto (%) em relação ao prazo originalmente planejado.
13. Custo total previsto para o final do projeto.	
14. Reconhecimento da perda de valor dos ativos das Empresas para efeito contábil.	

Exercício 2: O projeto consiste em instalar 40 servidores a um custo de instalação de R$ 800,00 por servidor. O prazo máximo para este projeto é de 8 semanas com a programação de se instalar 5 servidores por semana. No final da terceira semana, o relatório de status indica que foram gastos R$ 10.000,00 e 10 servidores foram instalados. Existe a possibilidade de alguns problemas com tempo e custo voltarem a se repetir. Para cada indicador da análise de valor agregado, relacione as fórmulas em inglês e português, calcule o resultado, interprete o significado do resultado e indique qual é a situação geral do projeto.

Indicadores	Fórmulas	Resultados	Interpretação
Variação de Prazos (VPR) ou Schedule Variance (SV)			
Variação de Custos (VC) ou Cost Variance (CV)			
Índice de Desempenho de Prazos (IDP) ou Schedule Performance Index (SPI)			
Índice de Desempenho de Custos (IDC) ou Cost Performance Index (CPI)			
Orçamento no Término (ONT) ou Budget At Completion (BAC)			
Estimativa no Término (ENT) ou Estimate At Completion (EAC)			
Estimativa para Terminar (EPT) ou Estimate To Complete (ETC)			
Variação no Término (VNT) ou Variance At Completion (VAC)			
Índice de Desempenho para Término (IDPT) ou To-Complete-Performance-Index (TCPI)			

GERENCIAMENTO DE CUSTOS

Exercício 3: Numere relacionando os processos a seguir às respectivas entradas, "ferramentas e técnicas" e saídas, e indique se são entradas, "ferramentas e técnicas" ou saídas. Veja o exemplo na tabela.

- Processos:

(1) Planejar o gerenciamento dos custos

(2) Estimar os custos.

(3) Determinar o orçamento.

(4) Controlar os custos

	Entrada	Ferramenta e técnica	Saída
Informações sobre o desempenho do trabalho.			4
Termo de abertura do projeto			
Linha de base dos custos			
Agregação de custos			
Bases das estimativas			
Estimativa de custos das atividades.			
Relações históricas			
Gerenciamento do valor agregado			
Estimativa análoga			
Estimativa paramétrica			
Técnicas de análise			
Previsões			
Cronograma do projeto			
Linha de base do escopo			
Plano de recursos humanos			
Requisitos de recursos financeiros do projeto			
Índice de desempenho para término (IDPT)			
Atualizações dos ativos de processos organizacionais			
Plano de gerenciamento dos custos			
Custo da qualidade			
Análise de proposta de fornecedor			
Calendário dos recursos			

(continua)

(continuação)

Acordos (Contratos)			
Dados sobre o desempenho do trabalho			
Atualizações dos documentos do projeto			
Previsão			
Opinião especializada			
Atualizações do plano de gerenciamento do projeto			
Análise de desempenho			
Software de gerenciamento de projetos			
Reconciliação dos limites de recursos financeiros			
Fatores ambientais da empresa			
Ativos de processos organizacionais			
Registro dos riscos			
Plano de gerenciamento do projeto			
Análise de reservas			
Estimativa *bottom-up*			
Estimativa de três pontos			
Solicitações de mudança			

Exercício 4: Classifique as assertivas a seguir como "V" se verdadeira e "F" se falsa:

(   ) O gerenciamento de custos preocupa-se principalmente com o custo dos recursos necessários para completar as atividades do projeto.

(   ) A precisão de uma estimativa de custo aumentará à medida que o projeto avance no seu ciclo de vida.

(   ) O custo da qualidade é igual ao custo de conformidade.

(   ) A análise PERT é uma técnica de estimativa usada nas áreas de conhecimento tempo e custo.

(   ) Para estimar os custos do projeto são usadas três ferramentas de estimativas: análoga, paramétrica e *bottom-up*.

(   ) A reserva de contingência é voltada a riscos conhecidos e a reserva gerencial a riscos desconhecidos.

(   ) reconciliação dos limites de recursos financeiros visa reagendar o trabalho buscando o nivelamento das taxas de gastos.

GERENCIAMENTO DE CUSTOS

( ) Controlar os custos visa influenciar as partes interessadas para solicitar somente as mudanças que o gerente de projetos deseja.

( ) O gerenciamento de valor agregado integra escopo, custo e cronograma para avaliar e medir o desempenho do projeto.

( ) O gerenciamento de valor agregado permite fazer previsões de tempo e custo do projeto.

( ) Somente com o VP e o CR é possível determinar o status do projeto.

( ) A TIR considera o risco no período de pagamento.

( ) O cronograma é importante para o orçamento, pois indica quando o dinheiro será gasto.

( ) O ciclo de vida do produto é parte do ciclo de vida do projeto.

( ) O custo de oportunidade entre três alternativas é o somatório das duas alternativas não escolhidas.

Respostas

Respostas do Exercício 1:

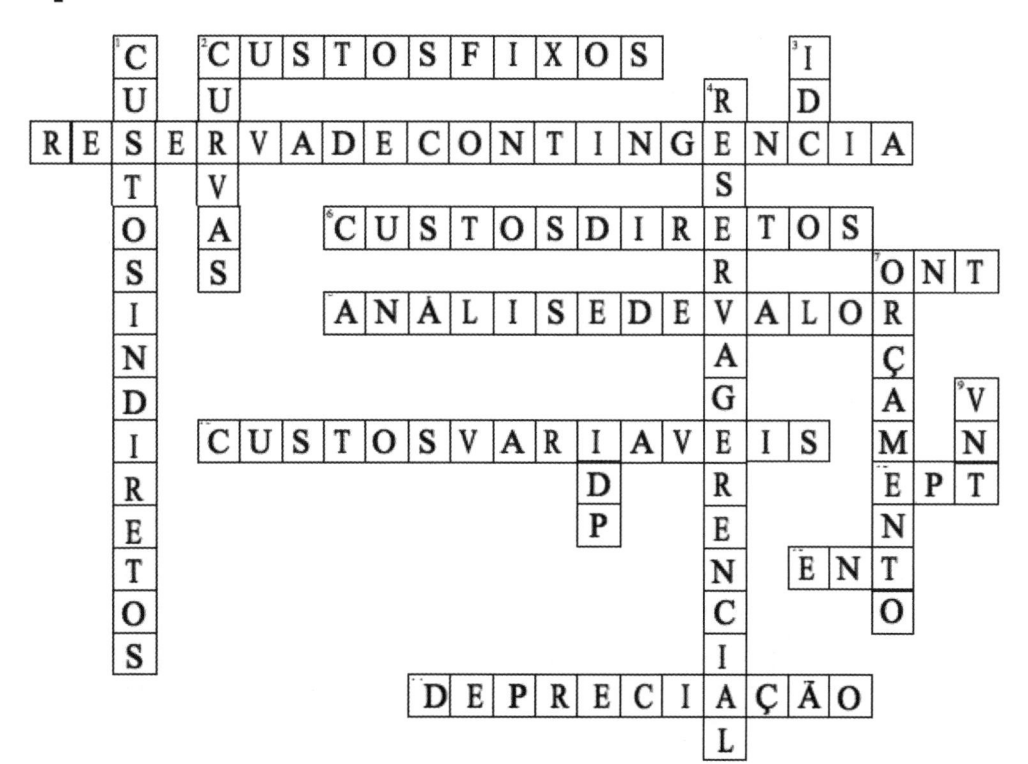

```
 C   C U S T O S F I X O S         I
 U   U                     R       D
R E  S E R V A D E C O N T I N G E N C I A
 T   V                     E S
 O   A     C U S T O S D I R E T O S
 S   S                     R       O N T
 I         A N Á L I S E D E V A L O R
 N                           A     Ç
 D                           G     A     V
 I   C U S T O S V A R I A V E I S M     N
 R                   D       R     E P T
 E                   P       E     N
 T                           N   E N T
 O                           C     O
 S                           I
             D E P R E C I A Ç Ã O
                             L
```

Respostas do Exercício 2: Dados do Problema:

- ONT = 40 servidores x R$ 800,00 = R$ 32.000,00
- VP = 3 semanas x 5 servidores/semana x R$ 800,00 = R$ 12.000,00
- VA = 10 servidores x R$ 800,00 = R$ 8.000,00
- CR = R$ 10.000,00

No quadro a seguir são apresentados os cálculos, as fórmulas, os resultados e as interpretações dos indicadores da análise de valor agregado para o exercício:

Indicadores	Fórmulas	Resultados	Interpretação
Variação de Prazos (VPR) ou Schedule Variance (SV)	VA – VP ou EV – PV	= 8.000 – 12.000 = = – R$ 4.000	o projeto está atrasado o equivalente a R$ 4.000
Variação de Custos (VC) ou Cost Variance (CV)	VA – CR ou EV – AC	= 8.000 – 10.000 = = – R$ 2.000	o projeto está acima do orçamento
Índice de Desempenho de Prazos (IDP) ou Schedule Performance Index (SPI)	VA/VP ou EV/PV	= 8.000/12.000 = 0,66 ou 66%	o projeto conseguiu cumprir (agregou) 66% do cronograma
Índice de Desempenho de Custos (IDC) ou Cost Performance Index (CPI)	VA/CR ou EV/AC	= 8.000/10.000 = 0,8 ou 80%	o projeto conseguiu converter (agregou) 80% do custo em resultados
Orçamento no Término (ONT) ou Budget At Completion (BAC)	----------------	R$ 32.000	o orçamento original do projeto é de R$ 32.000
Estimate At Completion (EAC) ou Estimativa no Término (ENT)	CR + ONT – VA ou AC + BAC – EV	= 10.000 + 32.000 – 8.000 = R$ 34.000	perdas anteriores atípicas e não serão tendência
	ONT/IDC ou BAC/CPI	= 32.000/0,8 = R$40.000	perdas anteriores típicas e serão tendência
	CR + [(ONT – VA)/(IDC x IDP)] ou AC + [(BAC – EV)/(CPI x SPI)]	= 10.000 + + [(32.000 – 8.000)/ /(0,8 x 0,66)] = = R$ 46.153	perdas anteriores típicas e serão tendência

GERENCIAMENTO DE CUSTOS

Indicadores	Fórmulas	Resultados	Interpretação
Estimativa para Terminar (EPT) ou Estimate To Complete (ETC)	ENT − CR ou EAC − AC	= 40.000 − 10.000 = = R$ 30.000	o custo para completar o projeto é R$ 30.000
Variação no Término (VNT) ou Variance At Completion (VAC)	ONT − ENT ou BAC − EAC	=32.000 − 40.000 = = − R$ 8.000	o orçamento projetado está R$ 8.000 acima do orçamento original
Índice de Desempenho para Término (IDP) ou To-Complete-Performance-Index (TCPI)	(ONT − VA)/(ONT − CR) ou (BAC − EV)/(BAC − AC)	= 32.000 − 8.000)/ /(32.000 − 10.000) = 1,09	o trabalho restante é 1,09 vez o recurso financeiro restante
	(ONT − VA)/(ENT − CR) ou (BAC − EV)/(EAC − AC)	= (32.000 − 8.000)/ /(40.000 − 10.000) = 0,8	o trabalho restante é 0,8 vez o recurso financeiro restante

Situação geral do projeto pela análise de valor agregado:

- O projeto está atrasado, pois foram agregados R$ 8.000,00 em resultados dos R$ 12.000,00 previstos.

- O projeto está acima do orçamento, pois foram gastos R$ 10.000,00 para agregar somente R$ 8.000,00 em resultados.

Respostas do Exercício 3:

	Entrada	Ferramenta e técnica	Saída
Informações sobre o desempenho do trabalho			4
Termo de abertura do projeto	1		
Linha de base dos custos			3
Agregação de custos		3	
Bases das estimativas	3		2
Estimativa de custos das atividades	3		2
Relações históricas		3	
Gerenciamento do valor agregado		4	
Estimativa análoga		2	
Estimativa paramétrica		2	

(continua)

(continuação)

Técnicas de análise		1	
Previsões		4	
Cronograma do projeto	2; 3		
Linha de base do escopo	2; 3		
Plano de recursos humanos	2		
Requisitos de recursos financeiros do projeto	4		3
Índice de desempenho para término (IDPT)		4	
Atualizações dos ativos de processos organizacionais			4
Plano de gerenciamento dos custos	2; 3		1
Custo da qualidade		2	
Análise de proposta de fornecedor		2	
Calendário dos recursos	3		
Acordos (Contratos)	3		
Dados sobre o desempenho do trabalho	4		
Atualizações dos documentos do projeto.			2; 3; 4
Previsão		4	
Opinião especializada		1; 2; 3	
Atualizações do plano de gerenciamento do projeto			4
Análise de desempenho		4	
Software de gerenciamento de projetos		2; 4	
Reconciliação dos limites de recursos financeiros		3	
Fatores ambientais da empresa	1; 2		
Ativos de processos organizacionais	1; 2; 3; 4		
Registro dos riscos	2; 3		
Plano de gerenciamento do projeto	1; 4		
Análise de reservas		2; 3; 4	
Estimativa *bottom-up*		2	
Estimativa de três pontos		2	
Solicitações de mudança			4

GERENCIAMENTO DE CUSTOS

Respostas do Exercício 4:

(V) O gerenciamento de custos preocupa-se principalmente com o custo dos recursos necessários para completar as atividades do projeto.

(V) A precisão de uma estimativa de custo aumentará à medida que o projeto avance no seu ciclo de vida.

(F) O custo da qualidade é igual ao custo de conformidade.

(V) A análise PERT é uma técnica de estimativa usada nas áreas de conhecimento tempo e custo.

(F) Para estimar os custos do projeto são usadas três ferramentas de estimativas: análoga, paramétrica e *bottom-up.*

(V) A reserva de contingência é voltada a riscos conhecidos e a reserva gerencial a riscos desconhecidos.

(V) A reconciliação dos limites de recursos financeiros visa reagendar o trabalho buscando o nivelamento das taxas de gastos.

(F) Controlar os custos visa influenciar as partes interessadas para solicitar somente as mudanças que o gerente de projetos deseja.

(V) O gerenciamento de valor agregado integra escopo, custo e cronograma para avaliar e medir o desempenho do projeto.

(V) O gerenciamento de valor agregado permite fazer previsões de tempo e custo do projeto.

(F) Somente com o VP e o CR é possível determinar o status do projeto.

(F) A TIR considera o risco no período de pagamento.

(V) O cronograma é importante para o orçamento, pois indica quando o dinheiro será gasto.

(F) O ciclo de vida do produto é parte do ciclo de vida do projeto.

(F) O custo de oportunidade entre três alternativas é o somatório das duas alternativas não escolhidas.

Comentários do Simulado

73. Você é um gerente de projetos alocado para um projeto que gastou R$ 4.000.000. O orçamento inicial era de R$ 1.500.000. A alta administração decidiu interromper o projeto. Qual termo descreve os R$ 1.500.000 que foram gastos até agora?

    A) O custo orçado do trabalho realizado.

    B) Custo de oportunidade.

    C) Custo afundado.

    D) Valor monetário esperado.

Resposta: C

   Justificativa: Custo afundado é o valor gasto em um projeto sem possibilidade de recuperação.

74. Qual das descrições a seguir mais se aproxima do tipo de estimativa de três pontos para os custos do projeto?

    A) Estimam-se os custos do projeto a partir da utilização da distribuição triangular para representar os vários custos dos pacotes de trabalho.

    B) O custo total do projeto é obtido por meio das estimativas de melhor caso, pior caso e mais provável, calculando-se a média aritmética das três estimativas.

    C) Consideram-se no cálculo dos custos dos pacotes de trabalho as estimativas otimista, mais provável e pessimista da mesma forma que no PERT.

    D) Não se utiliza estimativa de três pontos para calcular o custo de projeto; ela somente é utilizada na estimativa de duração das atividades durante a elaboração de cronogramas.

Resposta: C

   Justificativa: O método PERT utiliza a estimativa de três pontos (otimista, mais provável e pessimista) para calcular estimativas em tempo e custo.

GERENCIAMENTO DE CUSTOS

75. Quando da estimativa de custos de um pacote de trabalho, o gerente do projeto é informado que o custo para execução daquele trabalho será de R$ 90 por metro linear instalado. Ele irá usar qual tipo de estimativa?

    A) Paramétrica.

    B) Análoga.

    C) Três pontos.

    D) *"Bottom-up"*.

Resposta: A

   Justificativa: Cálculo da estimativa baseado no parâmetro R$ 90 por metro quadrado, portanto estimativa paramétrica.

76. Qual dos itens abaixo não é considerado como custo direto para execução de um determinado pacote de trabalho?

    A) Os custos da mão de obra utilizada nos trabalhos.

    B) Parte do aluguel das instalações onde está sendo executado o projeto.

    C) Os custos dos materiais utilizados no pacote de trabalho.

    D) O custo do aluguel dos equipamentos necessários para executar o pacote de trabalho.

Resposta: B

   Justificativa: Custos diretos para execução de um pacote de trabalho são aqueles que existem exclusivamente para a execução dos trabalhos, não podem ser compartilhados.

77. Uma das ferramentas para estimativa de custos do projeto é a análise das reservas. Dentre as reservas mais utilizadas temos a reserva de contingência, que reflete a necessidade adicional de fundos para o projeto devido:

    A) à decisão da Diretoria de sempre colocar uma porcentagem nos custos finais como garantia.

    B) a falhas na identificação dos riscos no projeto.

    C) à necessidade de recursos adicionais para tratar os riscos conhecidos.

    D) à falta de qualidade nos serviços que estão sendo executados.

Resposta: C

Justificativa: Reservas são para tratamento de riscos. Reserva de contingência é gerada para tratar os riscos conhecidos.

78. A técnica de acumulação dos custos dos pacotes de trabalho nas contas de controle e depois das contas de controle até o projeto obtendo-se o ONT conhecida como:

    A) Acumulação *"top-down"*.

    B) Decomposição de custos orçados.

    C) Reconciliação de recursos financeiros.

    D) Agregação.

Resposta: D

Justificativa: Determinar o orçamento implica agregar os custos de forma ascendente na EAP, iniciando pelos pacotes de trabalho.

79. Com base nos dados da tabela abaixo, podemos dizer que o <u>custo para completar o restante do projeto</u> é estimado em:

Duração Prevista = 12 meses
CR = R$ 16.000
VA = R$ 22.400
VP = R$ 27.500
ONT = R$ 50.400

    A) R$ 10.000.

    B) R$ 20.000.

    C) R$ 30.000.

    D) R$ 34.400.

Resposta: B

Justificativa: O custo para completar o restante do projeto é o EPT. Como não há indicação de qual tipo de EPT deva ser utilizado, assume-se que seja o EPT com base no índice de desempenho de custo IDC. O IDC = VA/CR = 1,4; EPT = (ONT − VA)/IDC = 28.000/1,4 = 20.000.

GERENCIAMENTO DE CUSTOS

80. Com base nos dados da tabela anterior, qual é o novo orçamento total previsto para o projeto?

   A) R$ 36.000.

   B) R$ 50.400.

   C) R$ 28.000.

   D) R$ 34.400.

Resposta: A

   Justificativa: O novo orçamento previsto é o ENT = CR + EPT == 16.000 + 20.000 (calculado no exercício anterior) = R$ 36.000 ou ENT = ONT/IDC= 50.400/1,4 = R$ 36.000.

81. Na técnica do Valor Agregado o índice IDPT informa ao gerente do projeto o seguinte:

   A) Qual o saldo corrigido dos custos do projeto com relação ao andamento do cronograma corrigido.

   B) Quanto a equipe deverá trabalhar para manter os custos dentro do orçamento planejado.

   C) Qual o novo saldo de custo necessário para produzir o restante do trabalho programado.

   D) Quanto a equipe de projeto deverá ser eficiente para produzir o restante do trabalho do projeto com o saldo remanescente do orçamento.

Resposta: D

   Justificativa: Olhando a fórmula percebe-se que o numerador é o saldo de trabalho a realizar e o denominador é o saldo de orçamento.

82. A tabela a seguir mostra os valores acumulados do projeto até a data. Analisando estes dados, qual elemento da EAP está atrasado e dentro do orçamento?

EAP	PV (VP)	EV (VA)	AC (CR)
A	R$ 2.000	R$ 2100	R$ 2.150
B	R$ 3.000	R$ 2.800	R$ 3.100
C	R$ 2.000	R$ 2.200	R$ 2.050
D	R$ 3.000	R$ 2.900	R$ 2.800

A) Elemento A.

B) Elemento B.

C) Elemento C.

D) Elemento D.

Resposta: D

Justificativa: Atrasado e dentro do orçamento significa a relação VA-VP negativa e a relação VA-CR positiva.

83. O planejamento está progredindo de acordo com o cronograma para o projeto de renovação do hotel. O gerente do projeto e a equipe estão prontos para começar a estimativa de custos. O cliente precisa de uma estimativa com a maior brevidade possível. Qual método de estimativa deve a equipe utilizar?

    A) Estimativa paramétrica.

    B) Estimativa análoga.

    C) Estimativa *bottom-up*

    D) Estimativa de custos.

Resposta: B

Justificativa: A estimativa análoga é mais rápida para ser feita do que os outros métodos de estimativa, porém menos precisa.

84. Sua empresa de tecnologia o escolheu como gerente de um projeto que deverá fazer o cabeamento de 200 pontos de rede num edificio de 5 andares. A fim de realizar sua estimativa de custos, você calcula que o tempo gasto para fazer os primeiros pontos de rede tende a diminuir numa proporção de 10% a cada 50 pontos. Isto é um exemplo de que ferramenta?

    A) Estimativa análoga.

    B) Custo da qualidade.

    C) Estimativa de custos da atividade.

    D) Estimativa paramétrica.

GERENCIAMENTO DE CUSTOS

Resposta: D

Justificativa: Os ganhos com a curva de aprendizagem, exemplificada na pergunta, são um recurso da estimativa paramétrica. O princípio é: quanto mais se pratica uma atividade, menos tempo se leva para realizá-la. Consequentemente, o valor/hora de execução da atividade deverá cair com a sua repetição.

85. Quando se justifica uma mudança na linha de base dos custos do projeto?

    A) Quando houver qualquer mudança de escopo do projeto.

    B) Quando houver uma variação cambial no valor dos componentes de seu produto.

    C) Quando houver variação significativa no valor dos custos do projeto.

    D) Quando houver atraso no cronograma.

Resposta: C

Justificativa: A boa prática sugere que não se deva mudar a linha de base por qualquer mudança no escopo (opção A). As opções B e D também não justificam uma mudança na linha de base. Assim, a resposta certa é a C, pois reconhece apenas variações severas de custos para uma eventual alteração na linha de base de custos do projeto.

86. Atividade A vale R$ 500, está 80% completa, e realmente custa R$ 500. Atividade B vale R$ 450, está 75% completa, e realmente custou R$ 402 até agora. Atividade C vale R$ 600, está 90% completa, e custou R$ 550 até agora. O orçamento total é de R$ 3.000. Qual é a estimativa para a conclusão das atividades listadas?

    A) R$ 3.000,00

    B) R$ 1.957,09

    C) R$ 3.409,09

    D) R$ 409,09

Resposta: C

Justificativa: O orçamento (ONT) é: R$ 3.000; a fórmula do VA é:

VA = % progresso físico x valor orçado.

Atividade A: CR = 500, VP = 500, VA = 0,8 x 500 = 400.

Atividade B: CR = 402, VP = 450, VA = 0,75 x 450 = 337,50.

Atividade C: CR = 550, VP = 600, VA = 0,9 x 600 = 540.

A fórmula do IDC é: IDC = VA/CR = 1.277,50/1.452 = 0,88.

A fórmula do ENT = ONT/IDC = 3.000/0,88 = 3.409,09 (estimativa para a conclusão).

87. Você é um gerente de projetos de um projeto de reforma de casa. O orçamento (ONT) para este projeto é de R$ 68.000. Observando o cronograma, você deveria ter completado 65%, mas está com apenas 50%. Qual é o seu valor agregado?

    A) R$ 30.800.

    B) R$ 44.200.

    C) R$ 34.000.

    D) R$ 22.000.

Resposta: C

Justificativa: A fórmula do valor agregado é: VA = % progresso físico x valor orçado, portanto VA = 50% x R$ 68.000 = R$ 34.000.

88. A análise das reservas pode definir reservas de contingência, que são provisões no plano de gerenciamento do projeto para cobrir os custos de riscos. Pode-se afirmar que a reserva de contingência é definida em função dos riscos ___.

    A) Desconhecidos.

    B) Conhecidos.

    C) Incorridos.

    D) Inexistentes.

GERENCIAMENTO DE CUSTOS

Resposta: B

Justificativa: As reservas ou provisões de contingência são definidas em função dos riscos conhecidos.

89. Uma fábrica gasta R$ 25.000 como custo de preparação cada vez que começa uma nova fabricação. Cada unidade fabricada requer R$ 100 em custo de material e R$ 200 em custo de mão de obra. O preço de venda é R$ 500 por unidade. O custo variável por unidade é:

    A) R$ 25.300.

    B) R$ 200.

    C) R$ 100.

    D) R$ 300.

Resposta: D

Justificativa: Custo variável é aquele relacionado à quantidade de trabalho no projeto. Quanto mais trabalho, maior o custo variável. Neste caso, o custo variável por unidade refere-se ao custo de material e custo de mão de obra.

90. Se um projeto tem um IDC de 1,04 e um IDP de 0,92, isto indica que:

    A) O projeto está progredindo mais lentamente e gastando mais do que o planejado.

    B) O projeto está progredindo mais lentamente e gastando menos do que o planejado.

    C) O projeto está progredindo mais rapidamente e gastando mais do que o planejado.

    D) O projeto está progredindo mais rapidamente e gastando menos do que o planejado.

Resposta: B

Justificativa: Para os Índices de Desempenho de cronograma (IDP) e custos (IDC), vale a regra geral: menor que 1 é ruim, igual a 1 cumpriu o planejado e maior que 1 é bom. Assim, IDP de 0,92 indica que o projeto está atrasado e IDC de 1,04 indica que o projeto está abaixo do orçamento (gastando menos).

91. Um gerente de projeto fez a análise de desempenho do seu projeto e em relação a custo apresentou um IDC de 0,77.

    Isto revelou ao gerente de projetos que:

    A) Nesse ponto, ele espera que o projeto esteja 77% acima do orçamento.

    B) O projeto custará 23% mais do que o esperado.

    C) O projeto obterá apenas 77 centavos de cada real investido.

    D) A razão de custo-para-cronograma é 23%.

Resposta: C

   Justificativa: IDC de 0,77 indica um aproveitamento de custo de 77%, ou seja, para cada real investido, o retorno corresponde a 77 centavos.

92. Seu projeto de engenharia civil está 50% realizado, mas sofreu um forte impacto com atrasos na entrega de material pelos fornecedores. Seu superior pede a você que, após revisar seu planejamento, lhe diga qual será o custo total do projeto, quando estiver concluído. Que indicador o ajudará a fornecer esta resposta?

    A) Índice de desempenho de custos.

    B) Variação de custos.

    C) Estimativa para terminar.

    D) Estimativa no término.

Resposta: D

   Justificativa: A Estimativa no Término (ENT) é o indicador que fornece a estimativa de custo total do projeto, quando este estiver concluído. O custo total estimado para o projeto (ENT) será sempre igual a quanto já foi gasto (CR) mais o quanto ainda será gasto (EPT).

93. As informações referentes à forma como o seu projeto irá realizar o gerenciamento dos custos devem ser encontradas no(na):

    A) Plano de gerenciamento do projeto.

    B) Linha de base de desempenho de custos.

    C) Termo de abertura do projeto.

    D) Plano de qualidade do projeto.

GERENCIAMENTO DE CUSTOS

Resposta: A

Justificativa: As informações de como será realizado o gerenciamento de custos devem ser dispostas no plano de gerenciamento de custos, que integra o plano de gerenciamento do projeto.

94. Você irá gerenciar um projeto de desenvolvimento de software de grande porte. Para isto será necessário providenciar recursos de trabalho para vinte novos analistas. Os <u>custos de aluguel de uma nova sala, iluminação, segurança e limpeza deste local</u> podem ser classificados como:

    A) Custos variáveis.

    B) Custos fixos.

    C) Custos proporcionais.

    D) Custos inversamente proporcionais.

Resposta: B

Justificativa: Custos fixos são aqueles que independem da variação de outros fatores – como, no caso, o número de analistas novos. Indiferentemente a isto, todos os custos exemplificados serão incorridos.

95. Você está herdando um projeto em andamento que tem seu <u>cronograma e custos controlados,</u> mensalmente, por meio de seus indicadores. Ao analisar o gráfico a seguir referente ao projeto, qual seria a sua <u>maior preocupação</u>?

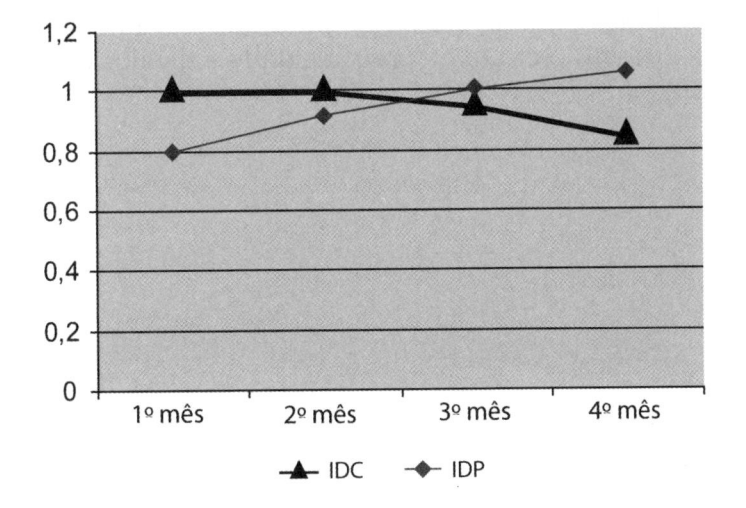

A) Com os custos do projeto.

B) Com o cronograma do projeto.

C) Com ambos.

D) Com a fonte dos dados que geraram o cronograma.

Resposta: A

Justificativa: IDC abaixo de 1, como encontrado no 4º mês do gráfico, significa que está sendo recuperado menos do que os custos incorridos. Embora o IDP também tenha iniciado abaixo de 1, no 4º mês, os resultados do cronograma foram recuperados, o que significa que o projeto está adiantado. Logo, a única preocupação do novo gerente do projeto deverá ser com custos.

96. Você está apoiando sua gerência na análise de viabilidade de novos projetos e tem de decidir entre o projeto X, com um valor presente líquido de R$ 1.200 MI, e o projeto Y, com um valor presente líquido de R$ 1.350 MI. Se a opção for pelo projeto X, qual é o <u>custo de oportunidade</u> desta escolha?

    A) R$ 1.200 MI.

    B) R$ 1.350 MI.

    C) R$ 150 MI.

    D) R$ 150 MI.

Resposta: B

Justificativa: Custo de oportunidade é o maior valor dentre as opções não escolhidas. Como, no enunciado dado, a opção foi pelo projeto de R$ 1.200 MI, o custo de oportunidade é o valor do projeto Y de R$ 1.350 MI.

Capítulo 9

Gerenciamento da Qualidade

Síntese dos Conceitos

Qualidade/Quality: grau em que um conjunto de características inerentes atende ou satisfaz aos requisitos e às necessidades implícitas ou explícitas.

Gerenciamento da qualidade do projeto/Project quality management: engloba o gerenciamento do projeto e do produto do projeto, e se aplica a todos os projetos, independentemente da natureza do produto.

Inclui a criação e a implementação de políticas de qualidade, procedimentos, objetivos e responsabilidades, de modo a assegurar que o projeto atenda às necessidades definidas, sem desvios aos requisitos do projeto.

Fazem parte do gerenciamento da qualidade do projeto os processos: planejar o gerenciamento da qualidade, realizar a garantia de qualidade e controlar a qualidade.

Teóricos da qualidade/Quality experts: William Deming (base para a melhoria da qualidade: *plan-do-check-act* e "14 Passos para o Gerenciamento da Qualidade Total"); Joseph Juran (qualidade se refere à adequação ao uso); Philiip Crosby (4 absolutos de Crosby: qualidade significa conformidade com os requisitos, prevenção, qualidade é medida pelo custo da não conformidade e o desempenho-padrão é "zero defeito").

Melhoria contínua (Kaizen)/Continuous improvement: melhorias incrementais contínuas ao longo do tempo; todos devem ficar constantemente atentos para oportunidades de melhoria dos processos e produtos.

Círculos de qualidade/Quality circles: grupos compostos por um pequeno número de funcionários (máximo de dez) que buscam constantemente a melhoria da qualidade; visam aprimorar suas tarefas e aumentar a produtividade de seu trabalho.

***Just In Time* (JIT):** esta é uma abordagem gerencial que minimiza e até elimina os estoques em processo. Sem estoques em processo, os problemas de qualidade ficarão mais visíveis e poderão ser corrigidos.

Qualidade x grau/Quality x grade: o termo grau está associado às funcionalidades atribuídas aos produtos ou serviços; baixo grau (funcionalidades básicas) nem sempre é um problema, mas qualidade baixa é sempre um problema.

Precisão x exatidão/Precision x correctness: precisão se refere a manter um padrão constante (invariabilidade), enquanto exatidão mostra o quanto está próximo da realidade/alvo.

ISO (International Organization for Standardization): organização internacional líder no desenvolvimento de normas. O principal objetivo destas normas é assegurar que as empresas sigam seus próprios padrões de qualidade. Não certifica, mas cadastra empresas certificadoras.

Análise de modos e efeitos de falhas/Failure mode and effect analysis (FMEA): procedimento analítico em que são analisadas as falhas potenciais de cada componente de um produto. Gera um plano de ação para minimizar a probabilidade de falha e seus efeitos.

Revisão do projeto/Design review: técnica de gerenciamento usada para avaliar o projeto (design) do produto ou serviço e garantir que atenderá às necessidades do cliente.

Gerenciamento da qualidade total/Total quality management (TQM): abordagem gerencial visando o sucesso no longo prazo com base na satisfação das relações fornecedor-cliente, em que todos os membros da organização participam da melhoria de processos, produtos e serviços.

Gold plating: escopo extra além daquele planejado/contratado e executado sem aprovação formal pelo controle de mudanças do projeto.

Responsabilidade pela qualidade/Quality responsibility: toda a organização tem responsabilidade pela qualidade. Cada membro da equipe do projeto tem responsabilidade pela qualidade do trabalho que está sendo por ele desempenhado, portanto deve revisar o resultado do trabalho antes de submetê-lo a quem de direito. O gerente de projetos tem responsabilidade pela qualidade do produto do projeto. A alta gerência tem responsabilidade pela qualidade na organização como um todo.

Prevenção x inspeção/Prevention x inspection: prevenção da ocorrência de falhas, no sentido não somente de corrigir, mas principalmente de proporcionar a melhoria dos processos. O custo da prevenção de erros é sempre muito menor do que o custo para corrigi-los.

Custo de conformidade x Custo de não conformidade/Conformity cost x non-conformity cost: custo de conformidade refere-se ao somatório de todos os custos relacionados aos esforços para assegurar a qualidade. Custo de não conformidade refere-se ao somatório dos custos de correção de falhas. Os investimentos em qualidade para promover a conformidade devem compensar os eventuais prejuízos ocorridos em função da não conformidade dos produtos ou serviços gerados.

Impactos da baixa qualidade: aumento dos custos, insatisfação dos clientes, retrabalho e atrasos.

Planejar o gerenciamento da qualidade/Plan quality management

Processo de identificação dos requisitos de qualidade e/ou dos padrões de qualidade para o projeto e produto, e documentação de como o projeto atende a esses padrões.

Principal benefício: fornece orientação e direção de como a qualidade será gerida para validar todo o projeto.

Análise de custo-benefício/Cost-benefit analysis: o benefício do alcance dos requisitos de qualidade inclui menor retrabalho, alta produtividade, diminuição dos custos, aumento da satisfação das partes interessadas e aumento da rentabilidade. Uma análise de custo-benefício para cada atividade de qualidade compara o custo da etapa de qualidade com o benefício esperado.

Custo da qualidade/Cost of quality (COQ): inclui todos os custos incorridos durante a vida do produto por investimentos na prevenção da não conformidade de requisitos, avaliação do produto ou serviço para o atendimento aos requisitos, e direcionando para atender aos requisitos (retrabalho). Custos de falhas são frequentemente categorizados como internos (encontrados pelo projeto) e externos (encontrados pelo cliente).

Sete ferramentas básicas da qualidade/Seven basic quality tools: são utilizadas no contexto do Ciclo PDCA para resolver problemas relacionados com a qualidade. Estas são: diagrama de causa e efeito, fluxogramas, folhas de verificação, diagrama de Pareto, histogramas, gráficos de controle e diagramas de dispersão.

Gráficos de controle/Control chart: usados para determinar se um processo é estável ou se há um desempenho previsível. Limites de especificação superior ou inferior são baseados nos requisitos acordados. Eles refletem os valores máximos e o mínimos permitidos.

Um exemplo é o diagrama de controle estatístico de processos (CEP), que apresenta a evolução do processo, considerando limites superior e inferior de controle. O limite superior de controle e o limite inferior de controle geralmente são definidos como ±3 sigma, em que 1 sigma corresponde a um desvio-padrão (unidade estatística de medida da dispersão ou variabilidade em torno da média de um conjunto de dados). Nesta representação, um processo é considerado fora de controle quando um dado excede um limite de controle, ou se sete pontos consecutivos estiverem acima ou abaixo da média.

Benchmarking: envolve a comparação de práticas de projetos atuais ou planejadas às de projetos já realizados para identificar as melhores práticas, gerar ideias de melhoria e fornecer uma base para medir o desempenho.

Projetos de experimentos/Design of experiments: método estatístico que ajuda a identificar quais fatores podem influenciar as variáveis específicas de um produto ou processo em desenvolvimento ou em produção.

Amostragem estatística/Statistical sampling: envolve a escolha de uma parte representativa de uma população de interesse para inspeção, em que população é o universo inteiro dos dados sob investigação.

GERENCIAMENTO DA QUALIDADE

Fluxogramas/Flowcharting: representação das relações entre as sequências ou etapas de um processo ou sistema; a elaboração de fluxogramas pode ajudar a equipe do projeto a compreender e prever os problemas de qualidade.

Folhas de verificação/Checksheets: pode ser usado como uma lista de verificação durante o recolhimento de dados. A folha de verificação é utilizada para organizar os fatos de uma maneira que irá facilitar a cobrança efetiva de dados úteis sobre um problema potencial de qualidade.

Plano de gerenciamento da qualidade/Quality management plan: descreve como será feito o gerenciamento da qualidade no projeto; como será implementada a política de qualidade; como será realizada a garantia da qualidade; como será realizado o controle da qualidade (métricas da qualidade); como será feita a melhoria contínua dos processos do projeto; e responsabilidades pela qualidade.

Lembre-se: a qualidade deve estar balanceada com os outros componentes da tripla restrição "escopo-tempo-custo".

Plano de melhorias no processo/Perform quality assurance: identifica as atividades que melhoram o desempenho e minimizam os eventos causadores de defeitos.

Métricas de qualidade/Quality metrics: é uma definição operacional que descreve em termos específicos um atributo do projeto ou de seus produtos e como a sua medição será feita pelo controle da qualidade.

Listas de verificação da qualidade/Quality checklists: abordagem efetiva e simples para obtenção, organização e exibição de dados para análise e revisões; são criadas pelo planejamento da qualidade e usadas no processo de controle da qualidade.

Realizar a garantia da qualidade/Perform quality assurance

Processo de auditoria dos requisitos de qualidade e dos resultados das medições de controle de qualidade para assegurar o uso dos padrões de qualidade e das definições operacionais apropriadas.

Principal benefício: facilita a melhoria dos processos de qualidade.

Informações sobre o desempenho do trabalho/Work performance information: medidas de desempenho técnico, situação das entregas do projeto, progresso do cronograma e custos incorridos; insumos para auditorias, revisões de qualidade e análises de processos.

Auditorias de qualidade/Quality audits: revisão estruturada e independente para determinar se as atividades do projeto estão de acordo com as políticas, procedimentos e padrões de projetos da organização e se são eficientes e eficazes. Existem três tipos de auditoria de qualidade: auditoria de sistema, auditoria de processo e auditoria de produto. O gerente de projetos pode executar essa atividade, caso a organização não tenha essa atividade formalmente estabelecida.

Análise de processos/Process analysis: segue as etapas descritas no plano de melhorias no processo para identificar as melhorias necessárias.

Controlar a qualidade/Control quality

Processo de monitoramento e registro dos resultados obtidos com a execução das atividades de qualidade para avaliar o desempenho e recomendar as mudanças necessárias.

Enquanto a garantia da qualidade verifica se os padrões e procedimentos estão sendo seguidos, o controle da qualidade monitora as medições para verificar se o projeto e seus processos estão em controle.

Principal benefício: identificação das causas da baixa qualidade dos processos ou dos produtos, e recomendações ou ações para eliminação; validação das entregas do projeto e do trabalho de acordo com os requisitos especificados pelas partes interessadas necessárias para a aceitação final.

Diagrama causa e efeito/Cause and effect diagram: também conhecido como diagrama de espinha de peixe ou diagrama de Ishikawa. O problema ou efeito é colocado na ponta (cabeça) do diagrama de espinha de peixe e é utilizado como ponto de partida para rastrear a fonte deste problema e posterior análise da causa raiz.

Histograma/Histogram: forma especial de gráfico de barras que é utilizado para descrever a tendência central, dispersão e a forma de uma distribuição estatística.

Diagrama de Pareto/Pareto chart: tipo específico de histograma, no qual as classes são ordenadas da maior para a menor frequência de ocorrência. O diagrama de Pareto está conceitualmente relacionado à Lei de Pareto (princípio 80/20), em que 80% dos problemas se devem a 20% das causas.

GERENCIAMENTO DA QUALIDADE

Gráfico de execução/Run chart: apresenta as tendências, va- riações deteriorações ou melhorias em um processo ao longo do tempo.

Diagrama de dispersão/Scatter diagram: mostra o relacionamento entre duas variáveis.

Amostragem estatística/Statistical sampling: escolha de parte da população de interesse para inspeção. A frequência e o tamanho das amostras são determinados pelo processo Planejar o gerenciamento da qualidade.

Inspeção/Inspection: é o exame de um produto do trabalho para determinar se ele está de acordo com os padrões documentados. Pode ser realizada na forma de revisões, revisões por pares, auditorias ou homologações.

Revisão de solicitações de mudanças aprovadas/Approved change requests review: garantir que as mudanças solicitadas foram feitas de acordo com o que foi aprovado.

Medições do controle da qualidade/Quality control measurements: resultados das atividades de controle da qualidade, documentados no formato especificado pelo planejamento da qualidade. São usadas para avaliar os processos e padrões de qualidade da organização executante.

Mudanças validadas/Validated changes: todas as mudanças e reparos são inspecionados após a execução para serem validados pelo controle da qualidade.

Entregas validadas/Validated deliverables: o controle da qualidade determina a conformidade das entregas, validando-as antes de sua aceitação formal.

Mapa Mental

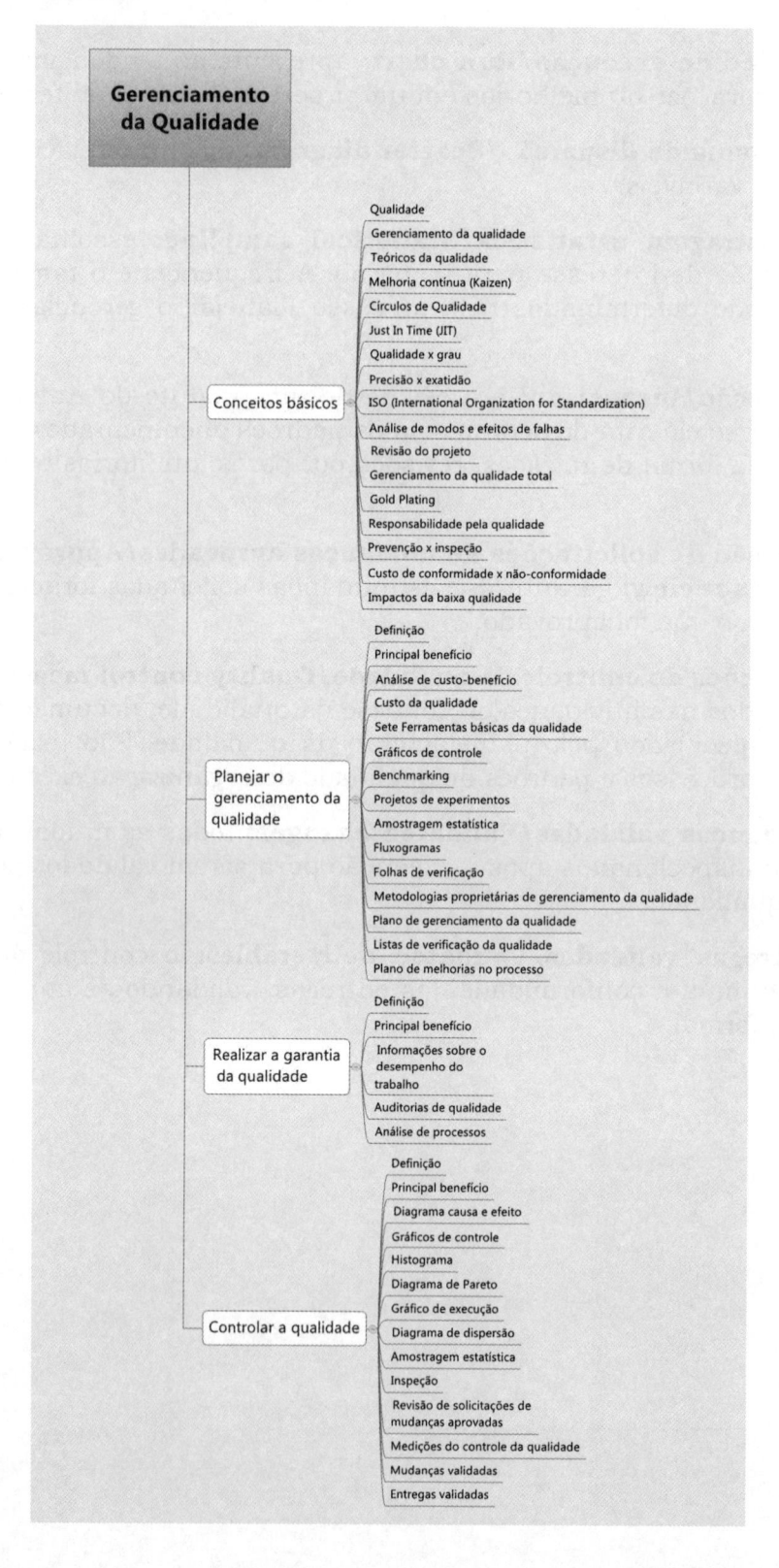

Gerenciamento da Qualidade

- Conceitos básicos
  - Qualidade
  - Gerenciamento da qualidade
  - Teóricos da qualidade
  - Melhoria contínua (Kaizen)
  - Círculos de Qualidade
  - Just In Time (JIT)
  - Qualidade x grau
  - Precisão x exatidão
  - ISO (International Organization for Standardization)
  - Análise de modos e efeitos de falhas
  - Revisão do projeto
  - Gerenciamento da qualidade total
  - Gold Plating
  - Responsabilidade pela qualidade
  - Prevenção x inspeção
  - Custo de conformidade x não-conformidade
  - Impactos da baixa qualidade

- Planejar o gerenciamento da qualidade
  - Definição
  - Principal benefício
  - Análise de custo-benefício
  - Custo da qualidade
  - Sete Ferramentas básicas da qualidade
  - Gráficos de controle
  - Benchmarking
  - Projetos de experimentos
  - Amostragem estatística
  - Fluxogramas
  - Folhas de verificação
  - Metodologias proprietárias de gerenciamento da qualidade
  - Plano de gerenciamento da qualidade
  - Listas de verificação da qualidade
  - Plano de melhorias no processo

- Realizar a garantia da qualidade
  - Definição
  - Principal benefício
  - Informações sobre o desempenho do trabalho
  - Auditorias de qualidade
  - Análise de processos

- Controlar a qualidade
  - Definição
  - Principal benefício
  - Diagrama causa e efeito
  - Gráficos de controle
  - Histograma
  - Diagrama de Pareto
  - Gráfico de execução
  - Diagrama de dispersão
  - Amostragem estatística
  - Inspeção
  - Revisão de solicitações de mudanças aprovadas
  - Medições do controle da qualidade
  - Mudanças validadas
  - Entregas validadas

GERENCIAMENTO DA QUALIDADE

Exercícios de Fixação

Exercício 1: Qual o papel do gerente de projeto no gerenciamento da qualidade do projeto? Complete as lacunas com as palavras a seguir:

- atividade
- cliente
- conformidade
- controle de qualidade
- custos de conformidade
- gerentes funcionais
- projeto
- melhoria
- métricas
- mudança
- desempenho
- pacote de trabalho
- padrão
- políticas e processos
- qualidade
- trabalho do projeto
- tripla restrição

Deve recomendar melhorias aos padrões, _____ da organização. Essas recomendações devem ser bem-vindas pelos _____.

Qualidade deve ser considerada pelo gerente de projeto sempre que houver qualquer _____ em um dos componentes da _____.

_____ deve ser verificada antes que qualquer _____ ou _____ seja finalizado.

Deve investir seu tempo na _____ da qualidade e dos processos.

Deve assegurar a _____ dos requerimentos, de forma a evitar o *Gold Plating*.

Deve determinar _____ para uso na medição de qualidade antes que o _____ inicie.

Deve assegurar que os processos e procedimentos sejam seguidos de acordo com seu sistema de _____.

Estar certo sobre como o _____ define e compreende qualidade.

Identificar qualquer _____ utilizado na empresa que possa ser aplicado ao _____.

Estabelecer padrões, de modo a conseguir atingir o nível de _____ desejado.

Identificar os _____ necessários para evitar os custos de não conformidade.

Exercício 2: Em geral existe confusão nas diferenças entre planejar o gerenciamento da qualidade, realizar a garantia da qualidade e controlar a qualidade. Relacione estes processos com as afirmativas a seguir:

(1)Planejar o gerenciamento da qualidade.

(2)Realizar a garantia da qualidade.

(3)Controlar a qualidade.

( ) Recomenda mudanças e ações corretivas ao controle de mudança integrada.

( ) Repara defeitos.

( ) Cria o plano de gerenciamento da qualidade e o inclui no plano de gerenciamento do projeto.

( ) Cria padrões específicos ao projeto.

GERENCIAMENTO DA QUALIDADE

(   ) Verifica se as atividades do projeto estão de acordo com os processos planejados.

(   ) Determina o equilíbrio entre as necessidades de qualidade e escopo, custo, tempo, risco e satisfação.

(   ) Implementa as mudanças aprovadas à linha de base de qualidade.

(   ) Determina que trabalho deve ser realizado para o alcance do desempenho.

(   ) Em geral é realizado durante o planejamento do projeto.

(   ) Assegura melhoria contínua.

(   ) Em geral é realizado durante o monitoramento e controle do projeto.

(   ) Determina como será a forma de medição para o alcance do desempenho desejado.

(   ) Auditoria de qualidade.

(   ) Corrige as deficiências nos padrões e processos.

(   ) Identifica os padrões existentes para os produtos e gerenciamento doprojeto.

(   ) Verifica se o projeto está de acordo com os processos organizacionaise as políticas e processos do projeto.

(   ) Identifica melhorias na qualidade.

(   ) Mede os resultados específicos do projeto em relação aos padrões de desempenho organizacionais e as políticas, processos e procedimentos do projeto.

(   ) Identifica melhorias necessárias à empresa.

(   ) Recomenda mudanças, ações corretivas e preventivas, e reparo de defeitos ao controle de mudança integrada.

(   ) Em geral é realizado durante a execução do projeto.

Exercício 3: No quadro abaixo estão algumas ferramentas e técnicas do processo Planejar o gerenciamento da qualidade. Circule essas ferramentas e técnicas que estão dispostas na horizontal e na vertical.

```
C U S T O D A Q U A L I D A D E H G L V W P B W Q
N I D F D I A G R A M A S C A U S A E E F E I T O
J N I H A N A L I S E C U S T O B E N E F I C I O
M S S S P R O J E T O D E E X P E R I M E N T O S
I P P A R G R Á F I C O S D E C O N T R O L E O O
Y E L D X E R L E A N S E I S S I G M A D X O S H
W Ç T A M O S T R A G E M E S T A T I S T I C A I
D Ã L D I A G R A M A S D E A F I N I D A D E O S
M O O C E B R A I N S T O R M I N G H F T Y V L T
P A J N B M G E F X T T E D E P R O J E T O S K O
N Ç Y S F R F L U X O G R A M A S R K S S L H W G
D I A G R A M A D E D I S P E R S Ã O T O Z L D R
H E H N D I A G R A M A D E P A R E T O R C Y Z A
D B E N C H M A R K I N G S E D H M E L P Z W D M
S W C U K S E I S S I G M A T W H Z L O B L Z Y A
C Y R G R Á F I C O D E E X E C U Ç Ã O E D I X C
X T É C N I C A S D E G R U P O S N O M I N A I S
```

Exercício 4: As sete ferramentas básicas da qualidade de Ishikawa são: Diagrama de causa e efeito, gráfico de controle, fluxograma, histograma, diagrama de Pareto, gráfico de execução e diagrama de dispersão. Relacione essas ferramentas com seus conceitos.

(CE) Diagrama de causa e efeito.

(GC) Gráfico de controle.

(F) Fluxograma.

(H) Histograma.

(DP) Diagrama de Pareto.

(GE) Gráfico de execução.

(DD) Diagrama de dispersão.

( ) São plotadas as variáveis dependentes e as variáveis independentes.

( ) São usados como ferramenta de planejamento ou controle.

( ) iIustra como um processo se comporta com o passar do tempo e quando um processo está sujeito a uma variação com causa especial.

GERENCIAMENTO DA QUALIDADE

(   ) Princípio 80/20, em que 80% dos problemas se devem a 20% das causas.

(   ) Também conhecido como diagrama de Ishikawa.

(   ) Mostra as atividades, os pontos de decisão e a ordem de processamento.

(   ) Gráfico de barras verticais.

(   ) Semelhante a um gráfico de controle sem a exibição dos limites.

(   ) Permite que a equipe de qualidade estude e identifique o relacionamento possível entre as mudanças observadas em duas variáveis.

(   ) Diagramas "Por quê-Por quê" e "Como-Como" podem ser usados na análise.

(   ) Pode ajudar a equipe do projeto a prever os problemas de qualidade que poderão ocorrer.

(   ) Pode revelar valores flutuantes aleatórios, saltos repentinos nos processos ou uma tendência gradual de aumento de variação.

(   ) Ajuda a ilustrar a causa mais comum dos problemas em um processo, com a quantidade e a altura relativa das barras.

(   ) Pode ajudar a avaliar se a aplicação das mudanças no processo resultou nas melhorias desejadas.

(   ) Determinar as etapas do processo que não estão em conformidade e identificar oportunidades potenciais de melhoria do processo.

(   ) A equipe do projeto deve abordar em primeiro lugar as causas que estão gerando o maior número de defeitos.

(   ) Sete pontos consecutivos fora do limite de controle superior ou inferior indicam que o processo está fora de controle (regra dos sete).

(   ) O limite de controle superior e o limite de controle inferior geralmente são definidos como ±3S, em que 1S corresponde a um desvio-padrão.

(   ) Ilustra como diversos fatores podem estar ligados a problemas ou efeitos potenciais.

(   ) Mostra as relações entre as etapas do processo.

(   ) Também conhecido como diagrama de espinha de peixe.

(   ) Prioriza as causas potenciais do problema.

(   ) Mostra com que frequência ocorreu um determinado estado de uma variável.

(   ) É um tipo específico de histograma.

(   ) Um número relativamente pequeno de causas é responsável pela maioria dos problemas ou defeitos.

(   ) Ajuda na atenção à questão mais crítica do problema.

(   ) A análise de tendências utiliza-o, e envolve técnicas matemáticas para prever os resultados futuros com base nos resultados históricos.

Respostas

Respostas do Exercício 1:

Deve recomendar melhorias aos padrões, políticas e processos da organização. Essas recomendações devem ser bem-vindas pelos gerentes funcionais.

Qualidade deve ser considerada pelo gerente de projeto sempre que houver qualquer mudança em um dos componentes da tripla restrição.

Qualidade deve ser verificada antes que qualquer atividade ou pacote de trabalho seja finalizado.

Deve investir seu tempo na melhoria da qualidade e dos processos.

Deve assegurar a conformidade dos requerimentos, de forma a evitar o Gold Plating.

Deve determinar métricas para uso na medição de qualidade antes que o trabalho do projeto inicie.

Deve assegurar que os processos e procedimentos sejam seguidos de acordo com seu sistema de controle de qualidade.

Estar certo sobre como o cliente define e compreende qualidade.

Identificar qualquer padrão utilizado na empresa que possa ser aplicado ao projeto.

Estabelecer padrões, de modo a conseguir atingir o nível de desempenho desejado.

Identificar os custos de conformidade necessários para evitar os custos de não conformidade.

GERENCIAMENTO DA QUALIDADE

Respostas do Exercício 2:

(2) Recomenda mudanças e ações corretivas ao controle de mudança integrada.

(3) Repara defeitos.

(1) Cria o plano de gerenciamento da qualidade e o inclui no plano de gerenciamento do projeto.

(1) Cria padrões específicos ao projeto.

(2) Verifica se as atividades do projeto estão de acordo com os processos planejados.

(1) Determina o equilíbrio entre as necessidades de qualidade e escopo, custo, tempo, risco e satisfação.

(3) Implementa as mudanças aprovadas à linha de base de qualidade.

(1) Determina que trabalho deve ser realizado para o alcance do desempenho desejado.

(1) Em geral é realizado durante o planejamento do projeto.

(2) Assegura melhoria contínua.

(3) Em geral é realizado durante o monitoramento e controle do projeto.

(1) Determina como será a forma de medição para o alcance do desempenho desejado.

(2) Auditoria de qualidade.

(2) Corrige as deficiências nos padrões e processos.

(1) Identifica os padrões existentes para os produtos e gerenciamento do projeto.

(2) Verifica se o projeto está de acordo com os processos organizacionais e as políticas e processos do projeto.

(3) Identifica melhorias na qualidade.

(3) Mede os resultados específicos do projeto em relação aos padrões de desempenho organizacionais e as políticas, processos e procedimentos do projeto.

(2) Identifica melhorias necessárias à empresa.

(3) Recomenda mudanças, ações corretivas e preventivas, e reparo de defeitos ao controle de mudança integrada.

(2) Em geral é realizado durante a execução do projeto.

Respostas do Exercício 3:

```
C U S T O D A Q U A L I D A D E H G L V W P B W Q
N I D F D I A G R A M A S C A U S A E E F E I T O
J N I H A N A L I S E C U S T O B E N E F I C I O
M S S S P R O J E T O D E E X P E R I M E N T O S
I P P A R G R Á F I C O S D E C O N T R O L E O O
Y E L D X E R L E A N S E I S S I G M A D X O S H
W Ç T A M O S T R A G E M E S T A T I S T I C A I
D Ã L D I A G R A M A S D E A F I N I D A D E O S
M O O C E B R A I N S T O R M I N G H F T Y V L T
P A J N B M G E F X T T E D E P R O J E T O S K O
N Ç Y S F R F L U X O G R A M A S R K S S L H W G
D I A G R A M A D E D I S P E R S Ã O T O Z L D R
H E H N D I A G R A M A D E P A R E T O R C Y Z A
D B E N C H M A R K I N G S E D H M E L P Z W D M
S W C U K S E I S S I G M A T W H Z L O B L Z Y A
C Y R G R Á F I C O D E E X E C U Ç Ã O E D I X C
X T É C N I C A S D E G R U P O S N O M I N A I S
```

Respostas do Exercício 4:

(DD) São plotadas as variáveis dependentes e as variáveis independentes.

(CE) São usados como ferramenta de planejamento ou controles.

(GC) Ilustra como um processo se comporta com o passar do tempo e quando um processo está sujeito a uma variação com causa especial.

(DP) Princípio 80/20, em que 80% dos problemas se devem a 20% das causas.

(CE) Também conhecido como diagrama de Ishikawa.

(F) Mostra as atividades, os pontos de decisão e a ordem de processamento.

(H) Gráfico de barras verticais.

(GE) Semelhante a um gráfico de controle sem a exibição dos limites.

GERENCIAMENTO DA QUALIDADE 253

(DD) Permite que a equipe de qualidade estude e identifique o relacionamento possível entre as mudanças observadas em duas variáveis.

(CE) Diagramas "Por quê-Por quê" e "Como-Como" podem ser usados na análise.

(F) Pode ajudar a equipe do projeto a prever os problemas de qualidade que poderão ocorrer.

(GC) Pode revelar valores flutuantes aleatórios, saltos repentinos nos processos ou uma tendência gradual de aumento de variação.

(H) Ajuda a ilustrar a causa mais comum dos problemas em um processo, com a quantidade e a altura relativa das barras.

(GC) Pode ajudar a avaliar se a aplicação das mudanças no processo resultou nas melhorias desejadas.

(F) Determinar as etapas do processo que não estão em conformidade e identificar oportunidades potenciais de melhoria do processo.

(DP) A equipe do projeto deve abordar em primeiro lugar as causas que estão gerando o maior número de defeitos.

(GC) Sete pontos consecutivos fora do limite de controle superior ou inferior indicam que o processo está fora de controle (regra dos sete).

(GC) O limite de controle superior e o limite de controle inferior geralmente são definidos como ± 3S, em que 1S corresponde a um desvio-padrão.

(CE) Ilustra como diversos fatores podem estar ligados a problemas ou efeitos potenciais.

(F) Mostra as relações entre as etapas do processo.

(CE) Também conhecido como diagrama de espinha de peixe.

(DP) Prioriza as causas potenciais do problema.

(H) Mostra com que frequência ocorreu um determinado estado de uma variável.

(DP) É um tipo específico de histograma.

(DP) Um número relativamente pequeno de causas é responsável pela maioria dos problemas ou defeitos.

(DP) Ajuda na atenção à questão mais crítica do problema.

(GE) A análise de tendências utiliza-o, e envolve técnicas matemáticas para prever os resultados futuros com base nos resultados históricos.

Comentários do Simulado

97. Qual dos itens abaixo <u>não</u> faz parte dos conceitos conhecidos como "Os 4 absolutos de Crosby"?

    A) Qualidade significa estar em conformidade com os requerimentos.

    B) Qualidade melhora com a prevenção.

    C) Qualidade é medida somente pelo custo de não conformidade.

    D) Qualidade significa que o desempenho padrão é zero defeito.

Resposta: C

   Justificativa: Qualidade é medida pelo custo de conformidade e de não conformidade.

98. Qual dos itens abaixo <u>melhor</u> representa o significado da expressão <u>amostragem de atributo,</u> utilizada no processo de controle da qualidade?

    A) Reflete as medidas sobre uma escala contínua de qualidade das características de um produto ou serviço.

    B) É a técnica-padrão utilizada no processo de controle de qualidade desenvolvido por Juran.

    C) É expressa por passou/não passou ou aceito/rejeitado, uma aferição binária.

    D) É realizada para determinar a eficácia dos processos de qualidade implantados.

Resposta: C

   Justificativa: O atributo é uma característica binária, possui ou não possui.

GERENCIAMENTO DA QUALIDADE

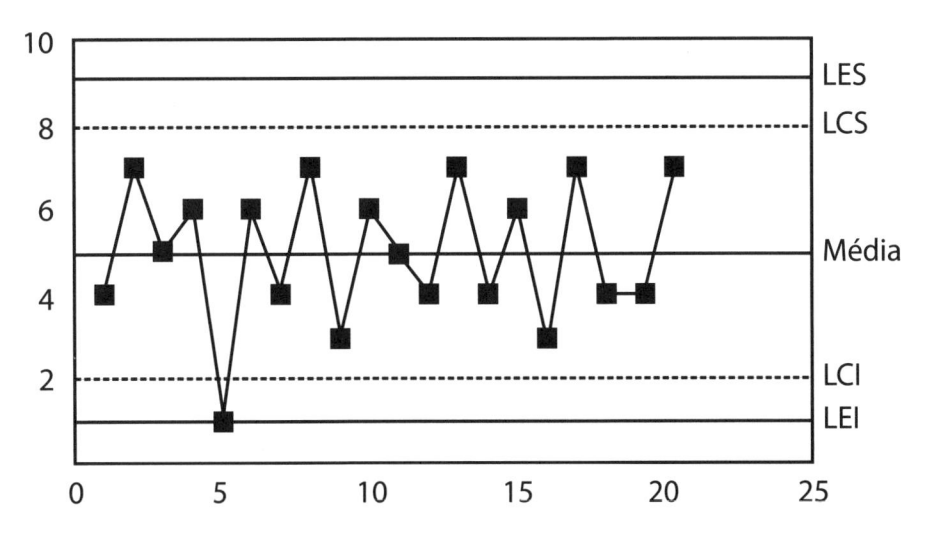

99. Analisando o gráfico de controle abaixo podemos concluir:

A) O processo está sob controle e atendendo às expectativas do cliente.

B) O processo está fora de controle, mas nenhuma ação deverá ser feita, visto que ele está atendendo às expectativas do cliente.

C) Utilizando-se a regra dos sete pontos, verifica-se que está tudo em ordem com o processo.

D) O processo está fora de controle e uma ação deverá ser tomada para corrigi-lo.

Resposta: D

Justificativa: Um processo é considerado fora de controle, utilizando o gráfico de controle, quando um ponto fica fora dos limites de controle.

100. Quando um processo está estatisticamente sob controle, significa que:

A) Causas naturais e especiais estão presentes.

B) Causas aleatórias ou comuns estão presentes.

C) Somente causas especiais estão presentes.

D) Não existem causas que possam modificar o comportamento.

Resposta: B

Justificativa: Um processo está sob controle quando apresenta resultados esperados dentro de uma faixa conhecida de variação. A existência de causas aleatórias, randômicas ou comuns é o comportamento esperado de um processo.

101. Se em um determinado processo a distância entre os limites de especificação superior e inferior for de 6 sigmas, podemos afirmar que o índice de capacidade ou capabilidade é:

    A) 1 sigma.

    B) 2,0.

    C) 1,0.

    D) –2 sigmas.

Resposta: C

Justificativa: Aplicação da fórmula para cálculo do índice de capabilidade = (LSE – LIEI)/6 sigmas, ou seja, capabilidade = 6 sigmas/6 sigmas = 1. Sendo:

LSE: limite superior de especificação.

LIE: limite inferior de especificação.

102. Qual das seguintes não é uma ferramenta utilizada em todos os processos de qualidade?

    A) Pareto.

    B) Auditoria de qualidade.

    C) Gráficos de controle.

    D) Diagrama de causa-efeito.

Resposta: B

Justificativa: Auditoria de qualidade está ligada à garantia da qualidade. As demais ferramentas listadas podem ser usadas nos três processos, porém com objetivos diferentes, alinhados com os objetivos específicos de cada um dos processos.

103. A prototipagem da nova função de atualização de cadastro foi apresentada ao usuário para testes e mostrou que não estava seguindo todos os padrões de qualidade definidos. O gerente do projeto se reu-

niu com a equipe para analisar os resultados. Neste momento eles estão executando o processo de:

A) Realizar a garantia da qualidade.

B) Planejar o gerenciamento da qualidade.

C) Controlar o escopo.

D) Controlar a qualidade.

Resposta: A

Justificativa: O processo que avalia se os padrões estão sendo seguidos (auditoria) é realizar a garantia da qualidade.

104. Você foi nomeado para gerenciar um projeto que já estava em andamento. Antes de iniciar suas atividades, você verificou se haviam ocorrido problemas sérios até o momento. Um dos grandes problemas identificados foi relativo à qualidade dos trabalhos, visto que não existia um plano de gerenciamento da qualidade para o projeto. Você reuniu a equipe para <u>preparar um plano de gerenciamento da qualidade para o projeto e sua primeira ação foi:</u>

A) Definir as métricas de qualidade do projeto e a forma de atingi-las.

B) Determinar a política de qualidade do projeto.

C) Elaborar o plano de gerenciamento da qualidade do projeto.

D) Nomear os responsáveis pela qualidade do projeto.

Resposta: B

Justificativa: A primeira ação é o desenvolvimento da política de qualidade do projeto, depois as métricas e depois como atingi-la.

105. A equipe está <u>testando</u> o trabalho do projeto e enfrenta <u>problemas em um requisito particular</u>. Qual das seguintes ferramentas eles podem usar para <u>isolar o problema?</u>

A) Diagrama de Ishikawa.

B) Análise custo-benefício.

C) Projeto de experimentos.

D) Fluxogramas.

Resposta: A

Justificativa: A ferramenta diagrama de Ishikawa (também chamado de espinha de peixe ou diagrama de causa-e-efeito) é utilizada no controle de qualidade (uma vez que o trabalho está sendo testado) para descobrir causas de problemas ocorridos.

106. A empresa está em fase de testes do seu projeto de software, monitorando defeitos participados por clientes Premium, que estão testando a versão beta do trabalho do projeto. Dada a natureza de um novo projeto, uma <u>variedade de defeitos</u> está sendo detectada ao longo do tempo. Qual das seguintes ferramentas a equipe utilizará para para <u>avaliar esses dados graficamente</u>?

    A) Diagrama de Pareto.

    B) Fluxograma.

    C) Gráfico de execução.

    D) Diagrama espinha de peixe.

Resposta: C

Justificativa: O gráfico de execução (opção C) permitirá monitorar ao longo do tempo o desempenho do software nos testes e a ocorrência de defeitos. Posteriormente, a aplicação do diagrama de Pareto (opção A) permitirá avaliar a quantidade de ocorrências de cada tipo de defeito, identificando os de maior incidência e priorizando a sua correção. As demais opções não se relacionam com este tipo de controle.

107. Seu cliente está muito satisfeito com o desenvolvimento do projeto e oferece, como prêmio, uma extensão de 100% das atividades contratadas, caso seja imediatamente realizada uma rápida <u>entrega não prevista,</u> que não afetará tempo nem custos do projeto atual. Como gerente deste projeto, qual a <u>melhor</u> coisa a fazer?

    A) Você faz a entrega e ganha a extensão do projeto.

    B) Você faz a entrega e depois documenta o ocorrido.

    C) Você não faz a entrega e solicita uma formalização para realizá-la.

    D) Você submete a situação a seu superior.

Resposta: C

Justificativa: Fazer uma entrega não prevista no planejamento do projeto (opções A e B) não é uma boa prática. Como submeter ao seu superior (opção D) também não é possível, pois o pedido é imediato, o correto é não fazer a entrega de imediato e requerer ao cliente um pedido de mudança de escopo formal.

108. A ferramenta que se utiliza da soma dos custos de prevenção de não atendimento aos requisitos mais os custos de não conformidades é:

    A) *Benchmarking*.

    B) Métricas de qualidade.

    C) Linha de base da qualidade.

    D) Custo da qualidade.

Resposta: D

Justificativa: Custo da qualidade é a somatória dos custos incorridos em prevenção das não conformidades com os custos do não atendimento dos requisitos.

109. Uma auditoria da qualidade é uma revisão estruturada e independente para determinar se as atividades do projeto estão cumprindo as políticas, processos e procedimentos da organização e do projeto. Qual das opções abaixo não é um objetivo de uma auditoria da qualidade?

    A) Identificar todas as melhores práticas que estão sendo implementadas.

    B) Identificar todas as lacunas e deficiências.

    C) Denunciar os responsáveis pelas lacunas e deficiências.

    D) Oferecer apoio proativo para melhorar a implementação de processos, aumentando a produtividade.

Resposta: C

Justificativa: A essência de uma auditoria de qualidade é positiva e de contribuição com a melhoria do processo de qualidade. Logo, a opção C é a única que não condiz com esta premissa.

110. Durante o planejamento da qualidade, o uso de _____ é útil como um método estatístico que auxilia o gerente da qualidade a identificar os fatores que podem influenciar variáveis específicas de um produto ou processo em desenvolvimento ou em produção.

A) Análise de custo-benefício.

B) Projeto de experimentos.

C) Amostragem estatística.

D) Análise de processos.

Resposta: B

Justificativa: O método estatístico conceituado é o projeto de experimentos. Este método deve ser usado durante o processo de planejar o gerenciamento da qualidade para determinar o número, o tipo de testes e o seu impacto no custo da qualidade.

111. O projeto está passando pelo <u>controle de qualidade</u>. O que o gerente do projeto poderá usar para <u>comparar o que foi criado com o que foi planejado?</u>

    A) Lista de verificação.

    B) Inspeção.

    C) Decisões de aceitação.

    D) Retrabalho.

Resposta: B

Justificativa: Inspeções têm como objetivo verificar se o executado corresponde ao planejado em termos de qualidade. Trata-se de um exame para determinar se o item está em conformidade com os padrões de qualidade documentados.

112. O diagrama de Pareto é uma ferramenta que mostra quantos defeitos foram gerados por um tipo ou categoria de causa identificada. Esta classificação é usada para direcionar a ação corretiva. Qual o outro nome também dado para identificar a <u>Lei de Pareto?</u>

    A) Diagrama de Ishikawa.

    B) Diagrama de espinha de peixe.

    C) Princípio 80/20.

    D) Diagrama de dispersão.

GERENCIAMENTO DA QUALIDADE

Resposta: C

Justificativa: Diagrama de causa-efeito (opções A e B) e o diagrama de dispersão (opção D) fazem parte das sete ferramentas básicas da qualidade, indicadas como ferramentas do processo Controlar a qualidade, mas não têm associação com a Lei de Pareto, que também é conhecida como princípio 80/20.

113. Gerenciar a qualidade do projeto significa empreender os esforços necessários para que o projeto satisfaça às necessidades para as quais foi criado. Dentre os possíveis impactos de um fraco gerenciamento da qualidade podemos citar os abaixo, exceto:

    A) Aumento de custos.

    B) Moral baixo da equipe.

    C) Retrabalhos.

    D) Revisão da metodologia de projetos.

Resposta: D

Justificativa: Junto com baixa satisfação do cliente, aumento de riscos, atraso de cronogramas, as opções A, B e C são possíveis impactos de um fraco gerenciamento da qualidade. Assim, a opção D é a única que não se enquadra como possível impacto.

114. Em última instância, quem deve ser considerado o responsável pela qualidade do gerenciamento do projeto?

    A) Equipe do projeto.

    B) O patrocinador.

    C) O gerente do projeto.

    D) O gerente da qualidade do projeto.

Resposta: C

Justificativa: A alta gerência é responsável pela qualidade dentro da organização. A equipe do projeto é responsável pela qualidade das atividades que executa. O gerente do projeto é o responsável pela qualidade do projeto como um todo.

115. A fim de planejar seu projeto, qual deve ter, geralmente, <u>a mais alta prioridade:</u> qualidade, custos ou prazos?

   A) Isto deve ser definido pelo próprio projeto.

   B) Custos é o mais importante, depois qualidade e prazos.

   C) Qualidade é mais importante do que prazos e custos.

   D) Prazos é mais importante, em seguida custos e qualidade.

Resposta: A

   Justificativa: A definição de importância ou orientação de um projeto deve ser definida pelo planejamento do próprio projeto. Salvo orientação contrária, qualidade, custos e prazos devem ser considerados como de igual importância.

Capítulo 10

Gerenciamento de Recursos Humanos

Síntese dos Conceitos

O gerenciamento dos recursos humanos do projeto inclui os processos que organizam e gerenciam a equipe do projeto, que consiste nas pessoas com papéis e responsabilidades designadas para conduzir e concluir o projeto.

Planejar o gerenciamento dos recursos humanos/Plan human resource management

Processo de identificação e documentação dos papéis do projeto, responsabilidades, habilidades necessárias, registro das inter-relações e criação do plano de gerenciamento da equipe.

Principal benefício: definição dos papéis e responsabilidades do projeto, organograma e o plano de gerenciamento de recursos humanos, incluindo o calendário de alocação e desmobilização.

Organogramas e descrições de cargos/Organization charts and position descriptions: existem diversos formatos para documentar os papéis e responsabilidades dos membros da equipe, a saber:

- Gráficos hierárquicos/*Hierarchical-type charts:* a estrutura de organograma tradicional mostra posições e responsabilidades em formato hierárquico.

- Gráficos matriciais/*Matrix-based charts:* a matriz de responsabilidade (MR) é usada para ilustrar as conexões entre pacotes de trabalho ou atividades e os membros da equipe do projeto. Para evitar confusão, na matriz pode-se utilizar a legenda RACI *(Responsible, Accountable, Consult and Inform;* ou Responsável pela execução, Responsável pela aprovação, Consultado e Informado);

- Formatos de texto/*Text-oriented formats:* esses documentos fornecem informações como responsabilidades, autoridade, competências e qualificações, e são conhecidos como descrições de cargos ou formulários de papel-responsabilidade-autoridade.

Rede de relacionamentos/Networking: desenvolvida a partir da interação formal e informal com outras pessoas na organização, no setor ou no ambiente profissional.

Teoria organizacional/Organizational theory: fornece informações sobre a forma como pessoas, equipes e unidades organizacionais se comportam.

Plano de recursos humanos/Human resource plan: parte do plano de gerenciamento do projeto que fornece orientação sobre como os recursos humanos do projeto devem ser definidos, mobilizados, gerenciados, controlados e liberados. Este plano deve incluir, entre outros itens, papéis e responsabilidades; organogramas do projeto; e plano de gerenciamento de pessoal.

Plano de gerenciamento da equipe/Staffing management plan: parte do plano de gerenciamento de recursos humanos, que descreve como os membros da equipe serão mobilizados, inclui o calendário de recursos indicando sua alocação ao longo do tempo. A necessidade de recursos pode ser ilustrada graficamente por de histograma. Este plano deve incluir também a desmobilização, além de treinamento, incentivos, recompensas, normas de procedimento e exigências de segurança.

GERENCIAMENTO DE RECURSOS HUMANOS

Mobilizar a equipe do projeto/Acquire project team

Processo de confirmação da disponibilidade dos recursos humanos e formação da equipe necessária para completar as atividades do projeto.

Principal benefício: guia o processo de seleção e designação de responsabilidade da equipe.

Pré-designação/Pre-assignment: membro da equipe identificado com antecedência numa proposta de contrato ou termo de abertura pela sua competência.

Negociação/Negotiation: empregada para garantir a obtenção das pessoas adequadas de modo a compor a equipe do projeto, seja provenientes de outras áreas da empresa ou de organizações externas.

Contratação/Acquisition: obtenção, por contrato, de pessoas externas à organização, seja diretamente no mercado ou por intermédio de empresas de terceirização.

Equipes virtuais/Virtual teams: grupos de pessoas, com objetivo comum, que desenvolvem parte do projeto de locais e horários de trabalho diferentes.

Análise de decisão multicritério/Multi-criteria decision analysis: critérios de seleção de membros da equipe, como: disponibilidade, custo, experiência, habilidade, conhecimento, competência e fator internacional.

Designações da equipe do projeto/Project staff assignment: nomeações de membros da equipe apropriadas ao projeto. Essas nomeações podem ocorrer em memorandos para membros da equipe e devem fazer parte dos documentos do projeto como organogramas e cronogramas.

Calendários de recursos/Resource calendars: documentam os períodos de tempo durante os quais cada membro da equipe do projeto estará disponível para o trabalho do projeto.

Desenvolver a equipe do projeto/Develop project team

Processo de melhoria das competências individuais, da interação entre os membros da equipe e do ambiente da equipe para melhorar o desempenho do projeto.

Principal benefício: melhoria da equipe de trabalho, com o aumento da capacitação, competência, motivação dos empregados, redução da taxa de rotatividade de pessoal, e aumento do desempenho do projeto como um todo.

Habilidades interpessoais/Interpersonal skills: incluem habilidades como comunicação, inteligência emocional, resolução do conflitos, negociação, influência, espírito de equipe e facilitação de grupos.

Treinamento/Training: atividades de melhoria de competências da equipe do projeto, seja em: sala de aula, *e-learning, coaching* e *mentoring* (os dois últimos tratam de facilitação feita por um profissional experiente para o desenvolvimento do potencial de outros profissionais menos experientes).

Atividades de construção da equipe/Team-building exercises: têm como objetivo ajudar as pessoas a trabalhar com eficácia.

Tuckman, em seu modelo publicado em 1965 e depois complementado por Tuckman e Jensen em 1977, diz que as equipes tendem a se desenvolver em cinco estágios, a saber:

- Formação/*Forming.*
- Conflito/*Storming.*
- Acordo/*Norming.*
- Desempenho/*Performing.*
- Dispersão/*Adjourning.*

Esta sequência pode variar, mas essas fases tendem a se manifestar na maioria das equipes.

Regras básicas/Ground rules: esclarecimento de expectativas e fixação de critérios facilitam os entendimentos entre os membros da equipe.

Agrupamento/Collocation: alocação da equipe numa única localização física pode facilitar sensivelmente as comunicações, mesmo que seja apenas durante um determinado período de tempo.

Reconhecimento e recompensas/Recognition and awards: motivações eficazes em projetos incluem recompensas financeiras, premiações, feedback positivo, oportunidades de criar e promoções.

Ferramentas pessoais de avaliação/Personnel assessment tools: auxiliam o gerente de projetos a avaliar as preferências da equipe no trabalho (pontos fortes e fracos), na interação com outras pessoas, como organizam as informações e como tomam as decisões.

GERENCIAMENTO DE RECURSOS HUMANOS

Avaliação do desempenho da equipe/Team performance assessments: a avaliação da eficácia de uma equipe pode incluir indicadores como:

- Melhorias em habilidades individuais que permitam às pessoas atingirem melhores níveis de eficácia;
- Melhorias em competências de trabalho em conjunto, que ajudam a equipe a melhorar o seu desempenho;
- Redução na taxa de rotatividade da equipe;
- Aumento na coesão da equipe.

Gerenciar a equipe do projeto/Manage project team

Processo de acompanhamento do desempenho de membros da equipe, provimento de feedback, resolução das questões e gerenciamento das mudanças para otimizar o desempenho do projeto.

Principal benefício: influenciar o comportamento da equipe, gerenciar conflitos, resolver questões e avaliar o desempenho da equipe.

Registro das questões/Issue log: facilita rastrear pontos pendentes e definir data-limite e responsáveis.

Observação e conversas/Observation and conversation: forma diária de acompanhar e dirigir os passos da equipe.

Avaliações de desempenho do projeto/Project performance appraisals: os critérios para avaliação da eficácia da equipe devem ser determinados por todas as partes apropriadas. Alguns motivos para realizar avaliações ao longo do projeto: clarificar papéis, fornecer feedback, descobrir questões não resolvidas, desenvolver planos para treinamento de indivíduos.

Gerenciamento de conflitos/Conflict management: algumas características de conflitos em ambientes de projetos são:

- O conflito é natural e força a busca de alternativas.
- O conflito é inerente às equipes.
- A abertura na comunicação minimiza conflitos.

- A resolução de conflitos deve se concentrar em questões e não em personalidades.

- A resolução de conflitos deve se concentrar no presente e não no passado.

Existem seis técnicas clássicas para resolver conflitos:

- Retirada, evitar/*Withdrawing, avoiding:* recuar, postergar o enfrentamento do conflito.

- Panos quentes, acomodação/*Smoothing, accommodating:* enfatizar as áreas de acordo.

- Negociação/*Compromising:* encontrar soluções que trazem algum grau de satisfação.

- Imposição / *Forcing:* forçar um ponto de vista à custa de outro.

- Colaboração / *Collaborating:* incorporar diversos pontos de vista;

resulta em consenso e comprometimento.

- Confronto, solução de problemas / *Confronting, problem solving:* tratar o conflito como um problema que deve ser solucionado com o exame de alternativas.

Habilidades interpessoais/Interpersonal Skills: são as "habilidades não técnicas" (*soft skills*), por exemplo:

- Liderança/*Leadership:* O sucesso nos projetos requer uma liderança forte e com habilidade, especialmente, para comunicar a inspirar a equipe.

- Influência/*Influencing:* para influenciar eficazmente, torna-se necessário saber persuadir, ouvir, avaliar perspectivas e obter informações relevantes.

- Processo decisório eficaz/*Effective decision making:* A chave da decisão eficaz é seguir estas regras: ter foco na meta; seguir um processo; levar em conta o meio ambiente; desenvolver habilidades dos membros da equipe, inclusive a criatividade, e administrar oportunidade e risco.

Mapa Mental

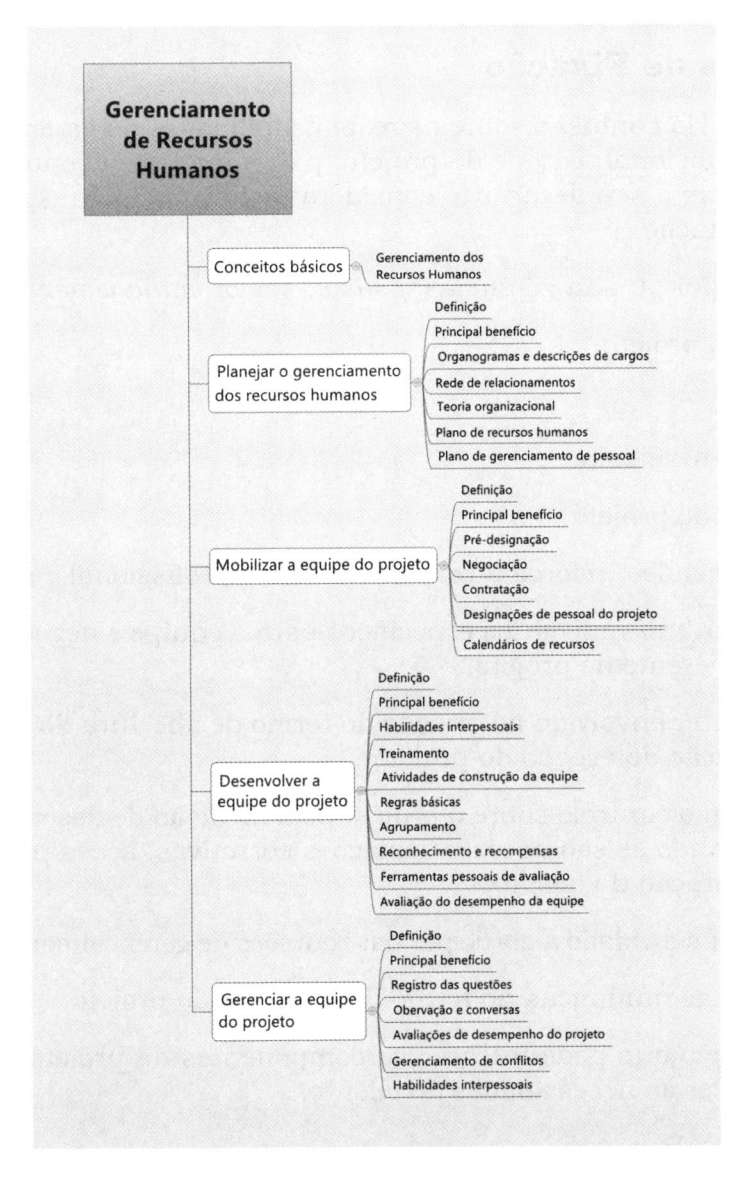

- **Gerenciamento de Recursos Humanos**
  - Conceitos básicos
    - Gerenciamento dos Recursos Humanos
  - Planejar o gerenciamento dos recursos humanos
    - Definição
    - Principal benefício
    - Organogramas e descrições de cargos
    - Rede de relacionamentos
    - Teoria organizacional
    - Plano de recursos humanos
    - Plano de gerenciamento de pessoal
  - Mobilizar a equipe do projeto
    - Definição
    - Principal benefício
    - Pré-designação
    - Negociação
    - Contratação
    - Designações de pessoal do projeto
    - Calendários de recursos
  - Desenvolver a equipe do projeto
    - Definição
    - Principal benefício
    - Habilidades interpessoais
    - Treinamento
    - Atividades de construção da equipe
    - Regras básicas
    - Agrupamento
    - Reconhecimento e recompensas
    - Ferramentas pessoais de avaliação
    - Avaliação do desempenho da equipe
  - Gerenciar a equipe do projeto
    - Definição
    - Principal benefício
    - Registro das questões
    - Obervação e conversas
    - Avaliações de desempenho do projeto
    - Gerenciamento de conflitos
    - Habilidades interpessoais

Exercícios de Fixação

Exercício 1: Há confusão sobre as responsabilidades do gerente de projeto, gerente funcional, equipe do projeto, patrocinador e cliente. Relacione as funções com o seu descritivo, considerando a principal responsabilidade de cada função.

(P) Patrocinador ou alta gerência (*sponsor; senior management*).

(E) Equipe do projeto.

(C) Cliente.

(GF) Gerente funcional.

(GP) Gerente do projeto.

(   ) Compreende e reforça a responsabilidade profissional e social.

(   ) Pode atribuir indivíduos específicos para a equipe e negocia recursos com o gerente de projeto.

(   ) Pode estar envolvido na criação do termo de abertura do projeto e na declaração do escopo do projeto.

(   ) Mantém o controle sobre o projeto pela medição de desempenho, determinando se são necessárias ações corretivas, ações preventivas e de reparação do defeito.

(   ) Deve ser convidado a participar das reuniões de gerenciamento de riscos.

(   ) Aprova as mudanças no termo de abertura do projeto.

(   ) É o único que pode integrar os componentes do projeto de modo a satisfazer as necessidades do cliente.

(   ) Cria a EAP.

(   ) Aprova o plano final de gerenciamento do projeto.

(   ) É importante ser envolvido na identificação das restrições.

(   ) Cumpre os planos de comunicação e de qualidade.

(   ) É responsável pelo sucesso ou fracasso do projeto.

(   ) Fornece a declaração do trabalho.

(   ) Pode solicitar uma revisão da garantia de qualidade do projeto.

(   ) Resolve conflitos que vão além do controle do gerente de projeto.

GERENCIAMENTO DE RECURSOS HUMANOS

(   ) Exige a aplicação de políticas de qualidade no projeto.

(   ) Deve ter autoridade e responsabilidade necessárias para realizar o trabalho de gerenciamento do projeto.

(   ) Decompõe os pacotes de trabalho sob sua responsabilidade em atividades.

(   ) Define o produto do projeto junto ao cliente.

(   ) Auxilia na organização do trabalho em projetos.

(   ) Define os requisitos do projeto junto ao cliente.

(   ) Auxilia a equipe e outras partes interessadas durante a execução do projeto.

(   ) Aprova as alterações do projeto e pertence ao Comitê de Controle de Mudanças.

(   ) Estabelece prioridade entre os projetos.

(   ) Pode participar do planejamento inicial até que os pacotes de trabalho ou atividades sejam atribuídos.

(   ) Protege o projeto de influências externas e mudanças.

(   ) Dá apoio à obtenção dos registros históricos de projetos anteriores.

(   ) Determina a definição de qualidade para o projeto e como será cumprida.

(   ) Determina as prioridades entre os componentes da "tripla restrição".

(   ) Pode alertar o gerente do projeto sobre outros projetos que talvez afetem o dele.

(   ) Pode estabelecer marcos, eventos principais ou a data de término do projeto (junto ao cliente).

(   ) Determina a necessidade de medidas corretivas.

(   ) Define um sistema de controle de mudanças junto com o cliente.

(   ) Fornece informações para determinar as reservas de custo e prazo para o projeto.

(   ) Auxilia na elaboração de relatórios de desempenho do projeto.

(   ) Encerra as fases do projeto e o projeto.

( ) Pode revisar a EAP.

( ) Deve dizer "não" quando necessário.

( ) Mede o desempenho do projeto.

( ) Participa da melhoria dos processos.

( ) Determina a qualidade do projeto.

( ) Auxilia nas análises qualitativas e quantitativas de risco e no planejamento de resposta aos riscos.

( ) Seleciona os processos adequados.

( ) Deve ser mais proativo do que reativo no trato de problemas.

( ) Pode aprovar o cronograma *baseline* final.

( ) Auxilia na estimativa de custo e prazo.

( ) Executa o plano de gerenciamento de projeto para a realização dos trabalhos definidos na declaração de escopo.

( ) Encoraja a finalização dos requisitos e escopo pelas partes interessadas.

( ) Pode recomendar ações corretivas.

( ) Deve perceber que um cronograma irreal é seu problema e deve saber como lidar com essa situação.

( ) Auxilia na identificação das dependências e na criação do diagrama de rede.

( ) Ajuda a avaliar as compensações para as novas estimativas de prazo, paralelismo e compressão de atividades.

( ) Pode melhorar a utilização de pessoal.

( ) Ajuda a identificar e analisar as restrições e premissas.

( ) Identifica e envolve as partes interessadas.

( ) Dá autoridade e designa o gerente de projeto no termo de abertura do projeto.

( ) Pode dar apoio aos problemas relacionados ao desempenho da equipe.

( ) Conduz e direciona os esforços de planejamento do projeto.

( ) Aceita formalmente as entregas.

GERENCIAMENTO DE RECURSOS HUMANOS

( ) Fornece recursos financeiros.

( ) É atribuído ao projeto o mais cedo possível.

( ) Está no comando do projeto, mas não necessariamente dos recursos.

( ) Pode aprovar o plano final de gerenciamento do projeto.

( ) Não tem que ser um técnico especializado.

Exercício 2: Faça a palavra cruzada de acordo com os textos a seguir.

1. Você é o gerente de projetos de uma organização matricial fraca. Neste caso, é o gerente de projeto ou o gerente funcional que apresenta menor autoridade?

2. Você é o gerente de um projeto. Tem sido gerente de projetos para sua organização nos últimos dez anos. Praticamente todos os seus projetos terminam no prazo e dentro do orçamento. A equipe de projetos vem trabalhando com você durante todo este tempo e o considera um gerente de projetos especialista, além de gostar de trabalhar com você. Você provavelmente terá que tipo de poder sobre o projeto?

3. Que teoria considera que os funcionários precisam estar envolvidos com o processo de gestão?

4. Você é o gerente de um projeto. O presidente da empresa tem conversado com a equipe do projeto e disse-lhe que tem confiança e respeito sobre você para levar o projeto a uma conclusão bem-sucedida. O gerente de projetos tem que tipo de poder sobre este projeto?

5. João é um dos membros da equipe do projeto. É administrador e desenvolvedor de banco de dados, cujo trabalho é sempre preciso, de qualidade e entregue pontualmente. Ele também tem a reputação de ser honesto e é muito querido. Devido a isso, a gerência decidiu designar João como o gerente de projeto de um novo projeto de banco de dados. Este é um exemplo de_____.

6. Em organizações matriciais fracas, o _____ é responsável pela melhoria de competências e formação, pois neste tipo de organização ele é a pessoa que deve avaliar as habilidades e o desenvolvimento do funcionário.

7. Você é o gerente de um projeto. Os membros da equipe têm medo de você como gerente de projeto e sabem que uma crítica negativa sua sobre o trabalho deles no projeto terá impacto sobre o bônus anual. Este é um exemplo de poder _____.

8. A _____ afirma que, enquanto os funcionários são recompensados, e gostam de recompensas (pagamento), permanecerão produtivos.

9. Em muitas organizações com estrutura matricial fraca os gerentes de projeto são denominados _____.

Exercício 3: Associe os itens numerados às respectivas declarações. Lembre-se de que nem todos os itens serão correspondentes.

(1) Organização projetizada.

(2) Espaço no escritório, remuneração baseada em desempenho e aumento do salário-base.

(3) Retirada.

(4) Gerente do projeto.

(5) Gestores com base na Teoria X tendem a delegar autoridade.

(6) Toma notas.

GERENCIAMENTO DE RECURSOS HUMANOS

(7) Estrutura organizacional estável.

(8) O supervisor define os objetivos gerais e o subordinado os revisa e os aceita.

(9) Departamento de Recursos Humanos.

(10) Gestores com base na Teoria Y acreditam que seus subordinados sejam criativos, imaginativos e favoráveis a mudanças.

(11) O supervisor e o empregado estabelecem em conjunto os objetivos de desempenho.

(12) Organização funcional.

(13) Repete o que foi dito.

(14) Resolução de problemas.

(15) Sentimento de realização pessoal e satisfação no trabalho.

(   ) Na equipe de projeto, uma pessoa recém-admitida terá que tirar licença médica de dois dias para acompanhar seu pai no hospital, que está com problemas de visão. Esta pessoa explica a situação para o gerente de projetos com quem trabalha. Essa situação é de responsabilidade do _____.

(   ) No planejamento de um projeto, a equipe do projeto apresenta uma dúvida sobre que método utilizar na identificação de riscos. As pessoas não entram em consenso e, portanto, surge um conflito na equipe. O gerente de projeto pretende solucionar este conflito de modo duradouro. Ele deve utilizar qual abordagem?

(   ) Quais são as principais vantagens da organização de tipo funcional?

(   ) Herzberg divide os fatores de motivação em duas classes: satisfação e insatisfação. Exemplos de satisfação são _____,

(   ) Um bom ouvinte não apenas ouve os sons emitidos, ele _____.

(   ) Um gerente de projetos lotado no Brasil foi designado para gerenciar um projeto complexo na sede australiana. O projeto terá a duração de cinco anos e o produto é um reator nuclear que gerará 800 megawatts de potência. O melhor tipo de organização para o gerenciamento deste projeto é _____.

(   ) De acordo com o conceito de McGregor, na Teoria Y _____.

(   ) Na gestão por objetivos (MBO), _____.

Exercício 4: Preencha as lacunas de acordo com as palavras a seguir. Atenção: as palavras podem se repetir!

ambiguidade

atribuição

autoridade

colaboração

confronto / solução de problemas

consenso

especialista

formal

ganha-perde

gerente de projeto

gerente funcional

gerentes

hierarquia de necessidades

imposição

inevitável

insatisfação

legítimo

líderes

limitado

negociação

objetivos

panos quentes / acomodação

partes interessadas

patrocinador

pena

GERENCIAMENTO DE RECURSOS HUMANOS

penalidade

prazo

prioridades do projeto

punição

questões técnicas

recompensa

recursos

recursos (pessoas)

restrições retirada / evitar

teoria da contingência

teoria da expectativa

teoria da higiene

teoria X

teoria Y

termo de abertura

As quatro principais fontes de conflito em ordem de frequência são:_____, _____, _____ e _____.

_____: (técnica para resolver conflitos) incorporar diversos pontos de vista e opiniões de diferentes perspectivas; resulta em_____ e compromisso.

Poder _____: poder da posição detida pelo influente (presidente da organização ou vice-presidente, por exemplo).

O _____ deve resolver os problemas e conflitos, desde que tenha _____ sobre os envolvidos no conflito, ou as questões em conflito. Caso contrário, o _____ ou o _____ podem ser chamados para ajudar.

_____ são orientados à tarefa e preocupados em satisfazer as necessidades das partes interessadas.

_____ de Maslow. Necessidades devem ser satisfeitas em uma ordem hierárquica.

_____:(técnica para resolver conflitos) forçar um ponto de vista à custa de outro; soluções_____.

_____: (técnica para resolver conflitos) encontrar soluções que trazem algum grau de satisfação para todas as partes.

O conflito é _____por causa da / do: natureza dos projetos cujo objetivo é resolver as necessidades e exigências das_____; poder _____do gerente de projeto; necessidade de obtenção de _____dos gerentes funcionais.

Poder de _____: ameaçar os membros da equipe se as expectativas não forem atingidas (também conhecida como poder de_____).

_____: as pessoas tendem a fazer um bom trabalho apenas pelo prazer de "fazer bem feito".

Os tipos de poder mais indicados são o _____ e a_____ é a pior escolha.

O conflito pode ser minimizado quando a equipe é informada sobre: as _____e_____do projeto, o conteúdo do_____do projeto, as decisões-chave, as mudanças e _____de trabalho sem __ou superposição de responsabilidades.

_____de Frederick Herzberg. Um ambiente bom de trabalho (salários, benefícios e condições de trabalho) evita a _____.

Os _____motivam, inspiram e se comprometem com a visão estratégica da empresa. Usam poder e política para realizar a visão.

Os poderes _____, _____e _____são derivados da posição do gerente de projeto na empresa. O _____é um poder obtido por conta própria.

_____: as pessoas não gostam de trabalhar.

_____: (técnica para resolver conflitos) enfatizar as áreas de acordo, não as diferenças.

Poder da _____: você recompensa um comportamento desejável, com incentivos ou prêmios.

_____: as pessoas são motivadas para atingir um determinado nível de competência e continuam motivadas após a competência ser atingida.

GERENCIAMENTO DE RECURSOS HUMANOS

_____: (técnica para resolver conflitos) tratar o conflito como um problema. Deve ser solucionado com o exame de alternativas; requer uma atitude de diálogo aberto.

_____: (técnica para resolver conflitos) recuar de uma situação de conflito efetivo ou potencial.

_____ de Victor Vroom. Expectativa de resultados positivos traz motivação.

Poder do _____: a pessoa que exerce influência significativa por ter conhecimento ou habilidade a respeito do assunto.

Respostas

Respostas do Exercício 1:

(GP) Compreende e reforça a responsabilidade profissional e social.

(GF) Pode atribuir indivíduos específicos para a equipe e negocia recursos com o gerente de projeto.

(C) Pode estar envolvido na criação do termo de abertura do projeto e na declaração do escopo do projeto.

(GP) Mantém o controle sobre o projeto pela medição de desempenho, determinando se são necessárias ações corretivas, ações preventivas e de reparação do defeito.

(C) Deve ser convidado a participar das reuniões de gerenciamento de riscos.

(P) Aprova as mudanças no termo de abertura do projeto.

(GP) É o único que pode integrar os componentes do projeto de modo a satisfazer as necessidades do cliente.

(E) Cria a EAP.

(P) Aprova o plano final de gerenciamento do projeto.

(C) É importante ser envolvido na identificação das restrições.

(E) Cumpre os planos de comunicação e de qualidade.

(GP) É responsável pelo sucesso ou fracasso do projeto.

(P) Fornece a declaração do trabalho.

(P) Pode solicitar uma revisão da garantia de qualidade do projeto.

(P) Resolve conflitos que vão além do controle do gerente de projeto.

(P) Exige a aplicação de políticas de qualidade no projeto.

(GP) Deve ter autoridade e responsabilidade necessárias para realizar o trabalho de gerenciamento do projeto.

(E) Decompõe os pacotes de trabalho sob sua responsabilidade em atividades.

(E) Define o produto do projeto junto ao cliente.

(P) Auxilia na organização do trabalho em projetos.

(E) Define os requisitos do projeto junto ao cliente.

(GP) Auxilia a equipe e outras partes interessadasdurante a execução do projeto.

(C) Aprova as alterações do projeto e pertence ao Comitê de Controle de Mudanças.

(P) Estabelece prioridade entre os projetos.

(GF) Pode participar do planejamento inicial até que os pacotes de trabalho ou atividades sejam atribuídos.

(P) Protege o projeto de influências externas e mudanças.

(P) Dá apoio à obtenção dos registros históricos de projetos anteriores.

(E) Determina a definição de qualidade para o projeto e como será cumprida.

(P) Determina as prioridades entre os componentes da "tripla restrição".

(GF) Pode alertar o gerente do projeto sobre outros projetos que talvez afetem o dele.

(P) Pode estabelecer marcos, eventos principais ou a data de término do projeto (junto ao cliente).

(E) Determina a necessidade de medidas corretivas.

(GP) Define um sistema de controle de mudanças junto com o cliente.

(E) Fornece informações para determinar as reservas de custo e prazo para o projeto.

GERENCIAMENTO DE RECURSOS HUMANOS

(E) Auxilia na elaboração de relatórios de desempenho do projeto.

(GP) Encerra as fases do projeto e o projeto.

(P) Pode revisar a EAP.

(GP) Deve dizer "não" quando necessário.

(E) Mede o desempenho do projeto.

(E) Participa da melhoria dos processos.

(GP) Determina a qualidade do projeto.

(E) Auxilia nas análises qualitativas e quantitativas de risco e no planejamento de resposta aos riscos.

(E) Seleciona os processos adequados.

(GP) Deve ser mais proativo do que reativo no trato de problemas.

(GF) Pode aprovar o cronograma *baseline* final.

(E) Auxilia na estimativa de custo e prazo.

(E) Executa o plano de gerenciamento de projeto para a realização dos trabalhos definidos na declaração de escopo.

(P) Encoraja a finalização dos requisitos e escopo pelas partes interessadas.

(GF) Pode recomendar ações corretivas.

(GP) Deve perceber que um cronograma irreal é seu problema e deve saber como lidar com essa situação.

(E) Auxilia na identificação das dependências e na criação do diagrama de rede.

(P) Ajuda a avaliar as compensações para as novas estimativas de prazo, paralelismo e compressão de atividades.

(GF) Pode melhorar a utilização de pessoal.

(E) Ajuda a identificar e analisar as restrições e premissas.

(GP) Identifica e envolve as partes interessadas.

(P) Dá autoridade e designa o gerente de projeto no termo de abertura do projeto.

(GF) Pode dar apoio aos problemas relacionados ao desempenho da equipe.

(GP) Conduz e direciona os esforços de planejamento do projeto.

(C) Aceita formalmente as entregas.

(P) Fornece recursos financeiros.

(GP) É atribuído ao projeto o mais cedo possível.

(GP) Está no comando do projeto, mas não necessariamente dos recursos.

(GF) Pode aprovar o plano final de gerenciamento do projeto.

(GP) Não tem que ser um técnico especializado.

Respostas do Exercício 2:

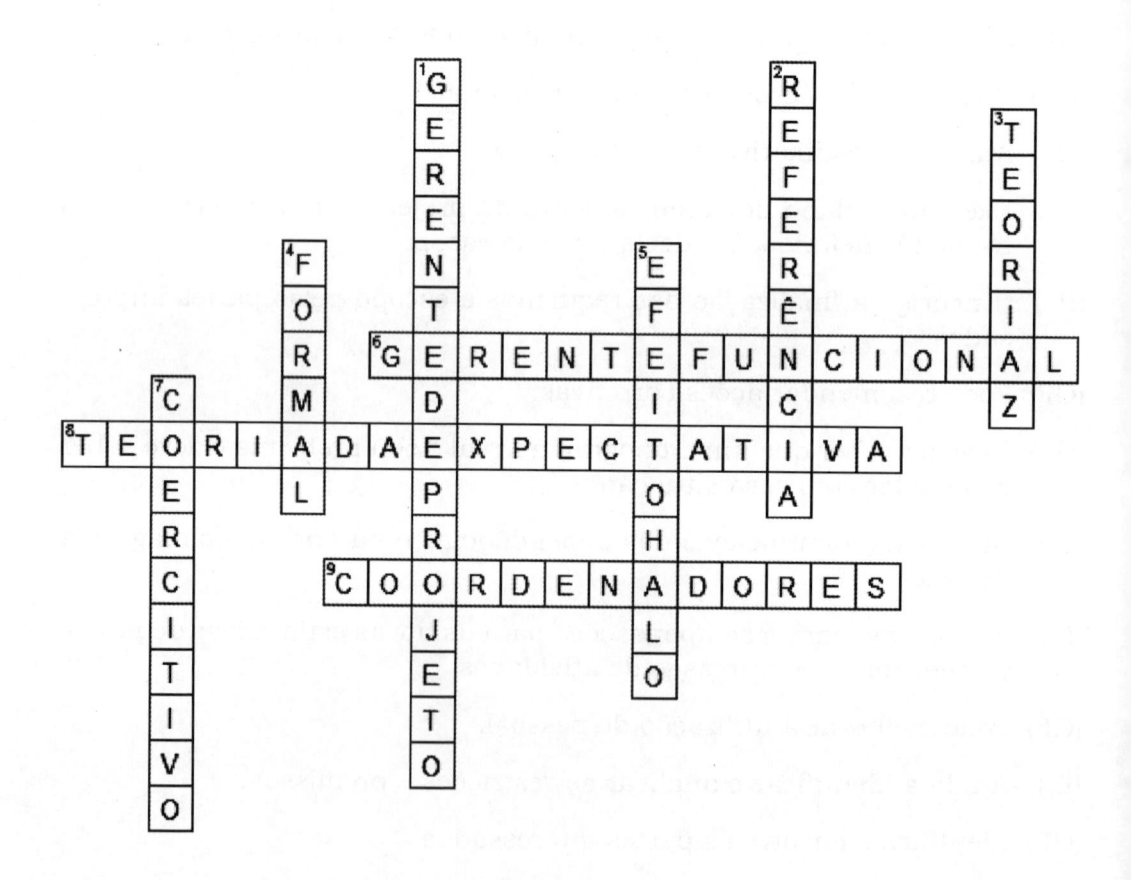

```
                            ¹G                          ²R
                             E                           E                    ³T
                             R                           F                    E
                             E                           E                    O
                       ⁴F    N              ⁵E           R                    R
                        O    T               F           Ê                    I
                        R   ⁶G  E  R  E  N  T  E  F  U   N  C  I  O  N  A  L
                ⁷C      M    D               I           C                    Z
         ⁸T  E  O  R  I  A   D  A  E  X  P  E  C  T  A   I  V  A
                 E          L                P           T  A
                 R                           R           O
                 C                ⁹C  O  O  R  D  E  N  A  D  O  R  E  S
                 I                           J           L
                 T                           E           O
                 I                           T
                 V                           O
                 O
```

GERENCIAMENTO DE RECURSOS HUMANOS

Respostas do Exercício 3:

(9) Na equipe de projeto, uma pessoa recém-admitida terá que tirar licença médica de dois dias para acompanhar seu pai no hospital, que está com problemas de visão. Esta pessoa explica a situação para o gerente de projetos com quem trabalha. Essa situação é de responsabilidade do _____.

Departamento de Recursos Humanos. As atividades administrativas de recursos humanos raramente são de responsabilidade direta da equipe de gerenciamento do projeto.

(14) No planejamento de um projeto, a equipe do projeto apresenta uma dúvida sobre que método utilizar na identificação de riscos. As pessoas não entram em consenso e, portanto, surge um conflito na equipe.

O gerente de projeto pretende solucionar este conflito de modo duradouro. Ele deve utilizar qual abordagem?

Resolução de problemas (confronto ou colaboração). Das quatro técnicas de solução de conflitos, a resolução de problemas é a mais duradoura. Na resolução de problemas, fatos adicionais devem ser reunidos até que se torne claro que existe a melhor solução para o problema.

(7) Quais são as principais vantagens da organização de tipo funcional?

Estrutura organizacional estável. A principal vantagem da organização funcional é sua estabilidade. Essas organizações resistem à mudança.

(15) Herzberg divide os fatores de motivação em duas classes: satisfação e insatisfação. Exemplos de satisfação são:

Sentimento de realização pessoal e satisfação no trabalho. Os projetos devem ter a sua própria recompensa e sistemas de reconhecimento, desde que os sistemas da organização executora não sejam adequados.

(13) Um bom ouvinte não apenas ouve os sons emitidos, ele _____.

Repete o que foi dito. Uma das maneiras de se tornar um bom ouvinte é repetir algumas das coisas que foram ditas. Resumir o que foi dito faz com que você e os outros ouvintes memorizem e compreendam melhor os pontos importantes.

(1) Um gerente de projeto lotado no Brasil foi designado para gerenciar um projeto complexo na sede australiana. O projeto terá a duração de cinco anos e o produto é um reator nuclear que gerará 800 megawatts de potência. O melhor tipo de organização para o gerenciamento deste projeto é:

Organização projetizada. Na organização projetizada o gerente de projeto é forte, com autoridade quase autônoma.

(10) De acordo com o conceito de McGregor, na Teoria Y:

Gestores com base na Teoria Y acreditam que seus subordinados sejam criativos, imaginativos e favoráveis a mudanças. Segundo McGregor, os gerentes são de dois tipos, de acordo com a teoria X e a teoria Y. Na teoria X os gestores acreditam que seus subordinados são preguiçosos e irresponsáveis, somente trabalham se forçados pelo medo.

(11) Na gestão por objetivos (MBO):

O supervisor e o empregado estabelecem em conjunto os objetivos de desempenho. Na gestão por objetivos o supervisor e o empregado definem juntos os objetivos para o trabalho.

Respostas do Exercício 4:

As quatro principais fontes de conflito em ordem de frequência são: prazo, prioridades do projeto, recursos (pessoas) e questões técnicas.

Colaboração: (técnica para resolver conflitos) incorporar diversos pontos de vista e opiniões de diferentes perspectivas; resulta em consenso e compromisso.

Poder legítimo: poder da posição detida pelo influente (presidente da organização ou vice-presidente, por exemplo).

O gerente de projeto deve resolver os problemas e conflitos, desde que tenha autoridade sobre os envolvidos no conflito, ou as questões em conflito. Caso contrário, o patrocinador ou o gerente funcional podem ser chamados para ajudar.

Gerentes são orientados à tarefa e preocupados em satisfazer as necessidades das partes interessadas.

Hierarquia de necessidades de Maslow. Necessidades devem ser satisfeitas em uma ordem hierárquica.

GERENCIAMENTO DE RECURSOS HUMANOS

Imposição: (técnica para resolver conflitos) forçar um ponto de vista à custa de outro; soluções ganha-perde.

Negociação: (técnica para resolver conflitos) encontrar soluções que trazem algum grau de satisfação para todas as partes.

O conflito é inevitável por causa da / do: natureza dos projetos cujo objetivo é resolver as necessidades e exigências das partes interessadas; poder limitado do gerente de projeto; necessidade de obtenção de recursos dos gerentes funcionais.

Poder de punição: ameaçar os membros da equipe se as expectativas não forem atingidas (também conhecida como poder de penalidade).

Teoria Y: as pessoas tendem a fazer um bom trabalho apenas pelo prazer de "fazer bem feito".

Os tipos de poder mais indicados são o especialista e a recompensa. Pena é a pior escolha.

O conflito pode ser minimizado quando a equipe é informada sobre: as restrições e objetivos do projeto, o conteúdo do termo de abertura do projeto, as decisões-chave, as mudanças e atribuição de trabalho sem ambiguidade ou superposição de responsabilidades.

Teoria de Higiene de Frederick Herzberg. Um ambiente bom de trabalho (salários, benefícios e condições de trabalho) evita a insatisfação.

Os líderes motivam, inspiram e se comprometem com a visão estratégica da empresa. Usam poder e política para realizar a visão.

Os poderes formal, recompensa e penalidade são derivados da posição do gerente de projeto na empresa. O especialista é um poder obtido por conta própria.

Teoria X: as pessoas não gostam de trabalhar.

Panos Quentes / Acomodação: (técnica para resolver conflitos) enfatizar as áreas de acordo, não as diferenças.

Poder da recompensa: você recompensa um comportamento desejável, com incentivos ou prêmios.

Teoria da contingência: as pessoas são motivadas para atingir um determinado nível de competência e continuam motivadas após a competência ser atingida.

Confronto / Solução de problemas: (técnica para resolver conflitos) tratar o conflito como um problema. Deve ser solucionado com o exame de alternativas; requer uma atitude de diálogo aberto.

Retirada / Evitar: (técnica para resolver conflitos) recuar de uma situação de conflito efetivo ou potencial.

Teoria da expectativa de Victor Vroom. Expectativa de resultados positivos traz motivação.

Poder do especialista: a pessoa que exerce influência significativa por ter conhecimento ou habilidade a respeito do assunto.

Comentários do Simulado

116. Considere um gerente de projeto que está procurando uma solução para um conflito existente, dando ênfase aos pontos em comum que as partes interessadas possuem. Que técnica de resolução de conflitos está sendo utilizada?

    A) Retirada.

    B) Acomodação.

    C) Confrontação.

    D) Imposição.

Resposta: B

  Justificativa: Acomodação significa dar ênfase aos pontos comuns e depois conversar sobre as discordâncias.

117. A escala hierárquica elaborada por Maslow pode ajudar o gerente de projetos, na relação com a equipe do projeto, a:

    A) Atender às necessidades sociais após as fisiológicas.

    B) Conhecer o aumento de salário que irá motivar a equipe.

    C) Estabelecer o nível de dificuldade das tarefas que serão delegadas à equipe.

    D) Comunicar-se com a equipe de forma a conseguir uma maior motivação.

GERENCIAMENTO DE RECURSOS HUMANOS

Resposta: D

Justificativa: É o objetivo da escala, entender as necessidades para poder fomentar a motivação.

118. Segundo Herzberg os fatores listados abaixo quando presentes incrementam a motivação, EXCETO:

    A) Possibilidade de crescimento na empresa.

    B) Receber mais responsabilidades.

    C) Promoções por reconhecimento.

    D) Um salário competitivo com o mercado.

Resposta: D

Justificativa: Fatores higiênicos não motivam quando presentes mas desmotivam quando ausentes. Ter um salário competitivo com o mercado não motiva a execução do trabalho, segundo Herzberg, porém ganhar abaixo do mercado vai desmotivar o profissional.

Resposta: C

Justificativa: Fatores higiênicos não motivam quando presentes mas desmotivam quando ausentes. Promoções periódicas regulares não motivam a execução do trabalho pois elas ocorrerão sempre, independente do trabalho executado.

119. Quando o gerente de projeto aloca recursos ao projeto, qual das alternativas abaixo ele não deveria usar na designação dos papéis e responsabilidades?

    A) Colocar uma alta expectativa no desempenho da equipe.

    B) Informar as métricas de como o trabalho será avaliado.

    C) Informar os obstáculos conhecidos para a realização do trabalho.

    D) Colocar desafios atingíveis.

Resposta: A

Justificativa: Alta expectativa e responsabilidade inibem o desempenho, devem ser colocadas expectativa e responsabilidade corretas para o nível do membro da equipe e do trabalho que será realizado.

120. Quando estamos pensando na Teoria da Expectativa, qual das afirmações abaixo melhor se aproxima desta teoria?

A) A equipe irá trabalhar melhor naqueles objetivos que forneçam um prêmio maior, mesmo que esteja acima da sua capacidade.

B) Os membros da equipe trabalharão melhor naqueles objetivos que são acompanhados de um alto grau de autoridade dado a eles.

C) A equipe trabalhará melhor naqueles objetivos que satisfaçam suas necessidades de segurança e sociais.

D) A equipe trabalhará melhor naqueles objetivos que estejam alinhados com as suas expectativas pessoais.

Resposta: D

Justificativa: Teoria da Expectativa está relacionada ao alinhamento das expectativas pessoais e financeiras com o trabalho a ser realizado. A opção A está incorreta pois é levado em conta se a equipe é capaz de fazer o trabalho, segundo Victor Vroom, criador da teoria.

121. Você acabou de ser nomeado gerente de um projeto que se encontra em dificuldade e com uma grande intensidade de conflitos entre a equipe do projeto e os subcontratados. Para poder controlar rapidamente a situação, você precisa saber quem faz o que no projeto, e, para isto, você solicita:

A) O histograma de recursos do projeto.

B) O organograma do projeto.

C) A matriz de responsabilidade do projeto.

D) O cronograma do projeto.

Resposta: C

Justificativa: A matriz de responsabilidades organiza a distribuição de responsabilidades no projeto, influindo positivamente na redução de conflitos.

122. Durante uma reunião de posicionamento de um projeto que apresentou índices de desempenho IDP = 0,77 e IDC = 0,82, surgiu uma grande discussão de procura dos culpados. Para evitar que isto se transformasse em desentendimento dentro da equipe, o gerente de

projeto interrompeu a reunião e agendou outra, para que fossem apresentadas alternativas à solução do problema. Esta atuação do gerente de projeto indica que ele está:

A) Utilizando as técnicas de valor agregado para o projeto.

B) Utilizando a técnica de retirada na solução do conflito.

C) Utilizando a técnica de confrontação na solução do conflito.

D) Fugindo da solução do problema.

Resposta: B

Justificativa: Retirada é uma das técnicas de resolução de conflitos, que permite se ganhar tempo para um melhor preparo para confrontar os problemas.

123. Na montagem de uma equipe de projeto, uma das ferramentas mais utilizadas para desenvolver o espírito de equipe é o agrupamento, por que ele resolve um dos principais problemas na formação da equipe de projeto, que é a necessidade de:

    A) Pertencer.

    B) Status.

    C) Sentir-se útil.

    D) Ficar perto do gerente de projeto.

Resposta: A

Justificativa: As pessoas próximas fisicamente (agrupamento) melhoram a comunicação, resolvem mais rapidamente suas diferenças, atingem mais facilmente um estágio elevado de espírito de equipe e se sentem parte pertencente da equipe.

124. A habilidade mais importante para o gerente de projeto no gerenciamento da equipe do projeto é:

    A) Saber escrever e-mail corretamente.

    B) Habilidade de contratar e demitir.

    C) Conhecimento técnico dos trabalhos do projeto.

    D) Saber dar e receber feedback.

Resposta: D

Justificativa: Dar e receber feedback é a ferramenta mais importante para o gerente de projeto montar uma equipe de alta confiança.

125. Você é o gerente de um projeto com previsão de dois anos de duração, que se encontra pela metade. Você percebe que sua equipe está dando sinais de desmotivação com o projeto. Qual a melhor atitude a tomar?

    A) Como você não tem como interferir no salário da equipe, não há nada a fazer.

    B) Torcer para que consiga terminar o projeto.

    C) Conversar individual e coletivamente com a equipe para entender o motivo da desmotivação e analisar o que pode ser feito.

    D) Prometer um aumento salarial à equipe e levar a situação a sua chefia.

Resposta: C

Justificativa: Dentre as ferramentas do processo Gerenciar a equipe do projeto, as habilidades de gerenciamento geral requerem que o gerente de projetos tenha, como características, uma comunicação eficaz, gestão de conflitos, negociação e liderança. Assim, a opção C é a única que demonstra uma postura condizente com as habilidades esperadas.

126. Devido às características de urgência de seu projeto e a fim de não perder tempo, você resolve que irá adotar um comportamento de liderá-lo sem interferências da equipe, graças a sua grande experiência na área. Este é um exemplo de que estilo de gerenciamento?

    A) Autocrático.

    B) Democrático.

    C) *Laissez-faire.*

    D) Totalitarismo.

Resposta: A

Justificativa: O estilo que caracteriza a figura de um chefe que toma decisões sem considerar o que os subordinados pensam ou desejam é autocrático (opção A). Embora o totalitarismo (opção D) dê uma ideia próxima, ele não se aplica a um ambiente de projeto, significando, de fato, um regime político baseado na extensão do poder do Estado a todos os níveis e aspectos da sociedade.

GERENCIAMENTO DE RECURSOS HUMANOS

127. Desenvolver o plano de recursos humanos é o processo de identificar e documentar papéis, responsabilidades, habilidades necessárias e relações hierárquicas do projeto. A fim de elaborar sua principal saída – o Plano de recursos humanos – qual dos itens abaixo não é uma das entradas válidas:

A) Designações de pessoal de projeto.

B) Requisitos dos recursos das atividades.

C) Fatores ambientais da empresa.

D) Ativos de processos organizacionais.

Resposta: A

Justificativa: O processo Desenvolver o plano de recursos humanos possui quatro entradas válidas – dentre elas as opções B, C e D. A opção A é a única que não pertence a este grupo. Designações de pessoal de projeto é uma saída do processo Mobilizar a equipe do projeto.

128. Graças aos recursos tecnológicos hoje existentes (e-mails, áudio e videoconferências) é cada vez mais viável o uso de equipes virtuais para mobilizar equipes de projetos que não têm facilidade de se encontrar fisicamente. Qual das opções abaixo não é uma das possíveis vantagens de utilização de equipes virtuais?

A) Formar equipes com pessoas que moram em áreas geográficas dispersas.

B) Utilizar pessoas com limitações de mobilidade ou em *home office.*

C) Implementar projetos que seriam ignorados devido a custos de viagens.

D) Montar uma equipe projetizada.

Resposta: D

Justificativa: As opções A, B e C são características vantajosas do uso de equipes que não precisam se encontrar fisicamente para produzir. Montar uma equipe projetizada (opção D) tem relação com a estrutura organizacional em que o projeto está inserido, não tendo, assim, relação com as equipes virtuais.

129. O gerente de projetos e o gerente funcional estão em desacordo sobre alocação de recursos em um novo projeto de banda larga. O gerente funcional deseja o recurso para um problema operacional

que precisa de atenção, e o gerente de projetos quer o recurso para o trabalho no projeto, a fim de manter o cronograma em dia como estava planejado. Qual dos seguintes papéis pode ajudar a resolver este problema?

A) Patrocinador.

B) Gerenciamento de projetos.

C) Gerência funcional.

D) Gerência sênior.

Resposta: D

Justificativa: A gerência sênior é a única opção mencionada que tem ascendência hierárquica sobre o gerente de projetos e o gerente funcional, e pode interferir no conflito.

130. As avaliações de desempenho de equipes maximizam a probabilidade de cumprimento dos objetivos do projeto a partir do uso de critérios claros de mensuração dos resultados. A avaliação da eficácia de uma equipe pode incluir indicadores como os citados a seguir, exceto:

A) Redução na taxa de rotatividade do pessoal.

B) Aumento da capacitação técnica da equipe em gestão de negócios.

C) Melhorias nas habilidades humanas que permitam a realização de tarefas mais eficazes.

D) Aumento na coesão da equipe.

Resposta: B

Justificativa: As avaliações de desempenho em gerenciamento de projetos procuram utilizar os indicadores necessários para integrar, manter e aprimorar a equipe de projetos. A opção B cita o aumento da capacitação técnica da equipe em habilidade não relacionada ao gerenciamento de projetos, portanto, não possui relação com este propósito. Logo, não é um dos indicadores.

131. A capacidade de resolução de conflitos é uma das habilidades desejadas de um gerente de projetos. Em 1964 um estudo de Robert Blake e Jane Mouton identificou e categorizou métodos de resolução de conflitos. Dentre as opções abaixo, qual não é um destes métodos?

A) Alienação.

B) Retirada.

C) Acomodação.

D) Confrontação.

Resposta: A

Justificativa: Existe uma pequena distinção entre o estudo de Blake e Mouton da lista de métodos reconhecida pelo PMBOK. As opções B, C e D estão nas duas listas. O PMBOK ainda reconhece Negociação, Imposição e Colaboração como outros métodos para resolução de conflitos. A opção A significa anulação da personalidade individual e não faz parte dos métodos reconhecidos pelo PMBOK (não deve ser confundido com Retiradas, que é recuo intencional para evitar o potencial conflito).

132. As opções abaixo são responsabilidades do gerente do projetos, exceto:

    A) Negociar com o gerente de recursos pela disponibilidade dos melhores recursos humanos para o projeto.

    B) Entender as necessidades de treinamentos dos membros da equipe de projetos e viabilizá-las.

    C) Incentivar e se envolver em atividades de integração fora do período de trabalho.

    D) Criar o plano formal que descreva os papéis e responsabilidades dos membros da equipe do projeto.

Resposta: C

Justificativa: No gerenciamento de recursos humanos as responsabilidades do gerente do projeto focam na utilização mais efetiva, na mobilização, motivação e desenvolvimento das pessoas alocadas diretamente para o projeto e durante o projeto. A opção C, embora possa ser compreendida como um esforço de integração e, teoricamente, de melhora para o projeto, não é uma "responsabilidade" do gerente do projeto, pois, não se pode garantir que atividades extraprojeto sejam de interesse da equipe.

133. As afirmativas abaixo sobre conflito são erradas, exceto:

   A) O conflito deve ser evitado a qualquer custo.

   B) O conflito pode ser benéfico ao projeto.

   C) O conflito sempre acontece por falha do gerenciamento.

   D) Todo conflito deve ser resolvido com a intervenção gerencial.

Resposta: B

   Justificativa: A pergunta feita na "negativa da negativa" procura, de fato, qual a afirmativa correta. A opção A está errada, pois alguns conflitos podem ser úteis para o surgimento de sugestões aprimoradas. A opção C não é verdadeira, pois muitos conflitos surgem dos relacionamentos entre as partes interessadas, sem que o gerente possa ser responsabilizado. A opção D não é verdadeira, pois alguns conflitos podem e devem ser resolvidos diretamente entre as partes interessadas. A opção B é a única afirmativa correta. Conflitos podem trazer ideias e melhorias à execução do projeto.

134. Para o projeto de desenvolvimento de um hotel, o gerente de projetos está utilizando uma matriz de responsabilidades (RAM) para facilitar a execução do projeto. O que isto significa para o gerente de projeto?

   A) Mostra quem está no projeto.

   B) Mostra quem executará o trabalho e quanto tempo vai demorar.

   C) Mostra qual a ordem das atividades.

   D) Mostra quem executará os trabalhos em determinadas áreas do projeto.

Resposta: D

   Justificativa: A matriz de responsabilidades distribui a responsabilidade sobre partes do escopo (entregas, fases, pacotes de trabalho) entre as partes interessadas.

Capítulo 11

Gerenciamento das Comunicações

Síntese dos Conceitos

Comunicação/Communication: significa compartilhar, tornar comum. Esforço bidirecional para transmissão de uma mensagem (conteúdo), utilizando meios adequados e visando o entendimento comum entre emissor e receptor.

Gerenciamento das comunicações do projeto/Project communications management: visa assegurar que as informações do projeto sejam geradas, coletadas, distribuídas, armazenadas, recuperadas e organizadas, de maneira oportuna e apropriada.

O gerente de projetos passa a maior parte do tempo se comunicando. Ele deve prover direção, organizar reuniões e retransmitir as informações e ideias para todas as partes interessadas no projeto.

Dimensões da comunicação:

- Interna (dentro do projeto) e externa (fora do projeto).
- Formal e informal.
- Vertical (superiores e subordinados) e horizontal (sem relação hierárquica).
- Oficial e não oficial.
- Escrita e oral.
- Verbal e não verbal (inflexões da voz, linguagem corporal).

Planejar o gerenciamento das comunicações/Plan communications management

Processo de desenvolvimento de uma abordagem apropriada e um plano para as comunicações do projeto, baseando-se nas necessidades e requisitos de informação das partes interessadas e ativos organizacionais disponíveis.

Principal benefício: documenta a abordagem mais efetiva e eficiente para se comunicar com as partes interessadas.

Responde às questões sobre o fluxo de informações no projeto: quem recebe, quem envia, o que envia, quando envia, como envia e por que envia.

A comunicação é mais complexa na estrutura organizacional matricial, em comparação às estruturas funcional e projetizada.

Análise de requisitos da comunicação/Communication requirements analysis: os requisitos de comunicação são a soma de todos os requisitos de informação das partes interessadas. Define o tipo, formato e valor das informações que irão trafegar no projeto, visando empregar recursos nas informações que contribuam para o sucesso do projeto.

Recursos do projeto devem ser empregados na comunicação das informações que contribuam para o sucesso ou fracasso do projeto.

Veja na Figura 11.1 que a quantidade de canais de comunicação é igual ao número de ligações entre os participantes da equipe.

GERENCIAMENTO DAS COMUNICAÇÕES

Número de participantes	Número de canais de comunicação
(3 participantes)	3
(4 participantes)	6

Figura 11.1 – Relação entre o número de participantes e a quantidade de canais de comunicação.

O número de canais de comunicação cresce em taxas não lineares e quanto maior este número, maior é o esforço gerencial do gerente do projeto para evitar falhas.

Assim, o número de canais de comunicação é dado pela fórmula:

$(N^2 - N)/2$

N representa o número de participantes da equipe.

Tecnologia das comunicações/Communication technology: métodos usados para transferir informações entre as partes interessadas. Exemplos: reuniões, telefone, documentos impressos, intranet e videoconferência.

Fatores tecnológicos que podem afetar o projeto:

- Urgência da necessidade de informações.

- Disponibilidade de tecnologia na organização.

- Conhecimento e experiência da equipe do projeto sobre a tecnologia.

- Duração do projeto: possibilidade de alteração da tecnologia até o final do projeto.

- Ambiente do projeto: ambiente de trabalho presencial ou virtual.

Modelos de comunicações/Communication models: o emissor é responsável por tornar as informações claras e completas, e por confirmar se estas foram entendidas corretamente. O receptor deve garantir que as informações foram recebidas integralmente e entendidas corretamente. Portanto, cabe ao emissor e ao receptor o sucesso da comunicação.

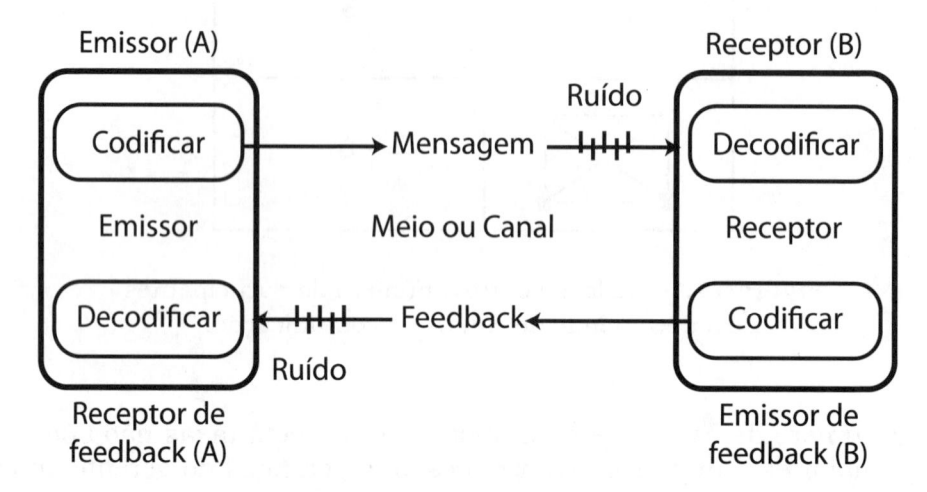

Figura 11.2 – Modelo de comunicação.

Conforme mostrado na Figura 11.2, os componentes de um modelo de comunicação são:

- Emissor: origem da mensagem.

- Codificar: "tradução" antes do envio.

- Mensagem: pensamentos, sentimentos e ideias que o emissor deseja passar.

- Ruído: qualquer barreira que interfira na transmissão da mensagem.

- Meio ou canal: método, canal usado para passar a mensagem.

- Receptor: aquele que recebe a mensagem.

- Decodificar: "tradução" feita pelo receptor antes de interiorizar o seu significado.

- Feedback: confirmação ou não da compreensão da mensagem.

GERENCIAMENTO DAS COMUNICAÇÕES

Métodos de comunicação/Communication methods: os métodos de comunicação podem ser classificados como:

- Comunicação interativa: forma multidirecional de troca de informações. Forma mais eficiente de garantir um entendimento comum. Exemplos: reuniões, telefonemas e videoconferências.

- Comunicação ativa: enviada especificamente para quem necessita da informação, porém não garante que esta chegou ou foi compreendida pelos receptores. Exemplos: cartas, e-mails, fax, relatórios.

- Comunicação passiva: usada para grandes volumes de informação ou para grandes audiências, permitindo que as pessoas acessem as informações quando desejarem. Exemplos: intranet, e-learning, bases de conhecimento.

Reuniões/Meetings: consiste no encontro das partes interessadas, com o intuito de resolver problemas e tomar decisões. As reuniões podem ser eventos formais e informais. Tipicamente, divulgam-se pauta, local, data e horários de início e término para as partes interessadas participantes da reunião.

Plano de gerenciamento das comunicações/Communication management plan: documento que descreve as necessidades de comunicação e as expectativas para o projeto, como e em que formato as informações serão comunicadas, quando e onde será feita cada comunicação e quem é responsável pelo fornecimento de cada tipo de comunicação. O plano de gerenciamento das comunicações faz parte do plano de gerenciamento do projeto.

Deve fornecer informações sobre:

- Requisitos de comunicações das partes interessada.

- Métodos ou tecnologias para coletar, armazenar, distribuir e descartar as informações do projeto.

- Descrição do motivo, tipo, formato, idioma e nível de detalhe das informações a serem distribuídas.

- Emissor e receptor das mensagens.

- Modelos para relatórios, atas de reunião e e-mails.

- Método para atualizar e refinar o plano de gerenciamento das comunicações.

Gerenciar as comunicações/ Manage communications

Processo de criação, coleta, distribuição, armazenamento, recuperação e a disposição final das informações do projeto, de acordo com o plano de gerenciamento de comunicações.

Principal benefício: possibilita criar um eficiente fluxo das comunicações entre as partes interessadas.

Visa garantir que, além de distribuídas, as informações importantes serão recebidas e entendidas pelas partes interessadas. Permite às partes interessadas esclarecer, discutir ou solicitar mais informações.

Exemplos de considerações e técnicas para gerenciar as comunicações: modelo emissor-receptor, definição de canais, estilo de escrita, técnicas de gerenciamento de reuniões, técnicas de apresentação, técnicas de facilitação e técnicas de audição.

Sistema de informações gerenciais/Information management system: o gerenciamento e distribuição das informações do projeto utiliza uma série de ferramentas (meios), incluindo: cartas, memorandos, relatórios, e-mail, fax, videoconferências, webconferências, telefonemas, reuniões, portais, interfaces web para cronograma, ferramentas de trabalho colaborativo e outras.

Relatórios de desempenho/Performance reporting: documentos e apresentações que fornecem informações organizadas e resumidas sobre o desempenho do projeto.

Os relatórios de desempenho precisam fornecer informações no nível adequado de detalhe para cada parte interessada. Os principais tipos de relatórios de desempenho são:

- Relatório de status: descreve em que ponto o projeto se encontra.
- Relatório de progresso: descreve o que tem sido realizado.
- Relatório de tendências: examina os resultados do projeto no tempo, para ver se o desempenho está melhorando ou piorando.
- Relatório de variações: compara os resultados reais contra o plano.
- Relatório de valor agregado: integra as medidas de escopo, custo e cronograma para avaliar o desempenho do projeto.

GERENCIAMENTO DAS COMUNICAÇÕES

Comunicações do projeto/Project communications: pode incluir, mas não se limita a: relatórios de desempenho, situação das entregas, progresso do cronograma e custos incorridos. É influenciado por fatores como: urgência e impacto da mensagem, método de entrega da mensagem e nível de confidencialidade.

Controlar as comunicações/Control communications

Processo de monitoramento e controle das comunicações ao longo do ciclo de vida do projeto, para garantir que as necessidades de informação das partes interessadas sejam atendidas.

Principal benefício: garante um ótimo fluxo das informações entre os participantes das comunicações durante todo o projeto.

O impacto e a repercussão das comunicações do projeto devem ser cuidadosamente avaliados e controlados, para garantir que as mensagens corretas serão entregues para a audiência correta no tempo certo.

Sistemas de informações gerenciais/Information management system: provê ferramentas, geralmente de softwares, para capturar, armazenar e distribuir informações para as partes interessadas a respeito do desempenho do projeto.

Informações sobre o desempenho do trabalho/Work performance information: organiza e sumariza dados sobre o desempenho do trabalho. Estes dados serão distribuídos para atender as necessidades de informações das partes interessadas.

Mapa Mental

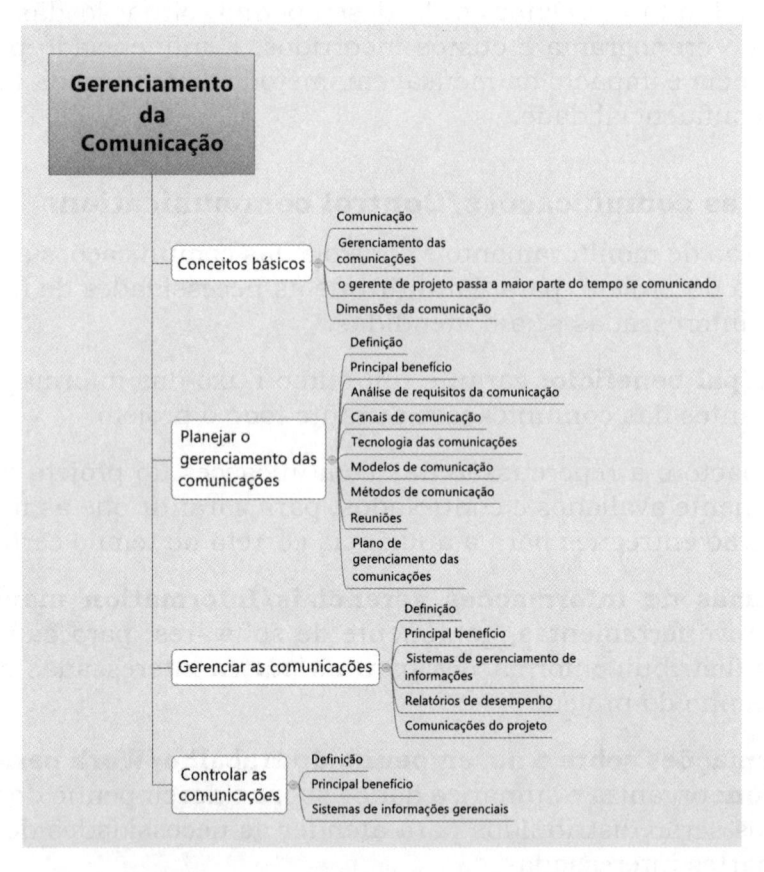

Gerenciamento da Comunicação

- Conceitos básicos
  - Comunicação
  - Gerenciamento das comunicações
  - o gerente de projeto passa a maior parte do tempo se comunicando
  - Dimensões da comunicação

- Planejar o gerenciamento das comunicações
  - Definição
  - Principal benefício
  - Análise de requisitos da comunicação
  - Canais de comunicação
  - Tecnologia das comunicações
  - Modelos de comunicação
  - Métodos de comunicação
  - Reuniões
  - Plano de gerenciamento das comunicações

- Gerenciar as comunicações
  - Definição
  - Principal benefício
  - Sistemas de gerenciamento de informações
  - Relatórios de desempenho
  - Comunicações do projeto

- Controlar as comunicações
  - Definição
  - Principal benefício
  - Sistemas de informações gerenciais

GERENCIAMENTO DAS COMUNICAÇÕES

Exercícios de Fixação

Exercício 1: Associe os processos de gerenciamento das comunicações às suas entradas (E) e saídas (S). Atente para o fato de que um item pode ser entrada ou saída de mais de um processo, por exemplo, "Ativos de processos organizacionais" é entrada (E) dos processos 1, 2 e 3.

(1) Planejar o gerenciamento das comunicações

(2) Gerenciar as comunicações

(3) Controlar as comunicações

(1, 2, 3 E) Ativos de processos organizacionais.

(　　) Atualizações dos documentos do projeto.

(　　) Informações sobre o desempenho do trabalho.

(　　) Fatores ambientais da empresa.

(　　) Atualizações do plano de gerenciamento do projeto.

(　　) Dados sobre o desempenho do trabalho.

(　　) Atualizações dos ativos de processos organizacionais.

(　　) Plano de gerenciamento do projeto.

(　　) Comunicações do projeto.

(　　) Registro das questões.

(　　) Plano de gerenciamento das comunicações.

(　　) Relatórios de desempenho do trabalho.

(　　) Solicitações de mudança.

Exercício 2: Relacione a coluna da direita com a da esquerda:

(1) Comunicação eficiente significa	(　) distribuir informações sobre o andamento e o desempenho do projeto, devem estar disponíveis antes das reuniões do projeto e devem ter o máximo de precisão e atualização possível.
(2) Comunicação passiva	(　) inclui reuniões, telefonemas, videoconferências.

(continua)

(continuação)

(3) Métodos de séries temporais	( ) fornecer somente as informações que são necessárias.
(4) Habilidades interpessoais	( ) responsável por tornar as informações claras e completas.
(5) Métodos causais/econométricos	( ) inclui cartas, memorandos, relatórios, e-mails, fax, correio de voz, comunicados de imprensa.
(6) Comunicação eficaz significa	( ) responsável por garantir que as informações sejam recebidas integralmente, compreendidas corretamente e confirmadas.
(7) Habilidades de gerenciamento	( ) usam dados históricos como base para estimar os resultados futuros.
(8) Métodos subjetivos	( ) usam a premissa de que é possível identificar os fatores que podem influenciar a variável que está sendo prevista.
(9) Comunicação formal	( ) estabelecimento de confiança, solução de conflitos, escuta ativa e superação da resistência à mudança.
(10) Relatórios de desempenho	( ) inclui o que foi feito correto, errado, o que poderia ter sido feito diferente, as causas dos fatos ocorridos e enfrentados pelo projeto, e as razões de se implementar as ações corretivas.
(11) Emissor	( ) habilidades de apresentação, negociação, habilidades de redação, capacidade de falar em público.
(12) Comunicação interativa	( ) que as informações são fornecidas no formato correto, no tempo adequado e com o impacto necessário.
(13) Comunicação ativa	( ) um conjunto de regras e procedimentos deve ser seguido.
(14) Receptor	( ) previsões compostas, pesquisas de opinião, método Delphi, criação de cenários, previsão tecnológica e previsão por analogia.
(15) Lições aprendidas	( ) a informação é disponibilizada para que as partes interessadas possam acessar o seu conteúdo; inclui sites de intranet, e-learning, repositórios de conhecimentos

GERENCIAMENTO DAS COMUNICAÇÕES

Exercício 3: Desenhe o modelo de comunicação a partir dos recursos a seguir, explique cada um de seus componentes e indique as partes interessadas que deverão estar incluídas.

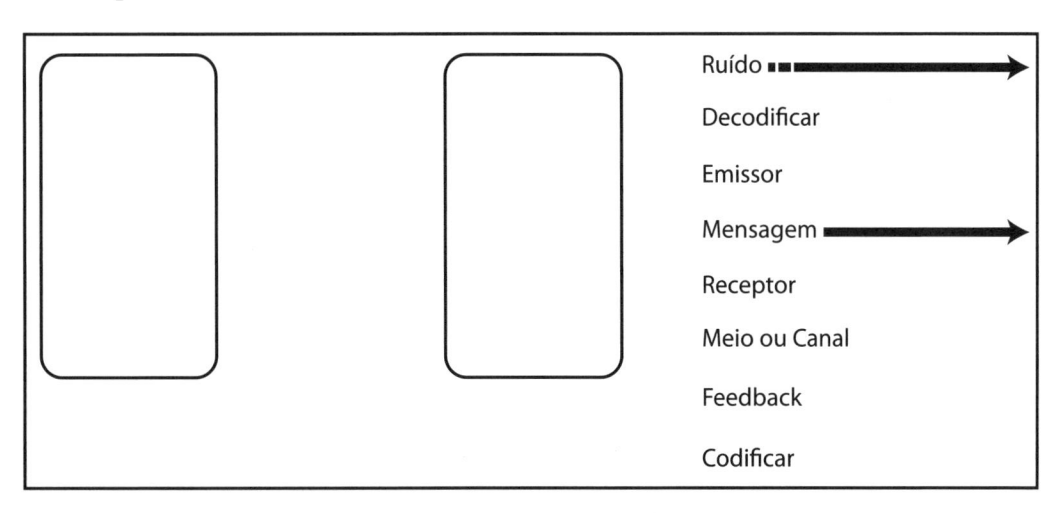

Ruído ▬▬▬▬▬▬▬▬▬▬▶

Decodificar

Emissor

Mensagem ▬▬▬▬▬▶

Receptor

Meio ou Canal

Feedback

Codificar

Ruído:

Decodificar:

Emissor:

Mensagem:

Receptor:

Meio ou canal:

Feedback:

Codificar:

Exercício 4: O que deve contemplar, no mínimo, um relatório de desempenho? Complete o texto com base na palavra cruzada a ser preenchida:

Situação atual dos (2) e (10).

Análise do (11) anterior.

(8) concluído.

Resumo das (3) aprovadas no período. Trabalho a ser (5).

(4) das variações.

(1) previsto do projeto, incluindo (7).

Outras informações relevantes a serem (6) e (9).

Respostas

Respostas do Exercício 1:

(1, 2, 3 E) Ativos de processos organizacionais.

(1, 2, 3 S) Atualizações dos documentos do projeto

(3S) Informações sobre o desempenho do trabalho

(1, 2 E) Fatores ambientais da empresa.

(2S) Atualizações do plano de gerenciamento do projeto.

(3E) Dados sobre o desempenho do trabalho.

(2, 3 S) Atualizações dos ativos de processos organizacionais.

(1, 3 E) Plano de gerenciamento do projeto.

(2S, 3E) Comunicações do projeto.

(3E) Registro das questões.

(1S, 2 E) Plano de gerenciamento das comunicações.

(2E) Relatórios de desempenho do trabalho.

(3S) Solicitações de mudança.

GERENCIAMENTO DAS COMUNICAÇÕES

Respostas do Exercício 2:

(1) Comunicação eficiente significa	(10) distribuir informações sobre o andamento e o desempenho do projeto, devem estar disponíveis antes das reuniões do projeto e devem ter o máximo de precisão e atualização possível.
(2) Comunicação passiva	(12) inclui reuniões, telefonemas, videoconferências.
(3) Métodos de séries temporais	(1) fornecer somente as informações que são necessárias.
(4) Habilidades interpessoais	(11) responsável por tornar as informações claras e completas.
(5) Métodos causais/econométricos	(13) inclui cartas, memorandos, relatórios, e-mails, fax, correio de voz, comunicados de imprensa.
(6) Comunicação eficaz significa	(14) responsável por garantir que as informações sejam recebidas integralmente, compreendidas corretamente e confirmadas.
(7) Habilidades de gerenciamento	(3) usam dados históricos como base para estimar os resultados futuros.
(8) Métodos subjetivos	(5) usam a premissa de que é possível identificar os fatores que podem influenciar a variável que está sendo prevista.
(9) Comunicação formal	(4) estabelecimento de confiança, solução de conflitos, escuta ativa e superação da resistência à mudança.
(10) Relatórios de desempenho	(15) inclui o que foi feito correto, errado, o que poderia ter sido feito diferente, as causas dos fatos ocorridos e enfrentados pelo projeto, e as razões de se implementar as ações corretivas.
(11) Emissor	(7) habilidades de apresentação, negociação, habilidades de redação, capacidade de falar em público.

(continua)

(continuação)

(12) Comunicação interativa	(6) que as informações são fornecidas no formato correto, no tempo adequado e com o impacto necessário.
(13) Comunicação ativa	(9) um conjunto de regras e procedimentos deve ser seguido.
(14) Receptor	(8) previsões compostas, pesquisas de opinião, método Delphi, criação de cenários, previsão tecnológica e previsão por analogia.
(15) Lições aprendidas	(2) a informação é disponibilizada para que as partes interessadas possam acessar o seu conteúdo; inclui sites de intranet, e-learning, repositórios de conhecimentos.

Respostas do Exercício 3:

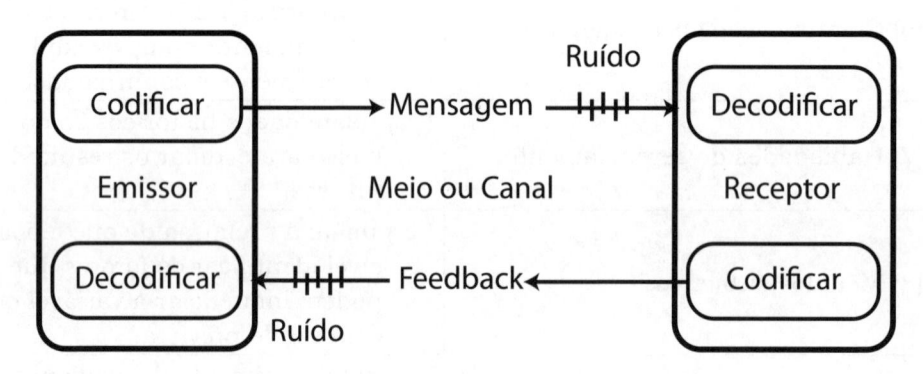

```
           ┌──────────┐                           Ruído        ┌──────────┐
           │ Codificar│────────► Mensagem ──┤┤┤┤──►            │Decodificar│
           └──────────┘                                        └──────────┘
              Emissor              Meio ou Canal                  Receptor
           ┌──────────┐                                        ┌──────────┐
           │Decodificar│◄──┤┤┤┤──── Feedback ◄─────            │ Codificar│
           └──────────┘                                        └──────────┘
              Ruído
```

A ação de confirmação da mensagem é inerente ao modelo. Na primeira ação, a confirmação significa que o receptor sinalizou o recebimento da mensagem, mas não necessariamente concordou com ela. Na outra ação, a resposta (feedback) a uma mensagem significa que o receptor decodificou, entendeu e está respondendo a mensagem.

- Ruído: qualquer barreira que interfira na transmissão da mensagem.

- Decodificar: "tradução" feita pelo receptor antes de interiorizar o seu significado.

GERENCIAMENTO DAS COMUNICAÇÕES

- Emissor: origem da mensagem.
- Mensagem: pensamentos, sentimentos e ideias que o emissor de seja passar.
- Receptor: aquele que recebe a mensagem.
- Meio ou canal: método, canal usado para passar a mensagem.
- Feedback: confirmação ou não da compreensão da mensagem.
- Codificar: "tradução" antes do envio.

Respostas do Exercício 4:

Situação atual dos riscos e questões.

Análise do desempenho anterior. Trabalho concluído.

Resumo das mudanças aprovadas no período.

Trabalho a ser concluído.

Resultados das variações.

Término previsto do projeto, incluindo custo.

Outras informações relevantes a serem revistas e analisadas.

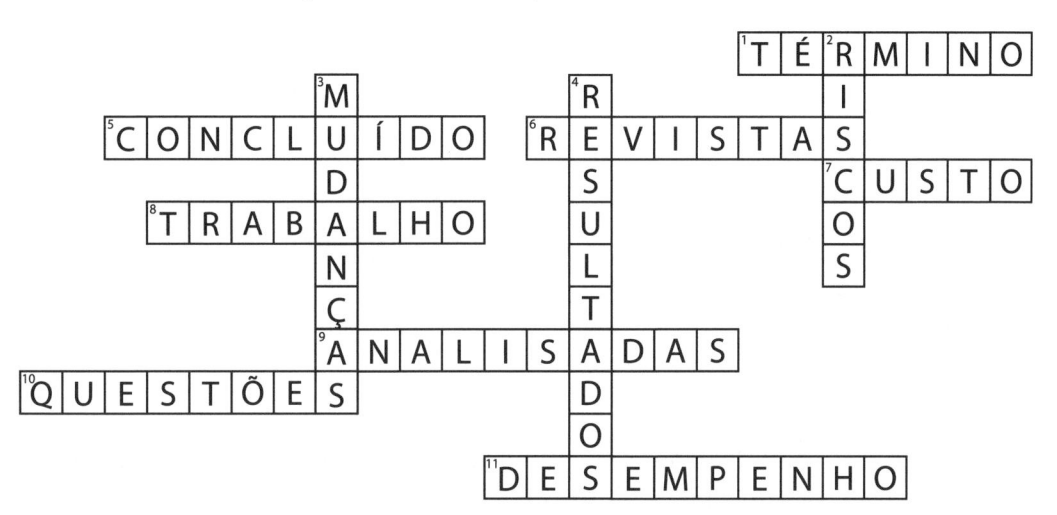

```
                                    ¹T  É ²R  M  I  N  O
                    ³M          ⁴R          I
         ⁵C  O  N  C  L  U  Í  D  O    ⁶R  E  V  I  S  T  A  S
                    D           S          ⁷C  U  S  T  O
                 ⁸T R  A  B  A  L  H  O    O
                    N           L          S
                    Ç           T
                  ⁹A  N  A  L  I  S  A  D  A  S
      ¹⁰Q  U  E  S  T  Õ  E  S  D
                                O
                          ¹¹D  E  S  E  M  P  E  N  H  O
```

Comentários do Simulado

O texto abaixo é base para as respostas das questões 135 e 136:

Um novo técnico foi designado para trabalhar no seu projeto. Este técnico nunca tinha trabalhado com você. Em uma reunião com ele, você explicou a forma como queria que um determinado trabalho fosse executado e em seguida perguntou se ele tinha entendido. Ele respondeu "Sim".

Duas semanas depois, ao verificar o resultado do trabalho, você constatou que não estava conforme suas especificações. Você chama o técnico e questiona o porquê. Ele responde: "Este é o padrão que nós sempre utilizamos neste trabalho".

135. Utilizando o modelo de comunicação, em qual fase do modelo provavelmente ocorreu a falha de comunicação?

    A) Na mensagem transmitida.

    B) No tom de voz utilizado (paralingual).

    C) Feedback.

    D) No meio utilizado para enviar a mensagem.

Resposta: C

Justificativa: Somente existe comunicação com feedback, que tem como objetivo demonstrar o entendimento correto da mensagem.

136. Qual técnica, para ter certeza que a mensagem foi entendida, você deveria utilizar?

    A) Parafrasear.

    B) Ouvinte Efetivo.

    C) Bom Observador.

    D) Mímicas.

Resposta: A

Justificativa: Parafrasear (interpretar com as próprias palavras) é a melhor técnica para se obter um feedback na comunicação presencial.

GERENCIAMENTO DAS COMUNICAÇÕES

137. Um <u>relatório de progresso</u> pode ser definido, geralmente, como:

   A) Descreve onde o projeto se encontra com relação ao planejado.

   B) Descreve o que a equipe de projeto já realizou com relação ao planejado.

   C) Projeta o futuro do projeto em termos de prazo e custo.

   D) Atualiza os elementos críticos de sucesso do projeto.

Resposta: B

   Justificativa: Relatório de progresso mostra o que foi realizado e o que falta realizar.

138. A <u>comunicação presencial</u> é preferida devido ao fator:

   A) Necessidade de decodificação.

   B) Necessidade de codificação.

   C) Por ser uma comunicação bidirecional.

   D) Feedback instantâneo.

Resposta: D

   Justificativa: A comunicação presencial é mais rica de recursos, pois permite o feedback imediato por meio da linguagem verbal (oral) e nãoverbal (linguagem corporal).

139. Um <u>registro de risco</u> que faz parte do plano de gerenciamento de projeto em um projeto seria visto como que <u>tipo de comunicação</u>?

   A) Formal.

   B) Contrato.

   C) Verbal.

   D) Formal por escrito.

Resposta: D

   Justificativa: Os registros de riscos devem ser armazenados e documentados.

140. O projeto tem cinco pessoas. Quatro mais são adicionadas. Qual é o número total de canais de comunicação acrescentados ao projeto?

    A) 36 canais.

    B) 6 canais.

    C) 15 canais.

    D) 26 canais.

Resposta: D

   Justificativa: A fórmula do número de canais de comunicação é: [n x (n − 1)]/2. O número de canais acrescentados será o (número de canais com 9 pessoas) − (número de canais com 5 pessoas) = 36 − 10 = 26 canais.

141. Em um processo de comunicação, os jargões utilizados pelo emissor para se comunicar com o receptor de outra área técnica podem ser encarados como:

    A) Uma grande vantagem.

    B) Uma forma de melhorar a codificação e a decodificação da informação.

    C) Uma barreira na codificação e na decodificação da informação.

    D) Não influencia o processo de comunicação.

Resposta: C

   Justificativa: Barreiras são elementos que podem distorcer a codificação ou decodificação de uma informação. Jargões são termos técnicos que, utilizados para se comunicar com pessoas de outras áreas técnicas, podem criar barreiras à comunicação.

142. O estudo que permite analisar o significado e as intenções do comunicador pelo ritmo de fala, tom e volume de voz é identificado como?

    A) Comunicação informal.

    B) Comunicação paralinguística.

    C) Comunicação não verbal.

    D) Comunicação paranormal.

GERENCIAMENTO DAS COMUNICAÇÕES

Resposta: B

Justificativa: A comunicação paralinguística é aquela que analisa sons ou qualidade de voz (velocidade e entonação) que acompanha a fala e revela a situação em que o comunicador se encontra.

143. Você está na fase de monitoramento e controle de seu projeto e tem de realizar a coleta e distribuição de informações sobre seu desempenho. Qual dos seguintes não é uma entrada para o processo que você está trabalhando?

    A) Plano de gerenciamento do projeto.

    B) Previsões de orçamentos.

    C) Ativos de processos organizacionais.

    D) Comunicações do projeto.

Resposta: D

Justificativa: As opções A, B e C são entradas do processo Reportar o desempenho. A única alternativa que não participa desta lista é a opção D.

144. No modelo de comunicação, quem é o responsável se a mensagem é entregue de forma confusa e mal-interpretada?

    A) Receptor.

    B) Tanto o emissor quanto o receptor.

    C) Gerente de projetos.

    D) Emissor.

Resposta: D

Justificativa: No modelo de comunicação, o emissor é responsável pela codificação da mensagem.

145. Métodos de previsão são ferramentas utilizadas no processo de Controlar as comunicações, que possibilitam prever o desempenho futuro do projeto com base no desempenho real até uma data. Dentre os possíveis métodos de previsão reconhecidos, podemos citar os abaixo, exceto:

    A) Métodos de séries temporais.

    B) Métodos causais/econométricos.

    C) Métodos qualitativos/quantitativos.

    D) Métodos subjetivos.

Resposta: C

Justificativa: As opções A, B e D são métodos classificados como possíveis métodos de previsão para o processo. Métodos qualitativos e/ou quantitativos (opção C) são previstos no gerenciamento de riscos e não se enquadram como ferramentas deste processo.

146. Barreiras à comunicação são ruídos que dificultam os processos de comunicação entre as partes interessadas. Quais dos itens abaixo podem ser considerados possíveis barreiras à comunicação?

    A) Barulho – Distância – Cordialidade.

    B) Proximidade – Distância – Diferenças culturais.

    C) Barulho – Distância – Diferenças culturais

    D) Proximidade – Codificação correta da mensagem – Cordialidade.

Resposta: C

Justificativa: Barreiras à comunicação são ruídos que dificultam a comunicação entre as partes interessadas. Assim, não podem ser considerados barreiras aspectos como: cordialidade, proximidade ou codificação correta da mensagem. A opção C é a única que apresenta todas as opções de possíveis ruídos ou barreiras de comunicação.

Capítulo 12

Gerenciamento de Riscos

Síntese dos Conceitos

Risco/Risk: evento ou condição incerta que, se ocorrer, tem um efeito positivo ou negativo em pelo menos um objetivo do projeto (por exemplo: escopo, cronograma, custo e qualidade). Problema é o risco negativo "em ação". No início do projeto, são maiores as incertezas, que, por sua vez, vão diminuindo à medida que seu desenvolvimento avança.

Gerenciamento dos riscos no projeto/Project risk management: tem por objetivo maximizar os resultados dos eventos positivos e minimizar as consequências dos eventos negativos.

Riscos internos/Internal risks: eventos de risco sob o controle da equipe do projeto.

Riscos externos/External risks: eventos de risco fora do controle da equipe do projeto.

Riscos de negócio/Business risk: riscos que podem levar a ganhos ou perdas relacionadas ao negócio.

Riscos puros/Pure risks: riscos que acarretam apenas perdas.

Riscos conhecidos/Known risks: riscos que têm sido identificados no projeto com informações suficientes para possibilitar sua análise e desenvolvimento de respostas.

Riscos desconhecidos/Unkown risks: riscos que não foram identificados no projeto e, portanto, sobre os quais não se têm informações suficientes para análise.

Riscos residuais/Residual risks: riscos que permanecem após a aplicação das estratégias de respostas aos riscos.

Riscos secundários/Secondary risks: riscos resultantes da aplicação das estratégias de resposta aos riscos; são considerados novos riscos.

Dimensões-chave/Key dimensions: probabilidade do risco (chance/probabilidade da ocorrência do evento) e impacto do risco (efeito sobre os objetivos do projeto, se o evento de risco ocorrer).

Apetite para riscos/Risk appetite: o grau de incerteza que uma organização está disposta a assumir.

Tolerância a riscos/Risk tolerance: qual o grau, quantidade ou volume de risco que uma organização ou pessoa pode suportar.

Limite de risco/Risk threshold: fronteira de risco que a parte interessada não está disposta a ultrapassar por algum interesse específico. Abaixo desse limite a organização vai aceitar o risco, acima desse limite a organização não vai aceitar.

Planejar o gerenciamento de riscos/Plan risk management

Processo de decisão sobre como conduzir as atividades de gerenciamento de riscos do projeto.

Principal benefício: garantir que o grau, o tipo e a visibilidade do gerenciamento de risco sejam compatíveis com os riscos e a importância do projeto para a organização.

Reuniões de planejamento e análise/Planning meetings and analysis: reuniões de planejamento para desenvolver o plano de gerenciamento dos riscos.

Plano de gerenciamento dos riscos/Risk management plan: descreve como serão estruturadas e executadas as atividades de identificação, análise, resposta e monitoramento de riscos durante o ciclo de vida do projeto e estabelece um orçamento para isto. Inclui: metodologia; funções e responsabilidades; custos necessários para o gerenciamento de riscos; frequência com que o processo de gerenciamento de riscos será executado; categorias de riscos (por exemplo: estrutura analítica dos riscos – EAR).

- **Categorias (fontes) de riscos/Risk categories:** estrutura que permite uma representação das diversas áreas e fontes de riscos. As seguintes categorias são utilizadas na maioria dos projetos: riscos técnicos, riscos de gerenciamento do projeto, riscos externos e riscos organizacionais.

- **Definições de probabilidade e impacto de riscos/Definitions of risk probability and impact:** as definições gerais dos níveis de probabilidade e impacto são adaptadas a cada projeto durante o processo Planejar o gerenciamento dos riscos, para serem usadas no processo Realizar a análise qualitativa de riscos.

- **Tolerâncias revisadas das partes interessadas/Revised stakeholders' tolerances:** o nível de tolerância ao risco é diferente para cada indivíduo ou organização.

- **Formatos dos relatórios/Reporting formats:** definem como as saídas dos processos de gerenciamento de riscos serão documentadas, analisadas e comunicadas.

- **Acompanhamento/Tracking:** documenta como as atividades serão registradas para o benefício do projeto atual e de projetos futuros, incluindo lições aprendidas e eventuais requisitos de auditoria sobre o gerenciamento de riscos.

Identificar os riscos/Identify risks

Processo de determinação de quais riscos podem afetar o projeto e de documentação de suas características.

Principal benefício: documentação dos riscos existentes que possibilite à equipe do projeto ter o conhecimento e a habilidade para antecipar eventos.

Recomendações durante a identificação dos riscos:

- Seja minucioso;

- Identifique os riscos o mais cedo possível;

- Desenvolva uma lista de riscos o mais completa possível;

- Peça para especialistas a identificação de riscos de tarefas específicas;

- Declaração de escopo do projeto, EAP e dicionário da EAP são importantes para a identificação de riscos;

- Riscos são identificados durante todo o ciclo de vida do projeto;

Revisões de documentação/Documentation reviews: consistem em revisões estruturadas da documentação do projeto de modo a verificar a qualidade dos planos, a consistência entre planos, premissas do projeto e documentos de projetos anteriores que possam indicar riscos no projeto.

Técnicas de coleta de informações/Information gathering techniques: por exemplo, *brainstorming*, técnica Delphi, entrevistas e análise da causa-raiz.

Análise de listas de verificação/Checklist analysis: identificação de riscos com base nas informações históricas, no conhecimento acumulado de projetos anteriores e outras fontes de informações.

Análise de premissas/Assumptions analysis: cada projeto e seu plano é concebido e desenvolvido com base em um conjunto de hipóteses, cenários ou premissas. As premissas são verdades temporárias, assim, alguns riscos do projeto podem ser identificados em decorrência do caráter inexato, instável, inconsistente ou incompleto das premissas.

Técnicas de diagramas/Diagramming techniques: podem incluir diagramas de causa e efeito, fluxogramas, diagramas de sistemas e diagramas de influência.

Análise de forças, fraquezas, ameaças e oportunidades (*SWOT*)/SWOT analysis: *SWOT (Strengths, Weaknesses, Opportunities and Threats)*. Identificação das forças e fraquezas da organização e, em seguida, identificação das oportunidades do projeto resultantes das forças da organização, bem como das ameaças do projeto decorrentes das fraquezas.

Registro dos riscos/Risk register: contém as informações sobre riscos do projeto (lista dos riscos identificados e lista de respostas potenciais). Deve ser constantemente atualizado à medida que os processos de gerenciamento de riscos são realizados.

- **Lista dos riscos identificados/List of identified risk:** os riscos devem ser identificados com o maior detalhamento possível.

- **Lista de respostas potenciais/List of potential responses:** as respostas podem ser identificadas durante o processo Identificar os riscos. Devem ser documentadas e utilizadas no processo Planejar as respostas aos riscos.

Realizar a análise qualitativa dos riscos/Perform qualitative risk analysis

Processo de priorização dos riscos para análise ou ação subsequente, por meio de avaliação e combinação de sua probabilidade de ocorrência e impacto.

Principal benefício: permitir aos gerentes de projetos reduzir o nível de incerteza e se concentrarem em riscos de alta prioridade.

Avaliação de probabilidade e impacto dos riscos/Risk probability and impact assessment: a análise de probabilidade de riscos investiga a probabilidade de cada risco específico ocorrer; a avaliação do impacto de riscos investiga o efeito potencial sobre um objetivo do projeto. Os riscos com baixas classificações de probabilidade e impacto serão incluídos em uma lista de observação para monitoramento futuro.

Matriz de probabilidade e impacto/Probability and impact matrix: é uma grade com os graus de risco, ou seja, os resultados das possíveis multiplicações das probabilidades e impactos. Permite a priorização para uma posterior análise quantitativa e resposta aos riscos.

Avaliação da urgência do risco/Risk urgency assessment: riscos que exigem respostas em curto prazo podem ser considerados mais urgentes para serem resolvidos.

Avaliação de qualidade dos dados sobre riscos/Risk data quality assessment: técnica para avaliar o grau em que os dados sobre riscos são úteis (avaliar se o risco é compreendido e se há precisão, qualidade, confiabilidade e integridade dos dados) para o gerenciamento dos riscos.

Categorização de riscos/Risk categorization: divisão dos riscos em categorias, tais como: fontes de riscos (usando a EAR), áreas do projeto (usando a EAP) e outras categorias.

Realizar a análise quantitativa de riscos/Perform quantitative risk analysis

Processo de analisar numericamente o efeito dos riscos identificados sobre os objetivos do projeto.

Principal benefício: produz informação quantitativa de risco para apoiar a tomada de decisão, a fim de reduzir a incerteza do projeto.

Técnicas de representação e coleta de dados/Data gathering and representation techniques:

- **Entrevistas/Interviews:** usadas para obter informações dos especialistas e quantificar a probabilidade e o impacto dos riscos.

- **Distribuições de probabilidade/Probability distributions:** auxiliam na representação da incerteza associada às estimativas. Por exemplo: durações de atividades do cronograma ou custos de componentes do projeto.

Técnicas de modelagem e análise quantitativa dos riscos/Quantitative risk analysis and modeling techniques:

- **Análise de sensibilidade/Sensitivity analysis:** determina quais riscos têm mais impacto potencial no projeto; examina o efeito provocado pela mudança de valor de uma variável no projeto, quando as outras permanecem constantes.

- **Análise do valor monetário esperado/Expected monetary value analysis:** conceito estatístico que calcula o valor médio dos possíveis resultados, incluindo cenários que poderão ou não acontecer. Pode ser positivo ou negativo.

- **Modelagem e simulação/Modeling and simulation:** traduzem as incertezas no seu possível impacto nos objetivos do projeto, para uma posterior análise do desempenho do projeto como um todo. Exemplo: a análise de Monte Carlo "executa" o projeto várias vezes para fornecer uma distribuição estatística dos resultados calculados sobre impactos em prazos ou custos no projeto como um todo.

- **Análise da árvore de decisão/Decision tree analysis:** representação gráfica do cálculo do valor monetário esperado. Representa uma situação que está sendo considerada e as implicações de cada uma das escolhas disponíveis e cenários possíveis na presença de incerteza.

Planejar as respostas aos riscos/Plan risk responses

Processo de desenvolvimento de opções e ações para aumentar as oportunidades e reduzir as ameaças aos objetivos do projeto.

Principal benefício: aborda os riscos pela prioridade, inserindo recursos e atividades no orçamento, no cronograma e no plano de gerenciamento do projeto, conforme necessário.

GERENCIAMENTO DE RISCOS

Estratégias para riscos negativos ou ameaças/Strategies for negative risk or threats:

- **Eliminar ou Evitar/Avoid:** alterar o plano de gerenciamento do projeto para eliminar o risco (eliminar as causas), ou proteger os objetivos do projeto contra seu impacto. Aplica-se quando o risco é inaceitável.

- **Transferir/Transfer:** transferir o risco para terceiros; exemplo: seguro e garantias.

- **Mitigar/Mitigate:** reduzir a probabilidade e/ou impacto do risco para um limite aceitável.

- **Aceitar/Accept:** pode ser ativa quando estabelece uma reserva para as contingências; pode ser passiva quando não são planejadas ações, deixando a equipe do projeto lidar com as ameaças à medida que elas ocorram.

Estratégias para riscos positivos ou oportunidades/Strategies for positive risks or opportunities:

- **Explorar/Exploit:** a organização deseja garantir que a oportunidade seja concretizada, assim, procura eliminar a incerteza de um risco positivo fazendo com que a oportunidade aconteça.

- **Compartilhar/Share:** atribuir a oportunidade, total ou parcialmente, a terceiros de modo a melhor capturá-la em benefício do projeto.

- **Melhorar/Enhance:** aumentar a probabilidade e/ou os impactos dos riscos positivos pela identificação e maximização dos seus principais acionadores dos riscos de impacto positivo.

- **Aceitar/Accept:** aceitar uma oportunidade quando acontecer e tirar proveito dela, mas não tomar qualquer ação para fazê-la acontecer.

Estratégias de respostas de contingências/Contingent response strategy: usar o plano de resposta aos riscos somente se determinados eventos acontecerem.

Planos *fallback*/Fallback plans: esses planos devem atuar sobre os riscos caso uma ação de resposta não tenha sido eficaz.

Controlar os riscos/Control risks

Processo de execução dos planos de respostas a riscos, acompanhamento dos riscos identificados, monitoramento dos riscos residuais, identificação de novos riscos e avaliação da eficácia dos processos de riscos durante o ciclo de vida do projeto.

Principal benefício: melhora a eficiência da abordagem de risco em todo o ciclo de vida do projeto para otimização contínua da resposta ao risco.

Reavaliação dos riscos/Risk reassessment: identificação de novos riscos, reavaliação dos riscos atuais e encerramento dos riscos que estão desatualizados; deve ser realizada com regularidade ao longo de todo o ciclo de vida do projeto.

Auditoria de riscos/Risk audits: examina e documenta a eficácia das respostas aos riscos e do processo de gerenciamento de riscos.

Análises de variação e tendências/Variance and trend analysis: monitoram o desempenho geral do projeto em relação à linha de base (compara os resultados planejados com os resultados atuais); por exemplo: a análise de valor agregado monitora o desempenho geral do projeto.

Medição do desempenho técnico/Technical performance measurement: compara o progresso das realizações técnicas com o plano. Desvios podem ajudar a prever o grau de sucesso da realização do escopo do projeto e expor o grau de risco técnico do projeto.

Análise de reservas/Reserve analysis: compara a quantidade restante de reservas para contingências com a quantidade de risco restante a qualquer momento no projeto, a fim de determinar se as reservas restantes são adequadas.

Reuniões/Meetings: reuniões para discutir sobre riscos. Por exemplo, deve-se questionar:

- O evento ainda é possível?
- A probabilidade de ocorrer é a mesma?
- O impacto é o mesmo?
- A nossa tolerância ao risco é a mesma?

GERENCIAMENTO DE RISCOS

Atualizações do registro dos riscos/Risk register updates: incluem resultados de reavaliações de riscos, auditorias de riscos e revisões periódicas dos riscos; resultados reais dos riscos do projeto e das respostas aos riscos.

Informações sobre o desempenho do trabalho/Work performance information: fornece um mecanismo para comunicar e apoiar a tomada de decisão em gerenciamento de risco.

Solicitações de mudanças/Change request: execução de planos de contingência ou soluções alternativas, por vezes, resulta em uma solicitação de mudança. Solicitações de mudança podem incluir ações corretivas recomendadas e ações preventivas recomendadas.

- **Ações corretivas recomendadas:** ações com o objetivo de realinhar o desempenho do trabalho do projeto com o plano de gerenciamento do projeto. Elas incluem planos de contingência e soluções alternativas. Os últimos são respostas que não eram inicialmente planejadas, mas que são necessárias para lidar com os riscos surgidos que não foram identificados previamente ou aceitos de forma passiva;

- **Ações preventivas recomendadas:** ações para garantir que o desempenho futuro do trabalho do projeto fique alinhado com o plano de gerenciamento do projeto.

Mapa Mental

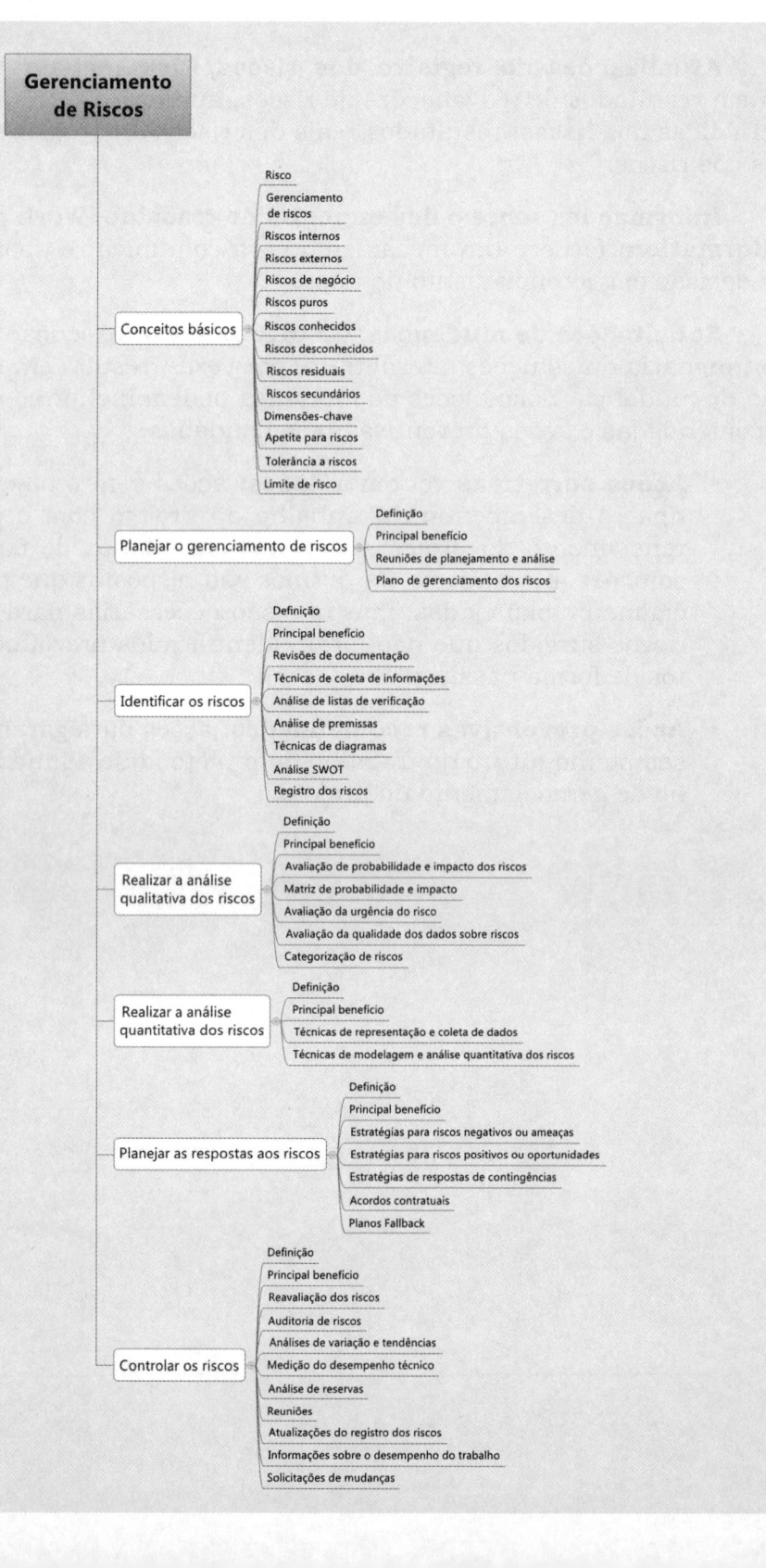

- **Gerenciamento de Riscos**
  - **Conceitos básicos**
    - Risco
    - Gerenciamento de riscos
    - Riscos internos
    - Riscos externos
    - Riscos de negócio
    - Riscos puros
    - Riscos conhecidos
    - Riscos desconhecidos
    - Riscos residuais
    - Riscos secundários
    - Dimensões-chave
    - Apetite para riscos
    - Tolerância a riscos
    - Limite de risco
  - **Planejar o gerenciamento de riscos**
    - Definição
    - Principal benefício
    - Reuniões de planejamento e análise
    - Plano de gerenciamento dos riscos
  - **Identificar os riscos**
    - Definição
    - Principal benefício
    - Revisões de documentação
    - Técnicas de coleta de informações
    - Análise de listas de verificação
    - Análise de premissas
    - Técnicas de diagramas
    - Análise SWOT
    - Registro dos riscos
  - **Realizar a análise qualitativa dos riscos**
    - Definição
    - Principal benefício
    - Avaliação de probabilidade e impacto dos riscos
    - Matriz de probabilidade e impacto
    - Avaliação da urgência do risco
    - Avaliação da qualidade dos dados sobre riscos
    - Categorização de riscos
  - **Realizar a análise quantitativa dos riscos**
    - Definição
    - Principal benefício
    - Técnicas de representação e coleta de dados
    - Técnicas de modelagem e análise quantitativa dos riscos
  - **Planejar as respostas aos riscos**
    - Definição
    - Principal benefício
    - Estratégias para riscos negativos ou ameaças
    - Estratégias para riscos positivos ou oportunidades
    - Estratégias de respostas de contingências
    - Acordos contratuais
    - Planos Fallback
  - **Controlar os riscos**
    - Definição
    - Principal benefício
    - Reavaliação dos riscos
    - Auditoria de riscos
    - Análises de variação e tendências
    - Medição do desempenho técnico
    - Análise de reservas
    - Reuniões
    - Atualizações do registro dos riscos
    - Informações sobre o desempenho do trabalho
    - Solicitações de mudanças

GERENCIAMENTO DE RISCOS

Exercícios de Fixação

Exercício 1: Classifique as assertivas a seguir como "V" se verdadeira e "F" se falsa:

( ) O gerente de projetos decide subcontratar um trabalho com um contrato de preço fixo em decorrência de um risco identificado no projeto, mas ele deve ter certeza de que o subcontratado compreendeu o risco antes que o contrato seja firmado.

( ) A identificação do risco é finalizada sem haver conhecimento suficiente sobre o projeto.

( ) Não é necessário dar atenção ao gerenciamento de riscos na fase de execução do projeto.

( ) O risco do projeto é avaliado apenas por questionários, entrevistas e análise de Monte Carlo.

( ) O cliente solicitou uma mudança no escopo do projeto. Diante disto, o gerente do projeto reviu o plano de riscos, de modo a analisar a possibilidade de surgirem novos riscos.

( ) A identificação de riscos é finalizada o mais cedo possível e resulta em uma lista de 20 riscos em vez de uma lista extensiva de riscos.

( ) Os contratos em geral são assinados antes de os riscos do projeto serem identificados e discutidos.

( ) O gerente de projeto e sua equipe estão identificando os riscos do projeto. Um dos documentos que auxiliam na identificação de riscos potenciais e de oportunidades é aquele em que constam as lições aprendidas de projetos similares.

( ) Com a avaliação quantitativa de riscos é desnecessária a participação das pessoas na identificação e avaliação de mais riscos do projeto.

( ) O cliente do projeto, já aprovado previamente, pediu que a entrega fosse antecipada em uma semana e disse que iria pagar por isso. O gerente do projeto decidiu colocar algumas atividades sequenciais em paralelo, entretanto, um dos membros da equipe do projeto o alertou de que esta decisão aumentaria o risco do projeto.

( ) Os gerentes de projeto não explicam o processo de gerenciamento de riscos a sua equipe durante o planejamento do projeto.

( ) Em um projeto de panelas de metal foi identificado que o cabo esquentava tanto quanto a panela. A equipe do projeto decidiu que o cabo deveria ser desenvolvido com um material isolante térmico. Sendo assim, a equipe decidiu evitar o risco de as pessoas se queimarem com o cabo da panela.

( ) Riscos são eventos negativos que ocorreram.

( ) Os riscos identificados podem ser descritos de maneira genérica ao invés de detalhada.

( ) O uso de somente um método é suficiente para a identificação de todos os riscos do projeto.

Exercício 2: Preencha as lacunas de acordo com a lista de palavras a seguir. Saiba que algumas palavras foram incluídas na lista equivocadamente, portanto algumas não farão parte do exercício.

aceitar

análise qualitativa

análise subjetiva

árvore de decisão

ciclo de vida do projeto

custo do impacto

evitar

gráfico de Gantt

gráfico de Pareto

iterativo

mandatório

mitigar

opcional

probabilidade

simulação Monte Carlo

solução de contorno

transferir

valor monetário esperado

GERENCIAMENTO DE RISCOS

1. A identificação de riscos é considerada um processo _____ que deve ocorrer em todo o _____.

2. A _____ pode determinar múltiplos cenários e examina os riscos e as probabilidades de impacto.

3. Um gerente de projetos está analisando os riscos de um projeto de desenvolvimento de software. Parece que um dos módulos do sistema não funcionará conforme o esperado, caso um determinado evento ocorra, e para impedir isto ele teria que contratar mais duas pessoas. Ele toma a decisão de que nada fará quanto a isso, portanto o gerente tomou a decisão de _____ o risco.

4. Um risco negativo ocorreu no projeto. Não existe um plano para responder a este risco. Sendo assim, deve-se tomar partido de uma _____, de modo a dar início a um trabalho não planejado contra as ameaças ao projeto.

5. Um gerente de projeto avaliou os riscos com base na _____, pois ele analisou a probabilidade de ocorrência e seu impacto a partir da categorização dos riscos como prováveis e não prováveis, e com impactos baixo, médio e alto.

6. Um gerente de projetos está analisando os riscos do projeto junto a sua equipe. Entretanto, eles acreditam que devem fazer um ranking de importância dos riscos, de acordo com a sua severidade ao projeto. Eles decidem por obter o _____, em que a probabilidade do risco é multiplicada pelo custo do seu impacto.

7. Um gerente de projetos viajou em decorrência do projeto que gerencia e aguarda um equipamento para dar início ao seu trabalho no dia seguinte. Ao ler seus e-mails pela manhã, recebe a notícia de que seu equipamento deve demorar cerca de quatro dias para chegar. Ele identifica o risco e procura uma empresa local, para alugar outro equipamento até o dele chegar. Portanto, ele quis _____ o risco.

8. _____ é usada para decisões de riscos individuais quando há incertezas.

Exercício 3: Você tem um apartamento e decide vendê-lo. Caso você derrube uma das paredes do quarto de empregada para fazer um closet, o valor agregado é de R$ 250.000,00. Caso nada seja feito, o valor será R$ 100.000,00. O risco de quebrar uma das paredes do quarto é que existe 20% de risco de a outra parede trincar, ficando com o valor agregado apenas de R$ 10.000,00. Usando a técnica da árvore de decisão (diagramas que apresentam uma sequência de decisões inter- relacionadas e os valores esperados para cada alternativa), determine o valor esperado dessas duas possibilidades mutuamente excludentes.

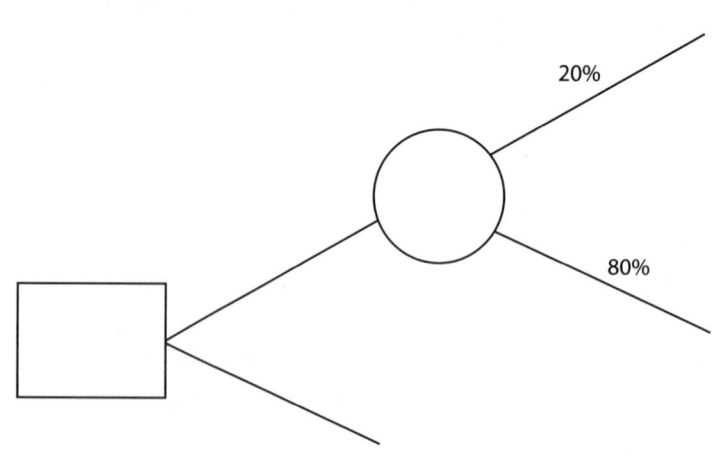

Exercício 4: Procure as palavras no quadro da página seguinte, de acordo com as definições a seguir. Observe que algumas letras e preposições já foram identificadas.

1. A_____ q_____ de riscos normalmente é um meio rápido e econômico de estabelecer as prioridades do processo de Planejar as respostas aos riscos, e define a base para a realização da análise quantitativa dos riscos, se necessária.

2. A_____ de _____ é uma técnica de modelagem quantitativa dos riscos que ajuda a determinar quais riscos têm mais impacto potencial no projeto. Examina a extensão com que a incerteza de cada elemento do projeto afeta o objetivo que está sendo examinado quando todos os outros elementos incertos são mantidos em seus valores de linha de base.

3. As r_____ aos _____ devem ser adequadas à relevância do risco, ter eficácia de custos para atender ao desafio, ser realistas dentro do contexto do projeto, acordadas por todas as partes envolvidas e ter um responsável designado.

4. R_____ r_____é aquele que continua após as respostas a riscos terem sido implementadas.

5. R_____ é um evento ou condição incerta que, se ocorrer, provocará um efeito positivo ou negativo nos objetivos de um projeto.

6. E_____ é uma representação, organizada hierarquicamente, dos riscos identificados do projeto ordenados por categoria e subca-

GERENCIAMENTO DE RISCOS

tegoria de risco, que identifica as diversas áreas e causas de riscos potenciais. A estrutura analítica dos riscos geralmente é adaptada para tipos específicos de projetos.

7. R_____de _____é o documento que contém os resultados da análise qualitativa e quantitativa de riscos e do planejamento de respostas a riscos. O registro de riscos detalha todos os riscos identificados, incluindo descrição, categoria, causa, probabilidade de ocorrência, impacto(s) nos objetivos, respostas sugeridas, proprietários e estado atual.

8. T_____ a _____é o grau, a quantidade ou o volume de risco que uma organização ou um indivíduo aceitará.

9. R_____ s_____é um risco que surge como consequência da implementação de uma resposta a riscos.

10. R_____ de _____representam os fundos, o orçamento ou o tempo necessário, além da estimativa, para reduzir o risco de ultrapassar os objetivos do projeto em um nível aceitável para a organização.

```
C I U T N D A Q R E G I S T R O D E R I S C O S Q
N I D F D I A T R A T A S R A U E A E E F E I T O
J R E S E R V A D E C O N T I N G Ê N C I A S I O
N E R E S P O S T A S A O S R I S C O S F N V O S
I A A N A L I S E D E S E N S I B I L I D A D E R
Y R L D X E R L E R I S C O S E C U N D A R I O I
W T O L E R Â N C I A A R I S C O S D N V R C A S
D Ã L D I B V R A L A S D E T F I N I T A I E O C
M O O C E B R A I N S T O R M I N G H F T S V L O
P A J N B M G E F X T T E D E P R O J E T C S K R
N Ç Y S F R F L T X O G V A M Z S R K S S O H W E
D I A A N Á L I S E Q U A L I T A T I V A Z L D S
H E H N D I C G V A M W D X P A R B T U R C Y Z I
D B E N C H M A R K I N G S E D H M E L P Z W D D
S W C U K S E I S S I G M A T W H Z L O B L Z Y U
C Y R G R V F I C O D E T X E C E Ç Q O E D I X A
X T Y N N I C A S Z E G R Q P O S N O Y I N A Y L
```

Respostas

Respostas do Exercício 1:

(V) O gerente de projeto decide subcontratar um trabalho com um contrato de preço fixo em decorrência de um risco identificado no projeto, mas ele deve ter certeza de que o subcontratado compreendeu o risco antes que o contrato seja firmado.

(F) A identificação do risco é finalizada sem haver conhecimento suficiente sobre o projeto.

(F) Não é necessário dar atenção ao gerenciamento de riscos na fase de execução do projeto.

(F) O risco do projeto é avaliado apenas por questionários, entrevistas e análise de Monte Carlo.

(V) O cliente solicitou uma mudança no escopo do projeto. Diante disto, o gerente do projeto reviu o plano de riscos, de modo a analisar a possibilidade de surgirem novos riscos.

(F) A identificação de riscos é finalizada o mais cedo possível e resulta em uma lista de vinte riscos, em vez de uma lista extensiva de riscos.

(F) Os contratos em geral são assinados antes de os riscos do projeto serem identificados e discutidos.

(V) O gerente de projetos e sua equipe estão identificando os riscos do projeto. Um dos documentos que auxiliam na identificação de riscos potenciais e de oportunidades é aquele em que constam as lições aprendidas de projetos similares.

(F) Com a avaliação quantitativa de riscos é desnecessária a participação das pessoas na identificação e avaliação de mais riscos do projeto.

(V) O cliente do projeto, já aprovado previamente, pediu que a entrega fosse antecipada em uma semana e disse que iria pagar por isso. O gerente do projeto decidiu colocar algumas atividades sequenciais em paralelo, entretanto, um dos membros da equipe do projeto o alertou de que esta decisão aumentaria o risco do projeto.

(F) Os gerentes de projeto não explicam o processo de gerenciamento de riscos a sua equipe durante o planejamento do projeto.

GERENCIAMENTO DE RISCOS

(V) Em um projeto de panelas de metal foi identificado que o cabo esquentava tanto quanto a panela. A equipe do projeto decidiu que o cabo deveria ser desenvolvido com um material isolante térmico. Sendo assim, a equipe decidiu por evitar o risco de as pessoas se queimarem com o cabo da panela.

(F) Riscos são eventos negativos que ocorreram.

(F) Os riscos identificados podem ser descritos de maneira genérica ao invés de detalhada.

(F) O uso de somente um método é suficiente para a identificação de todos os riscos do projeto.

Respostas do Exercício 2:

1. A identificação de riscos é considerada um processo iterativo que deve ocorrer em todo o ciclo de vida do projeto.

2. A simulação Monte Carlo pode determinar múltiplos cenários e examina os riscos e as probabilidades de impacto.

3. Um gerente de projetos está analisando os riscos de um projeto de desenvolvimento de software. Parece que um dos módulos do sistema não funcionará conforme o esperado, caso um determinado evento ocorra, e para impedir isto ele teria que contratar mais duas pessoas. Ele toma a decisão de que nada fará quanto a isso, portanto o gerente tomou a decisão de aceitar o risco.

4. Um risco negativo ocorreu no projeto. Não existe um plano para responder a este risco. Sendo assim, deve-se tomar partido de uma solução de contorno, de modo a dar início a um trabalho não planejado contra as ameaças ao projeto.

5. Um gerente de projetos avaliou os riscos com base na análise qualitativa, pois ele analisou a probabilidade de ocorrência e seu impacto a partir da categorização dos riscos como prováveis e não prováveis, e com impactos baixo, médio e alto.

6. Um gerente de projetos está analisando os riscos do projeto junto a sua equipe. Entretanto, eles acreditam que devem fazer um ranking de importância dos riscos, de acordo com a sua severidade ao projeto. Eles decidem por obter o valor monetário esperado, em que a probabilidade do risco é multiplicada pelo custo do seu impacto.

7. Um gerente de projetos viajou em decorrência do projeto que gerencia e aguarda um equipamento para dar início ao seu trabalho no dia seguinte. Ao ler seus e-mails pela manhã, recebe a notícia de que seu equipamento deve demorar cerca de quatro dias para chegar. Ele identifica o risco e procura uma empresa local, para alugar outro equipamento até o dele chegar. Portanto, ele quis <u>mitigar</u> o risco.

8. <u>Árvore de decisão</u> é usada para decisões de riscos individuais quando há incertezas.

Respostas do Exercício 3:

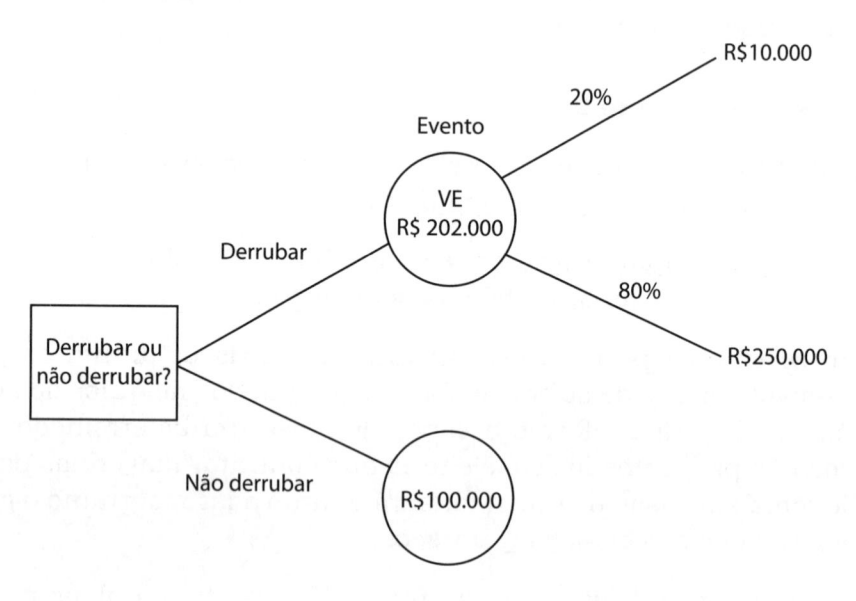

Qual o valor esperado para a decisão de derrubar?

VE = 0,8 X R$ 250.000,00 + 0,2 X R$ 10.000,00 = R$ 202.000,00

Qual o valor esperado para a decisão de não derrubar?

VE = R$ 100.000,00

Portanto, a melhor escolha é derrubar a parede.

GERENCIAMENTO DE RISCOS

Respostas do Exercício 4:

```
C I U T N D A Q R E G I S T R O D E R I S C O S Q
N I D F D I A T R A T A S R A U E A E E F E I T O
J R E S E R V A D E C O N T I N G Ê N C I A S I O
N E R E S P O S T A S A O S R I S C O S F N V O S
I A A N A L I S E D E S E N S I B I L I D A D E R
Y R L D X E R L E R I S C O S E C U N D A R I O I
W T O L E R Â N C I A A R I S C O S D N V R C A S
D Ã L D I B V R A L A S D E T F I N I T A I E O C
M O O C E B R A I N S T O R M I N G H F T S V L O
P A J N B M G E F X T T E D E P R O J E T C S K R
N Ç Y S F R F L T X O G V A M Z S R K S S O H W E
D I A A N Á L I S E Q U A L I T A T I V A Z L D S
H E H N D I C G V A M W D X P A R B T U R C Y Z I
D B E N C H M A R K I N G S E D H M E L P Z W D D
S W C U K S E I S S I G M A T W H Z L O B L Z Y U
C Y R G R V F I C O D E T X E C E Ç Q O E D I X A
X T Y N N I C A S Z E G R Q P O S N O Y I N A Y L
```

1. <u>Análise</u> <u>qualitativa</u> de riscos normalmente é um meio rápido e econômico de estabelecer as prioridades do processo de Planejar as respostas aos riscos, e define a base para a realização da análise quantitativa dos riscos, se necessária.

2. <u>Análise</u> de <u>sensibilidade</u> é uma técnica de modelagem quantitativa dos riscos que ajuda a determinar quais riscos têm mais impacto potencial no projeto. Examina a extensão com que a incerteza de cada elemento do projeto afeta o objetivo que está sendo examinado quando todos os outros elementos incertos são mantidos em seus valores de linha de base.

3. As <u>respostas</u> aos <u>riscos</u> devem ser adequadas à relevância do risco, ter eficácia de custos para atender ao desafio, ser realistas dentro do contexto do projeto, acordadas por todas as partes envolvidas e ter um responsável designado.

4. <u>Risco</u> <u>residual</u> é aquele que continua após as respostas a riscos terem sido implementadas.

5. Risco é um evento ou condição incerta que, se ocorrer, provocará um efeito positivo ou negativo nos objetivos de um projeto.

6. EAR é uma representação, organizada hierarquicamente, dos riscos identificados do projeto ordenados por categoria e subcategoria de risco, que identifica as diversas áreas e causas de riscos potenciais. A estrutura analítica dos riscos geralmente é adaptada para tipos específicos de projetos.

7. Registro de riscos é o documento que contém os resultados da análise qualitativa e quantitativa de riscos e do planejamento de respostas a riscos. O registro de riscos detalha todos os riscos identificados, incluindo descrição, categoria, causa, probabilidade de ocorrência, impacto(s) nos objetivos, respostas sugeridas, proprietários e estado atual.

8. Tolerância a riscos é o grau, a quantidade ou o volume de risco ao qual uma organização ou um indivíduo resistirá.

9. Risco secundário é um risco que surge como resultado direto da implementação de uma resposta a riscos.

10. Reserva de contingências representam os fundos, o orçamento ou o tempo necessário, além da estimativa, para reduzir o risco de ultrapassar os objetivos do projeto em um nível aceitável para a organização.

Comentários do Simulado

147. O gerente de projeto está executando a análise dos riscos de um projeto junto com a equipe. Eles estão preocupados sobre como avaliar os riscos de modo a obter uma priorização de acordo com a severidade para o projeto. Qual dos métodos eles deveriam utilizar para obter está priorização?

    A) Fazer uma análise subjetiva.

    B) Determinar o custo do impacto do risco.

    C) Determinar a probabilidade de o risco ocorrer.

    D) Utilizar métricas qualitativas.

Resposta: D

   Justificativa: A priorização dos riscos se faz no processo de Realizar a análise qualitativa dos riscos, que utiliza métricas qualitativas. Exemplo: a matriz de probabilidade e impacto dos riscos.

GERENCIAMENTO DE RISCOS

148. Um gerente de projeto está repassando para uma subcontratada parte do projeto que contém alguns riscos já identificados. A contratação será feita na forma de Preço Fixo Global. O que o gerente de projeto deveria fazer para aumentar as chances de sucesso da contratação?

    A) O gerente de projeto deveria obter garantias de que o fornecedor entendeu os riscos antes da assinatura do contrato.

    B) O gerente de projeto deveria ter certeza de que a equipe de projeto não reviu os riscos para o fornecedor até ele ser contratado.

    C) O gerente de projeto deveria garantir que o fornecedor ficou preocupado com os riscos após a assinatura do contrato.

    D) O gerente de projeto deveria colocar um membro da equipe de projeto para monitorar as atividades do fornecedor para ter certeza de que ele está tratando os riscos apropriadamente.

Resposta: D

Justificativa: Em contratos a preço fixo, o risco de custo é do contratado, porém o risco de qualidade, não cumprimento do escopo é do contratante, a única resposta possível para a situação é a D.

149. Após terminar o processo de análise de riscos, a equipe de projeto verificou nos arquivos de lições aprendidas que em projetos semelhantes, mesmo com todo o cuidado na identificação e análise dos riscos, ocorreram vários problemas inesperados. Para tentar se proteger contra estas ocorrências, a equipe resolveu solicitar um fundo para estes riscos, que é conhecido como:

    A) Fundo de gerenciamento de riscos.

    B) Fundo emergencial.

    C) Reserva gerencial.

    D) Fundo de contingência.

Resposta: C

Justificativa: Reserva gerencial é constituída de valores provisionados para cobrir os imprevistos, incertezas e riscos não identificados.

150. O gerente de projeto e sua equipe estão iniciando o processo de identificação dos riscos de um projeto. Como primeira atividade o gerente de projeto solicita que você traga os documentos que ajudarão nesta atividade. Você traz os documentos abaixo, EXCETO:

A) Lições aprendidas de projetos similares.

B) EAR.

C) O Valor Monetário Esperado das mudanças em projetos similares.

D) EAP.

Resposta: C

Justificativa: A opção C não tem relação com a identificação dos riscos.

151. Em uma reunião de posicionamento do projeto foi colocada a necessidade de antecipação do cronograma de entrega em 10 semanas. Os custos envolvidos para que isto aconteça não serão problema, segundo o patrocinador. Em análise conjunta com a equipe de projeto, o gerente de projeto decide propor que seja executado um paralelismo do projeto. Esta decisão:

A) Diminuirá os riscos.

B) Aumentará os riscos.

C) Mudanças nos riscos não podem ser determinadas.

D) Não afetará os riscos.

Resposta: B

Justificativa: Paralelismo *(fast-tracking)* é fazer em paralelo o que deveria ser feito em série, desta forma aumentará os riscos.

152. A equipe de projeto avaliou os riscos de um projeto e encontrou algumas possíveis ameaças e também algumas oportunidades. Todas foram devidamente avaliadas e quantificadas. Para se conhecer qual é o pior cenário para o projeto, deveria(m) ser sumarizado(as):

A) As oportunidades menos as ameaças.

B) As ameaças menos as oportunidades.

C) Somente as ameaças.

D) O Valor Monetário Esperado do projeto.

GERENCIAMENTO DE RISCOS

Resposta: C

Justificativa: Pior cenário é quando todas as ameaças acontecem e todas as oportunidades não acontecem.

153. O gerente de projetos, em sua primeira reunião com o cliente de um grande projeto, percebeu que o cliente tinha uma tolerância muito baixa para lidar com os riscos do projeto. Este fato provavelmente significa que o cliente:

    A) Entende que projetos sempre estão sujeitos a riscos.

    B) Não irá entender se riscos ocorrerem no projeto.

    C) Está disposto a aceitar grandes riscos para obter grandes lucros.

    D) Não está disposto a aceitar grandes riscos para obter grandes lucros.

Resposta: D

Justificativa: Baixa tolerância aos riscos significa avesso ao risco, não corre risco nem para perder e nem para ganhar.

154. A técnica de coleta de informações que possibilita fazer uma análise do cenário para posicionar ou verificar a situação estratégica da empresa no ambiente em questão é conhecida como?

    A) Técnica de Delphi.

    B) Análise SWOT.

    C) *Benchmarking.*

    D) Diagrama de influência.

Resposta: B

Justificativa: A Análise SWOT é uma ferramenta utilizada para fazer análise de cenário (ou análise de ambiente), sendo usada como base para gestão e planejamento estratégico de uma corporação ou empresa.

155. O gerente de projeto está considerando desistir de seu trabalho para desenvolver um livro e produtos de apoio ao exame PMP, uma ideia que ele criou fora do seu trabalho. Se vender bem, ele planeja começar a sua própria empresa e vender em tempo integral. Qual a característica que ele demonstra em relação aos riscos?

    A) Corre o risco.

    B) Avesso ao risco.

    C) Atende às expectativas dos acionistas.

    D) Apresenta neutralidade em relação ao risco.

Resposta: A

Justificativa: O enunciado da questão demonstra que o gerente de projetos tem o perfil de correr riscos.

156. O método de Monte Carlo é um modelo estatístico utilizado em simulações, que analisa as incertezas especificadas em relação ao seu possível impacto nos objetivos expressos do projeto. Dentre as abaixo, qual não é uma característica da análise de Monte Carlo?

    A) Avalia o risco total do projeto.

    B) Fornece a probabilidade de uma dada atividade estar no caminho crítico.

    C) Pode ser usada para avaliar impactos em mudanças de escopo eequipe.

    D) Resulta em uma distribuição de probabilidades.

Resposta: C

Justificativa: As opções A, B e D são características do método de Monte Carlo. A opção C não se aplica ao método. O método Monte Carlo pode ser usado para avaliar impactos em prazos ou custos, e não em escopo e equipes.

157. Você é o gerente de um projeto que pode ganhar uma extensão de escopo interessante para a sua empresa. Mas, para tal, sua empresa terá de formar uma *joint venture* com outra organização especializada em parte das atividades previstas na extensão. Que estratégia para riscos está sendo prevista?

    A) Transferir o risco.

    B) Melhorar o risco.

    C) Compartilhar o risco.

    D) Explorar o risco.

Resposta: C

Justificativa: A ação de constituir uma *joint venture* com outra organização para ganhar a extensão do projeto identifica a estratégia de compartilhamento do risco que, por definição, significa atribuir a propriedade, total ou parcialmente, a terceiros para melhor capturar as oportunidades em benefício do projeto.

GERENCIAMENTO DE RISCOS

158. O gerente do projeto está definindo os riscos para o projeto, realizando a análise de probabilidade e impacto e atribuindo proprietários aos riscos. Como o plano de gerenciamento do projeto evolui, onde estas informações serão documentadas?

    A) Gatilho do risco.

    B) Lista de riscos.

    C) Resposta aos riscos.

    D) Registro dos riscos.

Resposta: D

Justificativa: Todas as informações mencionadas no enunciado compõem o registro dos riscos.

159. O gerente de projetos e sua equipe estão planejando um projeto de software de pesquisa na Internet. Eles estão discutindo o que poderia ocorrer diferente do previsto no projeto. Eles também estão tentando identificar os indicadores que podem alertá-los dos problemas potenciais. Como estes indicadores são chamados?

    A) Gatilhos.

    B) Análise de risco.

    C) Riscos.

    D) Solução de problemas.

Resposta: A

Justificativa: Gatilhos podem indicar que um risco ocorreu ou está na iminência de ocorrer.

160. A fim de apoiar sua identificação de possíveis riscos do projeto, você percebe que irá necessitar utilizar alguma técnica de coleta de informações que evite a interferência de influências hierárquicas para obter um resultado imparcial. Qual a técnica que melhor se enquadra em sua necessidade?

    A) Técnica PERT.

    B) Técnica de decomposição.

    C) Técnica de Delphi.

    D) Técnica de diagramação de redes.

Resposta: C

Justificativa: Por realizar uma participação anônima de seus participantes, a técnica de Delphi inibe interferências políticas e hierárquicas para realizar a coleta de informações.

161. Classificação dos riscos é realizada em qual processo?

    A) Realizar a análise qualitativa dos riscos.

    B) Valor monetário esperado (EMV).

    C) Soluções de contorno.

    D) Gatilhos dos riscos.

Resposta: A

Justificativa: Somente a opção A menciona o nome de um processo de gerenciamento dos riscos. Além disso, é neste processo que os riscos são classificados.

162. Monitorar e controlar os riscos é o processo de implementação dos planos de respostas, acompanhamento dos riscos identificados, monitoramento dos riscos residuais, identificação de novos riscos e avaliação do processo de riscos durante todo o projeto. Qual das opções abaixo não demonstra uma das ferramentas e técnicas utilizadas neste processo?

    A) Auditoria de riscos.

    B) Análise das reservas.

    C) Realizar a análise qualitativa dos riscos.

    D) Reuniões de andamento.

Resposta: C

Justificativa: Dentre as opções apresentadas, somente a análise qualitativa dos riscos (opção C) não pertence ao grupo de ferramentas e técnicas do processo Monitorar e controlar os riscos. A análise qualitativa é um dos processos de planejamento da área de riscos.

Capítulo 13

Gerenciamento de Aquisições

Síntese dos Conceitos

Aquisições/Procurement: aprovisionamento e contratação de bens e serviços que abrangem vários aspectos na relação entre fornecedores e compradores.

Gerenciamento de aquisições do projeto/Project procurement management: inclui o processo de compra ou aquisição de produtos, serviços ou resultados externos à equipe do projeto necessários para realizar o trabalho, sendo discutido sob o ponto de vista do comprador.

Contrato/Contract: é um acordo que gera obrigações e direitos recíprocos para as partes dentro da lei, e que obriga o fornecedor a oferecer o produto, serviço ou resultado especificado e o comprador a pagar por ele.

Declaração de trabalho/Statement of work (SOW): tem origem na linha de base do escopo do projeto. Descreve, de forma sucinta ou detalhada, o produto que o fornecedor deverá entregar até o final do projeto. Apoia os potenciais fornecedores em avaliarem se serão capazes de assumir o trabalho ou não.

As questões do exame PMP da área de conhecimento aquisições são apresentadas do ponto de vista do cliente. Caso contrário, a questão explicitará que o ponto de vista a analisar será o do fornecedor.

Planejar o gerenciamento das aquisições/Plan procurement management

Processo de documentação das decisões de aquisição do projeto, especificação da abordagem e identificação dos possíveis fornecedores.

Principal benefício: determina se a aquisição deverá ser externa, e se assim o for, o que adquirir, como adquirir, o quanto é necessário e quando adquiri-lo.

Um contrato de aquisição é uma espécie de "projeto dentro do projeto": a empresa contratada tem suas próprias ferramentas e estratégias para gerenciar o projeto. Cabe à organização contratante a administração desta interface, supervisionando o trabalho do fornecedor, e também o controle financeiro. Assim sendo, o plano de gerenciamento de aquisições funciona como base para o gerenciamento deste serviço e, como tal, nele deve ficar bem definido como serão gerenciadas as propostas de mudança de escopo.

Acordos de cooperação/Teaming agreements: contratos legais entre duas ou mais entidades para formar parceria ou *joint venture*, ou algum outro acordo definido pelas partes.

Decisões contratuais relacionadas a riscos/Risk-related contract decisions: acordos contratuais para especificar a responsabilidade de cada parte por determinados riscos. Exemplos: seguros e garantias.

Análise de fazer ou comprar/Make or buy analysis: por que se justifica a aquisição externa de alguma parte do projeto (equipamentos ou serviços)? Esta decisão deve estar solidamente fundamentada em uma análise benefício/custo favorável, e levar em conta também os seguintes fatores: a capacitação dos fornecedores, pressões de cronograma, opinião técnica especializada e fatores políticos internos ou externos.

Pesquisa de mercado/Market research: inclui o exame das capacidades das indústrias e de um fornecedor específico.

Reuniões/Meetings: a pesquisa isolada pode não fornecer informações específicas para formular uma estratégia de aquisições. Faz-se necessário trocar informações adicionais com os potenciais licitantes.

Contratação direta/Direct contract: embora não seja um procedimento usual, existem casos em que é possível se fazer uma negociação direta com um fornecedor. É o caso de fornecedor único de determinado produto ou solução, ou quando há um fator de confiabilidade muito forte que justifique tal procedimento.

GERENCIAMENTO DE AQUISIÇÕES

Tipos de contratos/Types of contracts: para o PMI existem três grandes categorias de contrato: os de preço fixo, os de custos reembolsáveis e os por tempo e material (T&M).

- **Preço fixo/Fixed price ou lump sum:** quando bem elaborados e gerenciados estes contratos são os mais favoráveis ao comprador, do ponto de vista de riscos. Existem no entanto os seguintes pontos a considerar:

    - É preciso tempo para o preparo da especificação detalhada do produto ou serviço.

    - Durante a fase de preparação das propostas, os possíveis fornecedores podem vir a solicitar um grande número de esclarecimentos. Este processo de perguntas e respostas também pode tomar tempo, principalmente em fornecimentos mais complexos.

    - Os fornecedores podem aumentar o valor de suas propostas, pela inclusão destes fatores de risco.

    - A administração deste tipo de contratos apresenta desafios, uma vez que mudanças no escopo implicam ajustes nos valores contratuais.

    Um variante do contrato descrito anteriormente é a de Preço Fixo com Incentivo (*Fixed Price Incentive Fee*). Neste caso, o fornecedor recebe um incentivo financeiro para atingir determinadas metas, por exemplo, de redução de custos ou de prazo de entrega. Obviamente, o comprador passa a assumir o risco de gastar mais do que no tipo FFP.

    Ainda há os contratos de preço fixo para períodos de longa duração, que preveem reajustes no preço em função de índices econômicos.

- **Custos reembolsáveis/Cost reimbursable:** neste tipo de contrato o fornecedor recebe reembolso pelos custos despendidos, mais uma taxa de lucro. Os custos considerados podem ser diretos (tudo o que for diretamente alocado ao projeto) ou indiretos (gastos que, mesmo sem serem aplicados diretamente em um determinado projeto, são necessários para o funcionamento da empresa contratada, tais como custo das instalações, salários dos gerentes da firma etc.). Estes custos indiretos, chamados também de *overhead*, são fixados como uma percentagem do custo direto.

Assim, a fórmula do preço deste tipo de contrato pode ser representada da seguinte forma:

Preço = Custos diretos x (1 + percentual de custos indiretos) + lucro

A modalidade custo reembolsável traz a grande vantagem de simplificar o processo inicial da contratação, isto é, o trabalho pode começar de imediato, sem a definição detalhada do escopo. Por outro lado, esta falta de definição de escopo facilita o crescimento eventual do custo final do contrato, já que não tem limite especificado.

A exemplo do que ocorre nos contratos de preço fixo, aqui podem ser incluídas cláusulas de estímulo ao desempenho do fornecedor, por exemplo Custo Mais Incentivo (*Cost Plus Incentive Fee*). Neste caso, a modalidade de custos reembolsáveis continua prevalecendo, mas são estabelecidos valores máximo e mínimo para o lucro da empresa contratada.

A remuneração, portanto, varia baseada na variação de custos e a razão de compartilhamento (fornecedor e comprador) previamente estabelecido dentro do intervalo mínimo e máximo de remuneração.

Ainda existe a modalidade de Custo Mais Remuneração de Premiação (*Cost Plus Award Fee*), em que a remuneração é determinada pelo cliente em função de critérios definidos no contrato.

- **Tempo e material/Time and material (T&M):** neste tipo híbrido de contrato, também conhecido como de preços unitários, existem alguns valores fixados (por exemplo, o custo do homem-hora de profissionais da equipe, ou o preço de m^3 para serviços de terraplenagem).

É aplicável quando é difícil prever de antemão o volume de trabalho, por exemplo, tamanho de equipe, volume total da terraplenagem.

A vantagem é a flexibilidade na preparação do contrato, mas exige um grau de controle grande no que diz respeito à quantificação do volume do trabalho realizado.

Plano de gerenciamento das aquisições/Procurement management plan: descreve como os processos de aquisição serão gerenciados, desde o desenvolvimento dos documentos de aquisições até o fechamento do contrato.

GERENCIAMENTO DE AQUISIÇÕES

Declarações do trabalho das aquisições/Procurement statements of work: descrição com suficientes detalhes dos requisitos dos produtos, serviços ou resultados a serem providos, para permitir que os fornecedores possam determinar sua capacidade de fornecer o item e definir o escopo da solução. Quando bem elaborada evita problemas e conflitos com os fornecedores, uma vez que boa parte dos questionamentos que surgem durante a execução do contrato tem sua origem em interpretações conflitantes sobre seu escopo.

Documentos de aquisição/Procurement documents: os documentos de aquisição normalmente são condensados em um edital em que o uso de formulários padronizados é comum. Estes formulários podem incluir desde simples requisições de material até condições gerais e padrões de contratos para os fornecimentos. Os tipos de documentos reconhecidos pelo PMI são:

- **Convite para licitação/Invitation for bid:** esta modalidade é utilizada para contratos cujo preço é relativamente alto, mas com baixa complexidade. A decisão costuma ser tomada em favor da proposta de menor preço.

- **Solicitação de cotação/Request for quotation:** neste caso, trata-se de fornecimentos complexos, mas com custo não muito significativo dentro do projeto. Assim, pede-se uma "cotação" que especifica preço ligado a uma alternativa de solução.

- **Solicitação de proposta/Request for proposal:** aqui trata-se de fornecimento tecnicamente complexo e de custo elevado. É a situação mais exigente do ponto de vista do projeto. Eis algumas variantes:

    - **Convite para negociação/Invitation for negotiation:** o comprador convida alguns possíveis fornecedores e já prevê que haverá negociação antes da assinatura do contrato devido à complexidade do julgamento.

    - **Resposta inicial do contratante/Contractor initial response:** esta modalidade faz parte de uma negociação, em que o fornecedor apresenta uma primeira proposta, repetindo-se o processo até a decisão final.

- **Solicitação de informação/Request for information:** é um processo requerido quando o objeto da aquisição não é um item facilmente encontrado no mercado ou requer pesquisa e desenvolvimento. O contratante, neste caso, solicita ao mercado potenciais futuros proponentes por meio de uma solicitação de informação que visa identificar quais prospectivos fornecedores são capazes de desenvolver a solução. Uma vez achado(s) o(s) fornecedor(es), será iniciado outro processo (RFP ou negociação com fonte única) para finalizar o processo.

Critérios para seleção de fontes/Source selection criteria: os critérios para proceder ao julgamento visando a escolha da firma a ser contratada são:

- **Custo geral ou do ciclo de vida/Overall or life-cycle cost:** custo total = custo da compra + custo operacional + custos diversos (por exemplo: impostos, frete, descarte). A escolha não recairá automaticamente sobre o equipamento ou solução que oferecer o menor preço de compra.

- **Capacidade técnica/Technical capacity:** o fator técnico merece um peso considerado na avaliação das propostas. O cadastro de fornecedores pré-qualificados é uma das soluções para garantir a qualidade técnica dos proponentes de equipamentos ou serviços.

- **Outros critérios:**

    - Entendimento da necessidade.
    - Risco.
    - Abordagem de gerenciamento.
    - Abordagem técnica.
    - Garantia.
    - Capacidade financeira.
    - Capacidade de produção e interesse.
    - Tamanho e tipo da empresa.
    - Desempenho passado dos fornecedores.
    - Referências.
    - Direitos de propriedade intelectual.
    - Direitos de propriedade.

Conduzir as aquisições/Conduct procurements

Processo de obtenção das respostas dos fornecedores, seleção do fornecedor e negociação de um contrato. Engloba desde a orientação aos possíveis fornecedores sobre como preparar sua documentação, até a definição sobre os critérios de avaliação e julgamento utilizados para a escolha da proposta vencedora.

Principal benefício: fornece alinhamento de expectativas das partes interessadas, internas e externas, por meio de acordos estabelecidos.

Propostas dos fornecedores/Seller proposals: as propostas possuem informações que serão usadas para seleção de fornecedores.

Reuniões com licitantes/Bidder conferences: trata-se de etapa de esclarecimentos e nivelamento de informações. Pode ser conduzida tanto em reuniões físicas como virtuais (troca de e-mails, por exemplo). As perguntas e respostas ficam à disposição de todos, de forma que não haja qualquer tipo de favorecimento.

Publicidade/Advertising: publicação na mídia da solicitação de proposta ou edital. Empresas públicas e os órgãos governamentais devem publicar seus editais de compras em jornais de grande circulação. Além disso, em alguns casos a empresa contratante coloca anúncios na mídia para aumentar a divulgação do seu edital, visando aumentar o número de possíveis fornecedores.

Técnicas de análise/Analytical techniques: compras envolvem a definição de uma necessidade, e de tal maneira os fornecedores podem trazer valor por meio de suas ofertas.

Técnicas de avaliação de propostas/Proposal evaluation techniques: Em aquisições complexas, em que a fonte de seleção será baseada nas respostas dos fornecedores previamente definidos por critérios ponderados, um processo formal de revisão de avaliação será definido pelo comprador.

- **Avaliações em sequência/Sequential evaluation:** julgamento das propostas em etapas sequenciais. Em fornecimentos complexos é comum que sejam julgadas inicialmente a proposta "técnica" — que deverá cumprir alguns requisitos — e depois a "econômica" (preço, custos operacionais e cronograma de desembolso). Só os concorrentes aprovados na primeira etapa podem participar da segunda.

- **Sistemas de ponderação/Weighted evaluations:** trata-se de usar um critério para transformar em números as informações recebidas dos fornecedores, de forma a minimizar a subjetividade do julgamento. Pode ser estabelecido, por exemplo, que "menor custo" vale x pontos, "menor prazo" vale y e "qualidade superior" vale z.

Estimativas independentes/Independent estimates: a organização contratante deve ter uma estimativa própria para o preço do contrato, feita por profissional especialista externo à organização, de forma que possa avaliar e comparar as propostas dos fornecedores. Esta estimativa serve como referência no julgamento das propostas, na qual podemos concluir que diferenças muito grandes podem ser motivadas por um SOW incompleto ou redundante.

Negociações das aquisições/Procurement negotiations: em geral a negociação ocorre após a escolha de um fornecedor ou uma lista curta de fornecedores (*short-list*) visando alcançar o consenso em relação a assuntos pendentes, até se chegar à assinatura final. O importante é que, ao fim da negociação, o contrato represente um acordo efetivo entre as partes, facilitando a fase de administração contratual.

Fornecedores selecionados/Selected sellers: selecionados com base na avaliação da proposta ou licitação e que negociaram uma minuta do contrato que se tornará o contrato final.

Adjudicação do contrato de aquisição/Procurement contract award: por se tratar de documento com validade jurídica, a assinatura de um contrato pode depender da aprovação de diversos setores, por exemplo, compras, contratação e jurídico. Em alguns casos, para acelerar a execução do fornecimento, podem ser utilizados instrumentos que representem um acordo entre as partes ("pré-contratos", "cartas de intenção", "memoriais de entendimento"), mas estes instrumentos não têm força contratual.

Acordos/Agreements : Um acordo de aquisição inclui termos e condições, e pode incorporar outros itens que o comprador especifique sobre o que o vendedor é capaz de realizar ou fornecer.

Os principais componentes de um documento de acordo podem variar. A seguir, alguns itens que podem fazer parte:

- Declaração do trabalho ou entregas;
- Linha de base do cronograma/prazo;
- Relatório de desempenho;
- Período de execução;
- Papéis e responsabilidades;
- Local de execução do vendedor ;
- Preço;
- Condições de pagamento;
- Local de entrega;
- Critérios de inspeção e aceitação;

GERENCIAMENTO DE AQUISIÇÕES

- Garantia;
- Suporte do produto;
- Limitações de responsabilidades;
- Taxas e retenção;
- Penalidades;
- Incentivos;
- Bônus de seguro e de desempenho;
- Subordinação de aprovações de subcontratantes;
- Tratamento de solicitação de mudança;
- Cláusula de rescisão e resolução alternativa de litígios.

Controlar as aquisições/Control procurements

Processo de gerenciamento das relações de aquisição, monitorando o desempenho do contrato e execução de mudanças e correções quando necessário.

Principal benefício: garante que o desempenho do vendedor e do comprador atenda aos requisitos de aquisição em conformidade com os termos do acordo legal.

Quem executa o trabalho contratado é o fornecedor, cabendo, portanto, ao comprador o papel de fiscalizar, controlar e administrar o contrato.

Instrumentos como plano de gerenciamento do projeto, relatórios de desempenho, controle de qualidade e controle de mudanças são de grande relevância. É por meio destes instrumentos que o cumprimento do cronograma e o desempenho com relação à qualidade e ao cumprimento de metas são aferidos, dentro da periodicidade que deve ser prevista no plano de gerenciamento das aquisições.

Sistema de controle de mudanças no contrato/Contract change control system: o controle de mudanças costuma ser o ponto mais sensível na administração de contratos. Os pedidos de mudanças (mesmo os não aprovados) devem ser devidamente arquivados, para que possam vir a ser objeto de auditorias, cujos resultados servirão de opinião para futuros contratos. Há a parte da administração financeira do contrato, já que a liberação de pagamentos está condicionada ao cumprimento de metas estabelecidas.

Administração de reivindicações/Claims administration: caso divergências em torno de responsabilidade de mudanças nos contratos não sejam resolvidas via processo de pleitos (*claims*), podem gerar disputas (*disputes*) que talvez requeiram mediação, arbitragem ou, em última instância, Justiça.

Análise de desempenho das aquisições/Procurement performance review: avalia o progresso do fornecedor em termos de escopo, cronograma, custo e qualidade em relação ao contrato.

Inspeções e auditorias/Inspections and audits: solicitadas pelo comprador para verificar a conformidade nos processos de trabalhos e nas entregas do fornecedor.

Sistema de pagamento/Payment systems: sistema de contas a pagar do comprador. Os pagamentos devem respeitar os termos do contrato.

Sistema de gerenciamento de registros/Record management system: usado pelo gerente do projeto para gerenciar os registros e a documentação do contrato e da aquisição.

Encerrar as aquisições/Close procurements

Processo de encerramento de cada aquisição do projeto, após o cumprimento dos seus objetivos ou por término antecipado.

Principal benefício: documentar os acordos e outros documentos relacionados para referência futura.

Auditorias de aquisições/Procurement audits: forma de revisão estruturada de todo o processo de aquisição, destinada a identificar os acertos e erros que tenham ocorrido e as solicitações de mudanças que foram feitas (aprovadas ou não). Enfim, toda uma verificação de como funcionaram a execução e o gerenciamento das aquisições, de forma a proporcionar um aprendizado para a empresa. Isto costuma ser especialmente importante nos casos em que o contrato é encerrado de forma precoce ou abrupta, por problemas com o fornecedor.

Acordos negociados/Procurement negotiations: Em todas as relações de aquisição, a liquidação final equitativa de todas as questões pendentes, reclamações e disputas por negociação é o objetivo principal. O uso de negociação, mediação ou arbitragem, ou, por fim, Justiça (menos desejada) para obter acordos.

Aquisições encerradas/Closed procurements: consistem na conclusão dos trabalhos contratados em si, bem como em verificar se os objetivos foram alcançados. É fundamental guardar todas as informações para utilização futura.

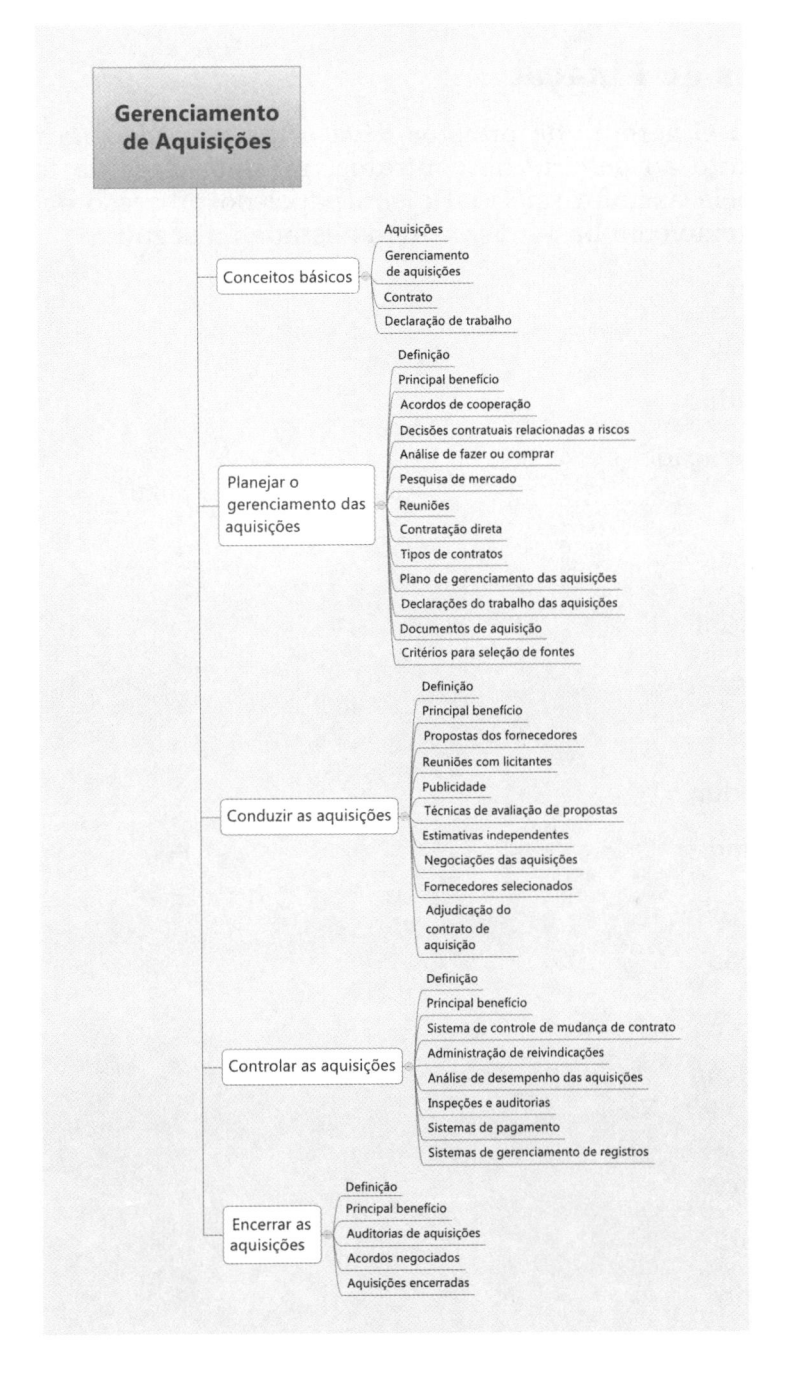

Mapa Mental

- **Gerenciamento de Aquisições**
  - Conceitos básicos
    - Aquisições
    - Gerenciamento de aquisições
    - Contrato
    - Declaração de trabalho
  - Planejar o gerenciamento das aquisições
    - Definição
    - Principal benefício
    - Acordos de cooperação
    - Decisões contratuais relacionadas a riscos
    - Análise de fazer ou comprar
    - Pesquisa de mercado
    - Reuniões
    - Contratação direta
    - Tipos de contratos
    - Plano de gerenciamento das aquisições
    - Declarações do trabalho das aquisições
    - Documentos de aquisição
    - Critérios para seleção de fontes
  - Conduzir as aquisições
    - Definição
    - Principal benefício
    - Propostas dos fornecedores
    - Reuniões com licitantes
    - Publicidade
    - Técnicas de avaliação de propostas
    - Estimativas independentes
    - Negociações das aquisições
    - Fornecedores selecionados
    - Adjudicação do contrato de aquisição
  - Controlar as aquisições
    - Definição
    - Principal benefício
    - Sistema de controle de mudança de contrato
    - Administração de reivindicações
    - Análise de desempenho das aquisições
    - Inspeções e auditorias
    - Sistemas de pagamento
    - Sistemas de gerenciamento de registros
  - Encerrar as aquisições
    - Definição
    - Principal benefício
    - Auditorias de aquisições
    - Acordos negociados
    - Aquisições encerradas

Exercícios de Fixação

Exercício 1: O gerente de projetos deve estar envolvido na criação dos contratos junto ao gerente de contratos, mesmo antes da formalização contratual pela assinatura. Qual o seu papel no processo de aquisição? Complete o texto com base nas palavras listadas a seguir:

adequar

aquisição

comprador

comunicação

conflitos

contrato

contratual

entender

escopo

fornecedor

gerenciada

identificar

mitigação

mudança

negociação

projeto

proteger

realista

realizado

relacionamento

responsáveis

reuniões

trabalho

verificar

GERENCIAMENTO DE AQUISIÇÕES

Palavras-chave	Papel do Gerente de Projetos
Termos e condições	_____ os termos e condições contratuais
Escopo e requerimentos	Certificar que o contrato contemple todo o _____ do _____ e todos os requerimentos de gerenciamento de projetos, incluindo _____, relatos, ações e outras formas de _____ necessárias para minimizar os _____ entre _____ e _____
Riscos	_____ os riscos e incluir a _____ e alocação dos _____ aos riscos no _____
Necessidade	_____ se o contrato inclui todas as necessidades do projeto
Cronograma	_____ o cronograma do processo de _____ ao cronograma do _____, de modo que este fique _____
Negociação	Estar envolvido na _____ de modo a manter um bom _____ com o fornecedor (*seller*)
Integridade	_____ a integridade do projeto e verificar se todo o _____ que consta no contrato foi _____
Alteração	Trabalhar com o gerente de contratos de modo que qualquer _____ contratual seja _____ junto ao projeto

Exercício 2: Planejar o gerenciamento das aquisições é o processo de documentação das decisões de compras do projeto, especificação da abordagem e identificação dos fornecedores em potencial. O que você precisa para iniciar o planejamento das aquisições? Marque com um "X" o que representa uma entrada deste processo.

(   ) Acordos de cooperação.

(   ) Ativos de processos organizacionais.

(   ) Critérios para seleção de fontes.

(   ) Condições do mercado.

(   ) Registro dos riscos.

(   ) Requisitos de recursos das atividades.

(   ) Requisitos locais exclusivos.

(   ) Decisões de fazer ou comprar.

(   ) Documentos de aquisição.

(   ) Cronograma do projeto.

(   ) Lista de fornecedores qualificados.

(   ) Decisões contratuais relacionadas a riscos.

(   ) Declaração do escopo.

(   ) Dicionário da EAP.

(   ) Plano de gerenciamento do projeto.

(   ) Propostas de fornecedores.

(   ) Documentação dos requisitos.

(   ) EAP.

(   ) Relatórios de desempenho.

(   ) Fornecedores, incluindo reputação ou desempenho anterior.

(   ) Linha de base do desempenho de custos.

(   ) Solicitações de mudanças aprovadas.

(   ) Registro das partes interessadas.

(   ) Produtos, serviços e resultados disponíveis no mercado.

(   ) Técnicas de avaliação de propostas.

(   ) Estimativas dos custos das atividades.

(   ) Fatores ambientais da empresa.

(   ) Políticas, procedimentos e diretrizes formais de aquisições de sistemas de gerenciamento.

(   ) Termos e condições usuais para produtos, serviços e resultados ou para o setor específico.

Exercício 3: Existem basicamente três categorias de contratos: contratos de preço fixo, contratos de custos reembolsáveis e contratos por tempo & material. Entretanto, dentre esses tipos de contratos existem algumas variações. Faça a relação entre os tipos de contrato, suas variações e as definições correspondentes, sendo:

(1) FFP – Contratos de preço fixo garantido (*Firm Fixed Price Contracts*)

(2) FPIF – Contratos de preço fixo com incentivo na remuneração (*Fixed Price Incentive Fee*)

(3) FP-EPA – Contratos de preço fixo com ajuste econômico do preço (*Fixed Price with Economic Price Adjustment Contracts*)

GERENCIAMENTO DE AQUISIÇÕES 355

(4) CR – Contratos de custos reembolsáveis (*Cost Reimbursable*)

(5) CPFF – Contratos de custo mais remuneração fixa (*Cost Plus Fixed Fee*)

(6) CPIF – Contratos de custo mais remuneração de incentivo (*Cost Plus Incentive Fee*)

(7) CPAF – Contratos de custo mais remuneração concedida (*Cost Plus Award FEE Contracts*)

(8) T&M – Contratos por tempo e material (*Time and Material Contracts*)

( ) o fornecedor é reembolsado por todos os custos permitidos para a realização do trabalho e recebe uma remuneração de incentivo predeterminada se alcançar certos objetivos de desempenho estabelecidos no contrato;

( ) metas de desempenho são estabelecidas no início e o preço final do contrato é determinado após a conclusão de todo o trabalho com base no desempenho do fornecedor;

( ) a remuneração é paga somente para o trabalho concluído e não é alterada devido ao desempenho do fornecedor. Os valores da remuneração não são alterados, a menos que o escopo do projeto seja modificado;

( ) preço das mercadorias é definido no início e não está sujeito a alterações, a menos que o escopo do trabalho seja modificado;

( ) qualquer aumento de custo devido a um desempenho adverso é responsabilidade do fornecedor, que é obrigado a concluir o esforço;

( ) são semelhantes aos contratos de custos reembolsáveis porque são modificáveis e podem estar sujeitos a um aumento de custo para o comprador;

( ) é usado sempre que o período de desempenho do fornecedor se estender por um número considerável de anos, em contratos de longo prazo;

( ) um teto de preços é definido e todos os custos acima desse teto são responsabilidade do fornecedor, que tem obrigação de concluir o trabalho;

( ) tem o objetivo de proteger tanto o comprador como o fornecedor contra condições externas que estejam fora do seu controle;

(   ) envolve pagamentos (reembolsos de custos) ao fornecedor por todos os custos reais e legítimos incorridos para o trabalho concluído, acrescidos de uma remuneração que corresponde ao lucro do fornecedor;

(   ) inclui cláusulas de incentivos financeiros sempre que o fornecedor exceder ou ficar abaixo de objetivos definidos, tais como metas de desempenho técnico, de cronograma ou de custos;

(   ) se os custos finais forem menores ou maiores do que os custos originais estimados, tanto o comprador como o fornecedor compartilham os custos das diferenças com base em uma fórmula de compartilhamento de custos pré-negociada;

(   ) qualquer mudança nas especificações da aquisição pode aumentar os custos para o comprador;

(   ) esse acordo dá alguma flexibilidade ao comprador e ao fornecedor, uma vez que prevê um desvio em relação ao desempenho;

(   ) tipo de contrato mais usado;

(   ) incentivos financeiros relacionados ao desempenho técnico, de cronograma ou de custos do fornecedor;

(   ) é um contrato de preço fixo, mas com uma cláusula especial que prevê ajustes finais pré-definidos no preço do contrato devido a mudanças nas condições, tais como alterações na inflação ou aumento de custos para determinadas mercadorias;

(   ) o fornecedor é reembolsado por todos os custos legítimos, mas a maior parte da remuneração só é recebida se forem cumpridos determinados critérios de desempenho amplos e subjetivos, definidos e incorporados ao contrato;

(   ) costumam ser usados para aumento de pessoal, aquisição de especialistas e qualquer suporte externo, quando não é possível elaborar rapidamente uma declaração do trabalho precisa;

(   ) incentivos financeiros vinculados ao cumprimento das métricas estabelecidas;

(   ) podem assemelhar-se aos acordos de preço unitário fixo, quando determinados parâmetros são especificados no contrato.

GERENCIAMENTO DE AQUISIÇÕES

Exercício 4: O contrato é um acordo legal que gera obrigações entre as partes e que obriga o fornecedor a oferecer os produtos, serviços ou resultados especificados e obriga o comprador a remunerar o fornecedor. Quais os principais componentes de um documento de contrato? Complete as lacunas a partir das palavras ou expressões a seguir e descubra que componentes são esses.

aceitação

alternativa de disputas

base do cronograma

de preços

desempenho

do fornecedor

entrega

garantias e penalidades

pagamento

produto

rescisão

responsabilidades

retenções

seguros-desempenho

solicitações de mudanças

subcontratadas subordinadas

trabalho ou entregas

- Declaração do _____
- Linha de _____
- Relatórios de _____
- Papéis e _____
- Local de trabalho _____

- Definição _____

- Termos de _____

- Local de _____

- Critérios de inspeção e _____

- Suporte ao _____

- Remuneração e _____

- Incentivos, _____

- Seguros e _____

- Aprovações de _____

- Tratamento de _____

- Mecanismos de _____

- Mecanismos de resolução _____

Respostas

Respostas do Exercício 1:

Palavras-chave	Papel do Gerente de Projetos
Termos e condições	Entender os termos e condições contratuais
Escopo e requerimentos	Certificar que o contrato contemple todo o escopo do projeto e todos os requerimentos de gerenciamento de projetos, incluindo reuniões, relatos, ações e outras formas de comunicação necessárias para minimizar os conflitos entre comprador e fornecedor
Riscos	Identificar os riscos e incluir a mitigação e alocação dos responsáveis aos riscos no contrato
Necessidade	Verificar se o contrato inclui todas as necessidades do projeto
Cronograma	Adequar o cronograma do processo de aquisição ao cronograma do projeto, de modo que este fique realista
Negociação	Estar envolvido na negociação contratual de modo a manter um bom relacionamento com o fornecedor (seller)
Integridade	Proteger a integridade do projeto e verificar se todo o trabalho que consta no contrato foi realizado
Alteração	Trabalhar com o gerente de contratos de modo que qualquer mudança contratual seja gerenciada junto ao projeto

GERENCIAMENTO DE AQUISIÇÕES

Respostas do Exercício 2:

(X) Acordos de cooperação.

(X) Ativos de processos organizacionais.

(　) Critérios para seleção de fontes.

(X) Condições do mercado.

(X) Registro dos riscos.

(X) Requisitos de recursos das atividades.

(X) Requisitos locais exclusivos.

(　) Decisões de fazer ou comprar.

(　) Documentos de aquisição.

(X) Cronograma do projeto.

(　) Lista de fornecedores qualificados.

(X) Decisões contratuais relacionadas a riscos.

(X) Declaração do escopo.

(X) Dicionário da EAP.

(X) Plano de gerenciamento do projeto.

(　) Propostas de fornecedores.

(X) Documentação dos requisitos.

(X) EAP.

(　) Relatórios de desempenho.

(X) Fornecedores, incluindo reputação ou desempenho anterior.

(X) Linha de base do desempenho de custos.

(　) Solicitações de mudanças aprovadas.

(X) Registro das partes interessadas.

(X) Produtos, serviços e resultados disponíveis no mercado.

(   ) Técnicas de avaliação de propostas.

(X) Estimativas dos custos das atividades.

(X) Fatores ambientais da empresa.

(X) Políticas, procedimentos e diretrizes formais de aquisições de sistemas de gerenciamento.

(X) Termos e condições usuais para produtos, serviços e resultados ou para o setor específico.

Respostas do Exercício 3:

(6) o fornecedor é reembolsado por todos os custos permitidos para a realização do trabalho e recebe uma remuneração de incentivo predeterminada se alcançar determinados objetivos de desempenho estabelecidos no contrato;

(2) metas de desempenho são estabelecidas no início e o preço final do contrato é determinado após a conclusão de todo o trabalho com base no desempenho do fornecedor;

(5) a remuneração é paga somente para o trabalho concluído e não é alterada devido ao desempenho do fornecedor. Os valores da remuneração não são alterados, a menos que o escopo do projeto seja modificado;

(1) preço das mercadorias é definido no início e não está sujeito a alterações, a menos que o escopo do trabalho seja modificado;

(1) qualquer aumento de custo devido a um desempenho adverso é responsabilidade do fornecedor, que é obrigado a concluir o esforço;

(8) são semelhantes aos contratos de custos reembolsáveis porque são modificáveis e podem estar sujeitos a um aumento de custo para o comprador;

(3) é usado sempre que o período de desempenho do fornecedor se estender por um número considerável de anos, em contratos de longo prazo;

(2) um teto de preços é definido e todos os custos acima desse teto são responsabilidade do fornecedor, que tem obrigação de concluir o trabalho;

GERENCIAMENTO DE AQUISIÇÕES 361

(3) tem o objetivo de proteger tanto o comprador como o fornecedor contra condições externas que estejam fora do seu controle;

(4) envolve pagamentos (reembolsos de custos) ao fornecedor por todos os custos reais e legítimos incorridos para o trabalho concluído, acrescidos de uma remuneração que corresponde ao lucro do fornecedor;

(4) inclui cláusulas de incentivos financeiros sempre que o fornecedor exceder ou ficar abaixo de objetivos definidos, tais como metas de desempenho técnico, de cronograma ou de custos;

(6) se os custos finais forem menores ou maiores do que os custos originais estimados, tanto o comprador como o fornecedor compartilham os custos das diferenças com base em uma fórmula de compartilhamento de custos pré-negociada;

(1) qualquer mudança nas especificações da aquisição pode aumentar os custos para o comprador;

(2) esse acordo dá alguma flexibilidade ao comprador e ao fornecedor, uma vez que prevê um desvio em relação ao desempenho;

(1) tipo de contrato mais usado; (2) incentivos financeiros relacionados ao desempenho técnico, de cronograma ou de custos do fornecedor;

(3) é um contrato de preço fixo, mas com uma cláusula especial que prevê ajustes finais pré-definidos no preço do contrato devido a mudanças nas condições, tais como alterações na inflação ou aumento de custos para determinadas mercadorias;

(7) o fornecedor é reembolsado por todos os custos legítimos, mas a maior parte da remuneração só é recebida se forem cumpridos determinados critérios de desempenho amplos e subjetivos, definidos e incorporados ao contrato;

(8) costumam ser usados para aumento de pessoal, aquisição de especialistas e qualquer suporte externo, quando não é possível elaborar rapidamente uma declaração do trabalho precisa;

(2) incentivos financeiros vinculados ao cumprimento das métricas estabelecidas;

(8) podem se assemelhar aos acordos de preço unitário fixo quando determinados parâmetros são especificados no contrato.

Respostas do Exercício 4:

- Declaração do trabalho ou entregas.
- Linha de base do cronograma.
- Relatórios de desempenho.
- Papéis e responsabilidades.
- Local de trabalho do fornecedor.
- Definição de preços.
- Termos de pagamento.
- Local de entrega.
- Critérios de inspeção e aceitação.
- Suporte ao produto.
- Remuneração e retenções.
- Incentivos, garantias e penalidades.
- Seguros e seguros-desempenho.
- Aprovações de subcontratadas subordinadas.
- Tratamento de solicitações de mudanças.
- Mecanismos de rescisão.
- Mecanismos de resolução alternativa de disputas.

Comentários do Simulado

163. Você está gerenciando um projeto que necessita subcontratar um fornecedor para realizar uma entrega específica. Ciente disto, seu gerente sênior sugere que você contrate um fornecedor com o qual ele já trabalhou várias vezes. Você descobre que este fornecedor é parente de seu gerente sênior. Diante deste cenário, qual deve ser a maior preocupação do gerente do projeto?

    A) Os termos e condições do contrato.
    B) Se o fornecedor consegue atender as necessidades de prazos da entrega.
    C) Se o fornecedor consegue atender as necessidades de custos da entrega.
    D) Certificar-se de que o fornecedor tem as qualificações para fazer a entrega.

GERENCIAMENTO DE AQUISIÇÕES

Resposta: D

Justificativa: Inicialmente, o gerente de projeto deve se certificar de que não está ferindo qualquer regra de conduta da sua organização. Em não ferindo, se certificar de que o fornecedor é capacitado para fazer aquela entrega prevista pelo seu projeto.

164. Qual dos itens abaixo listados pode ser uma desvantagem na utilização de contratos a custos reembolsáveis?

    A) Mais trabalho para detalhar o escopo a ser contratado.

    B) Controlar os custos do fornecedor.

    C) Avaliar constantemente as margens do fornecedor.

    D) Pagar mais por mês.

Resposta: B

Justificativa: Neste tipo de contrato o fornecedor não tem incentivo em fazer economia de recursos, desta forma é necessário ter forte controle dos custos do fornecedor.

165. Quando ao final de um contrato o fornecedor completou o trabalho conforme as especificações, mas o comprador não ficou satisfeito com o resultado apresentado, o contrato é considerado:

    A) Incompleto, pois não atendeu às expectativas do contratante.

    B) Incompleto, pois as especificações estavam incorretas.

    C) Completo, pois os termos e condições do contrato foram atendidos.

    D) Completo, pois satisfação do cliente não tem nada a ver com o término do contrato.

Resposta: C

Justificativa: Um contrato é completado quando os termos ou condições forem cumpridos ou foi terminado prematuramente.

166. Como gerente de um projeto você constatou que o resultado de um trabalho produzido por um subcontratado não está correto. Provavelmente você está executando as atividades do processo de:

    A) Realizar a garantia da qualidade.

    B) Monitorar e controlar os riscos.

    C) Controlar as aquisições.

    D) Controlar a comunicação.

Resposta: C

Justificativa: Controle do trabalho executado pelos subcontratados é executado no processo Controlar as aquisições.

167. As situações abaixo sobre o controle de mudanças em um contrato estão incorretas, exceto:

    A) Uma declaração de escopo (SOW) detalhada eliminará as causas de mudanças no contrato.

    B) Mudanças nos contratos raramente trazem benefícios ao projeto.

    C) A utilização de contrato a preço fixo minimizará as mudanças no contrato.

    D) Contratos deveriam incluir procedimentos específicos para tratar com as mudanças.

Resposta: D

Justificativa: A palavra "exceto" do enunciado indica que a questão busca a alternativa correta. A opção A não é escolhida devido ao termo "eliminará". A opção B não é escolhida devido ao termo "raramente". A opção C não é escolhida pois mudanças ocorrem e nem sempre têm a ver com o tipo de contrato.

168. Em um projeto que está sendo executado sob um contrato a custo reembolsável, qual dos itens abaixo seria a ação mais importante para o contratante na administração do contrato?

    A) Ter certeza de que o fornecedor não está adicionando recursos extras.

    B) Garantir que o fornecedor está gerenciando os riscos.

    C) Avaliar, constantemente, a margem que o fornecedor tem sobre os pagamentos.

    D) Garantir o entendimento do escopo contratado.

Resposta: A

Justificativa: Contrato a custo reembolsável está sempre sujeito a um controle maior para garantir a alocação apenas de recursos necessários e produtivos.

GERENCIAMENTO DE AQUISIÇÕES

169. As afirmativas abaixo são corretas sobre as <u>negociações das aquisições, exceto:</u>

   A) O gerente do projeto deve ser o principal negociador das aquisições.

   B) Devem objetivar um acordo mútuo antes da assinatura do contrato.

   C) As disposições finais do contrato refletem os acordos obtidos.

   D) São concluídas com um documento celebrado pelo comprador e fornecedor.

Resposta: A

Justificativa: As opções B, C e D estão corretas. O gerente de projetos deve participar da negociação, mas não necessariamente ser o principal negociador da aquisição. Geralmente o gerente de projetos, junto com a equipe, pode fornecer assistência para as negociações de aquisições, que serão conduzidas pelo gerente de contrato.

170. Qual das respostas seguintes <u>melhor</u> descreve o <u>papel do gerente de projetos</u> durante as aquisições?

   A) O gerente de projetos deve informar o gestor de contrato como o processo de contratação deve ser conduzido.

   B) O gerente de projetos não tem participação no processo.

   C) O gerente de projetos deverá ser o negociador do contrato.

   D) O gerente de projetos deverá fornecer a visão dos riscos do projeto.

Resposta: D

Justificativa: É necessário que os riscos do projeto sejam previstos e inclusos no contrato. O gerente do projeto é o responsável final sobre o fornecimento da visão destes riscos ao gestor do contrato.

171. Um contrato foi assinado e espera-se o <u>custo de R$ 1 milhão</u> ao longo de um ano de envolvimento. Na conclusão do projeto, os <u>custos reais foram de R$ 800 mil</u>, mas o cronograma do projeto está atrasado devido a um atraso no processo de fabricação, que estava fora do controle do fornecedor. <u>Há uma partilha de 50/50% para qualquer variação de custos e um preço máximo de R$ 1,3 milhão. Qual é o valor total do contrato?</u>

   A) R$ 750 mil.

   B) R$ 730 mil.

   C) R$ 900 mil.

   D) R$ 800 mil porque o cronograma do projeto estava atrasado.

Resposta: C

Justificativa: Foram reduzidos R$ 200 mil no custo esperado originalmente (espera-se um custo de R$ 1 milhão e os custos reais foram R$ 800 mil). Como a partilha para qualquer variação de custos é 50/50% (fornecedor e comprador dividem igualmente a redução de custos), o fornecedor ficará com R$ 100 mil. Com os R$ 800 mil de custos reais adicionados aos R$ 100 mil pagos ao fornecedor, tem-se R$ 900 mil como valor total do contrato.

172. À medida que o comprador está envolvido na criação da solicitação de propostas (RFP) para um projeto de infraestrutura, ele vai disponibilizando-a aos fornecedores de serviços. Os seguintes são nomes usados por fornecedores, exceto:

    A) Provedor de serviço.

    B) Organização de aquisição.

    C) Fornecedor.

    D) Vendedor.

Resposta: B

Justificativa: A opção B é um típico exemplo de semântica que não está presente no Guia PMBOK. É uma terminologia não utilizada pelo gerenciamento de projetos.

173. A fim de realizar o encerramento das aquisições, o gerente de projetos determina à sua equipe que atualize os ativos de processos organizacionais cabíveis. Dentre as opções abaixo, qual não é um ativo de processo organizacional neste cenário?

    A) Arquivo de aquisições.

    B) Aceitação da entrega.

    C) Documentação de lições aprendidas.

    D) Plano de gerenciamento do projeto.

Resposta: D

Justificativa: Os ativos do processo organizacional passíveis de atualização na saída do processo de Encerrar as aquisições são as opções A, B e C. A opção D é uma entrada deste processo e não é atualizada na saída.

GERENCIAMENTO DE AQUISIÇÕES

174. Você está gerenciando um projeto de grande porte que necessita realizar a contratação de um fornecedor e opta pela modalidade de contratação por tempo e material (T&M). Uma das vantagens de se utilizar este modelo é porque:

A) O vendedor não é incentivado a controlar os custos.

B) O modelo é apropriado para pequenos projetos.

C) É rápido de criar.

D) Requer um acompanhamento minucioso do comprador.

Resposta: C

Justificativa: Por se tratar de um projeto de grande porte, a opção A não é uma vantagem, porque sugere um descontrole do fornecedor. A opção B não se enquadra no cenário e a opção D sugere um esforço grande do comprador. A única vantagem listada é a opção C, por tratar da rapidez com que a contratação pode ser realizada.

175. Você está gerenciando um projeto que necessita realizar a contratação de um fornecedor e opta pela modalidade de contratação por preço fixo. Uma das desvantagens de se utilizar este modelo é porque:

A) Será necessário menos esforço de gerenciamento do comprador.

B) O fornecedor é fortemente incentivado a controlar os custos.

C) O comprador tem conhecimento do preço da aquisição.

D) O fornecedor pode não realizar alguma entrega se perceber prejuízo.

Resposta: D

Justificativa: As opções A e C apresentam vantagens reais para o comprador. Bem como a opção B apresenta uma vantagem do modelo para o fornecedor. Somente a opção D representa um perigo real tanto para o fornecedor, sob o risco de ter prejuízo e ser acionado por uma eventual não entrega, quanto para o comprador, que terá aborrecimento por não receber a entrega conforme previsto.

176. O gerente de projetos vem negociando com um fornecedor de circuito integrado durante os últimos seis meses. O fornecedor recebeu a declaração de trabalho e respondeu com uma proposta usando preço fixo. O gerente de projetos respondeu com uma carta de intenção. Por que o gerente de projetos enviou esta carta?

    A) O gerente de projetos planeja solicitar uma oferta (orçamento) ao fornecedor.

    B) O gerente de projetos planeja comprar do fornecedor.

    C) O gerente de projetos planeja processar o fornecedor.

    D) O gerente de projetos planeja cancelar as negociações com o fornecedor.

Resposta: B

   Justificativa: Existe um relacionamento extra-oficial entre comprador e fornecedor. Antes de consumar a compra, o gerente de projetos pode sinalizar ao fornecedor que tem intenção de fechar negócio, utilizando uma carta de intenção, que não significa aceitação da proposta do fornecedor, portanto não há relação contratual.

177. Um gerente de projetos está começando o processo de obter respostas de fornecedores para encontrar empresas que possam potencialmente fornecer os serviços necessários. O comprador quer considerar apenas os vendedores de serviços que tenham realizado projetos de mais de R$ 20 milhões e tenham funcionários com um elevado nível de consciência sobre segurança. Qual a melhor opção?

    A) Publicidade.

    B) Conferências com licitantes.

    C) Sistema de gerenciamento de registros.

    D) Lista qualificada de vendedores.

Resposta: D

   Justificativa: Os critérios mencionados no enunciado permitem gerar uma lista de fornecedores pré-qualificados para envio das solicitações de proposta.

Capítulo 14

Gerenciamento das Partes Interessadas

Síntese dos Conceitos

Partes interessadas/Stakeholders: são indivíduos, grupos ou organizações que podem afetar, serem afetados ou percebem-se afetados por decisões, atividades ou saídas do projeto. As partes interessadas podem ser impactadas de forma positiva ou negativa pelo projeto. Exemplos: clientes, usuários, comunidades em torno do projeto, fornecedores, gerente do projeto, equipe do projeto, patrocinador e organização executora.

Gerenciamento das partes interessadas/Stakeholders management: visa criar e manter o relacionamento com as partes interessadas com o objetivo de satisfazer as necessidades delas.

Identificar as partes interessadas/Identify stakeholders

Processo de identificação de pessoas, grupos ou organizações que podem impactar ou ser impactadas por uma decisão, atividade ou saída do projeto; e analisar e documentar informações relevantes sobre seus interesses, envolvimento, interdependências e impacto potencial no sucesso do projeto.

Principal benefício: permite aos gerentes de projeto identificar o nível apropriado de foco que cada parte interessada ou grupo de parte interessada necessita.

Analisar o nível de interesse, expectativa, importância e influência é crítico para o sucesso do projeto. A identificação das partes interessadas provê informações para a elaboração de uma estratégia para maximizar a influência positiva e minimizar a influência negativa das partes interessadas nos objetivos do projeto.

É comum o projeto ter um grande número de partes interessadas. Após classificadas de acordo com o grau de interesse, influência e envolvimento, as partes interessadas principais devem receber maior atenção do gerente de projetos.

Análise das partes interessadas/Stakeholder Analysis: coleta e análise de informações quantitativas e qualitativas com o intuito de identificar os interesses, expectativas e influência das partes interessadas. A Figura 15.1 mostra um exemplo de classificação das partes interessadas.

A análise de partes interessadas divide-se em três etapas:

- Etapa 1: identificar todas as potenciais partes interessadas e suas informações relevantes (departamento, interesses, nível de conhecimento, expectativas, papel e nível de influência).

- Etapa 2: identificar os impactos e suportes potenciais de cada parte interessada e classificá-los para definir uma estratégia de abordagem.

- Etapa 3: avaliar como as partes interessadas principais provavelmente irão reagir em diversas situações, no sentido de maximizar seu suporte e minimizar impactos negativos.

	INTERESSE BAIXO	INTERESSE ALTO
PODER ALTO	MANTER SATISFEITOS .A .C	GERENCIAR DE PERTO .F
PODER BAIXO	MONITORAR .D .G	MANTER INFORMADO .B .E

Figura 14.1 – Exemplo de modelo de classificação das partes interessadas.

GERENCIAMENTO DAS PARTES INTERESSADAS

Registro das partes interessadas/Stakeholder register: contém todos os detalhes das partes interessadas, como:

- Informações de identificação: nome, posição na organização, local, papel no projeto e informações de contato.

- Informações de avaliação: requisitos de comunicação, interesses, expectativas e influência potencial.

- Classificação das partes interessadas: interna ou externa, apoiadora, resistente ou neutra.

Planejar o gerenciamento das partes interessadas/Plan stakeholder management

Processo de desenvolvimento de uma estratégia apropriada de gerenciamento para efetivamente envolver as partes interessadas durante o ciclo de vida do projeto, baseando-se nas análises de suas necessidades, interesses e impacto potencial no sucesso do projeto.

Principal benefício: provê um plano para interagir com as partes interessadas do projeto, para que estas suportem os interesses do projeto.

Técnicas analíticas/Analytical techniques: são técnicas que permitem comparar o nível de envolvimento das partes interessadas no geral com o nível de envolvimento de cada parte interessada individualmente. O nível de envolvimento das partes interessadas pode ser classificado como:

- Inconsciente: não tem consciência do projeto e dos potenciais impactos;

- Resistente: consciente do projeto e dos potenciais impactos, porém resistente a mudanças;

- Neutro: consciente do projeto, porém não é resistente nem apoiador;

- Apoiador: consciente do projeto, dos potenciais impactos e apoiador de mudanças;

- Principal: consciente do projeto, dos potenciais impactos e ativamente envolvido em garantir o sucesso do projeto.

A tabela 15.2 mostra o nível de engajamento atual (A) de cada parte interessada em relação ao nível de engajamento individual desejado (D) de cada parte interessada. Esta análise permite investir comunicação adicional nas partes interessadas que ainda não atingiram o nível desejado de engajamento.

Parte interessada	Inconsciente	Resistente	Neutro	Apoiador	Principal
Parte interessada 1	A			D	
Parte interessada 2			A	D	
Parte interessada 3				A D	
Parte interessada N			A		D

Tabela 14.2 – Nível de engajamento atual e desejado de cada parte interessada.

Plano de gerenciamento das partes interessadas/Stakeholder management plan: é um plano auxiliar do plano de gerenciamento do projeto. Pode ser formal ou informal, genérico ou detalhado, de acordo com as necessidades do projeto.

Frequentemente provê:

- Nível atual e desejado das principais partes interessadas;
- Inter-relacionamento entre as partes interessadas;
- Requisitos de comunicação das partes interessadas para a fase atual;
- Como as informações devem ser distribuídas às partes interessadas, incluindo linguagem, formato, conteúdo, e nível de detalhe;
- Razões para distribuir estas informações e a expectativa de impacto no engajamento das partes interessadas;
- Frequência para a distribuição das informações para as partes interessadas;
- Método para atualizar e refinar o plano de gerenciamento das partes interessadas à medida que o projeto se desenvolve.

Gerenciar o engajamento das partes interessadas/Manage stakeholder engagement

Processo de comunicação e trabalho junto às partes interessadas para atingir suas necessidades/expectativas, endereçar questões assim que ocorrerem, e promover o engajamento das partes interessadas nas atividades do projeto durante o ciclo de vida do projeto.

Principal benefício: permite ao gerente de projetos aumentar o suporte e minimizar a resistência das partes interessadas, aumentando significativamente as chances de atingir o sucesso do projeto.

Gerenciar o engajamento das partes interessadas inclui atividades como:

- Envolver as partes interessadas para obter comprometimento e garantir que as partes interessadas se sintam donas do projeto;
- Gerenciar as expectativas das partes interessas por meio da negociação e comunicação;
- Tratar preocupações que não tenham se tornado questões e antecipar futuros problemas relacionados às partes interessadas;
- Clarear e entender as questões identificadas.

Gerenciar o engajamento das partes interessadas aumenta a probabilidade de sucesso do projeto. As partes interessadas devem conhecer os objetivos, benefícios e riscos do projeto.

A responsabilidade pelo engajamento e gerenciamento das partes interessadas é do gerente de projetos, com o apoio do patrocinador.

A habilidade das partes interessadas de influenciar o projeto é alta nas fases iniciais e diminui à medida que o projeto progride.

Métodos de comunicação/Communication methods: Os métodos de comunicação podem ser classificados como:

- Comunicação interativa: forma multidirecional de troca de informações. Forma mais eficiente de garantir um entendimento comum. Exemplos: reuniões, telefonemas e videoconferência.
- Comunicação ativa: enviada especificamente para quem necessita da informação, porém não garante que a informação chegou ou foi compreendida pelos receptores. Exemplos: cartas, e-mails, fax, relatórios.

- Comunicação passiva: usada para grandes volumes de informação ou para grandes audiências, permitindo que as pessoas acessem as informações quando desejarem. Exemplos: intranet, e-learning, bases de conhecimento.

Habilidades interpessoais/Interpersonal skills: aplicadas para gerenciar as expectativas das partes interessadas. Exemplos: construir confiança, resolução de conflitos e escuta ativa.

Habilidades gerenciais/Management skills: aplicadas no sentido de conseguir que a capacidade do grupo seja maior do que a soma das capacidades individuais. Exemplos: habilidades de apresentação e falar em público, habilidades para escrita.

Registro das questões/Issue log: é atualizado à medida que novas questões emergem e questões atuais são resolvidas.

Controlar o engajamento das partes interessadas/ Control stakeholder engagement

Processo de monitoramento do relacionamento com as partes interessadas de forma geral e ajuste de estratégias e planos para envolver as partes interessadas.

Principal benefício: permite manter ou aumentar a eficiência das atividades de engajamento das partes interessadas à medida que o projeto se desenvolve e o ambiente muda.

As atividades de engajamento das partes interessadas estão definidas no plano de gerenciamento das partes interessadas. O engajamento das partes interessadas deve ser continuamente controlado.

Sistema de informações gerenciais/Information management system: provê uma ferramenta para o gerente de projetos capturar, armazenar e distribuir informações sobre custo, cronograma, progresso e desempenho do projeto.

Informações sobre o desempenho do trabalho/Work performance information: trata-se dos dados sobre desempenho coletados de vários processos de controle, analisados de acordo com o contexto e integrados com base no relacionamento entre as áreas e transformado em informações. Estes dados sobre o desempenho do trabalho têm se transformado em informações sobre o desempenho do trabalho. Dados isolados possuem pouco significado, mas informações são úteis para a tomada de decisão.

Mapa Mental

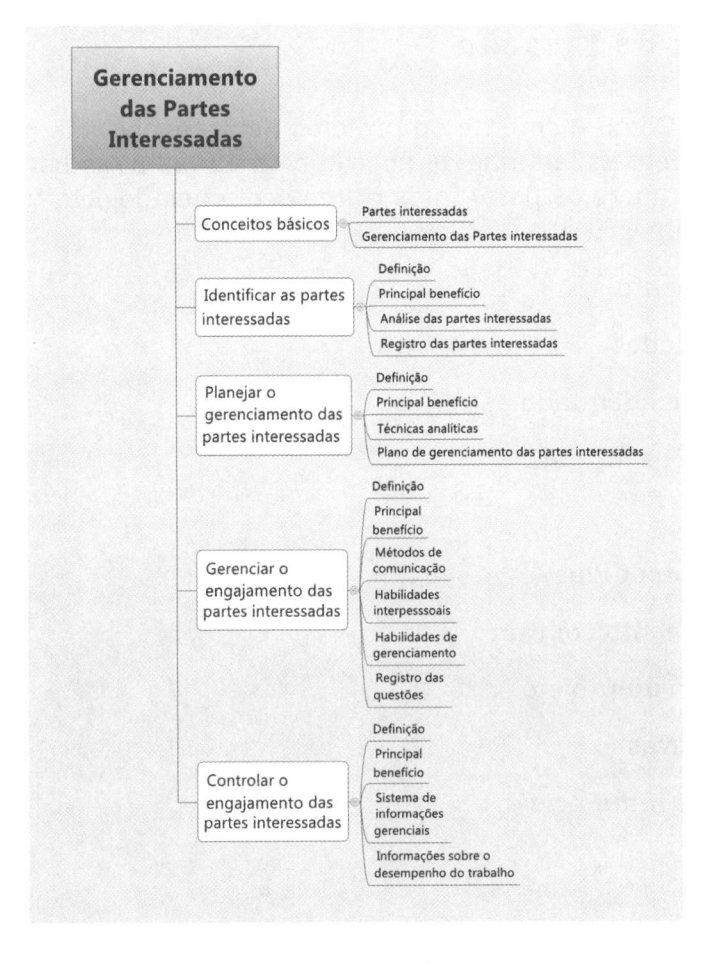

- **Gerenciamento das Partes Interessadas**
  - Conceitos básicos
    - Partes interessadas
    - Gerenciamento das Partes interessadas
  - Identificar as partes interessadas
    - Definição
    - Principal benefício
    - Análise das partes interessadas
    - Registro das partes interessadas
  - Planejar o gerenciamento das partes interessadas
    - Definição
    - Principal benefício
    - Técnicas analíticas
    - Plano de gerenciamento das partes interessadas
  - Gerenciar o engajamento das partes interessadas
    - Definição
    - Principal benefício
    - Métodos de comunicação
    - Habilidades interpessoais
    - Habilidades de gerenciamento
    - Registro das questões
  - Controlar o engajamento das partes interessadas
    - Definição
    - Principal benefício
    - Sistema de informações gerenciais
    - Informações sobre o desempenho do trabalho

Exercícios de Fixação

Exercício 1: Como o gerente de projetos deve envolver as partes interessadas? Complete as lacunas de acordo com as palavras listadas abaixo e em seguida numere os parágrafos numa sequência lógica. Veja o exemplo (parágrafo em negrito).

engajamento

necessidades

momento adequado

aprovações formais

controle

lições aprendidas

entendimento comum

execução do projeto

expectativas

níveis de influência

impactos

informações

monitoramento

priorização

mudanças

requisitos

interesses, níveis de conhecimentos e habilidades

(7) Informar às partes interessadas quais requisitos serão atendidos e quais não serão, e apresentar os motivos.

(   ) Identificar suas _____ e transformá-las em requisitos.

(   ) Gerenciar e influenciar o _____ das partes interessadas.

(   ) Identificar os _____ ou apoios potenciais que cada parte interessada poderia gerar ao projeto e classificar as partes interessadas por _____ a fim de definir uma estratégia de abordagem.

GERENCIAMENTO DAS PARTES INTERESSADAS

( ) Manter as partes interessadas envolvidas na _____, dando-lhes também algumas responsabilidades de _____ e _____, ou como especialistas.

( ) Envolver as partes interessadas no gerenciamento das _____ e nas _____ no encerramento do projeto.

( ) Envolver as partes interessadas na criação das _____.

( ) Analisar o projeto, de modo a certificar-se de que satisfará as _____ das partes interessadas.

( ) Assegurar um _____ do trabalho a ser executado no projeto.

( ) Identificar as potenciais partes interessadas pelo nome, papéis, departamentos, _____.

( ) Certificar-se de que as partes interessadas estão recebendo as _____ de que elas necessitam e no _____.

( ) Identificar os _____ das partes interessadas.

Exercício 2: Relacione a coluna dos processos com a coluna de suas definições e identifique as saídas.

Processo	Definição	Saída
(1) Identificar as partes interessadas	( ) Processo de monitoramento geral das partes interessadas e criação de estratégias de ajuste e planos para envolver as partes interessadas	( ) Informações sobre o desempenho do trabalho
(2) Planejar o gerenciamento das partes interessadas		( ) Registro das questões
(3) Gerenciar o engajamento das partes interessadas	( ) Processo para desenvolver uma estratégia apropriada de gerenciamento para efetivamente engajar as partes interessadas nas decisões e execuções do projeto baseada nas análises de suas necessidades, interesses e impacto potencial	(,) Solicitações de mudança
(4) Controlar o engajamento das partes interessadas		(,) Atualizações do plano de gerenciamento do projeto
		( ) Plano de gerenciamento das partes interessadas
	( ) Processo de identificação de todas as pessoas ou organizações impactadas pelo projeto e documentação das informações relevantes sobre seus interesses, engajamento e impacto sobre o sucesso do projeto	( ) Registro das partes interessadas
		(,) Atualizações dos documentos do projeto
		(,) Atualizações dos ativos de processos organizacionais
	( ) Processo de comunicação e trabalho junto às partes interessadas para conhecer suas necessidades e solucionar as questões quando ocorrerem	( ) Atualizações dos documentos do projeto

Exercício 3: No processo de planejamento são realizadas algumas análises das partes interessadas para comparar o nível de engajamento das partes interessadas no âmbito geral com o nível de engajamento de cada parte interessada. O nível de engajamento das partes interessadas pode ser classificado como? Faça a palavra cruzada de acordo com a classificação abaixo e enumere:

(　) Não tem consciência do projeto e dos potenciais impactos.

(　) Consciente do projeto e dos potenciais impactos, porém resistente a mudanças.

(　) Consciente do projeto, porém não é resistente nem apoiador.

(　) Consciente do projeto, dos potenciais impactos e apoiador de mudanças.

(　) Consciente do projeto, dos potenciais impactos e ativamente envolvido em garantir o sucesso do projeto.

Respostas

Respostas do Exercício 1:

(7) Informar às partes interessadas quais <u>requisitos</u> serão atendidos e quais não serão, e apresentar os motivos.

(2) Identificar suas <u>expectativas</u> e transformá-las em requisitos.

(9) Gerenciar e influenciar o <u>engajamento</u> das partes interessadas.

(4) Identificar os <u>impactos</u> ou apoios potenciais que cada parte interessada poderia gerar ao projeto e classificar as partes interessadas por <u>priorização</u> a fim de definir uma estratégia de abordagem.

GERENCIAMENTO DAS PARTES INTERESSADAS

(8) Manter as partes interessadas envolvidas na execução do projeto, dando-lhes também algumas responsabilidades de monitoramento e controle, ou como especialistas.

(11) Envolver as partes interessadas no gerenciamento das mudanças e nas aprovações formais no encerramento do projeto.

(12) Envolver as partes interessadas na criação das lições aprendidas.

(5) Analisar o projeto, de modo a certificar-se de que satisfará as necessidades das partes interessadas.

(6) Assegurar um entendimento comum do trabalho a ser executado no projeto.

(1) Identificar as potenciais partes interessadas pelo nome, papéis, departamentos, interesses, níveis de conhecimentos e habilidades.

(10) Certificar-se de que as partes interessadas estão recebendo as informações de que elas necessitam e no momento adequado.

(3) Identificar os níveis de influência das partes interessadas.

Respostas do Exercício 2:

Processo	Definição	Saída
(1) Identificar as partes interessadas (2) Planejar o gerenciamento das partes interessadas (3) Gerenciar o engajamento das partes interessadas (4) Controlar o engajamento das partes interessadas	(4) Processo de monitoramento geral das partes interessadas e criação de estratégias de ajuste e planos para envolver as partes interessadas (2) Processo para desenvolver uma estratégia apropriada de gerenciamento para efetivamente engajar as partes interessadas nas decisões e execuções do projeto baseada nas análises de suas necessidades, interesses e impacto potencial (1) Processo de identificação de todas as pessoas ou organizações impactadas pelo projeto e documentação das informações relevantes sobre seus interesses, engajamento e impacto sobre o sucesso do projeto (3) Processo de comunicação e trabalho junto às partes interessadas para conhecer suas necessidades e solucionar as questões quando ocorrerem	(4) Informações sobre o desempenho do trabalho (3) Registro das questões (3, 4) Solicitações de mudança (3, 4) Atualizações do plano de gerenciamento do projeto (2) Plano de gerenciamento das partes interessadas (1) Registro das partes interessadas (3, 4) Atualizações dos documentos do projeto (3, 4) Atualizações dos ativos de processos organizacionais (2) Atualizações dos documentos do projeto

Respostas do Exercício 3:

(4) Não tem consciência do projeto e dos potenciais impactos.

(3) Consciente do projeto e dos potenciais impactos, porém resistente a mudanças.

(2) Consciente do projeto, porém não é resistente nem apoiador.

(5) Consciente do projeto, dos potenciais impactos e apoiador de mudanças.

(1) Consciente do projeto, dos potenciais impactos e ativamente envolvido em garantir o sucesso do projeto.

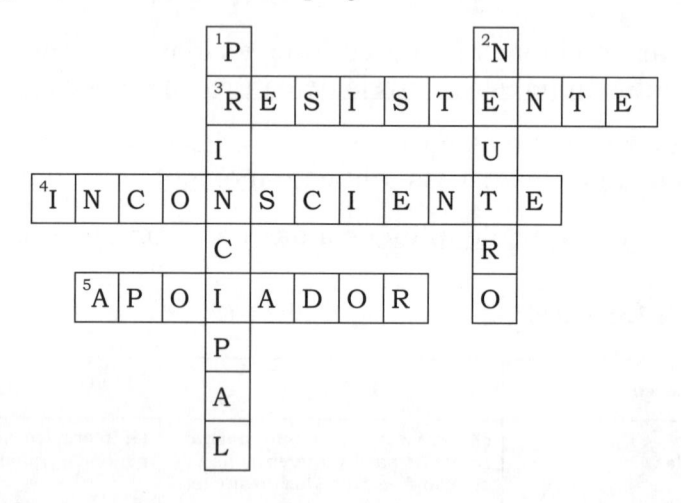

			¹P					²N		
			³R	E	S	I	S	T	E	N	T	E
			I					U		
⁴I	N	C	O	N	S	C	I	E	N	T	E
			C					R		
			⁵A	P	O	I	A	D	O	R	O
			P							
			A							
			L							

Comentários do Simulado

178. Você é o gerente de um projeto que está sendo desenvolvido em vários locais do país. Sua empresa tem um acordo com uma rede de hotéis para sua hospedagem. Quando você chega a um dos locais, descobre que um hotel de nível superior está cobrando diárias muito menores do que o hotel onde você deveria ficar. Como você sabe que os custos de hospedagem são custos diretos do projeto, o que você deveria fazer?

    A) Utilizar o hotel no qual foi feita a reserva.

    B) Utilizar o hotel mais barato e no relatório de despesas explicar as razões da mudança de hotel.

    C) Negociar no hotel onde você tem a reserva uma tarifa melhor do que a acertada.

    D) Solicitar ao patrocinador do projeto autorização para utilizar o outro hotel.

Resposta: A

Justificativa: Você deve seguir as políticas e os processos da empresa, pois há um acordo formal da empresa com o hotel, entretanto deve, posteriormente, verificar a possibilidade de renegociar o acordo ou abrir uma exceção, no caso do projeto dele.

179. Você está de férias em um local que é a sede de um dos principais fornecedores do projeto que você está gerenciando. Ao saber da sua presença, o fornecedor convida você e sua esposa para um jantar em um dos melhores restaurantes da região. Segundo o código de ética do PMI, isto pode ser caracterizado como:

    A) Um conflito de interesses.

    B) Falta de ética do fornecedor por ter convidado sua esposa, que não faz parte do projeto.

    C) Sem problemas com relação ao código de ética, desde que essa prática seja coerente com as políticas da sua organização.

    D) Não ético, pois fere o conceito de dever e lealdade do código de ética.

Resposta: C

Justificativa: Um comportamento não ético seria caracterizado, caso não estivesse previsto na política da organização ou caracterizasse troca de favores.

180. Ao preparar uma reunião de posicionamento do projeto, você se depara com um IDP de 0,70. O seu cliente não aceita atrasos superiores a 5% do previsto. Analisando as causas do valor deste índice, você verificou que foi devido a quebra de equipamentos e a não liberação pelas áreas funcionais dos recursos necessários. Porém, para os próximos períodos, os recursos estão disponíveis, inclusive em uma quantidade maior, e os equipamentos já foram consertados. Com o objetivo de evitar discussões desnecessárias durante a reunião, você decide:

    A) Revisar o IDP, visto que o problema não irá se repetir.

    B) Não apresentar os índices de desempenho, informando apenas que tudo está de acordo com o planejado.

    C) Apresentar as informações conforme apuradas.

    D) Adiar a reunião até o momento em que o índice volte ao planejamento.

Resposta: C

Justificativa: Qualquer opção que não seja a C fere o código de ética do PMI por não ser transparente com relação ao que está acontecendo no projeto.

181. A diretoria da empresa solicitou que você fizesse uma análise do nível de confiança para atingir determinados objetivos do projeto. Como você nunca tinha realizado este tipo de análise, foi procurar quais ferramentas poderiam ajudá-lo, e constatou que a simulação de Monte Carlo seria a melhor ferramenta para esta análise. Você convoca a equipe para uma reunião cujo objetivo é desenvolver o modelo matemático para a simulação. Durante a reunião, um dos membros da equipe informa que o irmão dele possui uma <u>cópia não autorizada de um software que faz este tipo de simulação</u>. O software poderia ser utilizado imediatamente, visto que ele tinha conhecimento da sua utilização. Como ninguém na equipe conhecia a utilização de outro software, o prazo dado pela diretoria era muito curto para se comprar e aprender a utilizar outro software; o software seria utilizado uma única vez e somente para apresentar aqueles resultados, você decide:

A) Aceitar a utilização do software até que a empresa decida sobre a aquisição.

B) Recusar a utilização do software e notificar o fornecedor sobre a cópia não autorizada em poder de um membro da equipe.

C) Recusar a utilização do software e informar ao membro da equipe que a sua utilização viola a lei de direitos autorais.

D) Aceitar a utilização, visto que você estava numa emergência e as necessidades da empresa se sobrepõem a estes pequenos entraves.

Resposta: C

Justificativa: A melhor opção é a C; a opção B está relacionada a um não participante do projeto que você nem sabe se está utilizando o software ou apenas possui uma cópia não autorizada. As opções A e D são totalmente contrárias ao código de ética.

182. Após um longo processo de seleção, finalmente sua empresa ganhou a concorrência para um grande projeto de infraestrutura. Devido aos aspectos legais em discussão, <u>o contrato não foi assinado e ainda demorará sua assinatura.</u> Porém, <u>a alta administração quer que você inicie a execução, contratando os recursos e fazendo o planejamento</u>, visto que os <u>recebimentos seguirão determinados marcos já estabelecidos</u>. O que você faria?

GERENCIAMENTO DAS PARTES INTERESSADAS

A) Somente faria a solicitação de propostas e currículos, mas não faria gastos significativos para o projeto.

B) Solicitaria ao cliente uma carta de intenção.

C) Explicaria para a alta administração que isto não seria possível devido aos procedimentos internos e legais.

D) Seguiria a orientação da alta administração, pois ela é a responsável pelas decisões na empresa.

Resposta: B

Justificativa: Neste caso, como a alta administração quer que o trabalho inicie rapidamente e os marcos de pagamento já estão estabelecidos, pode-se firmar uma carta de intenção.

183. Você recentemente prestou exame para a certificação PMP e foi aprovado. Dias após o exame você recebe uma ligação da empresa de treinamento (REP do PMI) na qual você fez o curso preparatório. O representante desta empresa o cumprimenta pelo sucesso no exame e aproveita a ocasião para sondar se você se lembra de algumas questões que apareceram no exame. Com base no código de conduta profissional, o que você deveria fazer?

A) Passar as informações que você lembra, visto que a empresa tem um negócio de treinamento para o exame PMP e é REP do PMI.

B) Como esta informação é de conhecimento pessoal, você deveria negociar um valor.

C) Não passar as informações para a empresa.

D) Não passar as informações para a empresa e reportar a violação do código de conduta profissional ao PMI.

Resposta: D

Justificativa: É obrigação de todo PMP reportar qualquer violação comprovada do código de conduta profissional ao PMI.

184. Durante a execução de um projeto que você está gerenciando, a área de suprimentos realiza uma solicitação de proposta para fornecimento de determinados produtos. Você descobre posteriormente que a empresa ganhadora pertence ao seu irmão. O que você deveria fazer?

A) Informar o cliente e o patrocinador do projeto.

B) Solicitar substituição no projeto devido ao conflito de interesses.

C) Solicitar que uma nova concorrência seja feita sem a presença de seu irmão.

D) Não fazer nada, pois seu irmão ganhou pelo menor preço.

Resposta: A

Justificativa: Como não houve conhecimento anterior ou favorecimento, o código de ética não foi violado, mas é obrigação informar as partes interessadas sobre esta situação.

185. Você foi contratado recentemente para gerenciar um grande projeto de informática para um conceituado banco americano. Durante a avaliação do projeto, você descobre que alguns padrões importantes da SARBOX não estão sendo seguidos corretamente. Neste caso, o que você deve fazer primeiro?

    A) Informar as agências reguladoras sobre o que está acontecendo no banco.

    B) Como você está começando na empresa, o melhor é ignorar o problema e procurar descobrir se a empresa tem uma forma diferente de lidar com os padrões SARBOX.

    C) Solicitar à alta administração que seja contratada uma auditoria de qualidade do projeto.

    D) Informar a área financeira da empresa sobre os padrões da SARBOX que não estão sendo seguidos e questionar o porquê.

Resposta: D

Justificativa: Para caracterizar uma violação do código de ética é necessário que ocorram o conhecimento do fato e sua concordância. O julgamento deve ser feito com base em fatos, portanto o primeiro ato é descobrir a causa do problema.

186. Após sua empresa ganhar um novo contrato para um projeto, você, gerente do projeto, recebe um documento contendo os detalhes de como os testes de controle de qualidade deverão ser implementados. O responsável pela área de engenharia avisa que não será possível fazer aqueles testes conforme contratado, porque a empresa não tem os equipamentos nem as habilidades necessárias para a execução. Todavia, a forma como a engenharia sempre fez estes testes atende aos padrões aceitáveis, apesar de isso ir contra o que está documentado na declaração do trabalho do projeto. O que você deveria fazer?

GERENCIAMENTO DAS PARTES INTERESSADAS

A) Fazer como sempre fez os testes e não avisar ao cliente.

B) Fazer como sempre fez os testes e informar ao cliente.

C) Informar ao patrocinador o que está ocorrendo e sugerir a contratação dos equipamentos e recursos necessários ou a utilização de serviços de terceiros.

D) Cancelar o contrato, visto que houve má-fé do cliente.

Resposta: C

Justificativa: O gerente de projetos deve tentar de todas as formas resolver o problema antes de importunar o cliente. Além disso, ele deve seguir o que está definido na documentação do projeto. Assim, solicitar primeiro o apoio do patrocinador no sentido de cumprir o documentado é o mais recomendado.

187. Antes de reportar uma violação ao código de ética e de conduta profissional do PMI, o gerente de projetos deve:

A) Quantificar os riscos que estão ligados a esta violação.

B) Solicitar uma reunião do comitê de ética para verificar a violação e determinar uma resposta a este ato.

C) Assegurar que existe uma clara e comprovada base para informar a violação.

D) Ignorar a violação se ela não afetar os objetivos do projeto.

Resposta: C

Justificativa: Conforme o código de ética, qualquer violação tem que ser comprovada.

188. Você está gerenciando um projeto que foi contratado a preço unitário *(time and material)*. Seu superior imediato informa que um recurso de alto custo da empresa não está alocado para qualquer projeto e solicita que você aloque e fature o recurso pelo seu projeto. Neste projeto você tem direito a uma porcentagem sobre o faturamento do cliente. Qual a melhor atitude que você poderia tomar?

A) Alocar e aumentar o faturamento da maneira mais ética possível.

B) Solicitar do superior imediato esclarecimentos sobre a intenção de alocar o recurso.

C) Solicitar uma aprovação do cliente antes de alocar o recurso.

D) Não alocar o recurso e solicitar uma compensação no bônus.

Resposta: B

Justificativa: Antes de tomar qualquer atitude em uma situação que possa ter consequências éticas, é necessária a comprovação da má intenção.

189. Você está gerenciando um projeto em outro país com uma equipe formada por trabalhadores locais. Em um determinado momento você recebe do líder dos trabalhadores uma reclamação de que os salários deles são inferiores aos recebidos pelos trabalhadores do seu país na mesma função. Frente a esta reclamação, o que você deveria fazer?

    A) Ignorar a reclamação como se ela não tivesse acontecido.

    B) Mostrar que o salário dos trabalhadores do país é somente um pouco menor do que o dos trabalhadores de fora.

    C) Alterar os salários para que todos recebessem o mesmo valor.

    D) Pagar um salário de acordo com o nível salarial do país onde o projeto está sendo executado.

Resposta: D

Justificativa: Você deve seguir as regras do país onde o projeto está sendo executado, contanto que estas regras não infrinjam o código de conduta da sua organização ou firam um direito maior do ser humano.

190. O que não é uma responsabilidade profissional do gerente de projetos, de acordo com o código de conduta profissional do PMI?

    A) Relato de uma violação.

    B) Balancear os interesses das partes interessadas.

    C) Aderir ao tempo, custo e escopo conforme especificado pela gerência sênior.

    D) Seguir os processos do PMBOK do PMI.

Resposta: C

Justificativa: A opção C não tem relação com o código de conduta profissional do PMI.

191. Seu projeto necessita de um software de gerenciamento de contato com alguns clientes, mas o orçamento do projeto não incluiu verba para este software. Você está em um jogo de futebol com um amigo de seu antigo trabalho que possui vários tipos de software. Ele sugere

que pode fazer uma cópia deste software que você necessita, já que você não tem dinheiro. Ele diz que é uma versão antiga e, portanto, não é grande coisa. Qual é a <u>melhor</u> maneira de adquirir o software?

A) Pegue a cópia dele e use-a em seu projeto.

B) Encomende uma cópia da empresa ou de um revendedor autorizado.

C) Faça o *download* de uma cópia de um sistema de compartilhamento de arquivos.

D) Use uma cópia de demonstração.

Resposta: B

Justificativa: O gerente de projetos deve respeitar direitos autorais, portanto a opção B é a melhor escolha. A opção D é válida para se fazer avaliação do produto e não como solução defintiva.

Capítulo 15

Ética e Responsabilidade Profissional em GP

Síntese dos Conceitos

Ética/Ethics: parte da filosofia que estuda os valores morais e os princípios ideais da conduta humana. Esses princípios deverão ser observados no exercício de uma profissão.

Código de ética do PMI/PMI code of ethics: É um guia para os praticantes da profissão e descreve o que se espera de si e para os outros.

É específico sobre a obrigação básica de conduta responsável, respeito, lealdade e honestidade. Requer que os praticantes tenham a obrigação de cumprir com as leis, regulamentos e políticas organizacionais e profissionais. Os praticantes são de diversas origens e culturas e o código de ética se aplica globalmente.

Ao interagir com qualquer das partes interessadas, os profissionais de gerenciamento de projeto devem estar comprometidos com a honestidade, responsabilidade e práticas justas e respeitosas nos negócios.

A aceitação do código é essencial para o gerentes de projeto, e é uma exigência para todos os exames do PMI em vigência.

Foi instituído pelo PMI visando encorajar a autodisciplina na profissão. Discute o cumprimento de regras e regulamentações, seguindo práticas da profissão. Gerentes de projetos são solicitados a reportar violações no Código de Conduta Profissional do PMI. Todos os gerentes de projeto certificados pelo PMI concordam em apoiar o código. O propósito do código é incutir confiança na profissão do gerenciamento de projetos e ajudar os indivíduos a se tornarem melhores praticantes e profissionais.

- **Requisitos legais:** a responsabilidade associada ao cumprimento de um contrato traz obrigações legais para o comprador e para o vendedor.
    - Vendedor (*seller*): assegurar que os itens do contrato serão disponibilizados conforme os acordos específicos.
    - Comprador (*buyer*): certificar-se de que o vendedor execute o contrato conforme acordado e prometido.
    - Ambos: assegurar que o contrato seja cumprido.
- **Aplicabilidade do código:** pessoas às quais se aplica este código:
    - Filiadas ao PMI.
    - Não filiadas ao PMI.
        - Certificadas pelo PMI.
        - Em processo de certificação.
        - Voluntárias no PMI.

Conflito de interesses/Conflict of interest: refere-se a situações que suscitam confronto entre o interesse institucional ou das partes interessadas e o interesse particular, que possa comprometer o interesse coletivo ou influenciar, de maneira imprópria, o desempenho da função do gerente de projetos. Representa posturas que não coincidem com os princípios arrolados no código de ética do PMI.

O gerente de projetos deve, sempre que possível, evitar situações de conflitos de interesse e, caso se perceba envolvido, deve comunicar imediatamente sua hierarquia e sair do conflito em questão. Exemplos de conflito de interesses são: prestar serviços para o concorrente, cliente ou fornecedor; oferecer ou aceitar presentes em situação que pode influenciar decisões; ganhos pessoais em função de comissões ligadas ao negócio em questão visando favorecimento especial; conduzir uma licitação na qual um dos concorrentes é seu parente.

ÉTICA E RESPONSABILIDADE PROFISSIONAL EM GP

Valores que suportam o código de ética do PMI

Responsabilidade/Responsibility: o dever de assumir a autoria e a propriedade das decisões que fazemos ou deixamos de fazer, dos atos que praticamos ou deixamos de praticar, e das consequências que deles resultarem. Padrões de conduta:

- Passar acurada e verdadeiramente suas qualificações, experiências e feitos anteriores para clientes, empregados e outros interessados.

- Seguir todas as leis, regulamentações e normas locais, nacionais e internacionais aplicáveis, quando executando ou oferecendo serviços de gerenciamento de projetos.

- Manter informações confidenciais relativas aos negócios do cliente. Não revelar qualquer informação para terceiros, competidores ou não.

- Aceitar e assumir responsabilidade por ações para as quais somos treinados como profissionais e temos experiência para atuar adequadamente.

- Não aceitar responsabilidade por atividades para as quais não está qualificado.

- Reportar violações do código praticadas por indivíduos atuando em atividades profissionais de gerenciamento de projetos, ou como voluntários em atividades do PMI.

- Somente reportar violações baseadas em fatos.

Respeito/Respect: o dever de demonstrar elevada consideração por nós mesmos, pelos outros e pelos recursos confiados a nós. Recursos a nós confiados podem incluir: dinheiro, reputação, pessoas, segurança, recursos naturais. Padrões de conduta:

- Aumentar a produtividade e minimizar o custo de fazer negócios.

- Desenvolver planos de projetos coerentes, cumprir metas de prazo, custo e qualidade, no intuito de satisfazer o cliente.

- Nunca utilizar a liderança inadequadamente. Tratar todos os membros da equipe de projeto de forma justa e prover condições adequadas de trabalho para os membros da equipe.

- Encorajar os colegas e membros de equipe no seu desenvolvimento pessoal e profissional.

- Ter em mente o interesse público em termos de segurança, saúde e bem-estar.

- Encontrar formas de expandir ao público o acesso e a apreciação do gerenciamento de projetos e de suas conquistas.

- Promover a reputação e o desenvolvimento da profissão de gerenciamento de projetos.

Justiça/Fairness: o dever de tomar decisões de forma imparcial e objetiva. Nossa conduta deve ser isenta e livre de preconceito, prevenção, interesses próprios, favores a si mesmo ou a outros. Padrões de conduta:

- Demonstrar transparência no seu processo de tomada de decisões.

- Prover igual acesso a informações para todas as partes interessadas autorizadas.

- Promover igualdade de acesso a oportunidades para todos os candidatos que para elas tenham qualificação.

- Reconhecer que está sujeito a uma situação de conflito de interesses antes que ela aconteça.

- Caso não consiga distinguir as situações complicadas antes de ocorrerem, tratá-las imediatamente, assim que acontecerem.

- Procurar ser proativo e abordar os conflitos éticos assim que surgirem, pois, caso contrário, poderá levar a situações menos éticas.

- Informar seus superiores, pares, subalternos, clientes, fornecedores, acionistas, sociedades profissionais e órgãos públicos dos quais sejam membros ou com os quais se relacionem, de qualquer circunstância que possa levar a um conflito de interesses — seu ou de outra parte interessada.

- Assegurar que uma situação de conflito de interesses não seja ignorada, não comprometa interesses legítimos das partes interessadas, não influencie nem interfira em julgamentos e decisões.

Honestidade/Honesty: o dever de compreender a verdade e agir de forma sincera tanto em nossa comunicação, quanto em nossos atos. Padrões de conduta:

- Ser honesto com as informações fornecidas durante o processo de candidatura.

- Após a realização do exame, não divulgar questões para outros.

- Atuar de forma verdadeira para com empregadores, clientes e todas as demais partes interessadas.

- Ser honesto e realista nas comunicações sobre qualidade, prazo, custo e demais informações do projeto.

- Abster-se de ofertar ou aceitar presentes e outras formas de compensação e ganhos pessoais, a não ser que estejam de acordo com as normas aplicáveis à atividade que está sendo realizada e às organizações envolvidas. O recebimento de presentes em geral deve ser analisado com extrema cautela e evitado sempre que possível, exceto se estiver estritamente dentro da política pertinente da empresa.

- Prover informações acuradas e verdadeiras para o público em anúncios, declarações públicas e na preparação de custos, estimativas, serviços e resultados esperados.

Mapa Mental

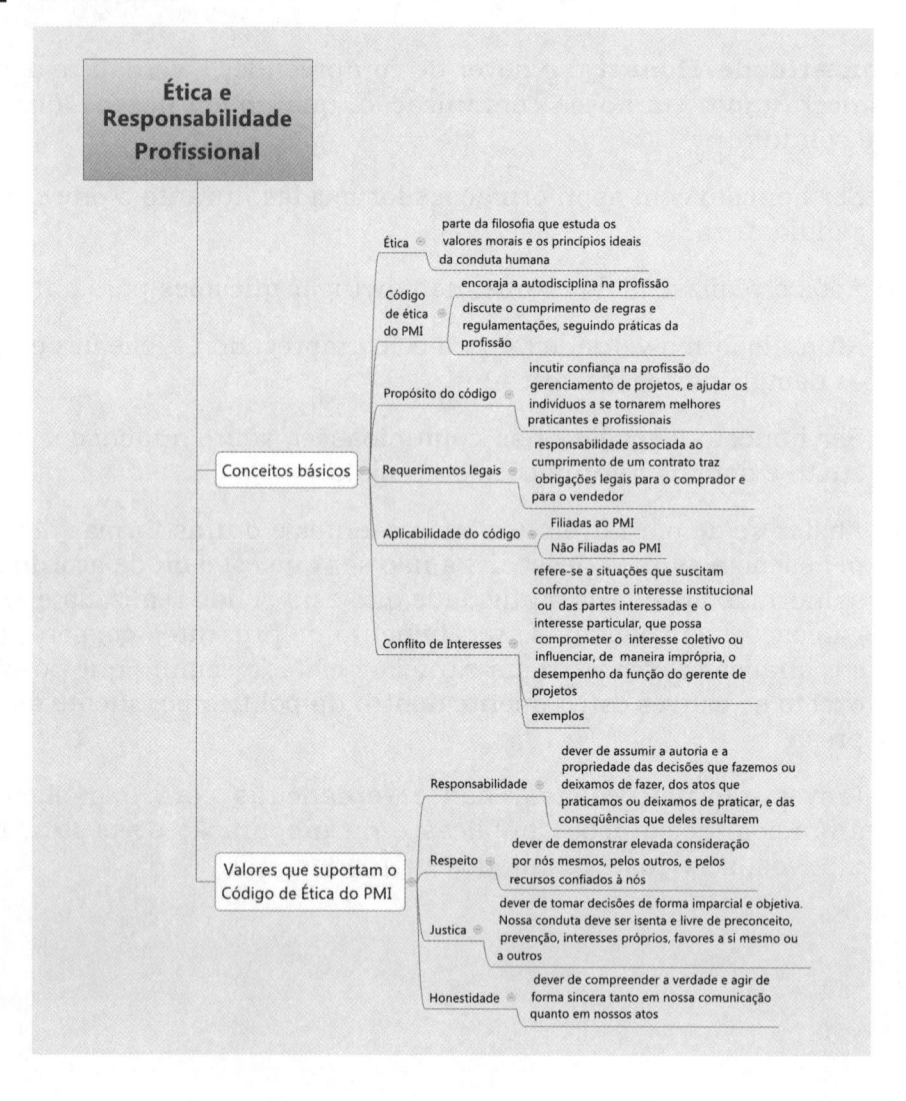

- **Ética e Responsabilidade Profissional**
  - **Conceitos básicos**
    - Ética — parte da filosofia que estuda os valores morais e os princípios ideais da conduta humana
    - Código de ética do PMI
      - encoraja a autodisciplina na profissão
      - discute o cumprimento de regras e regulamentações, seguindo práticas da profissão
    - Propósito do código — incutir confiança na profissão do gerenciamento de projetos, e ajudar os indivíduos a se tornarem melhores praticantes e profissionais
    - Requerimentos legais — responsabilidade associada ao cumprimento de um contrato traz obrigações legais para o comprador e para o vendedor
    - Aplicabilidade do código
      - Filiadas ao PMI
      - Não Filiadas ao PMI
    - Conflito de Interesses
      - refere-se a situações que suscitam confronto entre o interesse institucional ou das partes interessadas e o interesse particular, que possa comprometer o interesse coletivo ou influenciar, de maneira imprópria, o desempenho da função do gerente de projetos
      - exemplos
  - **Valores que suportam o Código de Ética do PMI**
    - Responsabilidade — dever de assumir a autoria e a propriedade das decisões que fazemos ou deixamos de fazer, dos atos que praticamos ou deixamos de praticar, e das conseqüências que deles resultarem
    - Respeito — dever de demonstrar elevada consideração por nós mesmos, pelos outros, e pelos recursos confiados à nós
    - Justiça — dever de tomar decisões de forma imparcial e objetiva. Nossa conduta deve ser isenta e livre de preconceito, prevenção, interesses próprios, favores a si mesmo ou a outros
    - Honestidade — dever de compreender a verdade e agir de forma sincera tanto em nossa comunicação quanto em nossos atos

ÉTICA E RESPONSABILIDADE PROFISSIONAL EM GP

Exercícios de Fixação

Exercício 1: Ética é parte da filosofia que estuda os valores morais e os princípios ideais da conduta humana. Esses princípios deverão ser observados no exercício de uma profissão. Marque verdadeiro (V) para as atitudes éticas e falso (F) para as atitudes que geram conflitos ou não éticas:

( ) Participações financeiras em concorrentes, fornecedores ou clientes.

( ) Utilizar seu melhor critério de julgamento ao avaliar objetivamente atividades que possam resultar em conflito de interesses.

( ) Levar qualquer situação duvidosa à atenção de seus superiores.

( ) Privilegiar negócio próprio em detrimento de uma obrigação contratual na prestação de um serviço a uma organização na qual esteja atuando profissionalmente.

( ) Conhecer os valores da comunidade.

( ) O gerente de projetos deve assumir a condução de um projeto, mesmo que não esteja qualificado para tal.

( ) O gerente de projetos deve assumir responsabilidade sobre suas ações.

( ) Integridade é a base da conduta profissional.

Exercício 2: A área de responsabilidade profissional enfatiza aspectos comportamentais fundamentais ao gerente de projetos. Segue abaixo uma lista de palavras para você preencher as lacunas e descobrir que aspectos comportamentais são esses.

    ambiente
    avanço
    capacidade
    competência
    comunidade
    conflitantes
    conhecimento
    cooperativo
    culturais
    diferenças
    envolvidos

étnicas
integridade
interesses
justa
lições
práticas
profissionalismo
qualidade
requisitos
satisfazer
serviços

"Garantir a _____ e o _____ de cada indivíduo, aderindo a _____legais e _____ éticos que protejam a _____ e todos os _____ no projeto."

"Contribuir para a base de _____ em gerenciamento de projetos, compartilhando _____ aprendidas, melhores _____, pesquisa etc., junto às comunidades, de modo a aperfeiçoar a _____ dos _____ de gerenciamento de projetos, desenvolver a _____ de colegas e promover o _____ da profissão."

"Melhorar a _____ dos indivíduos a partir do desenvolvimento de conhecimento profissional de modo a aperfeiçoar os serviços."

"Equilibrar os _____ dos envolvidos com o projeto, recomendando abordagens que busquem uma resolução _____ de modo a _____ objetivos e necessidades _____."

"Interagir com a equipe e outras partes interessadas, respeitando as _____ pessoais, _____ e _____, de modo a garantir um _____ de gerenciamento de projetos _____."

Exercício 3: Quais as principais responsabilidades descritas no Código de Conduta Profissional do Gerente de Projetos? Identifique as "Responsabilidades com Clientes e o Público" e as "Responsabilidades com a Profissão".

(1) "Responsabilidades com Clientes e o Público"

(2) "Responsabilidades com a Profissão"

ÉTICA E RESPONSABILIDADE PROFISSIONAL EM GP 397

( ) Informar acurada e verdadeiramente aos clientes, colegas e outros, dentro e fora da organização, suas qualificações, experiências, realizações e lições aprendidas.

( ) O profissional de gerenciamento de projetos deve apresentar seu projeto de modo verdadeiro em qualquer relatório, anúncio ou declaração pública no que se refere a custos, estimativas e descrição dos serviços e resultados esperados.

( ) Desfazer qualquer conflito de interesses que ocorra com clientes.

( ) Reportar violações dos códigos, políticas e procedimentos por indivíduos na prática da profissão de gerenciamento de projetos.

( ) O gerente de projetos tem a responsabilidade de satisfazer o escopo do projeto conforme acordado com o cliente (a menos que este tenha solicitado modificações).

( ) Toda informação sensível obtida no desenvolvimento de atividades profissionais deve permanecer confidencial. Informações sensíveis podem incluir: dados financeiros e sobre custos, estratégias e planos de negócios, relatórios operacionais, informações sobre preços, dados sobre marketing e vendas, informações sobre parcerias, pesquisa, segredos de indústria, dados pessoais e organogramas.

( ) Para se certificar como PMP: deve ser honesto na divulgação das informações pessoais e durante a realização do exame.

( ) O profissional de gerenciamento de projetos deve garantir que seu julgamento esteja livre de interferências indevidas. Isto inclui oferecer ou aceitar, direta ou indiretamente, presente para ganho pessoal, para aqueles ou daqueles com que tenham relações de negócio com seus empregadores ou clientes. Nos casos em que um costume local ou outras circunstâncias excepcionais justifiquem a troca de presentes tendo mais do que um valor nominal, este presente pode ser aceito, a menos que não esteja em conformidade com as regras da organização, normas aplicáveis, leis e costumes do país onde se está atuando.

( ) Respeitar a propriedade intelectual, contratos de licenças, direitos autorais, patentes, invenções e marcas comerciais.

Exercício 4: O que você, um gerente de projetos PMP, aconselharia a um consultor júnior ainda não PMP para que tenha "responsabilidade social e profissional"? Complete o texto com base na palavra cruzada a ser preenchida:

Desenvolva sua (2).

Atenção aos (7) de interesse

(9) os problemas

(11) as (3) aprendidas

Relate as (6)

Siga o processo (8)

Dê (5) às necessidades do projeto

Aja (10) e (1)

Respeite as (4)

Respostas

Respostas do Exercício 1:

(F) Participações financeiras em concorrentes, fornecedores ou clientes.

(V) Utilizar seu melhor critério de julgamento ao avaliar objetivamente atividades que possam resultar em conflito de interesses.

(V) Levar qualquer situação duvidosa à atenção de seus superiores.

(F) Privilegiar negócio próprio em detrimento de uma obrigação contratual na prestação de um serviço a uma organização na qual esteja atuando profissionalmente.

(V) Conhecer os valores da comunidade.

(F) O gerente de projetos deve assumir a condução de um projeto, mesmo que não esteja qualificado para tal.

(V) O gerente de projetos deve assumir responsabilidade sobre suas ações.

(V) Integridade é a base da conduta profissional.

Respostas do Exercício 2:

"Garantir a <u>integridade</u> e o <u>profissionalismo</u> de cada indivíduo, aderindo a <u>requisitos</u> legais e <u>padrões</u> éticos que protejam a <u>comunidade</u> e todos os <u>envolvidos</u> no projeto."

"Contribuir para a base de <u>conhecimento</u> em gerenciamento de projetos, compartilhando <u>lições</u> aprendidas, melhores <u>práticas</u>, pesquisa etc., junto às comunidades, de modo a aperfeiçoar a <u>qualidade</u> dos <u>serviços</u> de gerenciamento de projetos, desenvolver a <u>capacidade</u> de colegas e promover o <u>avanço</u> da profissão."

"Melhorar a <u>competência</u> dos indivíduos a partir do desenvolvimento de conhecimento profissional de modo a aperfeiçoar os serviços."

"Equilibrar os <u>interesses</u> dos envolvidos com o projeto, recomendando abordagens que busquem uma resolução <u>justa</u> de modo a <u>satisfazer</u> objetivos e necessidades <u>conflitantes</u>."

"Interagir com a equipe e outras partes interessadas, respeitando as <u>diferenças</u> pessoais, <u>étnicas</u> e <u>culturais</u>, de modo a garantir um <u>ambiente</u> de gerenciamento de projetos <u>cooperativo</u>."

Respostas do Exercício 3:

(2) Informar acurada e verdadeiramente aos clientes, colegas e outros, dentro e fora da organização, suas qualificações, experiências, realizações e lições aprendidas.

(2) O profissional de gerenciamento de projetos deve apresentar seu projeto de modo verdadeiro em qualquer relatório, anúncio ou declaração pública no que se refere a custos, estimativas e descrição dos serviços e resultados esperados.

(1) Desfazer qualquer conflito de interesses que ocorra com clientes.

(2) Reportar violações dos códigos, políticas e procedimentos por indivíduos na prática da profissão de gerenciamento de projetos.

(1) O gerente de projetos tem a responsabilidade de satisfazer o escopo do projeto conforme acordado com o cliente (a menos que este tenha solicitado modificações).

(1) Toda informação sensível obtida no desenvolvimento de atividades profissionais deve permanecer confidencial. Informações sensíveis podem incluir: dados financeiros e sobre custos, estratégias e planos de negócios, relatórios operacionais, informações sobre preços, dados sobre marketing e vendas, informações sobre parcerias, pesquisa, segredos de indústria, dados pessoais e organogramas.

(2) Para se certificar como PMP: deve ser honesto na divulgação das informações pessoais e durante a realização do exame.

(1) O profissional de gerenciamento de projetos deve garantir que seu julgamento esteja livre de interferências indevidas. Isto inclui oferecer ou aceitar, direta ou indiretamente, presente para ganho pessoal, para aqueles ou daqueles com que tenham relações de negócio com seus empregadores ou clientes. Nos casos em que um costume local ou outras circunstâncias excepcionais justifiquem a troca de presentes tendo mais do que um valor nominal, este presente pode ser aceito, a menos que não esteja em conformidade com as regras da organização, normas aplicáveis, leis e costumes do país onde se está atuando.

(2) Respeitar a propriedade intelectual, contratos de licenças, direitos autorais, patentes, invenções e marcas comerciais.

ÉTICA E RESPONSABILIDADE PROFISSIONAL EM GP

Respostas do Exercício 4:

Desenvolva sua competência

Atenção aos conflitos de interesse

Trate os problemas

Compartilhe as lições aprendidas

Relate as violações

Siga o processo correto

Dê prioridade às necessidades do projeto

Aja eticamente e profissionalmente

Respeite as diferenças

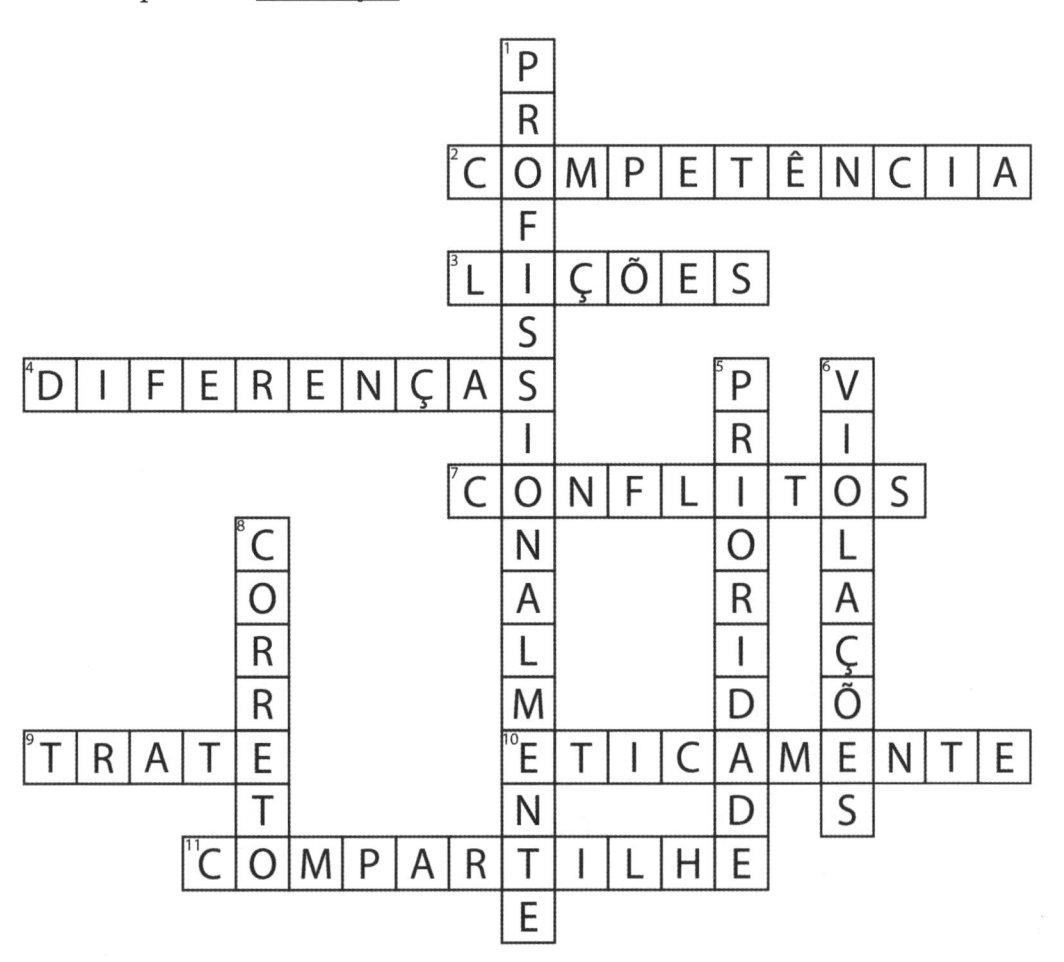

Comentários do Simulado

192. Você, gerente de projeto, está participando de uma reunião com a principal parte interessada do projeto para informá-la sobre sérios problemas que estão ocorrendo no projeto. Você sabe que <u>existe certa resistência da parte interessada com relação ao assunto e às pessoas que estão envolvidas com o problema.</u> Qual das técnicas de comunicação <u>mais</u> ajudaria neste processo de comunicação, para que não ocorram desvios, falhas de compreensão e mal-entendidos?

    A) Utilizar apresentação com técnicas visuais.

    B) Ser um ouvinte efetivo.

    C) Ser um ouvinte atencioso.

    D) Colocar outras pessoas influentes na reunião.

Resposta: B

> *Justificativa:* Ouvinte efetivo (*effective listening*) é aquele que percebe todos os sinais em uma comunicação: tom de voz, modo de olhar, posição do corpo e outros.

193. Um gerente de tecnologia terminou todo o planejamento de um novo projeto e irá realizar a <u>reunião de abertura (*kick-off meeting*).</u> Para tal, você faz questão da presença do patrocinador na reunião. Qual o <u>principal objetivo que o gerente do projeto espera atingir com a presença do patrocinador?</u>

    A) Garantir a presença dos membros do projeto.

    B) Estabelecer as relações de trabalho entre as partes interessadas.

    C) Analisar os planejamentos do projeto feitos pelo gerente do projeto.

    D) Fortalecer a relevância do projeto e conquistar comprometimento.

Resposta: D

> *Justificativa:* A opção A também é um dos objetivos da presença do patrocinador do projeto na reunião de *kick-off*, mas o maior objetivo desta presença é a intenção de passar às partes interessadas a relevância estratégica do projeto e adquirir o comprometimento de todos aos objetivos do projeto. As opções B e C são objetivos da reunião, mas não estão relacionadas à presença do patrocinador.

ÉTICA E RESPONSABILIDADE PROFISSIONAL EM GP

194. O projeto do centro de distribuição está aproximadamente 75% completo. O projeto teve os seus desafios com recursos e a substituição de dois gerentes de projetos. De acordo com o último relatório de status, o projeto parece sob controle em relação a custo, cronograma e escopo. A gerência sênior o informa de que o patrocinador tem sérias preocupações com o projeto. Você não compreende a razão, baseado no último relatório de status. Qual seria a melhor ação a tomar em primeiro lugar?

    A) Reúna-se com o patrocinador para determinar as preocupações dele.

    B) Ignorar a gerência sênior, porque o projeto está em boa forma.

    C) Avaliar o cronograma e orçamento, a fim de verificar a saúde da tripla restrição do projeto.

    D) Diga à gerência sênior que o projeto está em boa forma.

Resposta: A

Justificativa: Em primeiro lugar, o gerente de projetos deve coletar informações sobre o problema antes de resolvê-lo.

195. O registro das partes interessadas é uma saída que contém detalhes relativos às partes identificadas no processo. Qual das opções abaixo não deve ser encontrada em um registro das partes interessadas?

    A) Informações de identificação da parte interessada.

    B) Informações de avaliação da parte interessada.

    C) Papéis e responsabilidades das partes interessadas.

    D) Classificação das partes interessadas.

Resposta: C

Justificativa: As opções A, B e D são informações que se espera encontrar no registro das partes interessadas. Papéis e responsabilidades são demonstrados, normalmente, pela matriz de responsabilidades.

196. Definir uma estratégia para gerenciamento das partes interessadas é um possível resultado da identificação das partes interessadas. Nela, se define uma abordagem para aumentar o apoio e minimizar possíveis impactos negativos das partes interessadas durante o projeto. Uma das formas de representar a estratégia de gerenciamento das partes interessadas é a:

    A) Matriz de responsabilidades.

    B) Matriz de análise das partes interessadas.

C) Matriz de probabilidade e impacto.

D) Matriz de rastreabilidade de requisitos.

Resposta: B

Justificativa: A opção B é uma das opções de representar a estratégia de gerenciamento das partes interessadas num único documento. As demais opções não se aplicam para este objetivo.

197. Todos os itens listados abaixo são <u>razões para a utilização do plano de gerenciamento do projeto</u> no processo de Integração durante a execução do projeto, exceto:

    A) Ele auxilia a comunicação com as partes interessadas do projeto.

    B) Ele contém a linha de base de medição do desempenho do projeto.

    C) Ele documenta as premissas e como os riscos serão controlados.

    D) Ele é o repositório de todas as mudanças no projeto.

Resposta: D

Justificativa: O plano de gerenciamento do projeto é a linha de base do projeto. Ele não é repositório de dados.

198. Uma parte interessada tem a <u>reputação de fazer muitas mudanças nos projetos</u>. Qual a <u>melhor</u> coisa que o gerente de projetos pode fazer, no <u>início do projeto</u>, para lidar com esta situação?

    A) Fazer com que a parte interessada não seja incluída no mapeamento das partes interessadas.

    B) Envolver a parte interessada no projeto, o quanto antes possível.

    C) Falar com o superior da parte interessada para encontrar uma forma de direcionar suas atividades para outro projeto.

    D) Dizer "não" para a parte interessada algumas vezes, para coibi-la de requerer mudanças.

Resposta: B

Justificativa: Normalmente, não é possível impedir que a parte interessada participe do projeto. Assim, a melhor alternativa é trazê-la para "dentro" do projeto, comprometendo-a com os resultados.

ÉTICA E RESPONSABILIDADE PROFISSIONAL EM GP

199. Você não tem experiência em gerenciamento de projetos e foi convidado a desenvolver um novo projeto. Qual seria a melhor coisa a fazer, durante seu planejamento, a fim de melhorar suas chances de sucesso?

   A) Uma análise das partes interessadas.

   B) Levantar informações históricas.

   C) Pesquisar literatura especializada.

   D) Seguir sua intuição e treinamentos.

Resposta: B

   Justificativa: Como você não tem experiência, o melhor a fazer é procurar a base de conhecimentos e lições aprendidas existentes na organização.

200. Você está gerenciando um projeto de construção e o patrocinador veio até você com outro projeto de alta prioridade que pode trazer uma significante receita para a empresa, e ajudar a obter uma vantagem sobre um concorrente. De acordo com o cronograma, o projeto está programado para ser concluído em duas semanas. O patrocinador também lhe forneceu uma declaração de trabalho e uma linha de tempo com alta prioridade. De acordo com a responsabilidade profissional, como deveria você responder à gerência sênior?

   A) Comece a execução deste projeto.

   B) Informe à gerência sênior que você pode trabalhar no projeto depois de ter completado o seu atual projeto.

   C) Recuse o projeto, porque, como gerente de projetos, você não criou o cronograma e o orçamento, e seu atual projeto ainda está em execução.

   D) Inicie a execução do projeto o mais rapidamente possível.

Resposta: C

   Justificativa: Ao assumir o novo projeto, o gerente de projetos deveria reavaliar o plano de gerenciamento de projetos com as partes interessadas para se certificar do que suas necessidades e expectativas estão refletidas no plano. Como o projeto atual está finalizando, o gerente de projetos não terá tempo para fazer seu trabalho de forma adequada, sendo a melhor solução recusar o novo projeto.

Anexo 1

Fichas de Estudo dos Processos de Gerenciamento de Projetos

A seguir, modelos para as fichas que representam os 47 processos de gerenciamento de projetos, com suas entradas, ferramentas, técnicas e saídas. Recomendamos que o candidato recorte as fichas para referência durante o estudo, de modo a consultá-las em qualquer lugar que esteja.

GRUPO DE PROCESSO

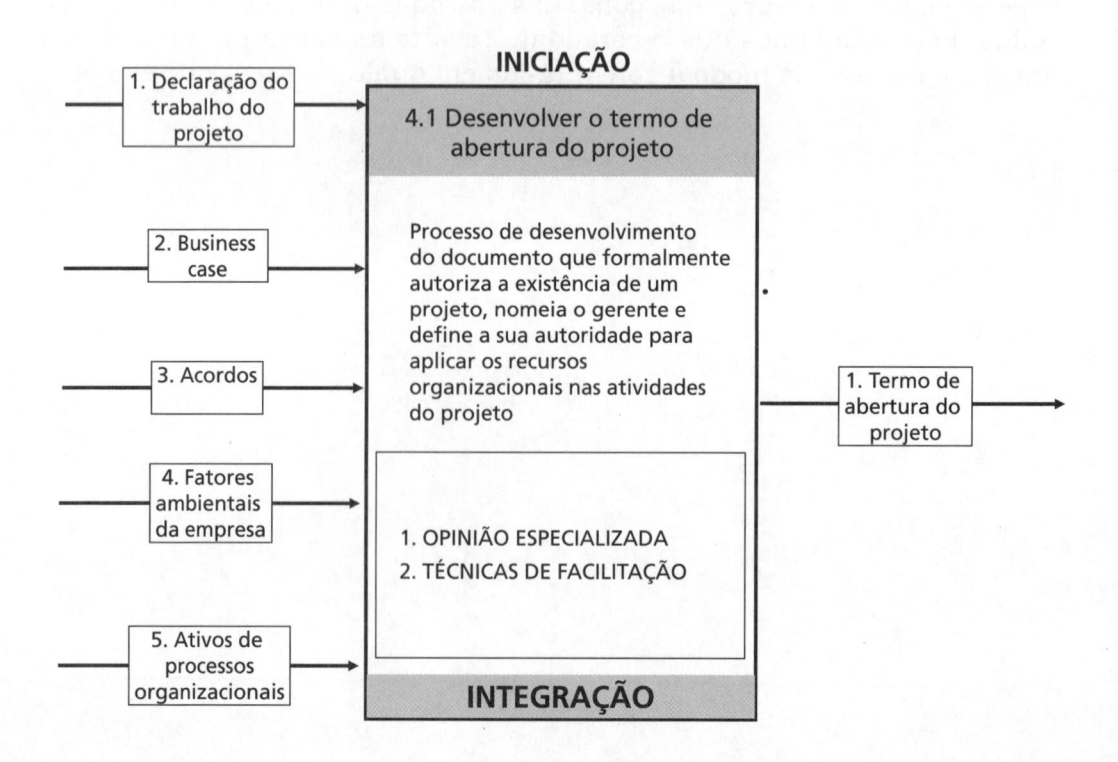

Número e título do processo

Definição do processo

FERRAMENTAS E TÉCNICAS

ÁREA DE CONHECIMENTO

ENTRADAS → → SAÍDAS

INICIAÇÃO

4.1 Desenvolver o termo de abertura do projeto

Processo de desenvolvimento do documento que formalmente autoriza a existência de um projeto, nomeia o gerente e define a sua autoridade para aplicar os recursos organizacionais nas atividades do projeto

1. OPINIÃO ESPECIALIZADA
2. TÉCNICAS DE FACILITAÇÃO

INTEGRAÇÃO

Entradas:
1. Declaração do trabalho do projeto
2. Business case
3. Acordos
4. Fatores ambientais da empresa
5. Ativos de processos organizacionais

Saídas:
1. Termo de abertura do projeto

FICHAS DE ESTUDO DOS PROCESSOS DE GERENCIAMENTO DE PROJETOS

4.2 Desenvolver o plano de gerenciamento do projeto

INTEGRAÇÃO

Processo de definir, preparar, e coordenar todos os planos auxiliares e integrá-los em um plano de gerenciamento de projeto claro e coerente

Entradas:
1. Termo de abertura do projeto
2. Saídas de outros processos
3. Fatores ambientais da empresa
4. Ativos de processos organizacionais

Ferramentas e técnicas:
1. OPINIÃO ESPECIALIZADA
2. TÉCNICAS DE FACILITAÇÃO

Saídas:
1. Plano de gerenciamento do projeto

EXECUÇÃO

4.3 Orientar e gerenciar o trabalho do projeto

INTEGRAÇÃO

Processo de liderar e realizar o trabalho definido no plano de gerenciamento de projeto e implementar as mudanças aprovadas para alcançar os objetivos do projeto

Entradas:
1. Plano de gerenciamento do projeto
2. Solicitações de mudança aprovadas
3. Fatores ambientais da empresa
4. Ativos de processos organizacionais

Ferramentas e técnicas:
1. OPINIÃO ESPECIALIZADA
2. SISTEMA DE INFORMAÇÕES DO GERENCIAMENTO DE PROJETOS
3. REUNIÕES

Saídas:
1. Entregas
2. Dados sobre o desempenho do trabalho
3. Solicitações de mudança
4. Atualizações do plano de gerenciamento do projeto
5. Atualizações dos documentos do projeto

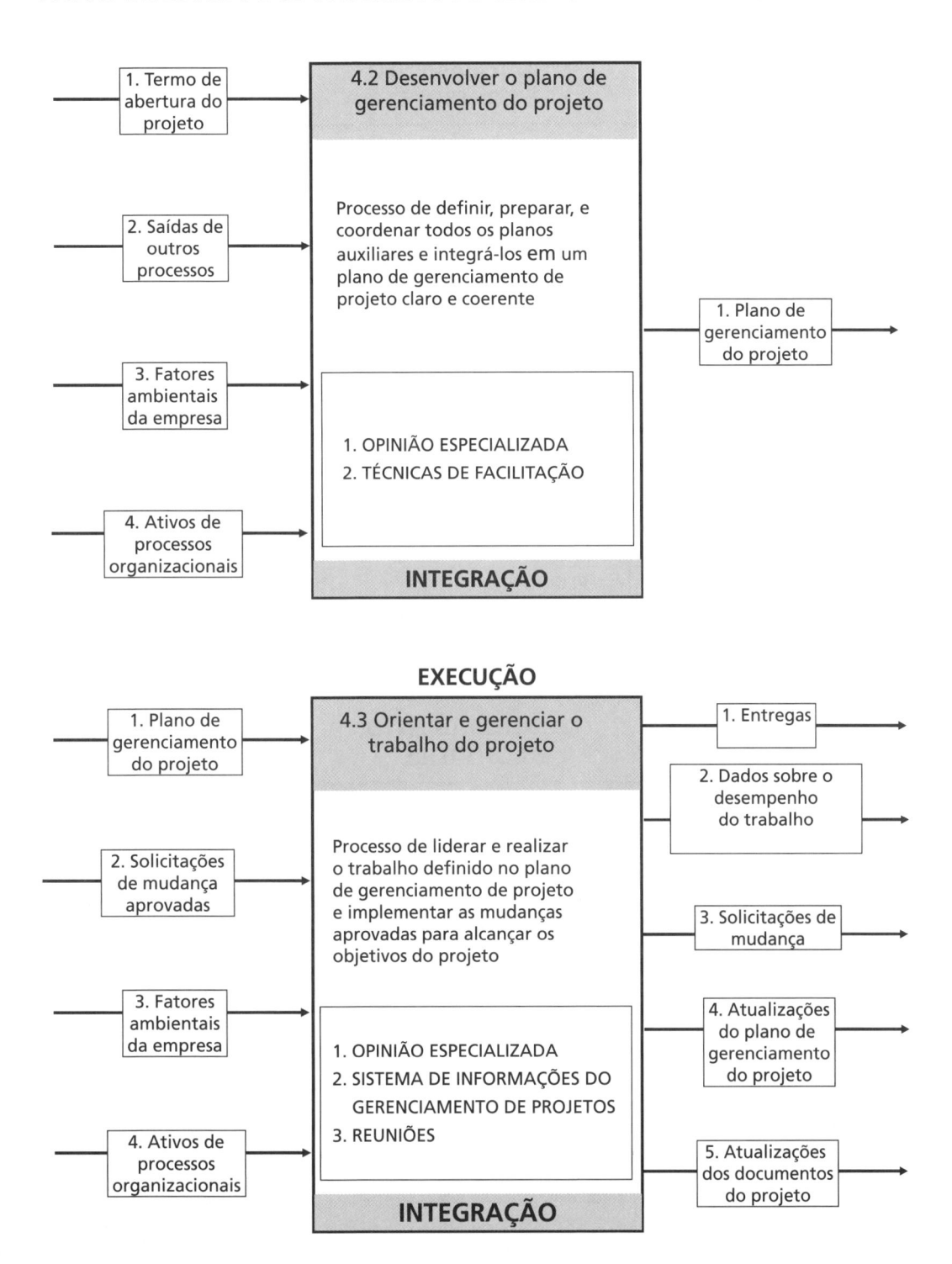

MONITORAMENTO E CONTROLE

4.4 Monitorar e controlar o trabalho do projeto

Processo de monitoramento, revisão e relato do progresso do projeto, de forma a alcançar os objetivos definidos no plano de gerenciamento do projeto

Entradas:
1. Plano de gerenciamento do projeto
2. Previsões do cronograma
3. Previsões dos custos
4. Mudanças validadas
5. Informações sobre o desempenho do trabalho
6. Fatores ambientais da empresa
7. Ativos de processos organizacionais

Ferramentas e Técnicas:
1. OPINIÃO ESPECIALIZADA
2. TÉCNICAS DE ANÁLISE
3. SISTEMA DE INFORMAÇÕES DO GERENCIAMENTO DE PROJETOS
4. REUNIÕES

Saídas:
1. Solicitações de mudança
2. Relatórios sobre o desempenho do trabalho
3. Atualizações do plano de gerenciamento do projeto
4. Atualizações dos documentos do projeto

INTEGRAÇÃO

MONITORAMENTO E CONTROLE

4.5 Realizar o controle integrado de mudanças

Processo de avaliação de todas as solicitações de mudança; aprovação das mudanças e gerenciamento das mudanças nas entregas, nos ativos de processos organizacionais, nos documentos do projeto e no plano de gerenciamento do projeto; e comunicar esta situação

Entradas:
1. Plano de gerenciamento do projeto
2. Relatórios sobre o desempenho do trabalho
3. Solicitações de mudança
4. Fatores ambientais da empresa
5. Ativos de processos organizacionais

Ferramentas e Técnicas:
1. OPINIÃO ESPECIALIZADA
2. REUNIÕES
3. FERRAMENTAS PARA CONTROLE DE MUDANÇAS

Saídas:
1. Solicitações de mudança aprovadas
2. Registro das Mudanças
3. Atualizações do plano de gerenciamento do projeto
4. Atualizações dos documentos do projeto

INTEGRAÇÃO

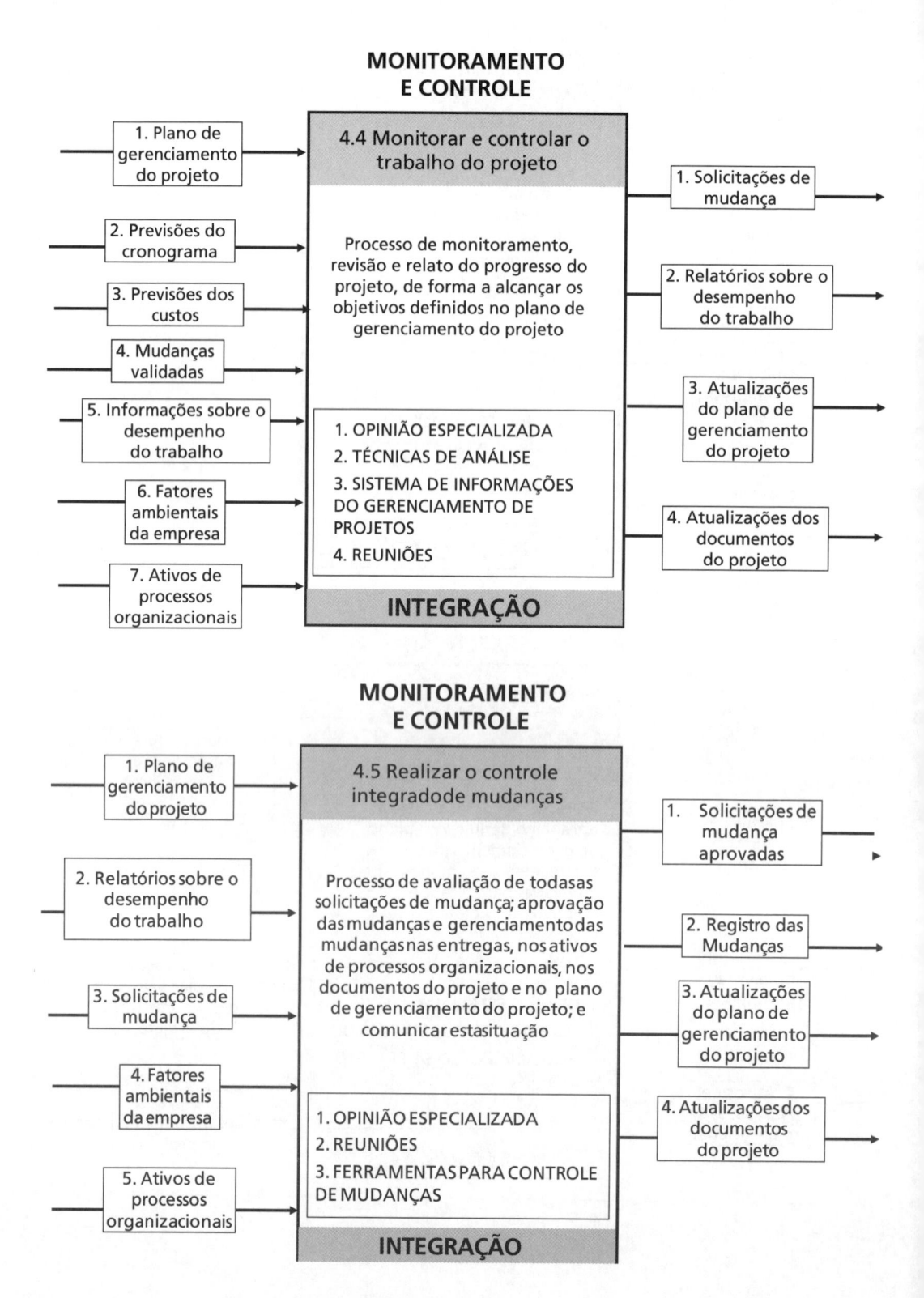

FICHAS DE ESTUDO DOS PROCESSOS DE GERENCIAMENTO DE PROJETOS

ENCERRAMENTO

4.6 Encerrar o projeto ou fase

Processo de finalização de todas as atividades envolvidas nos grupos de processos de gerenciamento do projeto para completar formalmente o projeto ou fase

Entradas:
1. Plano de gerenciamento do projeto
2. Entregas aceitas
3. Ativos de processos organizacionais

Ferramentas e Técnicas:
1. OPINIÃO ESPECIALIZADA
2. TÉCNICAS DE ANÁLISE
3. REUNIÕES

Saídas:
1. Transição do produto, serviço ou resultado final
2. Atualizações dos ativos de processos organizacionais

INTEGRAÇÃO

PLANEJAMENTO

5.1 Planejar o gerenciamento do escopo

Processo de criação de um plano de gerenciamento do escopo para documentar como o escopo será definido, validado e controlado

Entradas:
1. Plano de gerenciamento do projeto
2. Termo de abertura do projeto
3. Fatores ambientais da empresa
4. Ativos de processos organizacionais

Ferramentas e Técnicas:
1. OPINIÃO ESPECIALIZADA
2. REUNIÕES

Saídas:
1. Plano de gerenciamento do escopo
2. Plano de gerenciamento dos requisitos

ESCOPO

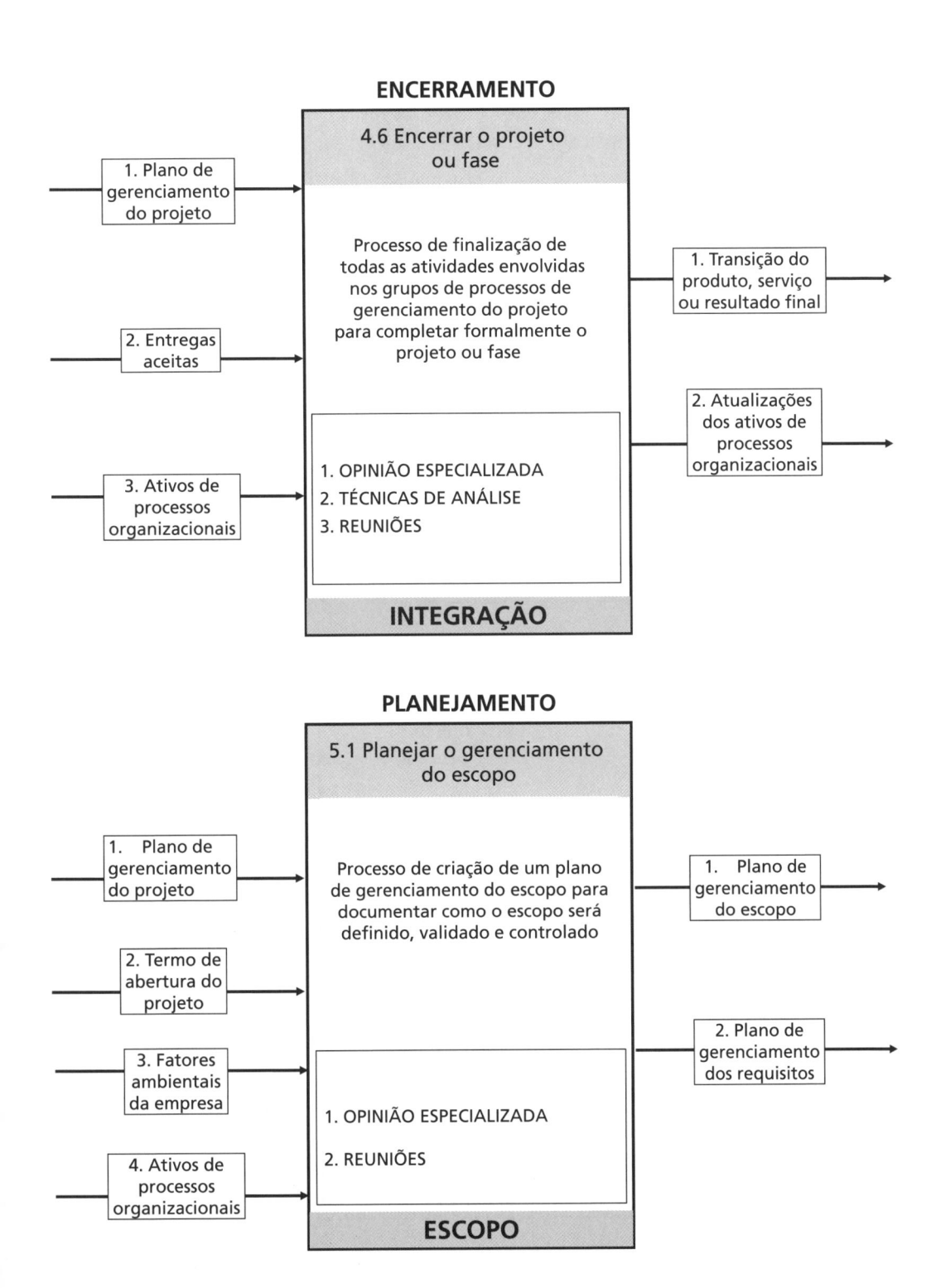

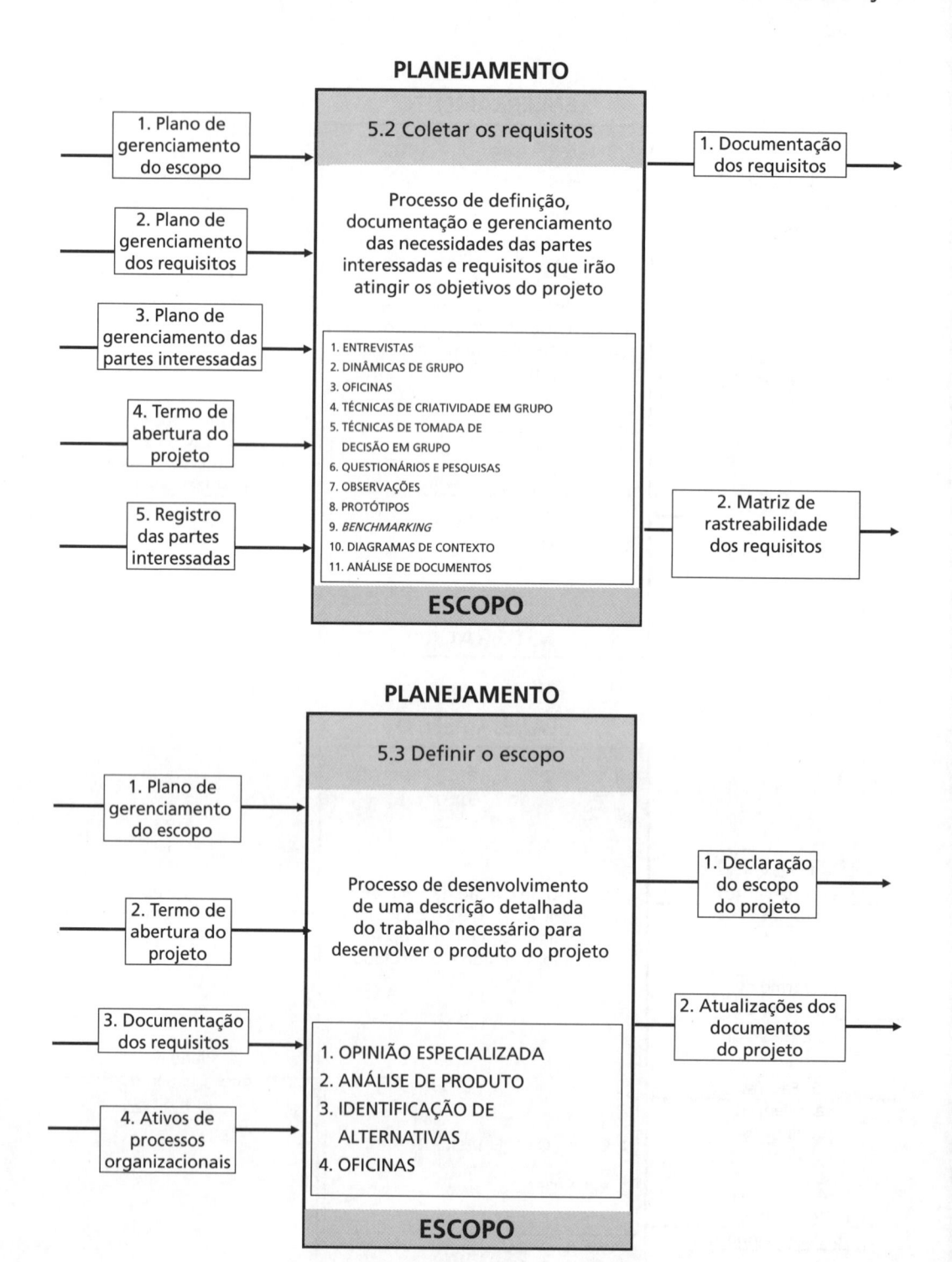

PLANEJAMENTO

5.2 Coletar os requisitos

Processo de definição, documentação e gerenciamento das necessidades das partes interessadas e requisitos que irão atingir os objetivos do projeto

Entradas:
1. Plano de gerenciamento do escopo
2. Plano de gerenciamento dos requisitos
3. Plano de gerenciamento das partes interessadas
4. Termo de abertura do projeto
5. Registro das partes interessadas

Ferramentas e Técnicas:
1. ENTREVISTAS
2. DINÂMICAS DE GRUPO
3. OFICINAS
4. TÉCNICAS DE CRIATIVIDADE EM GRUPO
5. TÉCNICAS DE TOMADA DE DECISÃO EM GRUPO
6. QUESTIONÁRIOS E PESQUISAS
7. OBSERVAÇÕES
8. PROTÓTIPOS
9. *BENCHMARKING*
10. DIAGRAMAS DE CONTEXTO
11. ANÁLISE DE DOCUMENTOS

Saídas:
1. Documentação dos requisitos
2. Matriz de rastreabilidade dos requisitos

ESCOPO

PLANEJAMENTO

5.3 Definir o escopo

Processo de desenvolvimento de uma descrição detalhada do trabalho necessário para desenvolver o produto do projeto

Entradas:
1. Plano de gerenciamento do escopo
2. Termo de abertura do projeto
3. Documentação dos requisitos
4. Ativos de processos organizacionais

Ferramentas e Técnicas:
1. OPINIÃO ESPECIALIZADA
2. ANÁLISE DE PRODUTO
3. IDENTIFICAÇÃO DE ALTERNATIVAS
4. OFICINAS

Saídas:
1. Declaração do escopo do projeto
2. Atualizações dos documentos do projeto

ESCOPO

FICHAS DE ESTUDO DOS PROCESSOS DE GERENCIAMENTO DE PROJETOS

PLANEJAMENTO

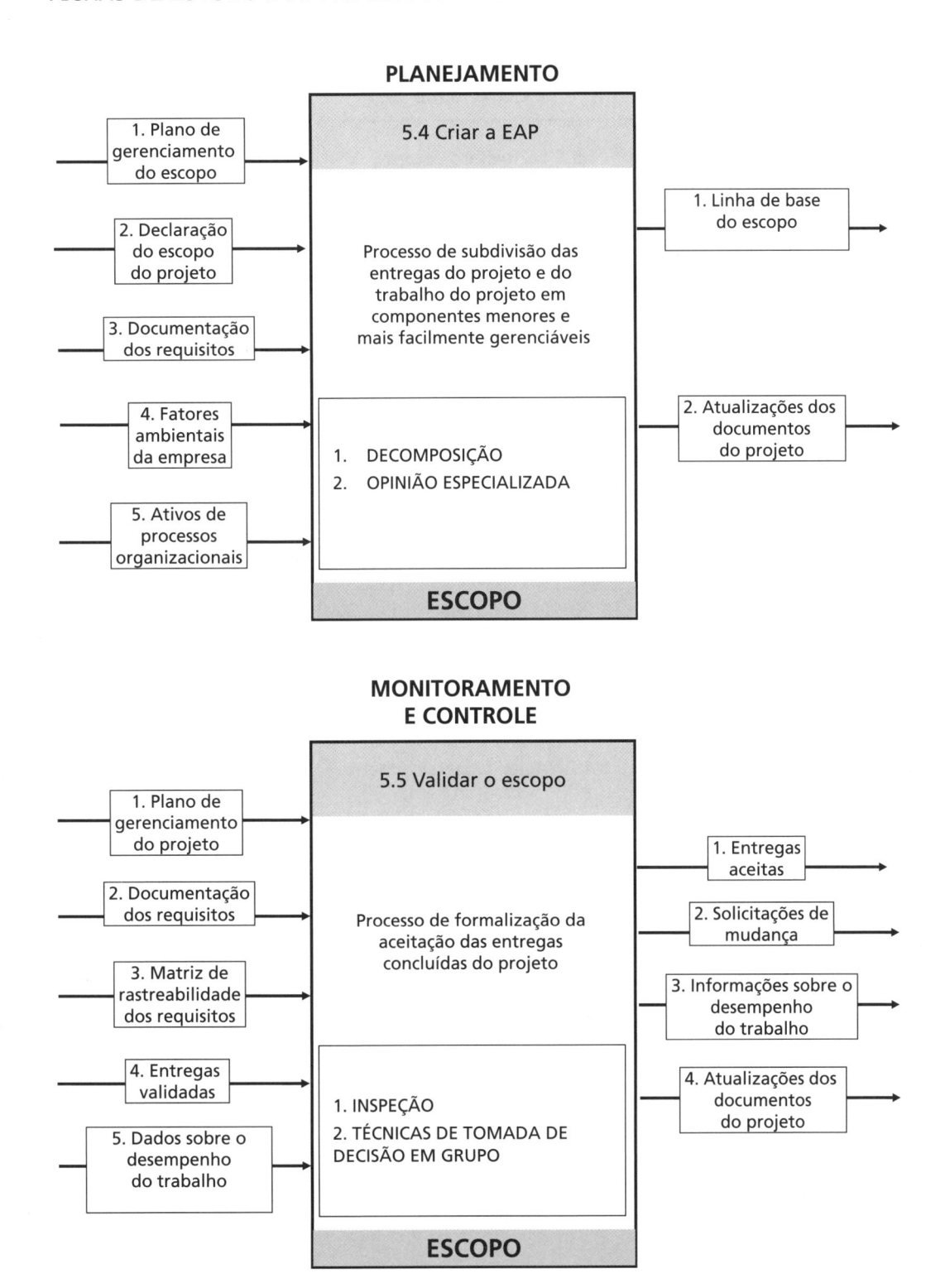

5.4 Criar a EAP

Processo de subdivisão das entregas do projeto e do trabalho do projeto em componentes menores e mais facilmente gerenciáveis

Entradas:
1. Plano de gerenciamento do escopo
2. Declaração do escopo do projeto
3. Documentação dos requisitos
4. Fatores ambientais da empresa
5. Ativos de processos organizacionais

Ferramentas e técnicas:
1. DECOMPOSIÇÃO
2. OPINIÃO ESPECIALIZADA

Saídas:
1. Linha de base do escopo
2. Atualizações dos documentos do projeto

ESCOPO

MONITORAMENTO E CONTROLE

5.5 Validar o escopo

Processo de formalização da aceitação das entregas concluídas do projeto

Entradas:
1. Plano de gerenciamento do projeto
2. Documentação dos requisitos
3. Matriz de rastreabilidade dos requisitos
4. Entregas validadas
5. Dados sobre o desempenho do trabalho

Ferramentas e técnicas:
1. INSPEÇÃO
2. TÉCNICAS DE TOMADA DE DECISÃO EM GRUPO

Saídas:
1. Entregas aceitas
2. Solicitações de mudança
3. Informações sobre o desempenho do trabalho
4. Atualizações dos documentos do projeto

ESCOPO

MONITORAMENTO E CONTROLE

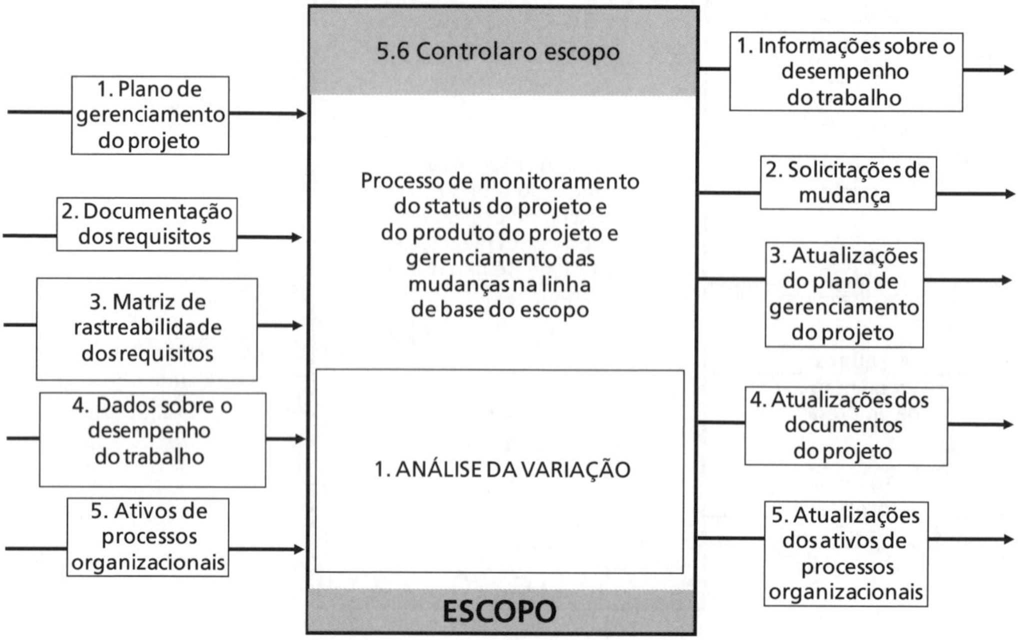

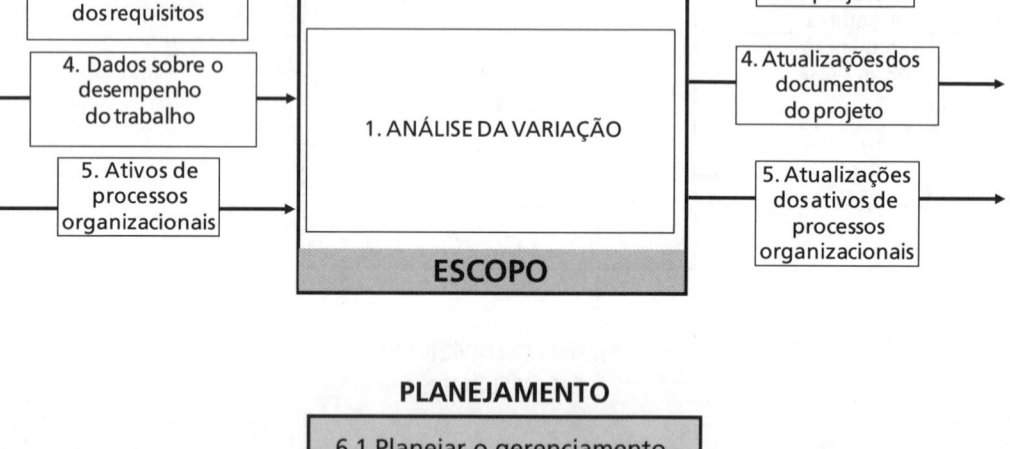

5.6 Controlar o escopo

Processo de monitoramento do status do projeto e do produto do projeto e gerenciamento das mudanças na linha de base do escopo

Entradas:
1. Plano de gerenciamento do projeto
2. Documentação dos requisitos
3. Matriz de rastreabilidade dos requisitos
4. Dados sobre o desempenho do trabalho
5. Ativos de processos organizacionais

Ferramentas e Técnicas:
1. ANÁLISE DA VARIAÇÃO

Saídas:
1. Informações sobre o desempenho do trabalho
2. Solicitações de mudança
3. Atualizações do plano de gerenciamento do projeto
4. Atualizações dos documentos do projeto
5. Atualizações dos ativos de processos organizacionais

ESCOPO

PLANEJAMENTO

6.1 Planejar o gerenciamento do cronograma

Processo de estabelecer as políticas, procedimentos e documentação para o planejamento, desenvolvimento, gerenciamento, execução e controle do cronograma do projeto

Entradas:
1. Plano de gerenciamento do projeto
2. Termo de abertura do projeto
3. Fatores ambientais da empresa
4. Ativos de processos organizacionais

Ferramentas e Técnicas:
1. OPINIÃO ESPECIALIZADA
2. TÉCNICAS DE ANÁLISE
3. REUNIÕES

Saídas:
1. Plano de gerenciamento do cronograma

TEMPO

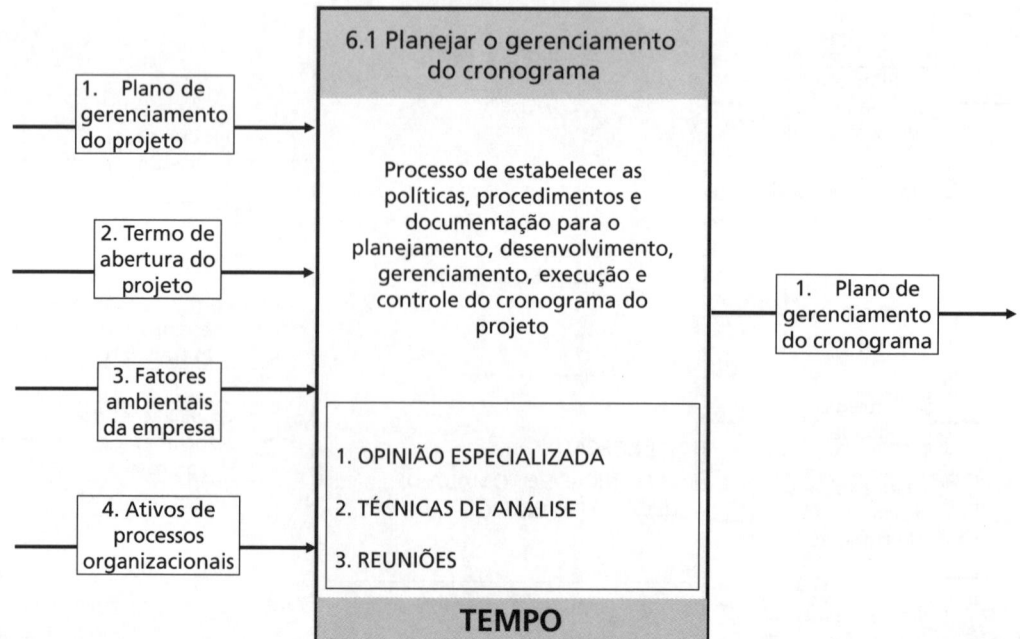

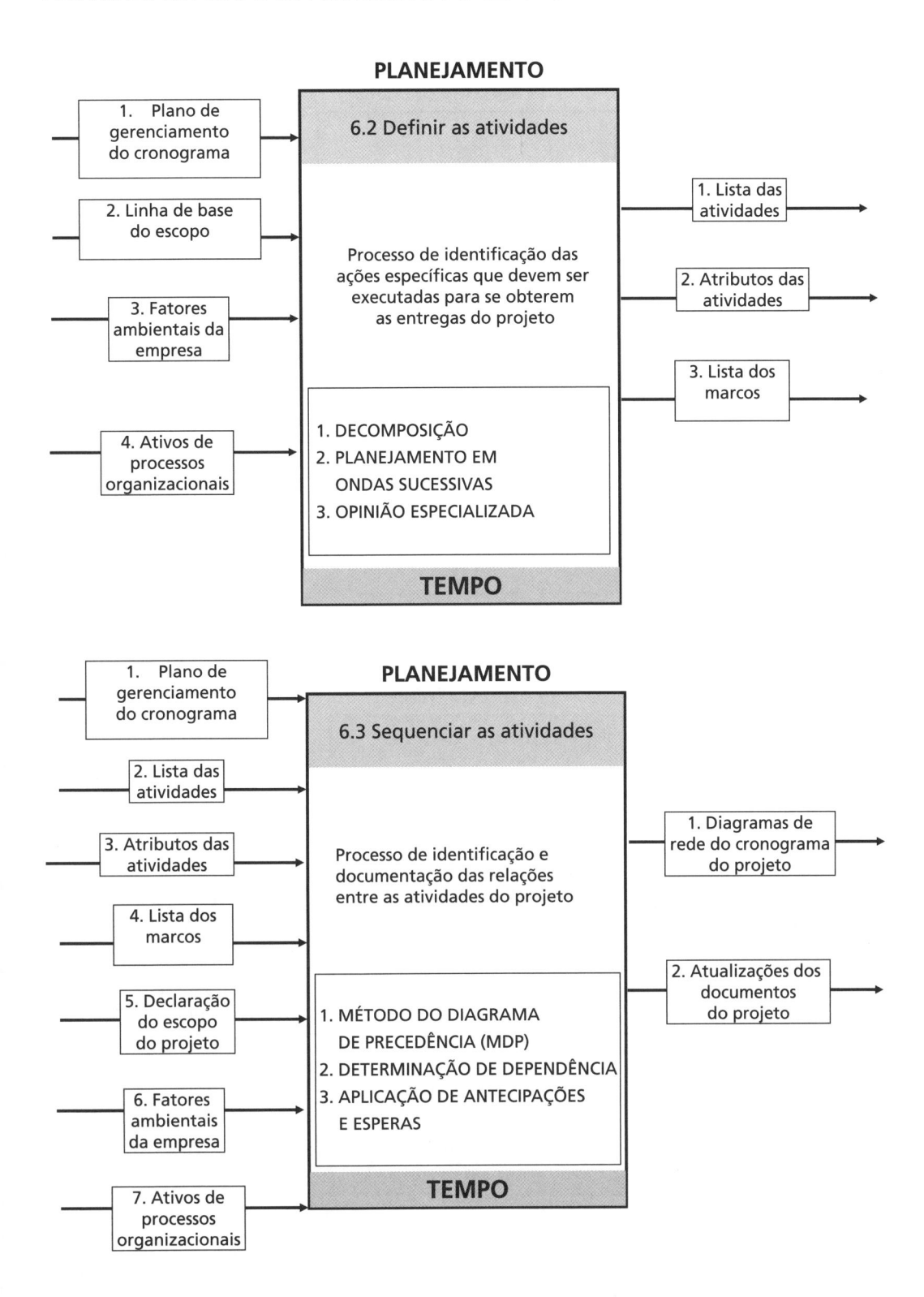

FICHAS DE ESTUDO DOS PROCESSOS DE GERENCIAMENTO DE PROJETOS 415

PLANEJAMENTO

6.2 Definir as atividades

Entradas:
1. Plano de gerenciamento do cronograma
2. Linha de base do escopo
3. Fatores ambientais da empresa
4. Ativos de processos organizacionais

Processo de identificação das ações específicas que devem ser executadas para se obterem as entregas do projeto

Ferramentas e técnicas:
1. DECOMPOSIÇÃO
2. PLANEJAMENTO EM ONDAS SUCESSIVAS
3. OPINIÃO ESPECIALIZADA

Saídas:
1. Lista das atividades
2. Atributos das atividades
3. Lista dos marcos

TEMPO

PLANEJAMENTO

6.3 Sequenciar as atividades

Entradas:
1. Plano de gerenciamento do cronograma
2. Lista das atividades
3. Atributos das atividades
4. Lista dos marcos
5. Declaração do escopo do projeto
6. Fatores ambientais da empresa
7. Ativos de processos organizacionais

Processo de identificação e documentação das relações entre as atividades do projeto

Ferramentas e técnicas:
1. MÉTODO DO DIAGRAMA DE PRECEDÊNCIA (MDP)
2. DETERMINAÇÃO DE DEPENDÊNCIA
3. APLICAÇÃO DE ANTECIPAÇÕES E ESPERAS

Saídas:
1. Diagramas de rede do cronograma do projeto
2. Atualizações dos documentos do projeto

TEMPO

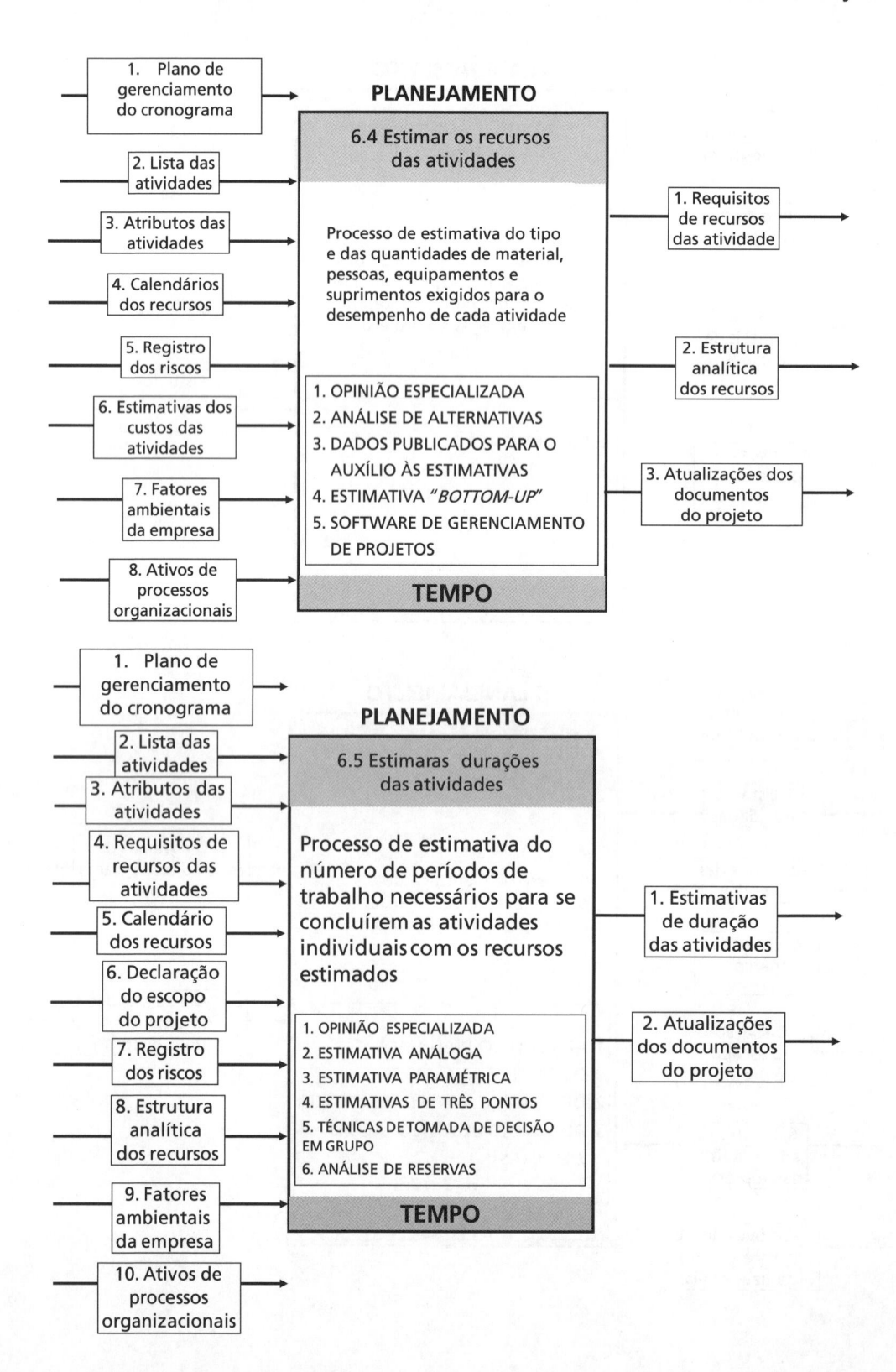

PLANEJAMENTO

6.4 Estimar os recursos das atividades

Processo de estimativa do tipo e das quantidades de material, pessoas, equipamentos e suprimentos exigidos para o desempenho de cada atividade

Entradas:
1. Plano de gerenciamento do cronograma
2. Lista das atividades
3. Atributos das atividades
4. Calendários dos recursos
5. Registro dos riscos
6. Estimativas dos custos das atividades
7. Fatores ambientais da empresa
8. Ativos de processos organizacionais

Ferramentas e técnicas:
1. OPINIÃO ESPECIALIZADA
2. ANÁLISE DE ALTERNATIVAS
3. DADOS PUBLICADOS PARA O AUXÍLIO ÀS ESTIMATIVAS
4. ESTIMATIVA *"BOTTOM-UP"*
5. SOFTWARE DE GERENCIAMENTO DE PROJETOS

Saídas:
1. Requisitos de recursos das atividade
2. Estrutura analítica dos recursos
3. Atualizações dos documentos do projeto

TEMPO

PLANEJAMENTO

6.5 Estimaras durações das atividades

Processo de estimativa do número de períodos de trabalho necessários para se concluírem as atividades individuais com os recursos estimados

Entradas:
1. Plano de gerenciamento do cronograma
2. Lista das atividades
3. Atributos das atividades
4. Requisitos de recursos das atividades
5. Calendário dos recursos
6. Declaração do escopo do projeto
7. Registro dos riscos
8. Estrutura analítica dos recursos
9. Fatores ambientais da empresa
10. Ativos de processos organizacionais

Ferramentas e técnicas:
1. OPINIÃO ESPECIALIZADA
2. ESTIMATIVA ANÁLOGA
3. ESTIMATIVA PARAMÉTRICA
4. ESTIMATIVAS DE TRÊS PONTOS
5. TÉCNICAS DE TOMADA DE DECISÃO EM GRUPO
6. ANÁLISE DE RESERVAS

Saídas:
1. Estimativas de duração das atividades
2. Atualizações dos documentos do projeto

TEMPO

FICHAS DE ESTUDO DOS PROCESSOS DE GERENCIAMENTO DE PROJETOS

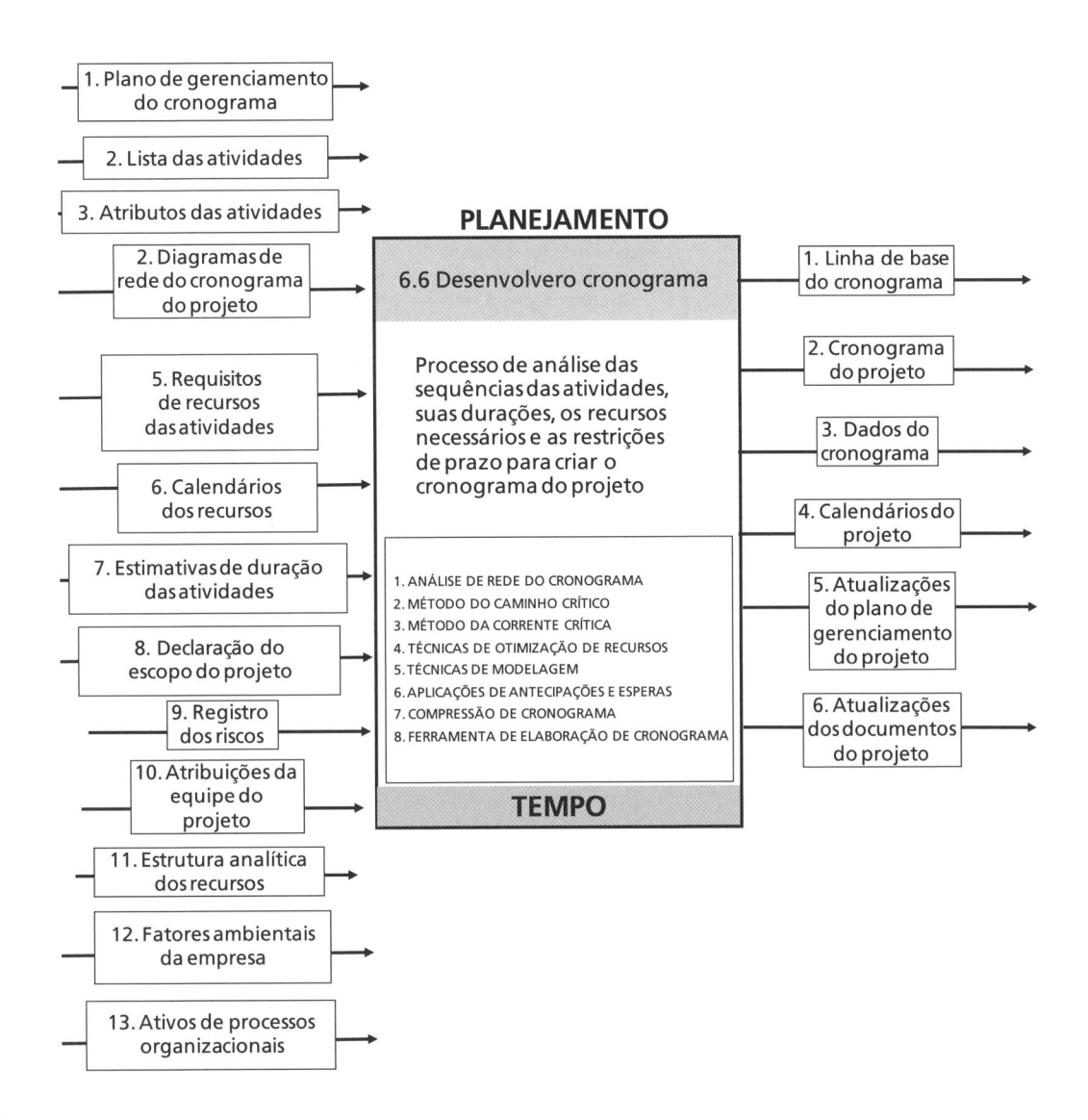

- 1. Plano de gerenciamento do cronograma
- 2. Lista das atividades
- 3. Atributos das atividades
- 2. Diagramas de rede do cronograma do projeto
- 5. Requisitos de recursos das atividades
- 6. Calendários dos recursos
- 7. Estimativas de duração das atividades
- 8. Declaração do escopo do projeto
- 9. Registro dos riscos
- 10. Atribuições da equipe do projeto
- 11. Estrutura analítica dos recursos
- 12. Fatores ambientais da empresa
- 13. Ativos de processos organizacionais

PLANEJAMENTO

6.6 Desenvolver o cronograma

Processo de análise das sequências das atividades, suas durações, os recursos necessários e as restrições de prazo para criar o cronograma do projeto

1. ANÁLISE DE REDE DO CRONOGRAMA
2. MÉTODO DO CAMINHO CRÍTICO
3. MÉTODO DA CORRENTE CRÍTICA
4. TÉCNICAS DE OTIMIZAÇÃO DE RECURSOS
5. TÉCNICAS DE MODELAGEM
6. APLICAÇÕES DE ANTECIPAÇÕES E ESPERAS
7. COMPRESSÃO DE CRONOGRAMA
8. FERRAMENTA DE ELABORAÇÃO DE CRONOGRAMA

TEMPO

- 1. Linha de base do cronograma
- 2. Cronograma do projeto
- 3. Dados do cronograma
- 4. Calendários do projeto
- 5. Atualizações do plano de gerenciamento do projeto
- 6. Atualizações dos documentos do projeto

MONITORAMENTO E CONTROLE

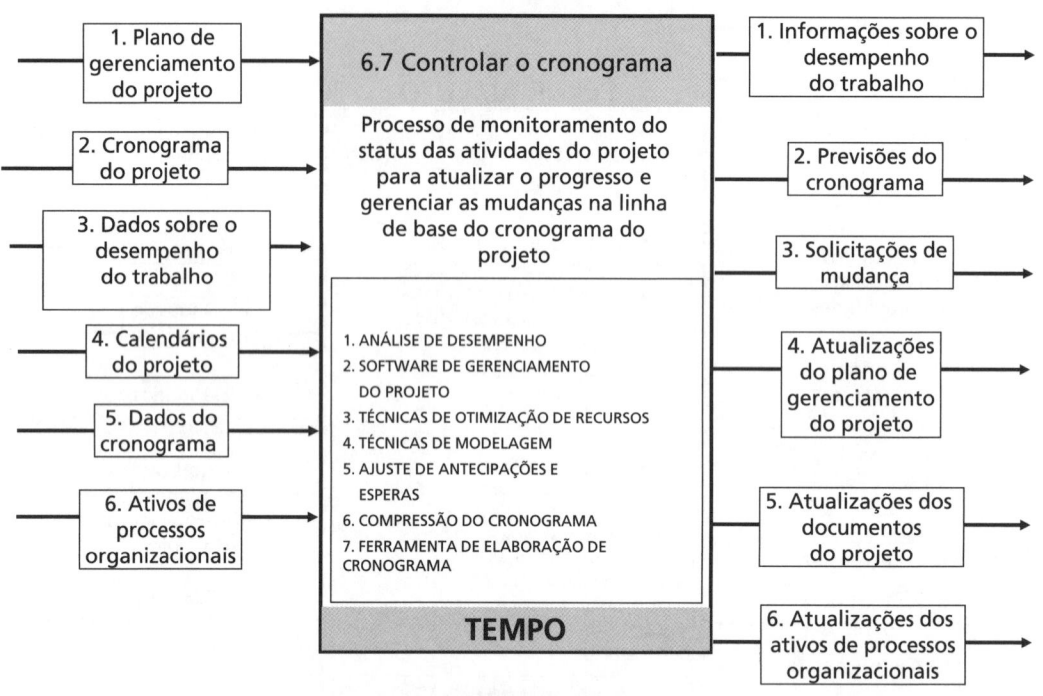

Entradas:
1. Plano de gerenciamento do projeto
2. Cronograma do projeto
3. Dados sobre o desempenho do trabalho
4. Calendários do projeto
5. Dados do cronograma
6. Ativos de processos organizacionais

6.7 Controlar o cronograma

Processo de monitoramento do status das atividades do projeto para atualizar o progresso e gerenciar as mudanças na linha de base do cronograma do projeto

Ferramentas e técnicas:
1. ANÁLISE DE DESEMPENHO
2. SOFTWARE DE GERENCIAMENTO DO PROJETO
3. TÉCNICAS DE OTIMIZAÇÃO DE RECURSOS
4. TÉCNICAS DE MODELAGEM
5. AJUSTE DE ANTECIPAÇÕES E ESPERAS
6. COMPRESSÃO DO CRONOGRAMA
7. FERRAMENTA DE ELABORAÇÃO DE CRONOGRAMA

TEMPO

Saídas:
1. Informações sobre o desempenho do trabalho
2. Previsões do cronograma
3. Solicitações de mudança
4. Atualizações do plano de gerenciamento do projeto
5. Atualizações dos documentos do projeto
6. Atualizações dos ativos de processos organizacionais

PLANEJAMENTO

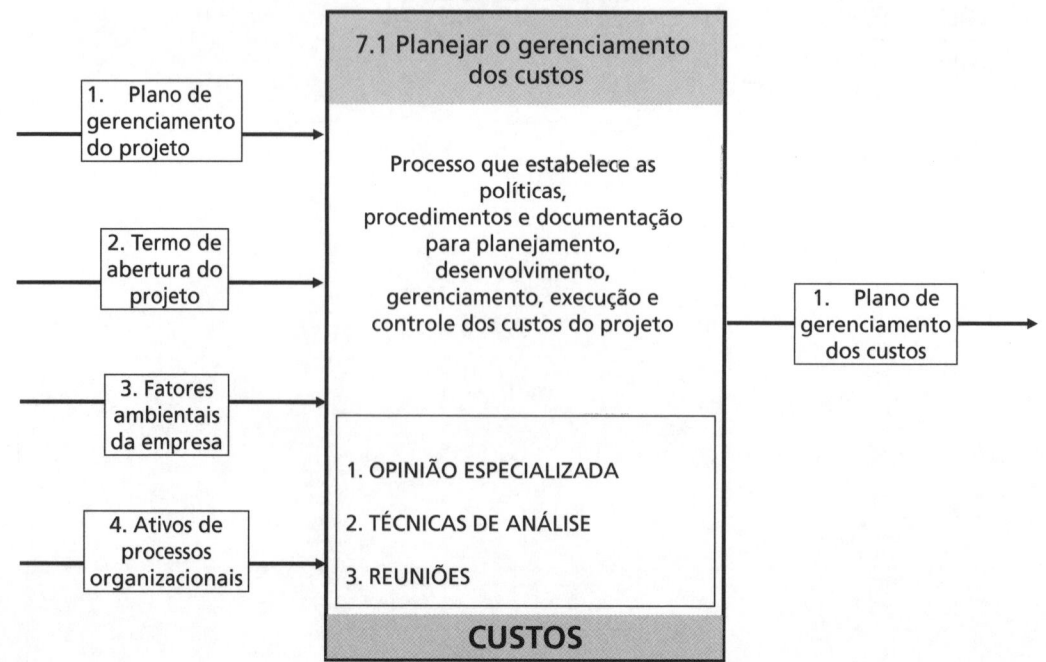

Entradas:
1. Plano de gerenciamento do projeto
2. Termo de abertura do projeto
3. Fatores ambientais da empresa
4. Ativos de processos organizacionais

7.1 Planejar o gerenciamento dos custos

Processo que estabelece as políticas, procedimentos e documentação para planejamento, desenvolvimento, gerenciamento, execução e controle dos custos do projeto

Ferramentas e técnicas:
1. OPINIÃO ESPECIALIZADA
2. TÉCNICAS DE ANÁLISE
3. REUNIÕES

CUSTOS

Saídas:
1. Plano de gerenciamento dos custos

FICHAS DE ESTUDO DOS PROCESSOS DE GERENCIAMENTO DE PROJETOS

PLANEJAMENTO

7.2 Estimar os custos

Processo de desenvolvimento de uma aproximação dos recursos monetários necessários para a conclusão das atividades do projeto

Entradas:
1. Plano de gerenciamento dos custos
2. Plano de recursos humanos
3. Linha de base do escopo
4. Cronograma do projeto
5. Registro dos riscos
6. Fatores ambientais da empresa
7. Ativos de processos organizacionais

Ferramentas e técnicas:
1. OPINIÃO ESPECIALIZADA
2. ESTIMATIVA ANÁLOGA
3. ESTIMATIVA PARAMÉTRICA
4. ESTIMATIVA *"BOTTOM-UP"*
5. ESTIMATIVA DE TRÊS PONTOS
6. ANÁLISE DE RESERVAS
7. CUSTO DA QUALIDADE
8. SOFTWARE DE ESTIMATIVA DE GERENCIAMENTO DE PROJETOS
9. ANÁLISE DE PROPOSTA DE FORNECEDOR
10. TÉCNICAS DE TOMADA DE DECISÃO EM GRUPO

Saídas:
1. Estimativa de custos das atividades
2. Base das estimativas
3. Atualizações dos documentos do projeto

CUSTOS

PLANEJAMENTO

7.3 Determinar o orçamento

Processo de agregação dos custos estimados das atividades individuais ou pacotes de trabalho para estabelecer uma linha de base autorizada dos custos

Entradas:
1. Plano de gerenciamento dos custos
2. Linha de base do escopo
3. Estimativas de custos da atividade
4. Base de estimativas
5. Cronograma do projeto
6. Calendários dos recursos
7. Registro dos riscos
8. Acordos
9. Ativos de processos organizacionais

Ferramentas e técnicas:
1. AGREGAÇÃO DE CUSTOS
2. ANÁLISE DE RESERVAS
3. OPINIÃO ESPECIALIZADA
4. RELAÇÕES HISTÓRICAS
5. RECONCILIAÇÃO DOS LIMITES DE RECURSOS FINANCEIROS

Saídas:
1. Linha de base dos custos
2. Requisitos de recursos financeiros do projeto
3. Atualizações dos documentos do projeto

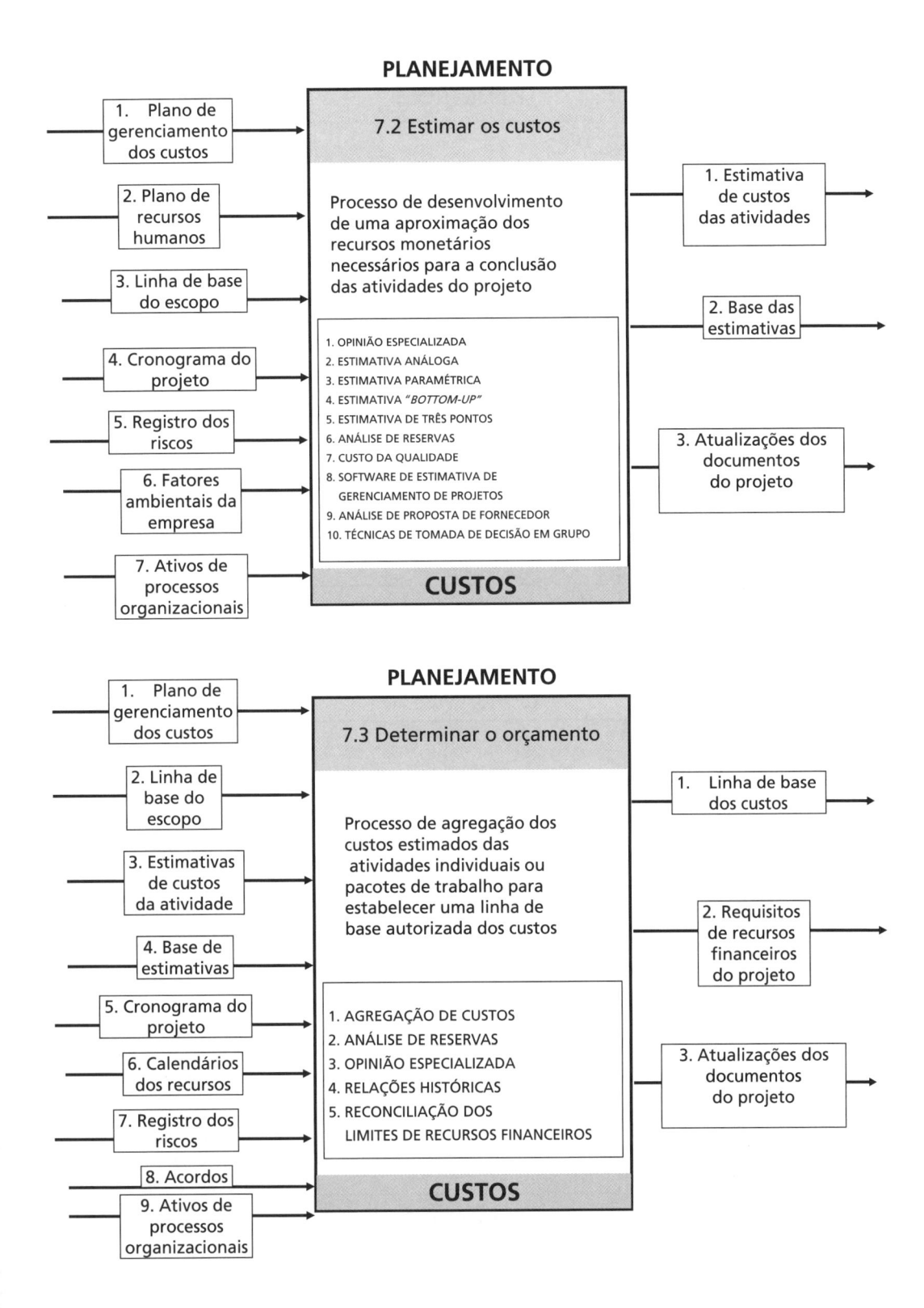

CUSTOS

MONITORAMENTO E CONTROLE

7.4 Controlar os custos

Processo de monitoramento do status do projeto para atualizar o orçamento e gerenciar as mudanças na linha de base de custo

Entradas:
1. Plano de gerenciamento de projetos
2. Requisitos de recursos financeiros do projeto
3. Dados sobre o desempenho do trabalho
4. Ativos de processos organizacionais

Ferramentas e Técnicas:
1. GERENCIAMENTO DO VALOR AGREGADO
2. PREVISÃO
3. ÍNDICE DE DESEMPENHO PARA TÉRMINO (IDPT)
4. ANÁLISE DE DESEMPENHO
5. SOFTWARE DE GERENCIAMENTO DE PROJETOS
6. ANÁLISE DE RESERVA

Saídas:
1. Informações sobre o desempenho do trabalho
2. Previsões dos custos
3. Solicitações de mudança
4. Atualizações do plano de gerenciamento do projeto
5. Atualizações dos documentos do projeto
6. Atualizações dos ativos de processos organizacionais

CUSTOS

PLANEJAMENTO

8.1 Planejar o gerenciamento da qualidade

Processo de identificação dos requisitos de qualidade e/ou dos padrões de qualidade para o projeto e produto, e documentação de como o projeto atende a esses padrões

Entradas:
1. Plano de gerenciamento do projeto
2. Registro das partes interessadas
3. Registro dos riscos
4. Documentos dos requisitos
5. Fatores ambientais da empresa
6. Ativos de processos organizacionais

Ferramentas e Técnicas:
1. ANÁLISE DE CUSTO-BENEFÍCIO
2. CUSTO DA QUALIDADE
3. SETE FERRAMENTAS BÁSICAS DA QUALIDADE
4. *BENCHMARKING*
5. PROJETO DE EXPERIMENTOS
6. AMOSTRAGEM ESTATÍSTICA
7. FERRAMENTAS ADICIONAIS DE PLANEJAMENTO DA QUALIDADE
8. REUNIÕES

Saídas:
1. Plano de gerenciamento da qualidade
2. Plano de melhorias no processo
3. Métricas de qualidade
4. Listas de verificação da qualidade
5. Atualizações dos documentos do projeto

QUALIDADE

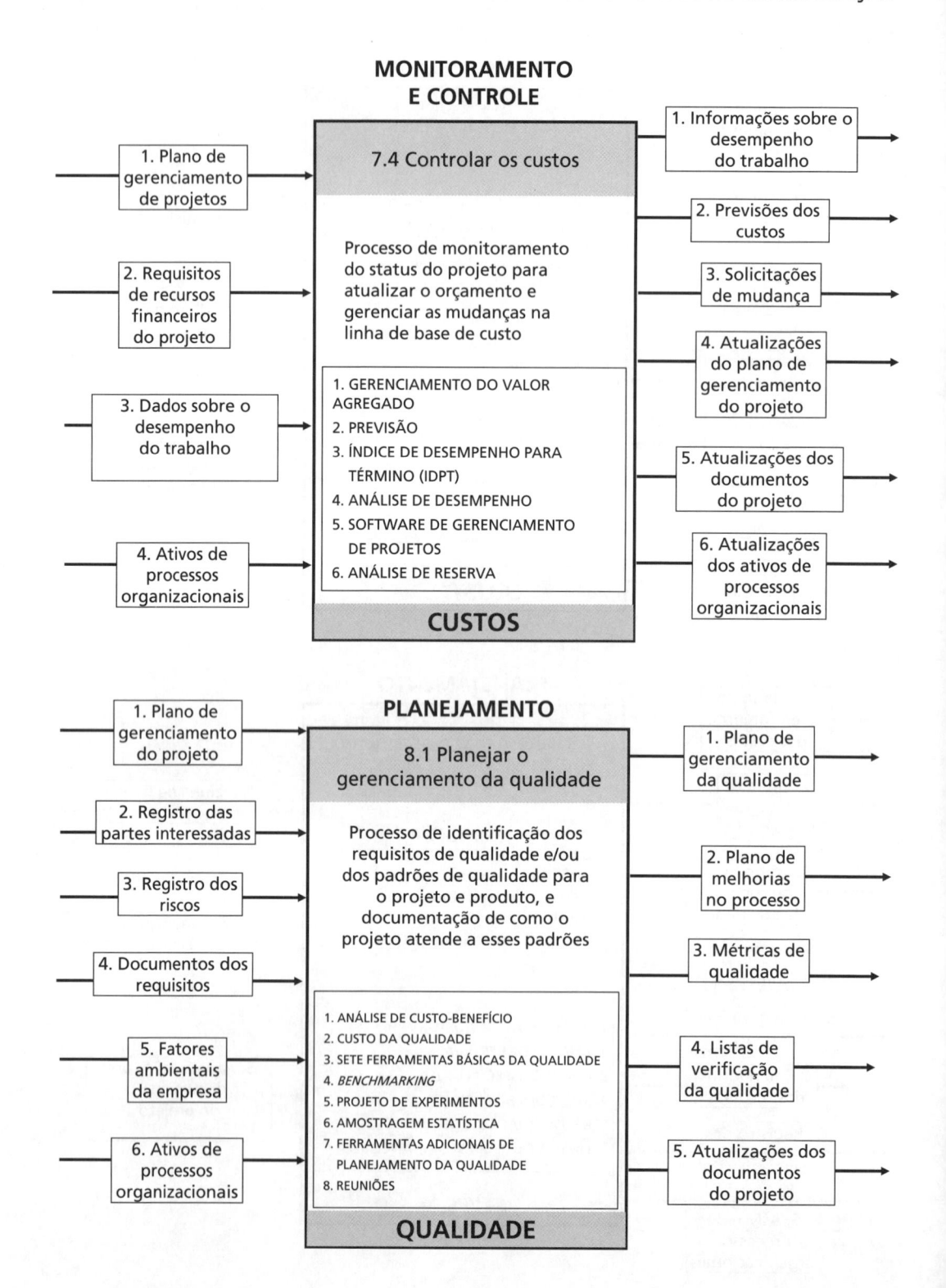

FICHAS DE ESTUDO DOS PROCESSOS DE GERENCIAMENTO DE PROJETOS

EXECUÇÃO

8.2 Realizar a garantia da qualidade

Processo de auditoria dos requisitos de qualidade e dos resultados das medições de controle de qualidade para assegurar o uso dos padrões de qualidade e das definições operacionais apropriadas

Entradas:
1. Plano de gerenciamento da qualidade
2. Plano de melhorias no processo
3. Métricas da qualidade
4. Medições do controle da qualidade
5. Documentos do projeto

Ferramentas e técnicas:
1. FERRRAMENTAS DE GERENCIAMENTO E CONTROLE DA QUALIDADE
2. AUDITORIAS DE QUALIDADE
3. ANÁLISE DE PROCESSOS

Saídas:
1. Solicitações de mudança
2. Atualizações do plano de gerenciamento do projeto
3. Atualizações dos documentos do projeto
4. Atualizações dos ativos de processos organizacionais

QUALIDADE

MONITORAMENTO E CONTROLE

8.3 Controlar a qualidade

Processo de monitoramento e registro dos resultados obtidos com a execução das atividades de qualidade para avaliar o desempenho e recomendar as mudanças necessárias

Entradas:
1. Plano de gerenciamento do projeto
2. Métricas da qualidade
3. Listas de verificação da qualidade
4. Dados sobre o desempenho do trabalho
5. Solicitações de mudança aprovadas
6. Entregas
7. Documentos do projeto
8. Ativos de processos organizacionais

Ferramentas e técnicas:
1. SETE FERRAMENTAS BÁSICAS DA QUALIDADE
2. AMOSTRAGEM ESTATÍSTICA
3. INSPEÇÃO
4. REVISÃO DAS SOLICITAÇÕES DE MUDANÇA APROVADAS

Saídas:
1. Medições do controle da qualidade
2. Mudanças validadas
3. Entregas validadas
4. Informações sobre o desempenho do trabalho
5. Solicitações de mudança
6. Atualizações do plano de gerenciamento do projeto
7. Atualizações dos documentos do projeto
8. Atualizações dos ativos de processos organizacionais

QUALIDADE

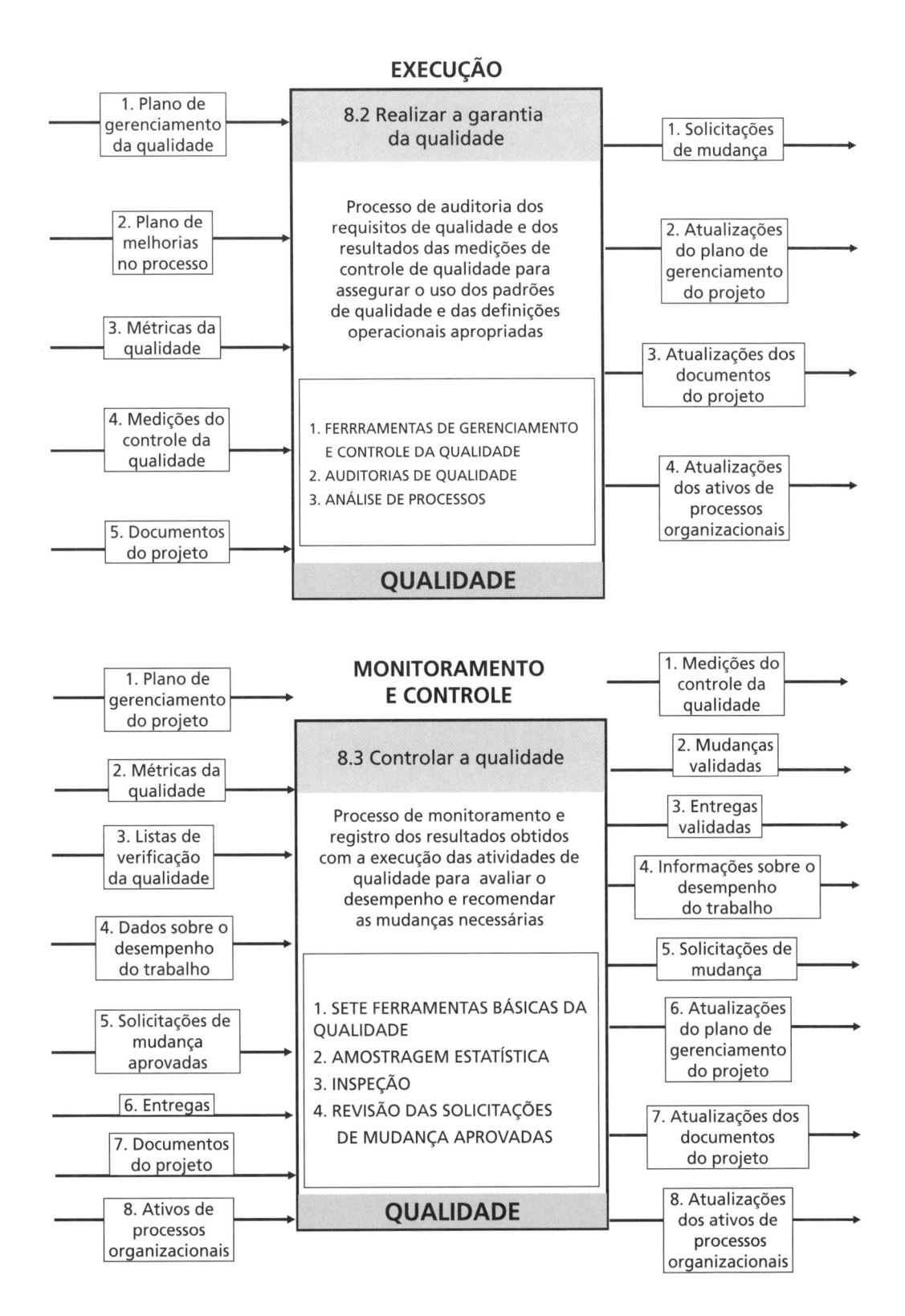

PLANEJAMENTO

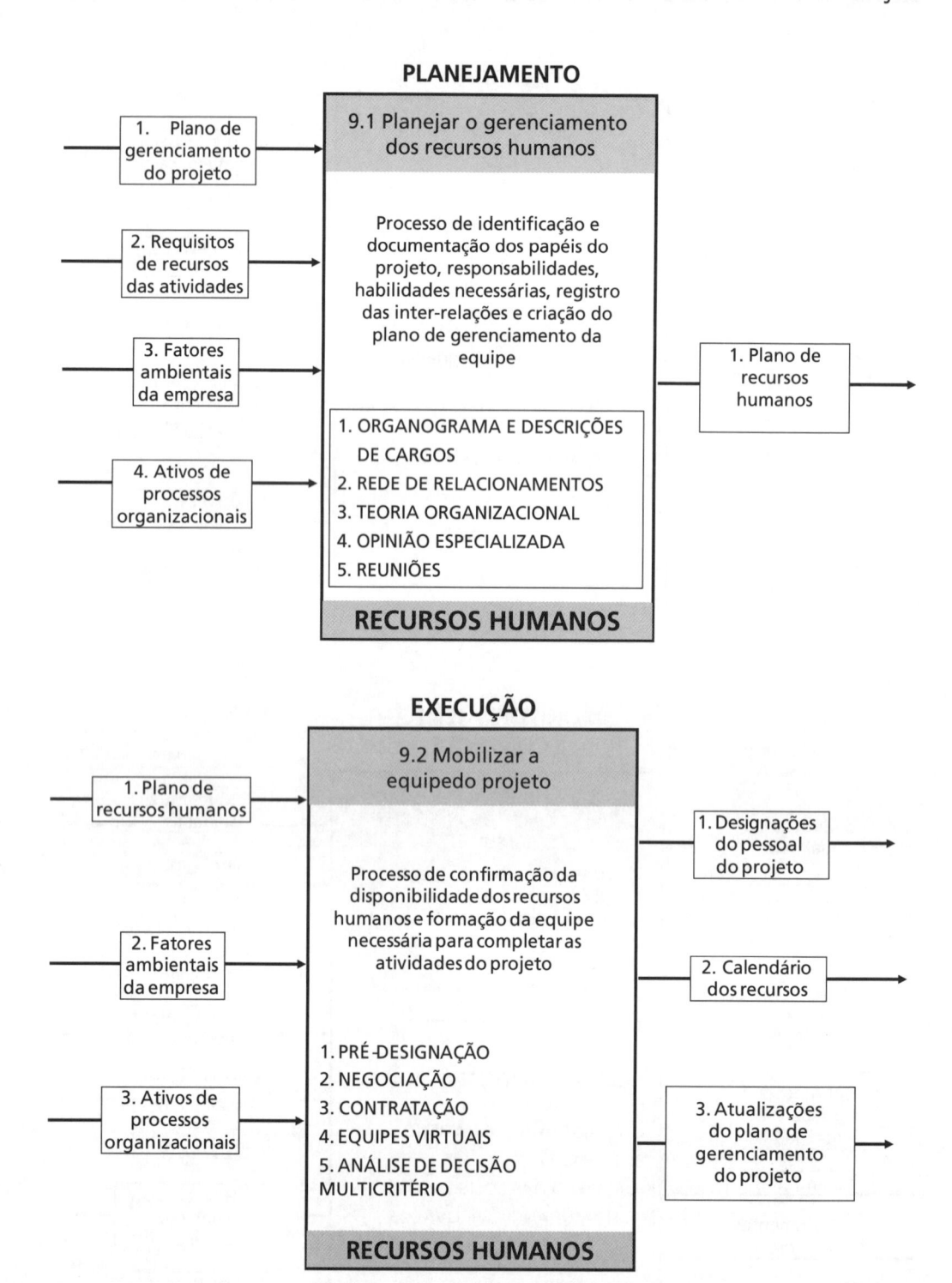

9.1 Planejar o gerenciamento dos recursos humanos

Entradas:
1. Plano de gerenciamento do projeto
2. Requisitos de recursos das atividades
3. Fatores ambientais da empresa
4. Ativos de processos organizacionais

Processo de identificação e documentação dos papéis do projeto, responsabilidades, habilidades necessárias, registro das inter-relações e criação do plano de gerenciamento da equipe

Ferramentas e técnicas:
1. ORGANOGRAMA E DESCRIÇÕES DE CARGOS
2. REDE DE RELACIONAMENTOS
3. TEORIA ORGANIZACIONAL
4. OPINIÃO ESPECIALIZADA
5. REUNIÕES

Saídas:
1. Plano de recursos humanos

RECURSOS HUMANOS

EXECUÇÃO

9.2 Mobilizar a equipe do projeto

Entradas:
1. Plano de recursos humanos
2. Fatores ambientais da empresa
3. Ativos de processos organizacionais

Processo de confirmação da disponibilidade dos recursos humanos e formação da equipe necessária para completar as atividades do projeto

Ferramentas e técnicas:
1. PRÉ-DESIGNAÇÃO
2. NEGOCIAÇÃO
3. CONTRATAÇÃO
4. EQUIPES VIRTUAIS
5. ANÁLISE DE DECISÃO MULTICRITÉRIO

Saídas:
1. Designações do pessoal do projeto
2. Calendário dos recursos
3. Atualizações do plano de gerenciamento do projeto

RECURSOS HUMANOS

FICHAS DE ESTUDO DOS PROCESSOS DE GERENCIAMENTO DE PROJETOS

EXECUÇÃO

9.3 Desenvolver a equipe do projeto

Entradas:
1. Plano de recursos humanos
2. Designação do pessoal do projeto
3. Calendários dos recursos

Processo de melhoria das competências individuais, da interação entre os membros da equipe e do ambiente da equipe para melhorar o desempenho do projeto

Ferramentas e Técnicas:
1. HABILIDADES INTERPESSOAIS
2. TREINAMENTO
3. ATIVIDADES DE CONSTRUÇÃO DA EQUIPE
4. REGRAS BÁSICAS
5. AGRUPAMENTO
6. RECONHECIMENTO E RECOMPENSAS
7. FERRAMENTAS PESSOAIS DE AVALIAÇÃO

Saídas:
1. Avaliação do desempenho da equipe
2. Atualizações dos fatores ambientais da empresa

RECURSOS HUMANOS

EXECUÇÃO

9.4 Gerenciar a equipe do projeto

Entradas:
1. Plano de recursos humanos
2. Designações do pessoal do projeto
3. Avaliação do desempenho da equipe
4. Registro das questões
5. Relatórios de desempenho do trabalho
6. Ativos de processos organizacionais

Processo de acompanhamento do desempenho de membros da equipe, provimento de feedback, resolução das questões e gerenciamento das mudanças para otimizar o desempenho do projeto

Ferramentas e Técnicas:
1. OBSERVAÇÃO E CONVERSAS
2. AVALIAÇÕES DE DESEMPENHO DO PROJETO
3. GERENCIAMENTO DE CONFLITOS
4. HABILIDADES INTERPESSOAIS

Saídas:
1. Solicitações de mudança
2. Atualizações do plano de gerenciamento do projeto
3. Atualizações dos documentos do projeto
4. Atualizações dos fatores ambientais da empresa
5. Atualizações dos ativos de processos organizacionais

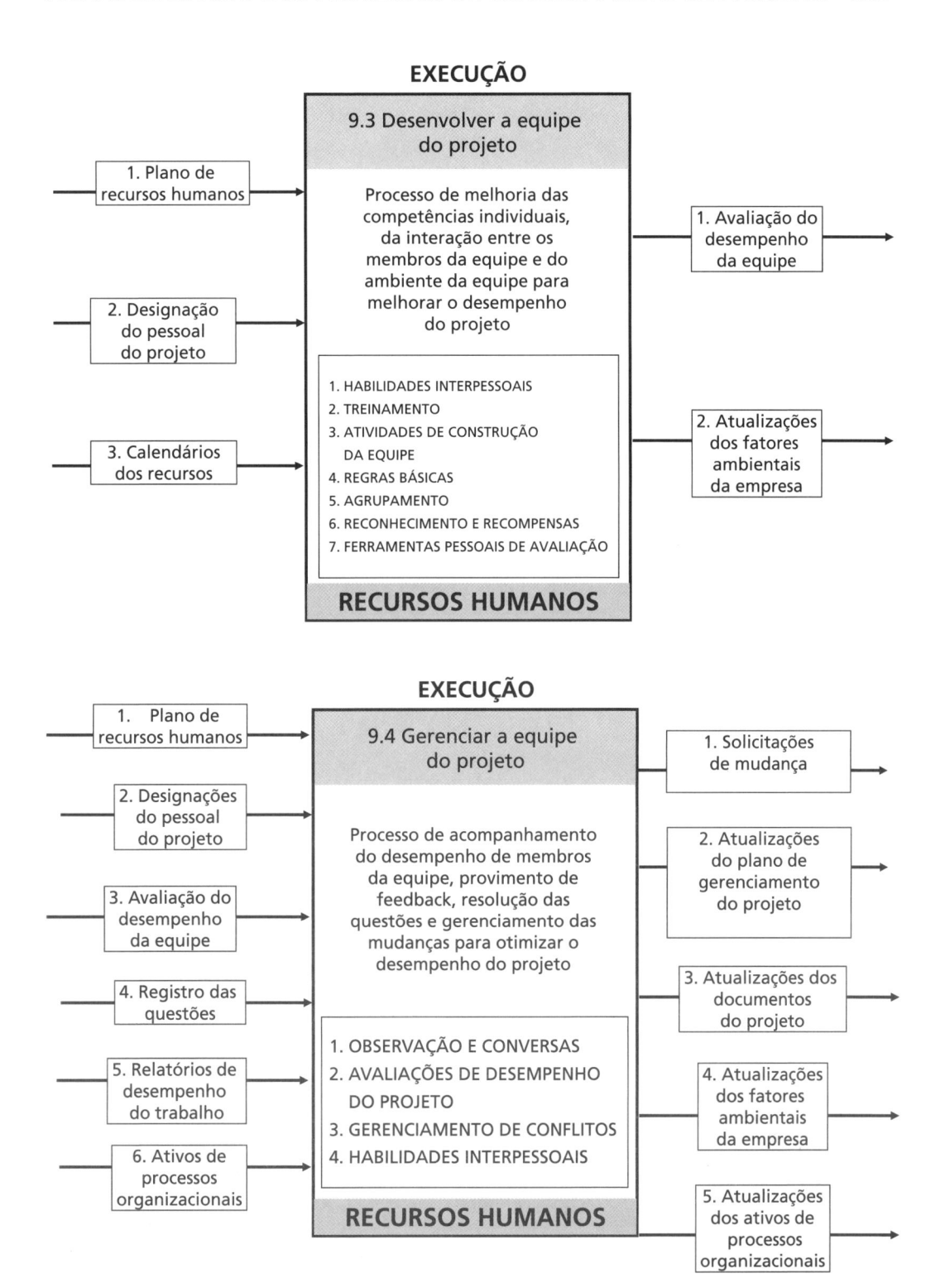

RECURSOS HUMANOS

PLANEJAMENTO

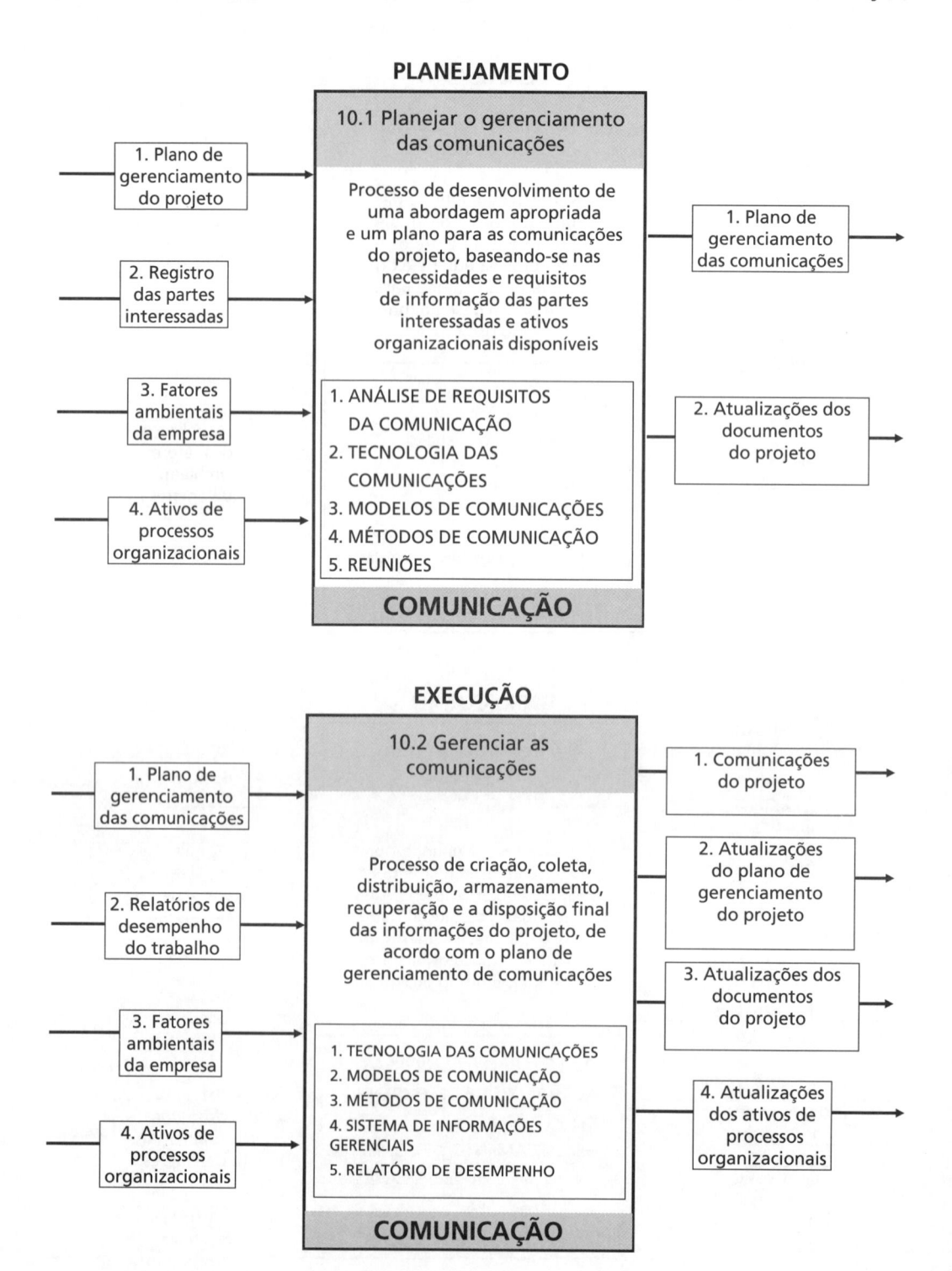

10.1 Planejar o gerenciamento das comunicações

Processo de desenvolvimento de uma abordagem apropriada e um plano para as comunicações do projeto, baseando-se nas necessidades e requisitos de informação das partes interessadas e ativos organizacionais disponíveis

Entradas:
1. Plano de gerenciamento do projeto
2. Registro das partes interessadas
3. Fatores ambientais da empresa
4. Ativos de processos organizacionais

Ferramentas e Técnicas:
1. ANÁLISE DE REQUISITOS DA COMUNICAÇÃO
2. TECNOLOGIA DAS COMUNICAÇÕES
3. MODELOS DE COMUNICAÇÕES
4. MÉTODOS DE COMUNICAÇÃO
5. REUNIÕES

Saídas:
1. Plano de gerenciamento das comunicações
2. Atualizações dos documentos do projeto

COMUNICAÇÃO

EXECUÇÃO

10.2 Gerenciar as comunicações

Processo de criação, coleta, distribuição, armazenamento, recuperação e a disposição final das informações do projeto, de acordo com o plano de gerenciamento de comunicações

Entradas:
1. Plano de gerenciamento das comunicações
2. Relatórios de desempenho do trabalho
3. Fatores ambientais da empresa
4. Ativos de processos organizacionais

Ferramentas e Técnicas:
1. TECNOLOGIA DAS COMUNICAÇÕES
2. MODELOS DE COMUNICAÇÃO
3. MÉTODOS DE COMUNICAÇÃO
4. SISTEMA DE INFORMAÇÕES GERENCIAIS
5. RELATÓRIO DE DESEMPENHO

Saídas:
1. Comunicações do projeto
2. Atualizações do plano de gerenciamento do projeto
3. Atualizações dos documentos do projeto
4. Atualizações dos ativos de processos organizacionais

COMUNICAÇÃO

FICHAS DE ESTUDO DOS PROCESSOS DE GERENCIAMENTO DE PROJETOS **425**

MONITORAMENTO E CONTROLE

10.3 Controlar as comunicações

Processo de monitoramento e controle das comunicações ao longo do ciclo de vida do projeto, para garantir que as necessidades de informação das partes interessadas sejam atendidas

Entradas:
1. Plano de gerenciamento do projeto
2. Comunicações do projeto
3. Registro das questões
4. Dados sobre o desempenho do trabalho
5. Ativos de processos organizacionais

Ferramentas e Técnicas:
1. SISTEMA DE INFORMAÇÕES GERENCIAIS
2. OPINIÃO ESPECIALIZADA
3. REUNIÕES

Saídas:
1. Informações sobre o desempenho do trabalho
2. Solicitações de mudança
3. Atualizações do plano de gerenciamento do projeto
4. Atualizações dos documentos do projeto
5. Atualizações dos ativos de processos organizacionais

COMUNICAÇÃO

PLANEJAMENTO

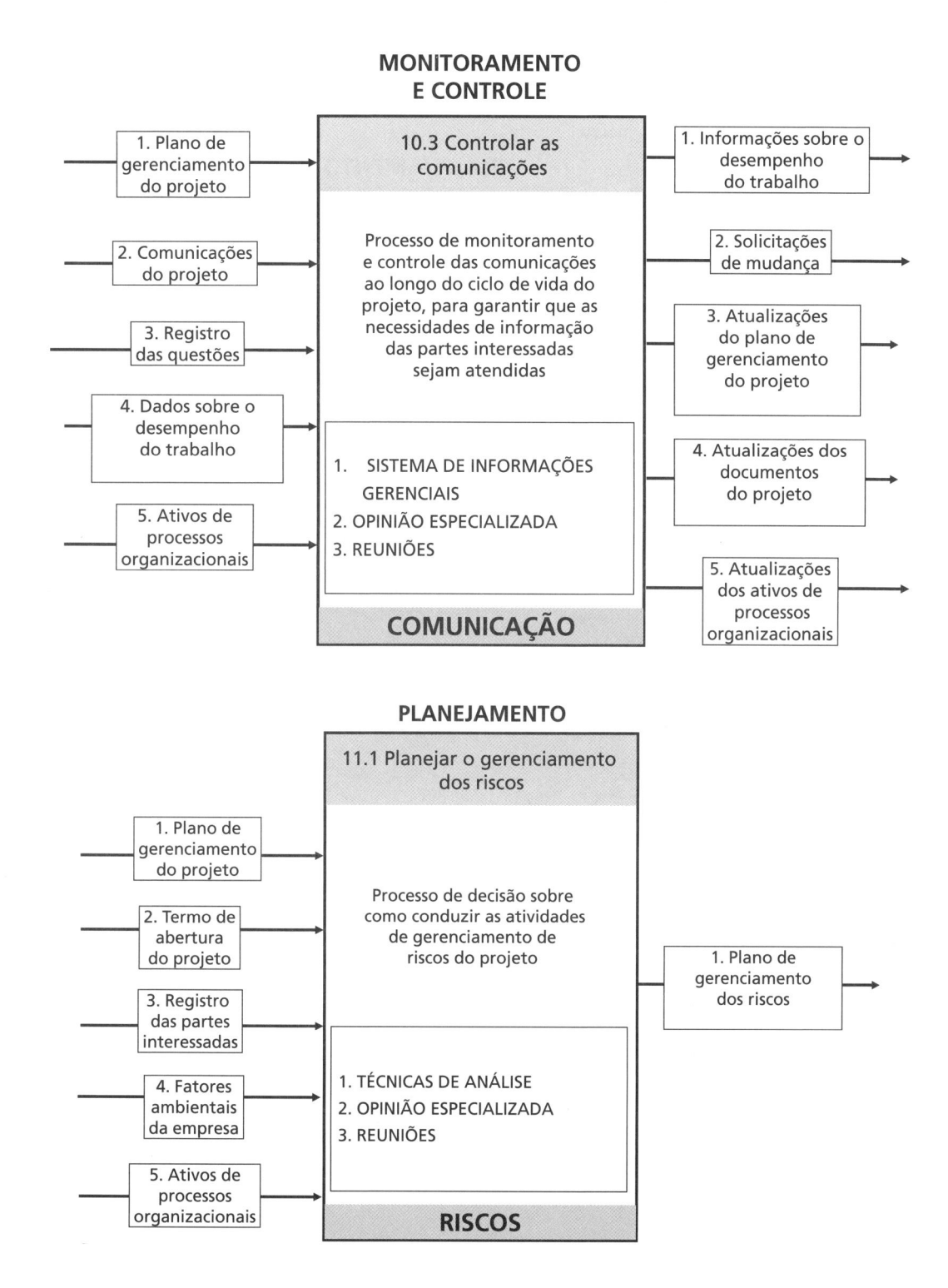

11.1 Planejar o gerenciamento dos riscos

Processo de decisão sobre como conduzir as atividades de gerenciamento de riscos do projeto

Entradas:
1. Plano de gerenciamento do projeto
2. Termo de abertura do projeto
3. Registro das partes interessadas
4. Fatores ambientais da empresa
5. Ativos de processos organizacionais

Ferramentas e Técnicas:
1. TÉCNICAS DE ANÁLISE
2. OPINIÃO ESPECIALIZADA
3. REUNIÕES

Saídas:
1. Plano de gerenciamento dos riscos

RISCOS

PLANEJAMENTO

11.2 Identificar os riscos

Processo de determinação de quais riscos podem afetar o projeto e de documentação de suas características

Entradas:
1. Plano de gerenciamento dos riscos
2. Plano de gerenciamento de custos
3. Plano de gerenciamento do cronograma
4. Plano de gerenciamento da qualidade
5. Plano de recursos humanos
6. Linha de base do escopo
7. Estimativa de custos das atividades
8. Estimativas de duração das atividades
9. Registro das partes interessadas
10. Documentos do projeto
11. Documentos de aquisição
12. Fatores ambientais da empresa
13. Ativos de processos organizacionais

Ferramentas e Técnicas:
1. REVISÕES DE DOCUMENTAÇÃO
2. TÉCNICAS DE COLETA DE INFORMAÇÕES
3. ANÁLISE DE LISTA DE VERIFICAÇÃO
4. ANÁLISE DE PREMISSAS
5. TÉCNICAS DE DIAGRAMAS
6. ANÁLISE DE FORÇAS, FRAQUEZAS, OPORTUNIDADES E AMEAÇAS (SWOT)
7. OPINIÃO ESPECIALIZADA

RISCOS

Saídas:
1. Registro dos riscos

FICHAS DE ESTUDO DOS PROCESSOS DE GERENCIAMENTO DE PROJETOS **427**

PLANEJAMENTO

11.3 Realizar a análise qualitativa dos riscos

Processo de priorização dos riscos para análise ou ação subsequente por meio de avaliação e combinação de sua probabilidade de ocorrência e impacto

1. AVALIAÇÃO DE PROBABILIDADE E IMPACTO DOS RISCOS
2. MATRIZ DE PROBABILIDADE E IMPACTO
3. AVALIAÇÃO DE QUALIDADE DOS DADOS SOBRE RISCOS
4. CATEGORIZAÇÃO DE RISCOS
5. AVALIAÇÃO DA URGÊNCIA DOS RISCOS
6. OPINIÃO ESPECIALIZADA

RISCOS

Entradas:
1. Plano de gerenciamento dos riscos
2. Linha de base do escopo
3. Registro dos riscos
4. Fatores ambientais da empresa
5. Ativos de processos organizacionais

Saídas:
1. Atualizações dos documentos do projeto

PLANEJAMENTO

11.4 Realizar a análise quantitativa dos riscos

Processo de analisar numericamente o efeito dos riscos identificados sobre os objetivos do projeto

1. TÉCNICAS DE COLETA E APRESENTAÇÃO DE DADOS
2. TÉCNICAS DE MODELAGEM E ANÁLISE QUANTITATIVA DE RISCOS
3. OPINIÃO ESPECIALIZADA

RISCOS

Entradas:
1. Plano de gerenciamento dos riscos
2. Plano de gerenciamento dos custos
3. Plano de gerenciamento do cronograma
4. Registro dos riscos
5. Fatores ambientais da empresa
6. Ativos de processos organizacionais

Saídas:
1. Atualizações dos documentos do projeto

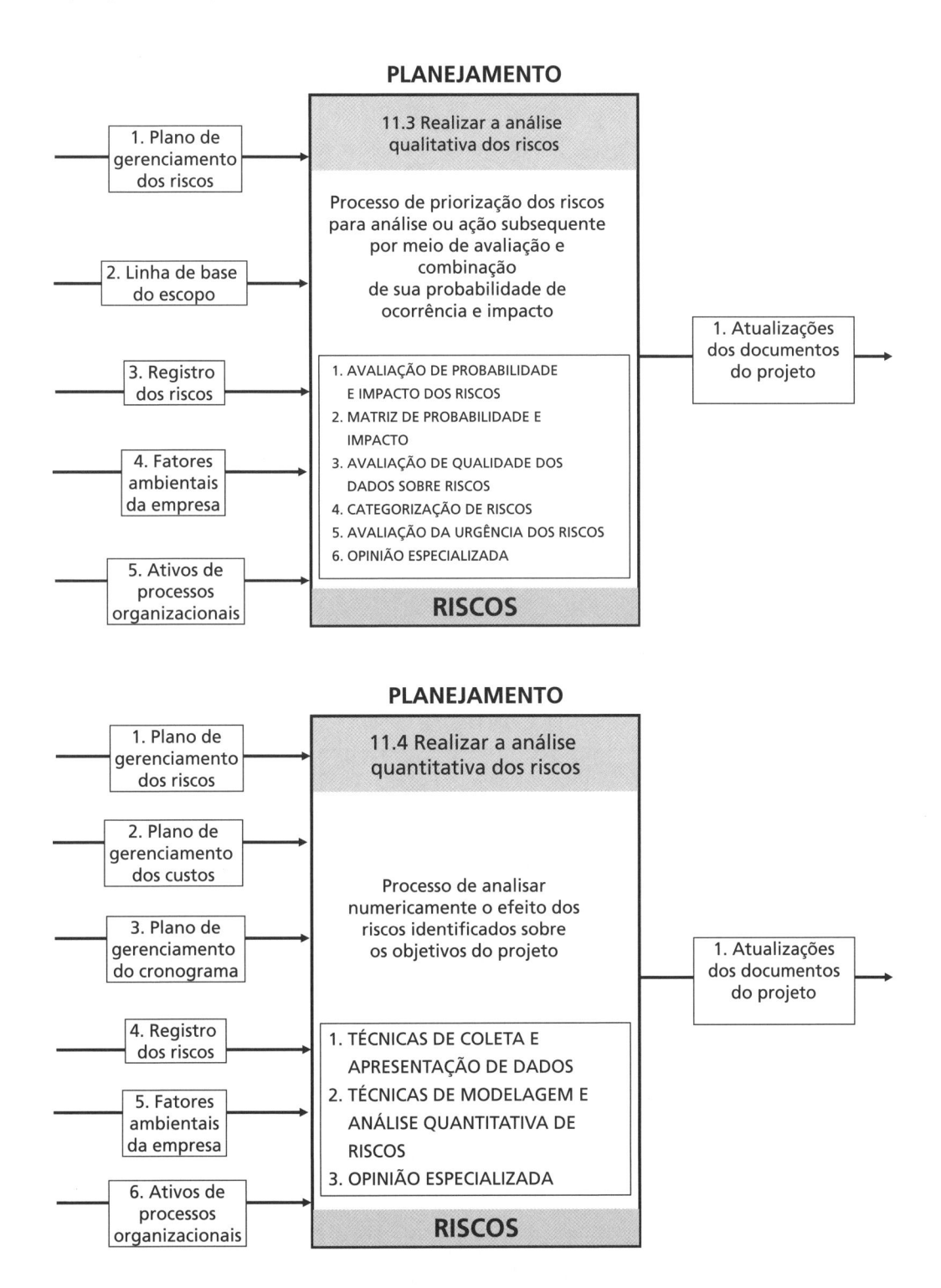

PLANEJAMENTO

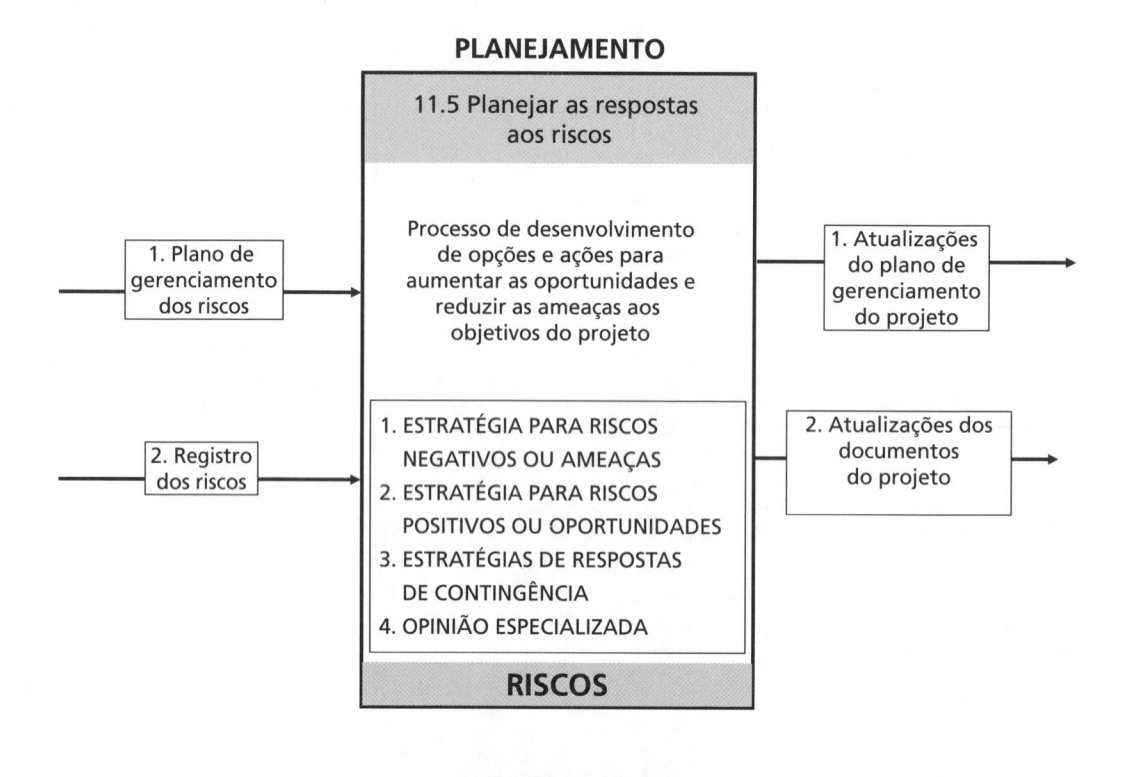

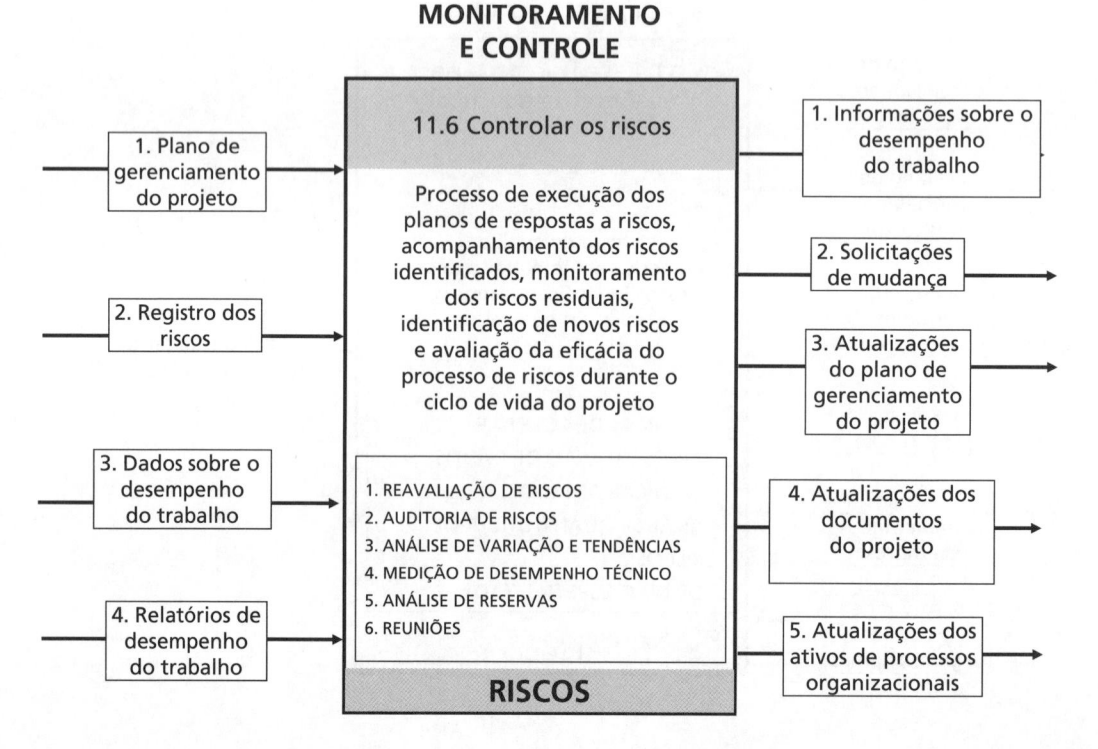

11.5 Planejar as respostas aos riscos

Processo de desenvolvimento de opções e ações para aumentar as oportunidades e reduzir as ameaças aos objetivos do projeto

Entradas:
1. Plano de gerenciamento dos riscos
2. Registro dos riscos

Ferramentas e técnicas:
1. ESTRATÉGIA PARA RISCOS NEGATIVOS OU AMEAÇAS
2. ESTRATÉGIA PARA RISCOS POSITIVOS OU OPORTUNIDADES
3. ESTRATÉGIAS DE RESPOSTAS DE CONTINGÊNCIA
4. OPINIÃO ESPECIALIZADA

Saídas:
1. Atualizações do plano de gerenciamento do projeto
2. Atualizações dos documentos do projeto

RISCOS

MONITORAMENTO E CONTROLE

11.6 Controlar os riscos

Processo de execução dos planos de respostas a riscos, acompanhamento dos riscos identificados, monitoramento dos riscos residuais, identificação de novos riscos e avaliação da eficácia do processo de riscos durante o ciclo de vida do projeto

Entradas:
1. Plano de gerenciamento do projeto
2. Registro dos riscos
3. Dados sobre o desempenho do trabalho
4. Relatórios de desempenho do trabalho

Ferramentas e técnicas:
1. REAVALIAÇÃO DE RISCOS
2. AUDITORIA DE RISCOS
3. ANÁLISE DE VARIAÇÃO E TENDÊNCIAS
4. MEDIÇÃO DE DESEMPENHO TÉCNICO
5. ANÁLISE DE RESERVAS
6. REUNIÕES

Saídas:
1. Informações sobre o desempenho do trabalho
2. Solicitações de mudança
3. Atualizações do plano de gerenciamento do projeto
4. Atualizações dos documentos do projeto
5. Atualizações dos ativos de processos organizacionais

RISCOS

FICHAS DE ESTUDO DOS PROCESSOS DE GERENCIAMENTO DE PROJETOS

PLANEJAMENTO

12.1 Planejar o gerenciamento das aquisições

Processo de documentação das decisões de aquisição do projeto, especificação da abordagem e identificação dos possíveis fornecedores

Entradas:
1. Plano de gerenciamento do projeto
2. Documentação dos requisitos
3. Registro dos riscos
4. Requisitos de recursos das atividades
5. Cronograma do projeto
6. Estimativas de custos das atividades
7. Registro das partes interessadas
8. Fatores ambientais da empresa
9. Ativos de processos organizacionais

Ferramentas e Técnicas:
1. ANÁLISE DE FAZER OU COMPRAR
2. OPINIÃO ESPECIALIZADA
3. PESQUISA DE MERCADO
4. REUNIÕES

Saídas:
1. Plano de gerenciamento das aquisições
2. Declarações do trabalho das aquisições
3. Documentos de aquisição
4. Critérios para seleção de fontes
5. Decisões de fazer ou comprar
6. Solicitação de mudança
7. Atualizações dos documentos do projeto

AQUISIÇÕES

EXECUÇÃO

12.2 Conduzir as aquisições

Processo de obtenção das respostas dos fornecedores, seleção do fornecedor e negociação de um contrato

Entradas:
1. Plano de gerenciamento das aquisições
2. Documentos de aquisição
3. Critérios para seleção de fontes
4. Propostas dos fornecedores
5. Documentos do projeto
6. Decisões de fazer ou comprar
7. Declarações do trabalho das aquisições
8. Ativos de processos organizacionais

Ferramentas e Técnicas:
1. REUNIÕES COM LICITANTES
2. TÉCNICAS DE AVALIAÇÃO DE PROPOSTAS
3. ESTIMATIVAS INDEPENDENTES
4. OPINIÃO ESPECIALIZADA
5. PUBLICIDADE
6. TÉCNICAS DE ANÁLISE
7. NEGOCIAÇÕES DAS AQUISIÇÕES

Saídas:
1. Fornecedores selecionados
2. Acordos
3. Calendários dos recursos
4. Solicitações de mudança
5. Atualizações do plano de gerenciamento do projeto
6. Atualizações dos documentos do projeto

AQUISIÇÕES

MONITORAMENTO E CONTROLE

12.3 Controlar as aquisições

Processo de gerenciamento das relações da aquisição, monitoramento do desempenho do contrato e execução de mudanças e correções quando necessário

Entradas:
1. Plano de gerenciamento do projeto
2. Documentos de aquisição
3. Acordos
4. Solicitações de mudança aprovadas
5. Relatórios de desempenho do trabalho
6. Dados sobre o desempenho do trabalho

Ferramentas e Técnicas:
1. SISTEMA DE CONTROLE DE MUDANÇAS NO CONTRATO
2. ANÁLISE DE DESEMPENHO DAS AQUISIÇÕES
3. INSPEÇÕES E AUDITORIAS
4. RELATÓRIOS DE DESEMPENHO
5. SISTEMAS DE PAGAMENTO
6. ADMINISTRAÇÃO DE REIVINDICAÇÕES
7. SISTEMA DE GERENCIAMENTO DE REGISTROS

Saídas:
1. Informações sobre o desempenho do trabalho
2. Solicitações de mudança
3. Atualizações do plano de gerenciamento do projeto
4. Atualizações dos documentos do projeto
5. Atualizações dos ativos de processos organizacionais

AQUISIÇÕES

ENCERRAMENTO

12.4 Encerrar as aquisições

Processo de encerramento de cada aquisição do projeto

Entradas:
1. Plano de gerenciamento do projeto
2. Documentos de aquisição

Ferramentas e Técnicas:
1. AUDITORIAS DE AQUISIÇÕES
2. ACORDOS NEGOCIADOS
3. SISTEMAS DE GERENCIAMENTO DE REGISTROS

Saídas:
1. Aquisições encerradas
2. Atualizações dos ativos de processos organizacionais

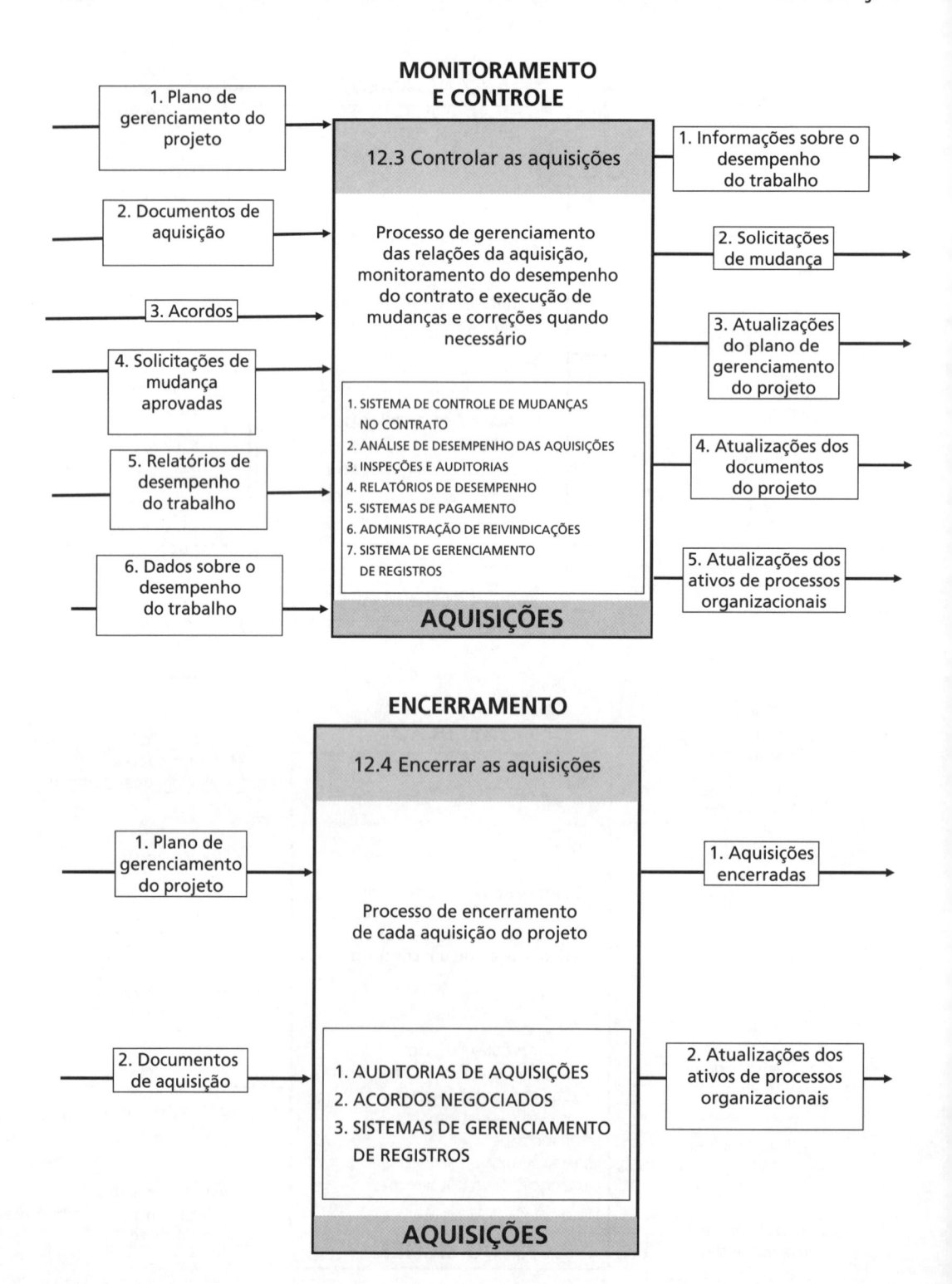

AQUISIÇÕES

FICHAS DE ESTUDO DOS PROCESSOS DE GERENCIAMENTO DE PROJETOS

INICIAÇÃO

13.1 Identificar as partes interessadas

Entradas:
1. Termo de abertura do projeto
2. Documentos de aquisição
3. Fatores ambientais da empresa
4. Ativos de processos organizacionais

Processo de identificação de pessoas, grupos ou organizações que podem impactar ou serem impactadas por uma decisão, atividade ou saída do projeto; e de analisar e documentar informações relevantes sobre seus interesses, envolvimento, interdependências e impacto potencial no sucesso do projeto

Ferramentas e técnicas:
1. ANÁLISE DE PARTES INTERESSADAS
2. OPINIÃO ESPECIALIZADA
3. REUNIÕES

Saídas:
1. Registro das partes interessadas

PARTES INTERESSADAS

PLANEJAMENTO

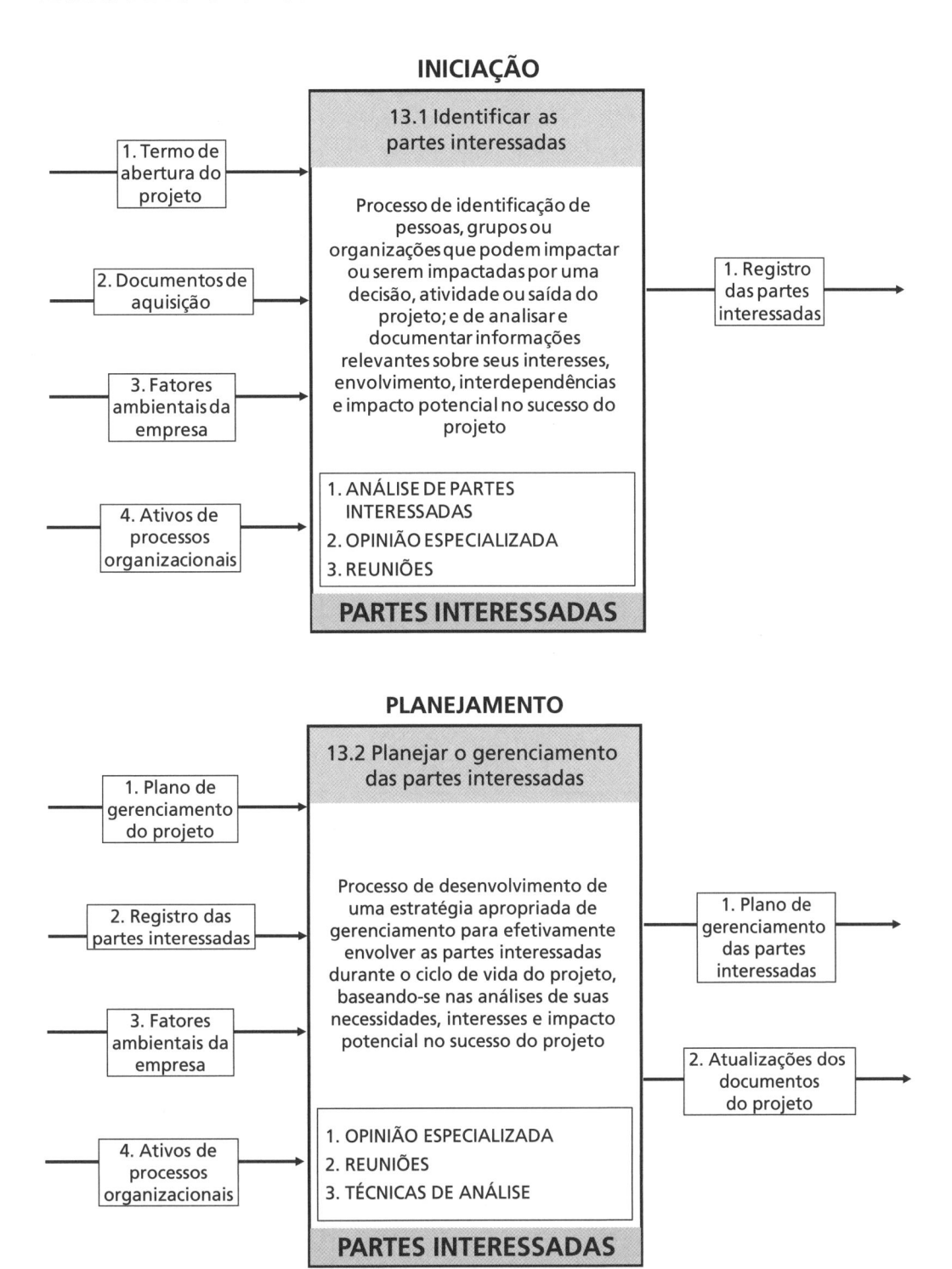

13.2 Planejar o gerenciamento das partes interessadas

Entradas:
1. Plano de gerenciamento do projeto
2. Registro das partes interessadas
3. Fatores ambientais da empresa
4. Ativos de processos organizacionais

Processo de desenvolvimento de uma estratégia apropriada de gerenciamento para efetivamente envolver as partes interessadas durante o ciclo de vida do projeto, baseando-se nas análises de suas necessidades, interesses e impacto potencial no sucesso do projeto

Ferramentas e técnicas:
1. OPINIÃO ESPECIALIZADA
2. REUNIÕES
3. TÉCNICAS DE ANÁLISE

Saídas:
1. Plano de gerenciamento das partes interessadas
2. Atualizações dos documentos do projeto

PARTES INTERESSADAS

EXECUÇÃO

13.3 Gerenciar o engajamento das partes interessadas

Processo de comunicação e trabalho junto às partes interessadas para atingir suas necessidades/expectativas, endereçar questões assim que ocorrerem, e promover o engajamento das partes interessadas nas atividades do projeto durante o ciclo de vida do projeto

1. MÉTODOS DE COMUNICAÇÃO
2. HABILIDADES INTERPESSOAIS
3. HABILIDADES DE GERENCIAMENTO

PARTES INTERESSADAS

Entradas:
1. Plano de gerenciamento das partes interessadas
2. Plano de gerenciamento das comunicações
3. Registro das mudanças
4. Ativos de processos organizacionais

Saídas:
1. Registro das questões
2. Solicitações de mudança
3. Atualizações do plano de gerenciamento do projeto
4. Atualizações dos documentos do projeto
5. Atualizações dos ativos de processos organizacionais

MONITORAMENTO E CONTROLE

13.4 Controlar o engajamento das partes interessadas

Processo de monitoramento do relacionamento com as partes interessadas de forma geral e ajuste de estratégias e planos para envolver as partes interessadas

1. SISTEMA DE INFORMAÇÕES GERENCIAIS
2. OPINIÃO ESPECIALIZADA
3. REUNIÕES

PARTES INTERESSADAS

Entradas:
1. Plano de gerenciamento do projeto
2. Registro das questões
3. Dados sobre o desempenho do trabalho
4. Documento dos projetos

Saídas:
1. Informações sobre o desempenho do trabalho
2. Solicitações de mudança
3. Atualizações do plano de gerenciamento do projeto
4. Atualizações dos documentos do projeto
5. Atualizações dos ativos de processos organizacionais

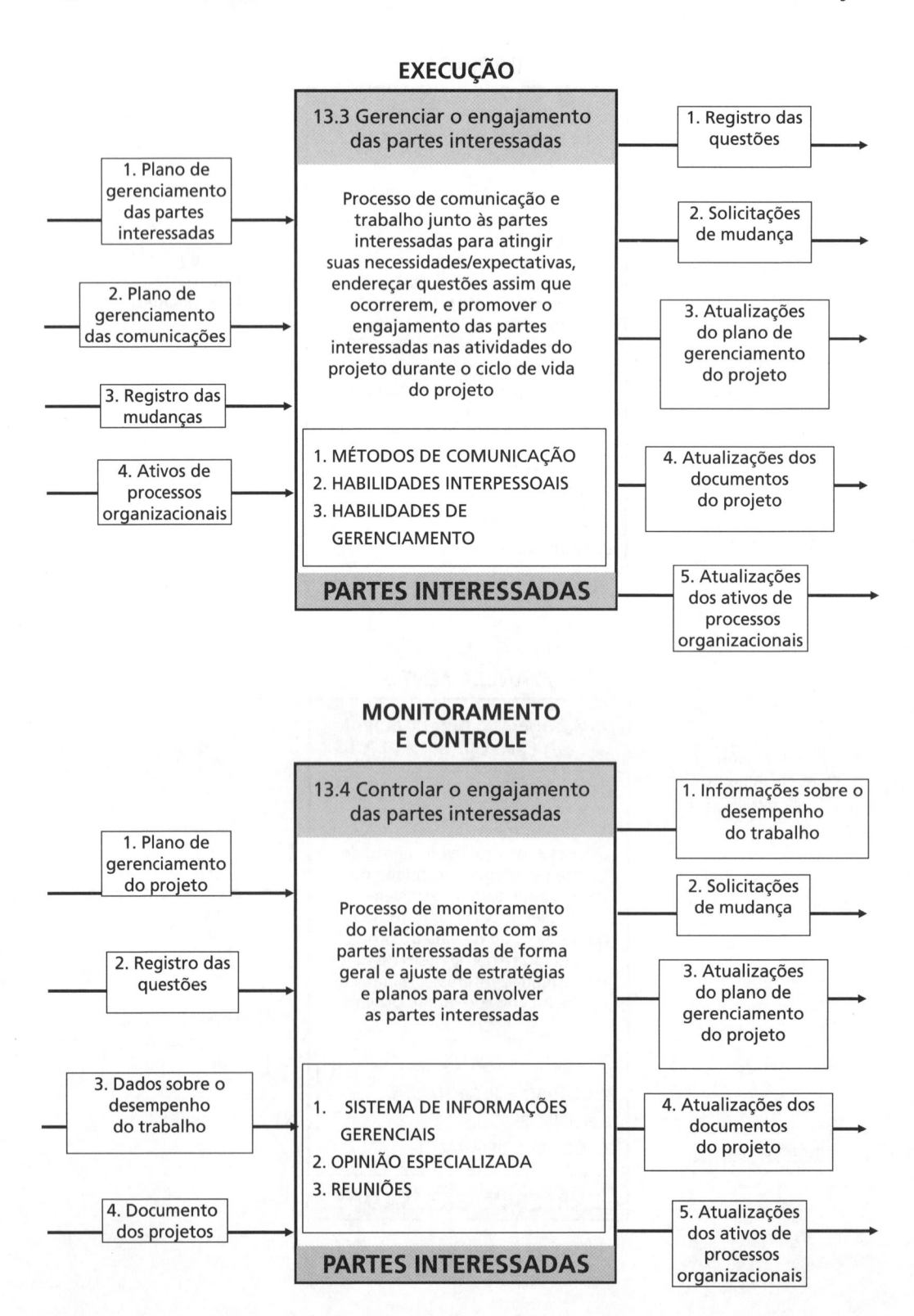

Anexo 2

Fórmulas Matemáticas

		FÓRMULAS	
Integração	Valor Presente	$VP = VF/(1 + R)^n$	
	Valor Presente Líquido	Ii = Investimento inicial	
		$VPL = \sum VP - Ii$	
		quanto maior melhor	
	Taxa Interna de Retorno	TIR	VPL = 0
			TIR > Taxa mínima de atratividade
			quanto maior melhor
	Razão benefício custo	BCR = Benefício/Custo	
		quanto maior melhor	
	Período de retorno	quanto menor melhor	
Tempo	PERT	Média	$(O + 4 MP + P)/6$
		Desvio-padrão (sigma)	$(P - O)/6$
		Variância	desvio-padrão ao quadrado
			$[(P - O)/6]^2$
		Folga total	FT = LS – ES ou LF – EF
Custos	Gerenciamento do Valor Agregado (GVA)	Integra custo, tempo e escopo para a avaliação (alerta) e previsão de desempemho do projeto	
		Orçamento no Término (ONT)	ONT = orçamento original do projeto
		Valor Agregado (VA)	VA = % Progresso Físico x Valor Orçado

Custos	Gerenciamento do Valor Agregado (GVA)	Variação de Prazos (VPR)	VPR = VA − VP
		Variação de Custo (VC)	VC = VA − CR
		Índice de Desempenho de Prazo (IDP)	IDP = VA/VP
		Índice de Desempenho de Custo (IDC)	IDC = VA/CR
		Estimativa no Término (ENT)	usada quando perdas anteriores NÃO serão tendência — ENT = CR + ONT − VA
			usada quando perdas anteriores serão tendência — ENT = ONT/IDC
			ENT = CR + [(ONT − VA)/(IDC X IDP)]
		Estimativa Para Terminar (EPT)	EPT = ENT − CR
		Índice de Desempenho para Término (IDPT)	TCPI em relação à orçamento no término (ONT) — IDPT = (ONT − VA)/(ONT − CR)
			TCPI em relação à estimativa no término (ENT) — IDPT = (ONT − VA)/(ENT − CR)
		Variação no Término (VNT)	VNT = ONT − ENT
Qualidade	Índice de Capacidade	(LSE − LIEI)/6 sigmas	
Comunicação	Canais de comunicação	N = número de integrantes da equipe	
		(N² − N)/2	
Riscos	Probabilidade	P(A e B) = P(A) X P(B)	eventos independentes
		P(A ou B) = P(A) + P(B)	eventos mutuamente exclusivos
	Valor Monetário Esperado	VME = Probabilidade X Impacto	

Anexo 3

Currículo dos Autores

Paul Dinsmore, PMP, Distinguished Contributions Award e Fellow do PMI

Presidente do Conselho e Diretor da DinsmoreCompass, um grupo de treinamento e consultoria focado em gestão de projetos e processos e desenvolvimento de pessoas.

Trouxe para o mercado brasileiro a metodologia *outdoor training* com o desenvolvimento e aplicação do Treinamento Experiencial ao Ar Livre — teal® . É palestrante internacional e líder de seminários em gerenciamento de projetos. Autor ou organizador de vinte livros, incluindo *Poder e influência na organização*, *Transformando estratégias em resultados através da gerência de projetos*, além do *Creating The Project Office*, e autor de mais de uma centena de artigos profissionais.

Antes de criar sua empresa de consultoria em 1985, trabalhou por vinte anos como gerente de projetos e executivo no setor de construção e engenharia nas empresas: Daniel International, Morrison Knudsen International e Engevix Engenharia. Além disso, Dinsmore também forneceu serviços de consultoria e treinamento para grandes companhias, incluindo IBM, ENI-Itália, Petrobras, General Electric, Mercedes Benz, Shell, Control Data, The World Trade Institute, Westinghouse, Ford, Caterpillare e Alcoa.

Suas atividades de palestrante e consultor o levaram para a Europa, América do Sul, África, Japão, China e Austrália. A relação de projetos em que Dinsmore forneceu serviços de consultorias inclui: reorganizações de empresas, iniciação de projetos, desenvolvimento e implementação de sistemas de gerenciamento de projetos e programas de treinamento, além de exercer funções de conselheiro para presidentes de várias organizações. Dinsmore contribui com artigos para revistas como *PM Network*, *Chief Project Officer* e *mundoPM*.

Participa ativamente do Project Management Institute, que o agraciou com o Distinguished Contributions Award e com o prestigioso título de Fellow Of The Institute. Também fez parte do corpo de diretores do PMI Educational Institute. É presidente do Conselho Consultivo do PMI-Rio.

Dinsmore é graduado pela Texas Tech University, completou o Advanced Management Program na Harvard Business School e é pós-graduado em Administração de Empresas pela Fundação Getúlio Vargas. Pode ser contatado pelo endereço eletrônico paul.dinsmore@dinsmorecompass.com.br.

Adriane Cavalieri, DSc, PMP

Pesquisadora da Divisão de Engenharia de Avaliação e de Produção do Instituto Nacional de Tecnologia, do Ministério da Ciência, Tecnologia e Inovação (INT/MCTI). Colaboradora da DinsmoreCompass.

Coorienta dissertações de mestrado com estudos sobre gerenciamento de projetos. É membro de comissões julgadoras de dissertação de mestrado e de teses de doutorado (PUC-Rio, UFF e USP) nas áreas de gestão empresarial e gerenciamento de projetos. Membro de comissão de avaliação de artigos no 19º Congresso Internacional de Engenharia Mecânica (COBEM), 2007; e no 4º Congresso Ibero-Americano de Gerência de Projetos, 2003.

Consultora no desenvolvimento e implantação de metodologias de gerenciamento de projetos e de escritório de projetos (PMO) e na avaliação de maturidade em gerenciamento de projetos em empresas de grande e médio porte, como Petrobras, Brasil PCH, TIM Brasil, Embratel, Farmanguinhos e Dinsmore Associates.

É autora de artigos técnicos e livros. Coautora, organizadora e revisora técnica de outros livros, como: *Como se tornar um profissional em Gerenciamento de Projeto — livro-base de preparação para certificação PMP* (Qualitymark, RJ, 2009, 3ª edição) e *Projetos brasileiros: casos reais de* gerenciamento (Brasport, RJ, 2007). Autora do livro *Avaliando o desempenho da universidade* (PUC-Loyola: RJ, 2004). Coordenadora, revisora técnica, tradutora-chefe e colaboradora do livro *AMA — Manual de Gerenciamento de Projetos* (Brasport, RJ, 2013).

Recebeu prêmio Best Paper Award GBATA 2009, pelo artigo "*Strategic fit of project management: the case of Eletronuclear*".

Desenvolveu um projeto de pesquisa financiado pelo CNPq com a PUC-Rio/ IAG, intitulado "Análise da relação entre a maturidade organizacional em gerenciamento de projetos e a adequação estratégica de projetos das empresas do setor de Petróleo e Gás com vistas ao aumento do sucesso de seus projetos e consequente aumento da competitividade", no período de 2010 a 2012.

Doutora em Engenharia de Produção pela COPPE/UFRJ (2001), com Mestrado em Engenharia Industrial (1996) e Graduação em Engenharia Civil (1993) pela PUC-Rio. Desde 2002 é Project Management Professional – PMP/ PMI. Seu Currículo Lattes encontra-se no endereço: http://lattes.cnpq.br/0736407506472634. Pode ser contatada pelo endereço eletrônico adriane.cavalieri@int.gov.br.

Alessandro Prudêncio, MSc, PMP, PRINCE2 Approved Trainer

Consultor, palestrante e autor de artigos sobre os temas Gerenciamento de Projetos e Comunicação Empresarial. Professor de MBA em Gerenciamento de Projetos e Gestão Empresarial nas principais instituições do país. Instrutor de cursos preparatórios para a certificação PRINCE2 e PMP. Instrutor convidado da ESI International, uma das maiores consultorias do mundo em gerenciamento de projetos, para ministrar cursos no Brasil e exterior. Como docente ministrou cursos para mais de 500 turmas ultrapassando 20 mil participantes.

Desde 2003 tem ministrado o curso "Falar em Público" para profissionais em todo o Brasil. Foi coordenador acadêmico do MBA em Gerenciamento de Projetos do Ibmec-RJ e do curso de extensão em Gerenciamento de Projetos da Universidade Federal Fluminense — UFF-RJ. Como consultor participou na implantação de metodologias, escritórios de projeto (PMO), avaliação de maturidade, auditorias de projetos e outros trabalhos para organizações nos setores de Telecomunicações, Entretenimento, Tecnologia da Informação, Petróleo, Siderurgia, Mineração e outros.

Mestre em Administração de Empresas pelo Ibmec-RJ. Certificado como PMP pelo PMI-EUA, PRINCE2 Approved Trainer pela Cabinet Office - England e Master's Certificate in Project Management pela Universidade George Washington. Pós-graduado em Gestão da Informática pela EAESP/FGV-SP, MBA em Gestão de Projetos pela FIAP-SP e graduado em Ciência da Computação pela UFU-MG. Atualmente, é doutorando em Engenharia pela UFF-RJ. Seu Currículo Lattes encontra-se no endereço: http://lattes.cnpq.br/7254298310257315. Pode ser contatado pelo endereço eletrônico alessanpl@gmail.com.

Anexo 4

Currículo dos Revisores Técnicos

Antonio Augusto Camargos, PMP

Formado em Computação pela Universidade Federal de São Carlos (UFSCar), pós-graduado em Marketing pela Escola Superior de Propaganda e Marketing (ESPM), certificado no PMI como PMP e mestre em Economia e Finanças no Ibmec São Paulo.

Atua como Gerente de TI no Citibank, como palestrante e responsável pelo site www.gestaopm.com.br, como instrutor dos cursos de Gestão de Projetos da Dinsmore Compass e como professor do MBA em Gerenciamento de Projetos da Faculdade de Informática e Administração Paulista (FIAP).

Possui uma experiência de mais de 20 anos na área de projetos de informática, tendo como histórico as empresas: Alcoa Alumínio, Instituto de Pesquisas Tecnológicas (IPT), Nec do Brasil, Banco Abn Amro Real, Bankboston, Bovespa, Fibria Celulose e Itaú-Unibanco.

Cezar A. Meriguetti, PMP

Possui mais de 20 anos de experiência na área de tecnologia, atuando em gerência de projetos, atendendo clientes da Previdência Social, Telecom, Petróleo, Bancos, Varejo, Indústria farmacêutica, Fábrica de softwares, dentre outras. Consultor associado e professor nos programas de Formação em Gerência de Projetos, de Preparação para a Certificação PMP da DinsmoreCompass para diversas empresas. Atuou também como professor e orientador do MBA Executivo em Gerência de Projetos das Universidades Gama Filho e Cândido Mendes. Formado em TI e Administração, é certificado PMP pelo PMI-EUA, possuindo também certificações técnicas Java pela SUN-EUA.

David Ronco, PMP

Mestre em Administração, com MBA em Gestão Estratégica da Tecnologia da Informação, ambos pela FGV, e graduado em Ciências Militares pela Academia Militar das Agulhas Negras (AMAN). É certificado como PMP pelo PMI. Sua experiência profissional inclui atuação como gestor das áreas Administrativa, Financeira e Tecnologia em empresas públicas e privadas, nacionais e multinacionais. É consultor e professor de Gestão de Negócios, Gerenciamento de Projetos, Programas e Portfólio, Gestão de Contratos, Gestão de Riscos, Liderança, Negociação, Gestão de Conflitos, Comunicação, Matemática Financeira e Orçamento Empresarial, em cursos de MBA e In Company.

Otualp Mecedo, PMP

Sócio-diretor da PMO Consultoria de Projetos. Bacharel em Ciências Navais, pós-graduado em Engenharia Elétrica e Eletrônica e certificado PMP pelo PMI desde 2004. É co-autor dos livros: *Metodologia de Gerenciamento de Projetos — Methodware* (2009) e *Metodologia de Gerenciamento de Projetos no Terceiro Setor* (2008), pela Editora Brasport. Atuou como consultor em organizações como BNDES, Petrobras, Furnas, INT, SESC-Rio, Dinsmore Associates, Jaraguá Equipamentos Insustriais, Beware Consultoria Empresarial, SECT e EMGEPRON.

Anexo 5

Currículo das Participações Especiais

Adriano Neves, PMP

Mestre em Engenharia da Computação pelo IPT/USP. PMP pelo PMI. Certificado Scrum Master. Certified in the Governance of Enterprise IT®. Certified in Risk and Information Systems Control. Certificado COBIT pelo ISACA International. Certificado ITIL V3, ITIL Practitioner Release & Control, Certificado ISO 20.000. Formação ITIL Manager, Revisor do PMBOK 5ª edição (2013) e *The Standard for Portfolio Management* 3ª Ediçãoi, pelo PMI International. Diretor da Real Project Consultoria e Treinamento. Coordenador do MBA(Pós-Graduação) em Gerenciamento de Projetos da UBC-SP. Professor em Cursos de TI e Pós-Graduação (MBA): FIAP, FIA/USP, FGV, ITA, IBTA, Saint Paul Institute. Participação no livro: *The ITSM Experience: Real Life Remarkable ITSM Experiences* (2010, USA). Atuação como Executivo de Gerenciamento de Serviços e Governança em TI de empresas como HP, Atos Origin, Diveo Datacenter.

Fabio Pitorri, PMP

Possui 15 anos de experiência na análise e definição de processos, implantação de escritório de projetos, concepção de filosofias de governança e em gestão de projetos, programas e portfólio. Atuou como funcionário, consultor e instrutor para diversas organizações multinacionais de ramos variados (telecom, hospitalar, contact-center, tecnologia da informação, construção civil e automobilística). Possui as seguintes certificações: PgMP, PMP, PMI-RMP, PMI-ACP, PMI-SP e CAPM pelo PMI, Black Belt em Seis Sigma pela American Society for Quality, PRINCE2 Practitioner pela APMG/OGC, MCTS pela Microsoft e CSM pela ScrumAlliance.